Thomas Darsow

Islam und Grundgesetz

GHV

Thomas Darsow

Islam und Grundgesetz

Wie weit reichen Religionsfreiheit und Menschenwürde?

Gerhard Hess Verlag

Meinen Eltern in dankbarer Erinnerung
Für die Generationen der Kinder und Enkel

Thomas Darsow
Islam und Grundgesetz
Wie weit reichen Religionsfreiheit und Menschenwürde?
1. Auflage 2025

Gerhard Hess Verlag
Jahnstraße 14
73066 Uhingen

Druck: Bookpress, Allenstein/Polen

www.gerhard-hess-verlag.de
info@gerhard-hess-verlag.de

Printed in EU

ISBN 978-3-87336-861-3

Inhalt

Teil II Religionsfreiheit und Menschenwürde

Vorwort

Dieses Buch befasst sich mit einer Weltreligion, die ernst genommen werden will und ernst zu nehmen ist. Sie verdient den Respekt des Außenstehenden und die gebührende offene Fairness. Zugleich betrifft dieses Buch eine Verfassung, deren gewachsenes Vorverständnis von dieser Weltreligion nicht mitgeprägt worden ist, die ihr im Rahmen der Religionsfreiheit aber gleichwohl Schutz garantiert. Das Aufeinandertreffen unterschiedlicher Wertewelten lässt angesichts einer anwachsenden muslimischen Minderheit in Deutschland die Frage dringlicher werden, in welchen Verfassungsbereichen eine Klärung erforderlich wird und welche Schlussfolgerungen daraus zu ziehen sind.

In unserer weitgehend säkularisierten Lebenswelt erscheint Religiosität vielfach als rein private Angelegenheit ohne zentrale Bedeutung für die lebens- und entscheidungswichtigen Dinge des Lebens. Der Islam als heute weltweit zweitgrößte Religionsgemeinschaft verweist uns aber auf Gegenteiliges. Fängt man an, sich mit ihm zu beschäftigen, so stößt man auf unterschiedliche Glaubenswelten von Sunniten, Schiiten, Wahhabiten, Aleviten oder noch anderen Strömungen. Man stößt auf islamistische Gruppierungen, die für sich in Anspruch nehmen, den „wahren Islam“ zu verkörpern oder auf Einzelstimmen aus der Islamwissenschaft. Alles zusammengenommen lässt erkennen, dass Muslime in Gemeinschaften oder auch einzeln den Islam offenbar unterschiedlich interpretieren können. Inwieweit darf dann noch von *dem* Islam gesprochen werden?

Mir ist bewusst, dass der Offenbarungstext des Koran unterschiedlich gelebt werden kann. Für das individuelle Verständnis einzelner Aussagen und die darauf bezogenen Abweichungen bei der Religionsausübung lassen sich in der Lebenswirklichkeit folglich viele Beispiele finden. Allerdings ist diese Arbeit nicht darauf angelegt, aufzuzeigen, wie die Muslime ihre Religion im Einzelnen handhaben und wie das zu beurteilen ist. Denn weder gibt es entsprechende wissenschaftliche

Analysen zur Glaubenspraxis der Millionen Gläubigen auf den verschiedenen Kontinenten noch eine zentrale Instanz für Glaubensangelegenheiten, die über die Zulässigkeit des Gelebten verbindlich entscheiden darf und auf die man sich stützen könnte.

Es geht mir deshalb darum, diejenigen Bestandteile der muslimischen Glaubenslehre herauszuarbeiten, die nicht hinweggedacht werden können, ohne dem Islam seinen Glaubenskern zu nehmen. Diese sollen dann anschließend mit dem Grundgesetz verfassungsrechtlich abgeglichen werden. Im Mittelpunkt steht dabei der Koran selbst, weil davon auszugehen ist, dass dieser die gemeinsame Schnittmenge aller Glaubensrichtungen enthält.[1] Er und die Sunna bilden im Wesentlichen die Basis, auf der Interpretationen dann erst stattfinden können. Beide sind auch Kernbestandteile der Scharia. Insoweit kann der Hinweis auf die unterschiedlichen Glaubenswelten und Einzelstimmen unbeachtet bleiben. Das gilt auch für die Unterschiede zwischen Sunniten und Schiiten, weil sich das Trennende erst an Teilen der Sunna zeigt und sich im Wesentlichen am Streit um die Legitimation der Nachfolger Muhammads festmacht. Gemeinsam gelten sie dennoch als die beiden Flügel am Körper der Umma.[2] Ungeachtet dessen wird nachfolgend der sunnitische Islam zur Grundlage genommen, weil er die übergroße Mehrheit der Muslime umfasst.

Wenn der Koran als unmittelbares Wort Gottes zu lesen ist, dann bietet es sich an, Rückgriff auf seinen Wortlaut zu nehmen. Der methodische Ansatz Martin Luthers, den Kern der christlichen Lehre am Wortlaut des Evangeliums festzumachen, wird hier übernommen: sola scriptura, nur die religiöse Schrift gilt als Quelle der Erkenntnis. Folglich wird entscheidend der Offenbarungstext herangezogen, die sog.

---

1 Auf die großen gemeinsamen Schnittmengen ungeachtet aller unterschiedlichen Richtungen, Schulen und Kulturkreise verweist auch A. Th. Khoury, Der Islam und die westliche Welt, S. 87.

2 Rektor der al-Azhar Hochschule in Kairo und Großimam Ahmad Muhammad al-Tayyeb am 15.3.2016 im Deutschen Bundestag, https://www.youtube.com>watch „Großimam spricht über Islam-Friedenspotential-YouTube“, Deutscher Bundestag, 22.6.2016.

„Tradition“ bleibt nachrangig. Sich an den Wortlaut zu halten, fordert der Koran auch selbst (3/7). An ihm orientiert sich folglich die übergroße Masse der Gläubigen, sowohl beim Vortragen als auch beim Auswendiglernen. Der Koran gilt ihr unhinterfragt als absolut sakral. Zudem wird man vom einfachen Gläubigen nicht erwarten können, dass er sich in Fragen der Abrogation (Ersetzung) von Textteilen auskennt und das jeweils gültige Verständnis von Suren oder Versen vor Augen hat.

Die auf den Wortlaut des Koran bezogene Analyse steht folglich am Anfang der Untersuchung. Der erste Teil des Buches enthält hierauf bezogen eine kompakte Darstellung des islamischen Glaubens einschließlich seiner Auswirkungen auf das menschliche Leben. Aus ihr ergibt sich zugleich die erforderliche Analyse seiner Besonderheiten, wie bspw. hinsichtlich des Menschenbildes, des Freiheitsverständnisses und der Selbsteinschätzung.

Anschließend ist von Interesse, welche Auswirkungen das mehr als 200-jährige Nebeneinander von europäisch-westlicher und islamisch geprägter Kultur im muslimischen Raum auf den Islam gehabt hat. Diese Zeitspanne findet ihren Anfang in der napoleonischen Besetzung Ägyptens.[3] Dies soll am Beispiel einer Reihe maßgebender Denker und Religionsgelehrter näher untersucht werden, die gemäß der obigen Weichenstellung ebenfalls ausschließlich sunnitisch sind, um Widersprüche zu vermeiden. Dieser Teil unterlässt zudem ggf. stigmatisierende Einordnungen muslimischer Autoren, die versucht haben, aus ihrem Glauben heraus eine ernsthafte Auseinandersetzung mit der nicht muslimischen Gegenwelt vorzunehmen.

Im zweiten Schwerpunkt befasst sich die vorliegende Arbeit mit der Frage, ob die als wesentlich ermittelten Bestandteile von Koran und Islam mit dem deutschen Verfassungsrecht als kompatibel angesehen werden können. Auch hier geht es also um den Wortlaut der Offenbarung und nicht um Strömungen unter Gläubigen, zumal deren Wirkungsgrad nicht belastbar eingeschätzt werden kann.

---

3 1798 besetzte Napoleon Ägypten, nachdem er das dortige Heer auf seinem Feldzug besiegt hatte.

Im Zuge dieses Schwerpunktes wird auch auf die Entstehungsgeschichte der Grundrechte und das Verhältnis zwischen Staat und Kirche hin zur Säkularität eingegangen. Kompatibilitätsfragen der angesprochenen Art haben bislang nicht im Vordergrund des Erörterten gestanden.[4] Sie sind aber bedeutsam, weil die in Deutschland lebende Zahl der Muslime aufgrund unterschiedlicher Ursachen anhaltend größer wird. Größer wird auch die Zahl der Moscheen mit oder ohne Minarett und der damit verbundenen Sozial- und Kultureinrichtungen werden. Es ist davon auszugehen, dass sich das dort überwiegend in türkischer oder arabischer Sprache Gepredigte eng am Koran orientiert und so das Leben und Denken der Gläubigen prägt – auch außerhalb der Moscheen.

Der Vollständigkeit halber wird untersucht, wie die Chancen eines aufgeklärten Euro-Islam einzuschätzen wären, wenn es ihn denn geben sollte. Hoffnungen dieser Art verbinden sich mit einer in Deutschland stattfindenden Ausbildung von Imamen. Das erforderte eine nähere Befassung mit der Epoche der Aufklärung in Europa. Sollten sich gewichtige Inkompatibilitäten zwischen Koran und Grundgesetz ergeben, wird es schließlich auch darum gehen müssen, welche Schlussfolgerungen daraus zu ziehen sind.

Die zunehmende Dynamik muslimischer Parallelgesellschaften in Deutschland führt in Teilen des Landes dazu, das Wertesystem des Grundgesetzes anhaltend in Frage zu stellen. Erhebliche Auswirkungen zeigen sich bereits im deutschen Schulwesen. Sie verdeutlichen, wie sich Deutschland in den nächsten 15-20 Jahren verändern und dass dies angesichts der demographischen Entwicklung bei der autochthonen deutschen Bevölkerung nachhaltig sein wird. Realistischerweise muss damit gerechnet werden, dass Muslime nach und nach in gesell-

4 Bisherige Problemstellungen baurechtlicher (bspw. zur Größe einer Moschee oder zur Höhe des Minaretts), immissionsrechtlicher (z. B. der Lautstärke des Gebetsrufs), tierschutzrechtlicher (Schächten) oder arbeits- und beamtenrechtlicher Art (vor allem zur Kopftuchthematik) erforderten gemeinhin bisher keine grundlegenden und tiefgründigen Befassungen mit verfassungsrechtlichen Fragestellungen.

schaftliche und staatliche Institutionen sowie in die Parteien hineinwachsen werden und mit dem Werteverständnis des Koran Einfluss auf die Gesetzgebung haben können. Ist das Grundgesetz auf eine solche Entwicklung eingestellt? Führt das hohe Gut der Religionsfreiheit gleichzeitig zu einer Gefährdung des Wertesystems unserer Verfassung? Der zweite Teil des Buches enthält hierzu die erforderliche verfassungsrechtliche Analyse und zeigt zugleich juristisch abgesicherte Wege auf, den religiös angelegten Problemen der Gegenwart angemessen begegnen zu können.

Ungeachtet seiner fachlichen und juristischen Untersetzung ist dieses Buch für ein allgemein interessiertes Publikum geschrieben. Es wendet sich aber auch an juristische Entscheider in Justiz und Verwaltung sowie an Menschen im innerreligiösen Dialog. Die erforderlichen Analysen des Korantextes basieren auf den sowohl von Muslimen als auch westlichen Forschern anerkannten Übersetzungen von Rudi Paret und Hartmut Bobzin.[5] Die Koranstellen werden so zitiert, dass vor dem Schrägstrich die Sure benannt wird und dahinter der Vers.

Bedanken möchte ich mich abschließend beim Innenministerium des Landes Mecklenburg-Vorpommern für die eingeräumten Nutzungsmöglichkeiten des dort vorhandenen Bibliotheksbestandes.

Schwerin, im Mai 2025
Thomas Darsow

5 Rudi Paret, Der Koran, 12. Auflage (2014); Hartmut Bobzin, Der Koran, 3. Auflage (2019). Soweit eine besondere Autorennennung fehlt, wurde mit der Übersetzung von Paret gearbeitet.

Abkürzungsverzeichnis

bspw.	beispielsweise
BVerfG	Bundesverfassungsgericht
BVerwG	Bundesverwaltungsgericht
bzw.	beziehungsweise
ev.	evangelisch
EvStL	Evangelisches Staatslexikon
GG	Grundgesetz
grds.	grundsätzlich
hl.	heilig
i.V.m.	in Verbindung mit
Jhdt.	Jahrhundert
n. Chr.	nach Christi Geburt
OVG	Oberverwaltungsgericht
RDHS	Reichsdeputationshauptschluss
vgl.	vergleiche
WRV	Weimarer Reichsverfassung

Teil I

Die islamische Religion

1. Grundlagen und Ausgangspunkte

1.1 Wortbedeutung

Zur fundamentalen, also für alle Strömungen des Islam gemeinsamen Basis gehört die inhaltliche Bestimmung des Wortes „Islam“ in Bezug auf den einzelnen Gläubigen. Das Wort wird als „Hingabe an Gott bzw. Unterwerfung unter seinen Willen“ oder als „Selbstunterwerfung unter Gott“ übersetzt.[6] Genauer betrachtet, leitet es sich vom arabischen Verb „aslama“ ab, das so viel wie „vollständig weggeben“ heißt. Als Handlungsnomen (-nennwort) und in Bezug auf das Handeln des Menschen ist dies gleichbedeutend damit, dass er sich mit seiner ganzen Person vollständig und ohne Vorbehalt an Allah vergibt.[7] Veranschaulicht wird dies bspw. durch die bildhafte Aussage in Sure 3/20: „Ich ergebe mein Angesicht Gott.“ Dabei verwendet der Koran „das Gesicht“ als Metapher für die ganze Person.[8] So wird in Sure 10/105 der göttliche Befehl an den Menschen wiedergegeben, sein Antlitz auf die (einzig wahre) Religion zu richten. Sure 7/29 benennt den Befehl, sich im Glauben ganz auf Allah einzustellen und das Antlitz auf ihn zu richten.[9] Wie das zu erfolgen hat, ergibt sich aus Koran und Scharia. Letztere enthält auch den Glaubensvollzug, der sich über mehrere Jahrhunderte hindurch entwickelt hat.

6 L. Hagemann, Islam-Lexikon A-Z, S. 304.

7 Dieser Akt der Weggabe heißt „Islam“, vgl. bei T. Nagel, Was ist der Islam, S. 20.

8 T. Nagel a.a.O., S. 409; die umgangssprachliche deutsche Redewendung „sein Gesicht zu verlieren“, findet hier eine Entsprechung: Die ganze Person verliert Ansehen, Würde oder Respekt, vgl. Der Duden, Bd. 11, Idiomatisches Wörterbuch der deutschen Sprache (1998).

9 Ähnliche Aufforderungen bzw. Beschreibungen enthalten die Suren 6/79, 30/30 und (androhend) 2/20.

1.2 Zur Begrifflichkeit „Religion“

Für das arabische Wort „dīn“ findet sich im Deutschen meistens die Entsprechung „Religion“.[10] Damit wird das hiesige Begriffsverständnis verbunden, Religion sei im Wesentlichen der private Glaube an transzendente Mächte, das (christlich gedachte) Wunder der Wiederauferstehung Jesu, die religiöse Erklärung vom Sinn und Ziel des menschlichen Lebens oder der Kirchgang. Im Hinblick auf die sog. fünf Säulen der islamischen Religiosität[11] und deren weltliche Umsetzung ist diese Assoziation zwar nicht unzutreffend, aber in hohem Maße unvollständig. Denn die islamische Religiosität geht über die fünf Säulen deutlich hinaus und unterscheidet auch insoweit nicht zwischen der göttlichen Sphäre und der irdischen Weltlichkeit. Für sie wirkt Gott in allem sowohl im Jenseits als auch im Diesseits. Der Islam beschränkt sich daher nicht auf glaubensbezogene Vorstellungen von Gott im Jenseits, der Schöpfungsgeschichte, der Sinngebung des Lebens, zum Paradies und zur Hölle. Vielmehr beansprucht er, auch die Weltlichkeit vollständig nach den Regeln der Offenbarung auszurichten, um so rechtgeleitet, oder auch nicht, der Gerichtsentscheidung Gottes über die Menschen am Ende der Welt entgegensehen zu können. In der Islamwissenschaft wird in diesem Zusammenhang daher von einer islamischen „Lebensordnung“[12] oder von einer umfassenden „Daseinsordnung“ gesprochen, die für alle menschlichen Lebenslagen Verhaltensanordnungen enthält.[13] „Dīn“ ist daher auch die fortwährende Befolgung der alles

10 A. Th. Khoury, Islam-Lexikon A-Z, S. 512; T. Nagel a.a.O., S. 23; M. Rohe, Das islamische Recht, S. 5.

11 Darunter werden verstanden das öffentliche Glaubensbekenntnis („Ich bezeuge, dass es keinen Gott gibt außer Allah und Muhammad ist sein Prophet“), das tägliche rituelle Gebet (5/6), die Almosensteuer für die Gemeinde und Soziales (2/83, 177), das Fasten im heiligen Monat Ramadan (2/183, 185 und 187 ff.) und die große Wallfahrt nach Mekka mit dem Aufsuchen der Kaaba (2/158, 196 ff.). Vgl. hierzu auch bei T. Nagel, Was ist der Islam, S. 295.

12 L. Hagemann a.a.O., S. 310; A. Th. Khoury, ebendort, S. 230.

13 T. Nagel, Was ist der Islam, S. 23 ff.

umfassenden Daseinsordnung.[14] Selbst wo diese Begrifflichkeit nicht aufgegriffen wird, entspricht es der ganz überwiegenden Auffassung innerhalb der Islamwissenschaft, dass der Islam alle Lebensbereiche des Irdischen zu regeln beansprucht.[15] Hinter dem Begriff der Religion verbirgt sich im Islam und im Vergleich mit dem hiesigen, auf die Privatsphäre bezogenen, also ein anderes inhaltliches Vorverständnis. Auf diesen bedeutsamen Aspekt wird noch an anderer Stelle eingegangen.[16]

1.3 Der Islam als Gesetzesreligion (Scharia)

Anders als Juden und Christen, die ihre Religionen in unterschiedlicher Ausprägung als Erlösungsreligionen[17] verstehen, offenbarte Muhammad etwas anderes. Nach der Ausweisung aus dem Paradies habe Gott den Menschen eine später zu erwartende Rechtleitung (Bobzin zu 2/38) für das irdische Leben in Aussicht gestellt. Nur diejenigen, die sie befolgen

---

14 T. Nagel a.a.O., S. 25 f.; A. Th. Khoury, Der Islam und die westliche Welt, S. 61: Dabei ist der Mensch ständigen Bewährungsproben ausgesetzt.

15 L. Hagemann a.a.O., S. 305; U. Matyssek, Zum Problem der Trennung von Religion und Staat im Islam, in S. Muckel, Der Islam im öffentlichen Recht des säkularen Verfassungsstaates, S. 166 m.w.N.

16 Vgl. S. 30 f. und 45 f.; Die „Schutzbefohlenen" als Beispiel, 3.3.4.4.1.

17 Insbesondere die Befreiung ihres Volkes aus der ägyptischen Knechtschaft ließ die Juden zu der Überzeugung gelangen, dass ihr Gott auch darüber hinaus ein rettender, ein erlösender Gott sei (H. Spiekermann, Erlösung/ Soteriologie in: Religion in Geschichte und Gegenwart, Band 2, Sp. 1444). Anders als die Rettung/Erlösung von einem fremden Joch stützte sich die christliche Theologie auf den Apostel Paulus, der den Tod Christi am Kreuz und dessen Auferstehung als verheißene Erlösung der Menschen von ihren Sünden verstand (Römer 4, 25; auch Hebr. 9, 12.15; 1. Kor. 15, 1-5). Erlösung sei für alle möglich, die an Christus glauben würden (J. Gnilka, Erlösung im Neuen Testament, b) Paulus, S. 803). Für den deutschen Protestantismus griff dies Martin Luther auf, wonach jeder Mensch „allein durch den Glauben (sola fide) und dank der vergebenen Gnade Gottes (sola gratia) von seinen Sünden erlöst sei" (Christoph Marx, Was man über Luther und Reformation wissen sollte, in: Huffington Post Deutschland, Cherno Jobatey, 31. Okt. 2017).

würden, müssten keine Furcht (vor seinem Gericht) haben. Es war also ein zu beachtendes Normengeflecht zu erwarten.[18] Dieses ergibt sich aus der Scharia, ein Wort, das sich in der Sure 45/18 wiederfindet. Dort ist davon die Rede, dass Gott Muhammad auf einen „gebahnten Weg" (Bobzin für das arabische as-šarī-ʿa) gebracht habe, womit die Vorgaben zur Rechtleitung gemeint gewesen sein dürften. In ihrer heutigen Ausgestaltung kannte der Koran die Scharia allerdings nicht,[19] was ihre Übereinstimmung mit dem göttlichen Recht gleichwohl nicht in Frage stellt. Einzelheiten des Muhammad übertragenen Auftrages, zu gebieten, was recht ist und zu verbieten, was verwerflich ist, die guten Dinge für erlaubt und die schlechten für verboten zu erklären (7/157), ergeben sich in grundlegender Hinsicht bereits aus dem Koran. Die Auswertung der sich daran anschließenden Materialien sowie die daraus ableitbare normative Aufbereitung nahm mehrere Jahrhunderte in Anspruch.[20]

Die Scharia regelt nicht nur das rechtliche Verhältnis der Menschen untereinander, sondern auch das zu ihrem geoffenbarten Schöpfer.[21] Sie existiert gleichwohl nicht in Gestalt eines Gesetzbuches oder einer Gesetzessammlung, sondern ist als höchst komplexes Normen- und Regelsystem auch dafür zu verstehen, wie Normen auf gefunden und interpretiert werden können.[22] Deren Herkunft

18 T. Nagel a.a.O., S. 173.

19 T. Nagel a.a.O., S. 26.

20 T. Nagel a.a.O., S. 26 spricht von etwa 400 Jahren. Die Hauptentstehungszeit wird auf das ausgehende 8. sowie das 9. Jahrhundert datiert (Nagel ebendort, S. 148). Im Zuge des Entwicklungsprozesses dürften auch passende Rechtselemente aus den militärisch von den Muslimen eroberten Gebieten aufgegriffen und integriert worden sein. Soweit christliche oder jüdische Siedlungsbereiche betroffen waren, dürfte dies dadurch erleichtert worden sein, dass sich der Islam als Korrektur unzulässiger Abweichungen im Juden- und Christentum von der richtigen Religion verstand, vgl. bei M. Rohe, Das islamische Recht, S. 22 ff.

21 Chr. Müller in: Kleines Islam-Lexikon, S. 187.

22 M. Rohe Das islamische Recht, S. 9 und 16; ders., Das islamische Recht, Eine Einführung, S. 15; A. Uhle, Die Integration des Islam in das Staatskirchenrecht der Gegenwart, in: Heinig/Walter, Staatskirchenrecht oder Religionsverfassungsrecht, S. 325 ff., Rn. 98.

ergibt sich vorrangig aus dem Koran, dann aus Hadithen zur Sunna,[23] anderen Hadithen[24] sowie weiteren Rechtsquellen.[25] Für das

23 Nach herrschender Meinung versteht man hierunter die Prophetentradition, d. h. die Gesamtheit der authentischen Überlieferungen von Worten und praktischem Tun des Propheten Muhammad, einschließlich seiner konkludenten Einverständnisse (T. Nagel in P. Antes, Der Islam, Religion-Ethik-Politik, S. 63; D. Zacharias, Islamisches Recht und Rechtsverständnis, in: St. Muckel, Der Islam im öffentlichen Recht des säkularen Verfassungsstaates, S. 127, 140; B. Radtke, Der sunnitische Islam, S. 63; Chr. Müller, Kleines Islam-Lexikon, S. 187). Hinzu kommt aus sunnitischer Sicht die von den Prophetengenossen und die in Medina geübte Praxis (vgl. M. Rohe, Das islamische Recht, S. 52 f). Soweit die Offenbarung Auslegungsbedarf enthält, wird die Sunna vorrangig zur Klärung mit herangezogen, weil davon ausgegangen wird, dass sie die göttliche Rechtleitung wiedergibt (M. Rohe a.a.O., S. 56; T. Nagel, Was ist der Islam, S. 184). Ihre Autorität beruht darauf, dass der Prophet den Koran vorlebte und im Koran befohlen wird, dem Propheten in religiösen und moralischen Dingen Folge zu leisten (D. Zacharias a.a.O., S. 140). Die Überlieferung muss als authentisch festgestellt worden sein und sich auf etwas beziehen, was Muhammad als Prophet gesagt oder vorgelebt hat. Es darf sich also nicht um banale Begebenheiten des täglichen Lebens handeln (D. Zacharias a.a.O., S. 141; M. Rohe a.a.O., S. 52 f.; B. Radtke a.a.O., S. 63 f). Die großen Sammlungen der darauf bezogenen Überlieferungen entstanden bis zum Ende des 9. Jhdts. (M. Rohe, Das islamische Recht, Eine Einführung, S. 16). Die maßgebendste und größte Sammlung authentischer Hadithe dürfte diejenige von Muhammad Ibn Ismail al Bukhari gewesen sein, die von ihm ca. 200 Jahre nach dem Tod des Propheten zusammengestellt wurde.

24 Hadithe sind Berichte oder Erzählungen in Gestalt von Textüberlieferungen, die sich auf die Prophetentradition oder (hierunter fallen die „anderen Hadithe“) auf Berichte über die Prophetengenossen beziehen. Eine Textüberlieferung muss im Rahmen einer Traditionskette (chronologische Reihung der Überlieferer) auf einen Prophetengenossen zurückzuführen sein, der den geschilderten Sachverhalt verbürgt. Je fälschungssicherer sich diese Kette darstellt, desto hochwertiger ist der Hadith (T. Nagel, Was ist der Islam, S. 141 ff.; M. Rohe, Das islamische Recht, S. 53 ff.). Bei der Islamisierung des Rechtswesens spielen solche Hadithe eine wichtige Rolle (T. Nagel a.a.O., S. 143). Gleichzeitig sind sie eine Richtschnur für das ethische, religiöse und soziale Verhalten der Muslime, für das richtige Verständnis von Gottes Ge- und Verboten sowie für Lösungshilfen bei neu auftauchenden Problemen (P. Antes, Der Islam – Religion-Ethik-Politik, S. 64).

25 Als weitere Rechtsquellen sind im Rahmen der Scharia anerkannt: *Der*

11. Jhdt. gilt das Schariarecht als weitgehend abgeschlossen.[26] Vorausgegangen war eine Institutionalisierung der Rechtslehre in verschiedenen Rechtsschulen.[27] Im sunnitischen Islam wurden die im 8. und 9. Jhdt. entstehenden Rechtsschulen der Hanafiten, Malikiten, Schafiiten und der Hanbaliten prägend.[28] Das Erbe der Schulgründer wurde

---

Konsens aller relevanten Rechtsgelehrten (Idschma) in Übereinstimmung mit dem Koran und der Sunna. Die Konsensbildung erfolgt nach Sunniten und Schiiten getrennt, wobei sich die Schiiten weithin an den sunnitischen Quellen orientieren. Die Frage der Relevanz und von Verfahrensfragen ist höchst umstritten. Die Konsensentscheidungen der autoritativen Prophetengenossen gelten dann als unstreitiges Ergebnis. Gleiches gilt für Entscheidungen bis ins 11. Jhdt. Gefundene Konsense sind für alle bindend (M. Rohe, Das islamische Recht, S. 58 ff.; T. Nagel, Was ist der Islam, S. 184). Sie gelten als Verlängerung der göttlichen Offenbarung, wenn sie in ihr eine Grundlage finden (D. Zacharias a.a.O., S. 145). *Der Analogieschluss*: Abgeleitet aus dem Idschtihad (Tor zur eigenständigen Weiterentwicklung bzw. Neuinterpretation), kommt er zur Anwendung, wenn es weder im Koran noch in der Sunna oder auf der Basis bindender Konsense hinreichende Lösungsansätze für Probleme gibt. Seine Anwendbarkeit ist in den bestehenden Rechtsschulen umstritten (D. Zacharias a.a.O., S. 149). Da er aber nicht verboten ist, wird er überwiegend als erlaubt angesehen (M. Rohe, Das islamische Recht, S. 62 f.; T. Nagel, Was ist der Islam, S. 184, 187). Er ist als Lückenfüller zu verstehen (D. Zacharias a.a.O., S. 149). Das arabische bzw. orientalische *Gewohnheitsrecht* gilt als anerkannte Rechtsquelle, soweit es dem Scharia-Recht nicht entgegensteht (M. Rohe a.a.O., S. 69). Zu nennen wäre auch noch die *Berücksichtigung des allgemeinen Nutzens* (sog. *maslaha-Prinzip*, Rechtsvorschriften hätten dann bspw. in Notsituationen keine Geltung) (M. Rohe a.a.O., S. 66) sowie die Jurisprudenz (fiqh) mit dem Denksystem des „gesunden Menschenverstandes" (ra'y), M. Rohe, Das islamische Recht, Eine Einführung, S. 10, 14. D. Zacharias, Islamisches Recht und Rechtsverständnis, in: S, Muckel, Der Islam im öffentlichen Recht des säkularen Verfassungsstaates, S. 44 f.

26 T. Nagel Was ist der Islam, S. 190.

27 M. Rohe, Das islamische Recht, S. 28.

28 Vgl. die ausführliche Darstellung der Rechtsschulen und ihrer Charakteristika bei D. Zacharias, a.a.O., S. 75-89; T. Nagel, Was ist der Islam, S. 177-188; M. Rohe, Das islamische Recht, S. 27 ff.; A.Th. Khoury, Islam-Lexikon A-Z, S. 500. Die älteste Rechtsschule, die hanafitische, wird für

vom 10.-13. Jhdt. systematisiert und überarbeitet. Man erleichterte den praktischen Umgang mit der Scharia, indem man nach Sachgesichtspunkten geordnete Kompendien erstellte.[29] Zudem entstand mit der „Medresse" ab dem 11. Jhdt. eine Lehrinstitution, in der sich Schariagelehrte für den Beruf des Richters (Qādi/Kadi) qualifizieren konnten.[30]

Inhaltlich enthält die Scharia die umfassende diesseitige Konkretisierung des rechtlichen Regelwerkes innerhalb der islamischen Daseins- oder Lebensordnung,[31] einschließlich der Mechanismen zur Normfindung und Interpretation.[32] Sie ist die von Gott gesetzte Ordnung im Sinne des „gebahnten Weges". Ihre Bestimmungen betreffen das islamische Ritualrecht (Reinigungsvorschriften, Vorschriften über das Beten, Fasten, zur Pilgerfahrt nach Mekka und zur Almosensteuer), das Verbot bestimmter Speisen und Getränke und die zwischenmenschlichen Beziehungen (also bspw. das allgemeine Vertragsrecht, das Familien- und Erbrecht) sowie das Strafrecht. Darüber werden Vorgaben staats- und verfassungsrechtlicher Art sowie für internationale Beziehungen angesprochen.[33] Hinzu kommen nicht zuletzt Vorgaben für den Dschihad sowie für den Umgang mit Ungläubigen und den sog. Schutzbefohlenen.

---

die derzeit in Deutschland lebenden Muslime als vorherrschend angegeben (D. Zacharias a.a.O., S. 75). Die schafiitische Rechtsschule gilt als die weltweit zweitgrößte des islamischen Rechts (D. Zacharias a.a.O., S. 86).

29 T. Nagel, Was ist der Islam, S. 178.

30 T. Nagel a.a.O., S. 178.

31 T. Nagel a.a.O., S. 174 f.: nach Überzeugung der Gelehrten enthalte sie sämtliche Ausführungsbestimmungen. M. Rohe, Das islamische Recht, S. 9 ff. hält allerdings die vollständige Gleichsetzung der Scharia mit dem „islamischen Recht" für unzutreffend. Erstere sei nur eine (wenn auch bedeutsame) Teilmenge des islamischen Rechts. Der Scharia mangele es für das Diesseits in erheblichem Umfange an formalen Vorschriften zur Durchsetzung rechtlicher Bestimmungen. Zudem gelte das islamische Recht weitgehend nur territorial. Auch wenn diese Hinweise zutreffend sein sollten, lassen sie meine nachfolgenden Ausführungen unberührt.

32 M. Rohe a.a.O., S. 9, 16.

33 T. Nagel a.a.O., S. 26, 174 und 189 ff.

Alle im Koran enthaltenen Befehle und Anweisungen gehen unmittelbar auf Allah zurück und können infolge der göttlichen Festlegung durch den menschlichen Verstand weder ergründet, geändert, ergänzt noch verworfen werden.[34] Nur Gott selbst kann seine eigenen Vorschriften aufheben, verbessern oder verändern (2/106; 17/86; 16/101). Von göttlicher Natur gilt auch die Sunna, die ebenfalls jeder menschlichen Änderung entzogen ist.[35] Alle weiteren außerhalb des Koran und der Sunna liegenden Rechtsquellen haben das göttlich Offenbarte so sorgfältig zu beachten, dass der göttliche Ursprung des Ganzen außer Frage bleibt. Für diesen Fall ist auch die menschengemachte Jurisprudenz (fiqh), also das Juristenrecht und die Rechtswissenschaft, als unproblematisch einzuordnen[36], soweit sie sich nicht im Widerspruch mit dem schariatischen Recht befinden.[37]

Der Islam basiert auf der engen Verknüpfung von Koran und Scharia, das eine kann ohne das andere nicht gedacht werden. Beidem wird ein unabgeleitet göttlicher Ursprung zuerkannt und beides kennzeichnet in seiner Gesamtheit und Verwobenheit die islamische Religiosität. Der Islam enthält verbindliche Regeln für die weltliche Umsetzung des Glaubens ebenso wie detaillierte gesetzliche Bestimmungen für andere

34 T. Nagel a.a.O., S. 37, wo er darauf hinweist, dass sich die göttlichen Anweisungen und Gebote einer rationalen Deutung entziehen. M. Rohe Das islamische Recht, S. 43; D. Zacharias a.a.O., S. 85.

35 P. Antes, Ethik und Politik im Islam, in: ders., Der Islam – Religion-Ethik-Politik, S. 64.

36 Es wird davon ausgegangen, dass die Scharia niemals in Gänze offenliegen wird. Es sei die Aufgabe der Rechtsgelehrten, zu gegebener Zeit die noch verhüllten Teile zu ermitteln. Fiqh ist deshalb die Einsicht in das nur in Teilen offenkundige Teilwerk der Scharia, um Alltagsprobleme rechtskonform regeln zu können, D. Zacharias a.a.O., S. 86. Nach klassischer Auffassung geht es um die Einsicht in den verborgenen Sinn der einzelnen Überlieferungen. Unter Einsatz des juristischen Sachverstandes ist dieser Sinn auf den Begriff zu bringen und für die Rechtspflege bereit zu stellen, T. Nagel a.a.O., S. 182 i.V.m. einem Beispiel auf S. 202.

37 Nach Auffassung der Gelehrten umfasst der Begriff des schariatischen Rechts das gesamte System der islamischen Normenlehre, also auch den Fiqh, M. Rohe, Das islamische Recht, Eine Einführung, S. 9 f.

weltliche Bereiche des menschlichen Miteinanders. Dieses Regelwerk gilt – wenn es aus Koran und Sunna stammt – als ewig gültiges, heiliges Recht. Es bedarf zu seiner Wirksamkeit keinerlei weiterer Transformationsakte in das säkulare staatliche Recht oder religiöse Binnenrecht. Der Koran hat für die Muslime die Qualität eines unmittelbar anwendbaren göttlichen Rechtsetzungsaktes.[38] Dies ist der Grund dafür, den Islam als Gesetzesreligion zu bezeichnen.[39] Gott fordert hierzu nach muslimischer Vorstellung unbedingten Gehorsam.[40]

Auch wenn die Scharia aus machtpolitischen Gründen zu keiner Zeit uneingeschränkt Anwendung gefunden haben mag,[41] so ändert dies nichts daran, dass sie vom eigenen Anspruch her und auch tatsächlich stets ein prägender Teil des öffentlichen islamischen Gesellschaftslebens gewesen ist und nicht nur eine private Glaubensangelegenheit.[42] Dies umso mehr, weil die Heilserwartung des Einzelnen für das Jenseits durch die Beachtung der Scharia im öffentlichen Bereich des Diesseits mit beeinflusst wird.

---

38 D. Zacharias a.a.O., S. 120.

39 B. Radtke, Der sunnitische Islam, in: W. Ende/U. Steinbach, Der Islam in der Gegenwart, S. 57; D. Zacharias a.a.O., S. 120 verweist auf die rechtlich bindende normative Wirkung des Koran.

40 A. Th. Khoury, Der Islam und die westliche Welt, S. 96. Die Scharia beansprucht vorrangige Geltung vor allem anderen Recht, weil sie von Gott komme. Gleiches beansprucht der Islam. Auf den Konflikt mit dem säkularen positiven Recht verwies 2016 der Rektor der al-Azhar-Hochschule in einer Rede vor Bundestagsabgeordneten, vgl. bei Nagel, Was ist der Islam, S. 175. Vgl. auch unten zur Normhierarchie.

41 B. Radtke, Der sunnitische Islam a.a.O., S. 65. In Konfrontation mit den weltlichen muslimischen Machthabern waren Kompromisse bei der Handhabung der Scharia über die Zeiten hinweg die Folge.

42 B. Radtke a.a.O., S. 57: Der Koran ist als Religion nur lebbar, wenn seine Gesetze im Gemeinwesen Anwendung finden; U. Matyssek, Zum Problem der Trennung von Religion und Politik im Islam, in: St. Muckel, Der Islam im öffentlichen Recht des säkularen Verfassungsstaates, S. 162.

Zusammenfassend lässt sich sagen, dass der Islam mehr ist als der Koran. Er umfasst auch die Beschäftigung mit dessen Inhalt und die daraus über lange Zeiträume hinweg abgeleiteten konsensualen Interpretationen unter Einbeziehung von Sunna und Hadithen. Der Koran bleibt gleichwohl sein zentraler Mittelpunkt. Die Scharia enthält das dazu gehörige Regelwerk.

2. Muhammad

Als Verkünder des Koran wurde Muhammad (bedeutet: „der Gepriesene") gleichzeitig zum maßgebenden Begründer der islamischen Religion.

2.1 Historisch bedeutsame Einzelaspekte

Muhammad wurde 569 n. Chr. in der Nähe der arabischen Stadt Mekka geboren, einem bedeutsamen Umschlagplatz auf der arabischen Halbinsel. Gelegen an einer Handelsstraße nach Gaza am Mittelmeer beherbergte die Stadt mit der Kaaba (Ka'ba) das zentrale Heiligtum des vorislamischen heidnischen Arabiens.[43]

Die höchste dort verehrte Gottheit war al-ilāh, verkürzt: Allah.[44] Muhammad verwendete dieses Wort nun weiter für den einen Gott der Offenbarung. Dieser steht nun synonym für Allah.

Muhammad entstammte dem arabischen Stamm der Quraischiten, der Mekka beherrschte. Er gehörte einem der wichtigen Klane an.[45] Seine Abstammung in männlicher Linie soll bis zu Abraham zurückreichen. Nach einer mekkanischen Stadtsage war sein Ahnherr in fünfter Generation offenbar der erste Quraischite, der die Ansiedlung um die Kaaba herum besessen hat.[46] Mekka war seinerzeit geprägt von einem polytheistischen Kult, der gleichzeitig die Grundlage für ein florierendes Pilgerwesen zur Kaaba und für wirtschaftlichen Wohlstand war.[47]

---

43 H. Busse, Grundzüge der islamischen Theologie und der Geschichte des arabischen Raumes, in: W. Ende/U. Steinbach, Der Islam in der Gegenwart, S. 20.

44 T. Nagel, Was ist der Islam, S. 91; L. Hagemann, Islam-Lexikon A-Z, S. 304 benennt Allah als Hochgott.

45 T. Nagel a.a.O., S. 87.

46 T. Nagel a.a.O., S. 85 f.

47 T. Nagel a.a.O., S. 88.

Muhammad soll seit seiner frühen Jugend ein Gottsuchender gewesen sein, der sich im Laufe der Zeit bereits der Gruppe der Hanīfen zugerechnet hatte. Die Hanīfen waren vorislamische Männer auf der arabischen Halbinsel, die sich vom Polytheismus (der Vielgötterei) abgewandt und ihren Weg zum Monotheismus (Eingottglauben) gefunden hatten, ohne aber Juden oder Christen zu werden.[48] Dem Polytheismus stellte Muhammad folglich konsequent den Eingottglauben entgegen. Inhaltlich entsprach dies dem Alten Testament und seinem unermüdlichen Kampf gegen die Vielgötterei.[49]

Mit seinen Offenbarungserlebnissen ab dem Jahr 610 n. Chr. und seinem verkündigten Glauben an den einen Gott gefährdete Muhammad die gesamte Kultpraxis und den wirtschaftlichen Wohlstand der einflussreichen Klanfamilien in Mekka.[50] Dies umso mehr, weil er in Mekka bereits um 620 dazu übergegangen war, sich nicht nur als Gesandter Gottes darzustellen, sondern auch als Prophet, mit der Befugnis versehen,[51] das „Billigenswerte zu befehlen und das Verwerfliche zu verbieten" (7/157). Damit endete die Phase, in der Muhammad nur vor der Gottesstrafe am Tage des Jüngsten Gerichts warnte.

Von nun an galt die von Allah eingegebene Wahrheit bereits im Hier und Jetzt,[52] mit der Folge, dass Muhammad Gehorsam einforderte.[53] Wer Gott und seinem Gesandten gehorche, dem werde nichts von seinen Werken geschmälert, selbst dann, wenn man nur Muslim aber noch nicht wirklich gläubig geworden sei (49/14). Wer ihm huldige, huldige Gott (48/10). Wer dem Gesandten gehorche, gehorche

48 H. Busse a.a.O., S. 21 f.; T. Nagel a.a.O., S. 97. Für die Hanīfen waren das Juden- und das Christentum keine wahre Religion, weil ihnen das Tieropfer fehlte, T. Nagel a.a.O., S. 124.

49 H. Busse a.a.O., S. 22; L. Hagemann, Islam-Lexikon A-Z, S. 304.

50 T. Nagel a.a.O., S. 84, 88.

51 T. Nagel a.a.O., S. 374, 529.

52 T. Nagel a.a.O., S. 219.

53 Ihr Gläubigen! Gehorchet Gott und seinem Gesandten!" (8/20) „Das sind die Gebote Gottes. Wer nun Gott und seinem Gesandten gehorcht..." (4/13). „Wer aber gegen Gott und seinen Gesandten widerspenstig ist und seine Gebote übertritt, den..." (4/14). Vgl. auch Sure 4/59 und 4/69.

Gott (4/80; 47/33), also sei ihm zu gehorchen (26/16, 126, 131). Wer sich aber abwende, sei ungläubig (3/32). Die verkündigten Gottesvorstellungen wurden demnach ergänzt durch Vorgaben für eine grundlegende Umorientierung der Lebensverhältnisse und der Kultpraxis in Mekka.[54] Dies zwang ihn im Jahr 622, in die Stadt Medina auszuwandern. Nach Übernahme der politischen Führungsmacht[55] eroberte er im Januar des Jahres 630 von dort aus Mekka militärisch, ebenso wie weite Teile der arabischen Halbinsel bis hinein in das heutige Jordanien.[56] Am 8. Juni 632 starb Muhammad in Medina.

2.2 Göttliche Legitimation

Muhammad sah sich als Schlussstein einer langen Reihe von Gesandten und Propheten[57] und als jemand, der bereits von Jesus angekündigt worden sei (61/6).[58]

Wenngleich Muhammad darauf hinwies, nur dem zu folgen, was ihm durch die Offenbarung eingegeben worden sei (6/50; 75/18), wurde sein Status als Gesandter in vielfacher Weise angezweifelt und das von ihm Verkündigte nicht geglaubt. Das von ihm Gesagte sei (nur) eine Erfindung (16/101; 38/7; 52/33; 69/44-47), er sei nur ein Wahrsager (52/29; 69/42), ein Dichter (52/30; 21/5; 69/41), ein Zauberer

---

54 T. Nagel a.a.O., S. 83; abstrakt: ebendort, S. 113.

55 A. Th. Khoury, Der Islam und die westliche Welt, S. 88. Daraus habe sich in zahlreichen Fällen notwendigerweise eine Weltzugewandtheit zum Schutz und zur Förderung von Muslimen ergeben.

56 T. Nagel a.a.O., S. 84.

57 Vgl. hierzu unter 2.4, S. 36 ff.; 2.5, S. 40 f.

58 „Jesus wurde von Gott zu euch gesandt, um zu bestätigen, was vor ihm da war (nämlich die Thora). Zudem verkündete er einen weiteren Gesandten mit einem hochlöblichen Namen, der nach ihm kommen werde und (nach Bobzin:) dessen Name Ahmad sei.“ Das wurde insoweit als bedeutsam angesehen, als Muhammad („der Gepriesene“) laut Hadith fünf Namen gehabt haben soll, darunter den Namen Ahmad, vgl. bei A. Th. Khoury, Der Islam in der westlichen Welt, S. 33.

(10/2; 17/47; 21/3; 25/8; 38/4; 43/30; 51/52; 54/2; 74/24), ein Besessener (23/70; 34/8; 37/36; 44/14; 52/29; 51/52; 68/2, 51; 81/22) oder gebe Eingebungen des Satans wieder (51/25). Muhammad widersprach dem mit zahlreichen Erklärungen bzw. teilte Gottes Widerspruch mit (52/29; 68/2).

Er gab Gott mit den Worten wieder, (vor Eingebung des Koran) noch keine Schrift gelesen und sie auch nicht abgeschrieben zu haben (29/48). Ihm sei von Gott attestiert worden, bisher nicht gewusst zu haben, was die Offenbarungsschrift sei und was der reine Glauben. Gott habe ihm die Offenbarung nun zu einem Licht gemacht, mit dem er ihn recht leite (42/52). Zudem verwies er auf den Hochmut seiner Widersacher und dass es den Gesandten und Propheten vor ihm ähnlich ergangen sei (38/14; 2/55; 7/109, 110, hier unter Bezug auf Mose). Nicht er habe den Koran zusammengetragen und rezitiert, sondern Gott (75/17). Der Koran könne ohne Gott gar nicht erdichtet werden (10/37; 42/24). Wie das Unvermögen seiner Kritiker zeige, seien sie nicht im Stande, auch nur eine einzige Sure gleicher Art beizubringen (2/23, 24). Beweise dafür dürfe er nur mit Gottes Erlaubnis beibringen. Für die Richtigkeit seiner Verkündigungen bürge Gott selbst. Das sei ausreichend (4/79), die meisten Menschen wüssten nur nicht Bescheid (16/101).

Wie dem Koran zu entnehmen ist, spricht Gott mit den Menschen grundsätzlich[59] nicht unmittelbar, sondern durch Eingebung, hinter einem Vorhang oder durch einen Boten, der dem Menschen mit göttlicher Erlaubnis eingibt, was Gott will (42/51). Die Schilderung Muhammads ging dahin, „von einem vortrefflichen Gesandten“ (81/19, 69/14) den Koran mitgeteilt bekommen zu haben (81/22) und ihn „am deutlichen Horizont gesehen“ zu haben (81/23). Damit wurde Bezug genommen auf Sure 53/4, wonach der Koran eine inspirierte Offenbarung sei, überbracht von jemandem, der über große Kräfte

59 Nur mit Mose soll Gott wirklich gesprochen haben (2/253; 4/164).

verfüge.[60] Gemeint gewesen sein dürfte der Erzengel Gabriel, der als himmlischer Bote mit Erlaubnis Gottes zu Muhammad kam (2/97).[61]

Was Muhammad seinen Widersachern weiter vorhielt, war, dass die Offenbarung erstmals in „einer deutlichen arabischen Sprache" (43/2-4; 16/103; 26/195; 42/7) erfolgt sei, womit er einen schlichten Rückgriff auf frühere Offenbarungen (Thora und Evangelien) ausschließen wollte. Die Kritik, ein Mensch habe ihm die Offenbarung gelehrt, ginge schon deshalb fehl, weil dessen Sprache fremd und nicht arabisch gewesen sei (16/103). Nicht zuletzt vermochte Muhammad sein Umfeld mit der Schilderung einer Himmelsreise unmittelbar zu Gott (angedeutet in Sure 17/93) im Anschluss an eine Nachtreise von Mekka nach Jerusalem zu beeindrucken (letztere ist in Sure 17/1 erwähnt).[62] Und schließlich dürfte das vor allem für seinen militärischen Erfolg gegolten haben, beginnend mit dem Sieg in der Schlacht bei Badr im Jahr 624. Der Erfolg gab ihm Recht und belegte in den Augen seiner Anhänger die Richtigkeit der von ihm offenbarten göttlichen Rechtleitung. Dies wiederum konnte zugleich als Bestätigung der Heilserwartung für das Jenseitige gewertet werden.[63]

---

60 „Er stand aufrecht da, ganz oben am Horizont, näherte sich und kam immer weiter nach unten, so dass er schließlich nur noch zwei Bogenlängen entfernt war", als er Muhammad die Offenbarung eingab (53/5-10). Diese Erscheinung soll sich an anderer Stelle wiederholt haben (53/13).

61 Auch in Sure 66/4 wird Gabriel als Schutzherr Muhammads benannt. Er dürfte auch der in Sure 26/193-195 angesprochene „zuverlässige Geist" sein, ebenso der „Geist der Heiligkeit" (16/102), der nach der Eigendarstellung den Koran mit der Wahrheit von Gott herabgesandt hat.

62 Wie sich aus der übermittelten Tradition ergibt, unternahm Muhammad, geführt vom Erzengel Gabriel, eine Reise durch die sieben Himmel zu Gott, mit dem er sich auf die Zahl von täglich fünf Pflichtgebete verständigte, nachdem Gott zuvor 50 Gebete täglich verlangt hatte. Zur Himmelsreise vgl. die Darstellung bei T. Nagel, Was ist der Islam, S. 532-535 und bei A. Th. Khoury, Islam-Lexikon A-Z, S. 282 f.

63 Dazu unter 3.3.1, S. 48 ff., 51 f. sowie unter 3.3.3.3.2, S. 76.

2.3 Erweckungserlebnis und Auftrag

Muhammad wird im Koran bescheinigt, die Offenbarungsschrift sowie den wahren Glauben bis zur Verkündigung nicht gekannt zu haben (42/52). Nach arabischer Überlieferung durchlebte er sein Erweckungserlebnis[64] im Jahr 610 am Berg Hīrā nahe Mekka.[65] Dort erhielt er in der (sinnbildlich gemeinten) „Nacht der Bestimmung" (97/1) seinen Verkündigungsauftrag. Dieser ist in Teilen den Suren 74/1-5 und 73/1-10 zu entnehmen. Zusammengefasst besagt er, dass Muhammad stehend den Koran vortragen (73/2, 4), seinen Herrn preisen (74/3) sowie als Mahner, Warner und Verkünder der Frohen Botschaft auftreten soll (41/4; 39/27, 28; 42/7; 46/12). Er hat den Auftrag, seinem Umfeld die Uroffenbarung in der eigenen (arabischen!) Sprache zu verkünden (43/2-4). Dabei habe er nur die göttlichen Botschaften auszurichten (3/20), nachdem ihm der Koran – der Wahrheit entsprechend – verlesen worden sei (45/6). Die Wiedergabe des Verlesenen kann aus Sicht der Gläubigen als ein wichtiger Grund gelten, sich strikt an den Wortlaut des Koran halten zu müssen (vgl. auch unter 3 und 3.2 von Teil I).

Die Mahnung besteht darin, die Menschen, die (nach Bobzin) Gottes Drohung fürchten, mit dem Koran daran zu erinnern (50/45), Gott unablässig zu gedenken und ihn morgens und abends zu preisen (33/41, 42). Zudem sollen die Menschen Gott dienen und gottesfürchtig sein (2/21) sowie sich ein Vorbild an früheren Rechtgeleiteten nehmen (6/90). Die Warnung bezieht sich auf den Tag, an dem die Strafe über die Menschen komme (14/44). Sie betrifft einerseits den Tag des Jüngsten Gerichts, andererseits aber auch diesseitige Strafen. Sie richtet sich an die Ungläubigen und jene, die der Mahnung nicht ausreichend gefolgt sind. An zahlreichen Beispielen unter-

64 Der Schrecken darüber führte nach den Schilderungen dazu, sich in Tücher zu verhüllen bzw. sich verhüllen zu lassen, worauf zu Beginn der Suren 73 und 74 hingewiesen wird. Für T. Nagel a.a.O., S. 530 ergibt sich das zuerst Rezitierte aus Sure 96/1-3 (die Übersetzung von H. Bobzin kommt der von Nagel am nächsten). Näheres zur Abfolge der Eingebungen ebendort S. 531.

65 T. Nagel a.a.O., S. 530.

gegangener Städte (bspw. Sodom und Gomorrha (69/9)) und Völker (bspw. der ‚Ād und Thamūd oder der Leute Noahs und Lots) wurde aufgezeigt, welch schlimme Folgen die Bezichtigungen damaliger Gesandter als Lügner sowie der Unglaube gegenüber Gott haben würde (54/18, 23-35; 91/11, 14; 53/50-53).

Muhammads Warnung an die jetzt Lebenden ergehe nach Art dieser früheren Warnungen (53/56). Auch Sure 26 kann als Beispiel für Straferzählungen infolge Ungehorsams angesehen werden. Mit seiner Warnung vor der Strafe Gottes (74/2), vor der Hölle, als dem Schrecklichsten, was es gebe (74/35, 36) oder vor unzulässigen Abweichungen im Glauben (das betraf bspw. Juden und Christen, 2/121) kam er dem an ihn gerichteten göttlichen Auftrag nach, nichts anderes als ein klarer (26/115; 13/7), deutlicher (22/49) und selbstloser (34/47) Warner zu sein. Er wies darauf hin, dass Gott ihm keine Gewalt über die Menschen gegeben habe (88/21), so dass er sie zum Glauben nicht zwingen könne (88/22). Zu den Warnungen gehörten auch Hinweise auf den Weltuntergang (89/21) und die Katastrophe des Gerichts, die alles zudecke (88/1)[66] und bei der die Hölle herbeigebracht werde (89/23).

Das Gegenstück hierzu findet sich in der Verkündigung der Frohen Botschaft (25/56; 41/4). Diese besteht in der offenbarten Gewissheit, am Tage des Gerichts ins Paradies eingehen zu können, wenn man korangemäß gläubig gewesen sei und sich rechtgeleitet verhalten habe (4/124; 39/17). Die Frohe Botschaft ist nur an jene gerichtet, „die sich uns ergeben haben“ (16/89, 102; ähnlich: 7/188), nicht an die Sünder (25/22) und an die Ungläubigen (18/102). Unter Rechtleitung wird verstanden, alle göttlichen Befehle und Anweisungen strikt zu befolgen, die sich aus dem Koran ergeben.[67] „Den Rechtgeleiteten wird es wohlergehen“ (2/5).

---

66 Zum Tag des Jüngsten Gerichts, vgl. auch unter 3.3.1, S. 48 ff.

67 Dies gilt auch dann, wenn sie sich einer rationalen Erklärung entziehen, wie z. B. der festgelegten Zahl von fünf täglichen Pflichtgebeten. T. Nagel, Was ist der Islam, S. 37. A. Th. Khoury, Der Islam und die westliche Welt, S. 16, 61: Er muss den rechten Weg gehen und den göttlichen Willen befolgen, wie er ihn in der Offenbarung kundgetan findet und in deren Gesetz.

Muhammad war in diesem Zusammenhang nicht aufgetragen worden, die Menschen von sich aus vom Glauben zu überzeugen und die Ungläubigen zum Glauben rechtzuleiten. Vielmehr leite Gott recht, wen er wolle (2/272). In diesem Sinne unterblieb ein Auftrag zur Missionierung. Die Ungläubigkeit anderer sollte er vielmehr geduldig ertragen (73/10). Es sei Gott zu überlassen, was mit den Betroffenen geschehen solle (73/11-13; 74/7, 11). Von daher konnte er auch sagen: „Ihr habt eure Religion und ich die meine" (109/6). Ungeachtet dessen umfasste sein Auftrag aber, als Verkünder der Frohen Botschaft die Menschen zur Annahme des Islam aufzufordern[68] und sich zu bekehren (9/3).

2.4 Kontinuitäten

Muhammad verstand seine Botschaft als die Wiederholung der früheren Offenbarungen (37/37). Er sah sich selbst als Glied einer langen Traditionskette göttlicher Gesandter und Propheten.[69] Eine besondere Bedeutung hatten für ihn in diesem Zusammenhang Abraham, Mose und Jesus.

2.4.1 Abraham

Abraham gilt aus Sicht des Koran als der Vater des Islam und Verkünder der ursprünglichen reinen Religion.[70] Entscheidend hierfür ist sein konsequenter Eingottglauben. Gott habe ihn deshalb erwählt und

---

68 Das ist auch die schariatische Pflicht aller Muslime gegenüber Andersgläubigen bis hinein in die Gegenwart, T. Nagel a.a.O., S. 43.

69 Adam gilt als erster Prophet, A. Th. Khoury, Islam-Lexikon A-Z, S. 32. T. Nagel a.a.O., S. 36. Der Koran führt die weiteren rechtgeleiteten Gesandten oder Propheten in Sure 6/84, 86 auf. Weitere Hinweise finden sich in den Suren 6/84-86 und 37/123, 133, 139.

70 L. Hagemann, Islam-Lexikon A-Z, S. 304, 243.

auf einen geraden Weg geführt (16/121). Auch Abraham habe bereits eine frühe Offenbarungsschrift erhalten (87/19) und sich rechtleiten lassen (37/99). Es gibt im Koran zahlreiche Hinweise auf die besondere Bedeutung Abrahams, seine Auserwähltheit und seine religiöse Vorbildfunktion für die Menschen (2/124-133; 16/121; 60/4, 6). Aus seinem geheiligten Platz sei die heilige Gebetsstätte der Kaaba entstanden (3/96; 2/125). Gott habe sich Abraham zum Freund genommen (4/125). Der sei jemand gewesen, der Gott niemanden beigesellt habe (2/135), denn Gott sei ein Einziger (112/1). Darum habe Muhammad auch die Weisung erhalten, allein der Religion Abrahams zu folgen (16/123).

Für Muhammad stand deshalb fest, von Gott auf einen geraden Weg und zu einem richtigen Glauben geführt zu werden, wurde Abraham doch als Hanīf[71] bezeichnet (6/161). Er selbst sah sich der Religion Abrahams am nächsten (3/68). Die Bitte Abrahams gegenüber Gott, „aus uns und unserer Nachkommenschaft eine dir ergebene Gemeinde zu machen" (2/128) übertrug er auf seine Zeit, indem er feststellte, die Glaubenden würden die hanīfische Gemeinschaft Abrahams bilden: Auch ihr Gott sei einer allein (2/163).[72]

2.4.2 Mose

Wie sich aus dem Koran ableiten lässt, sprach Gott zu den Menschen vor allem durch Abraham, Mose, Jesus und Muhammad.[73] Die Wertschätzung von Mose wird nicht zuletzt daraus ersichtlich, dass er es war, der Muhammad am Ende der Himmelsreise aufgefordert haben soll, mit Gott die Zahl der täglichen Pflichtgebete festzulegen.[74]

71 Zu dem Begriff des Hanīfen vgl. Sure 3/67 und oben unter Nr. 2.1 auf S. 30.

72 In Abraham erkannte Muhammad den ersten Muslim, weil seine monotheistische Gottsuche als Hanīf außerhalb der jüdischen und christlichen Daseins- und Kulturordnung erfolgte, T. Nagel, Was ist der Islam, S. 27.

73 L. Hagemann, Islam-Lexikon A-Z, S. 243.

74 A. Th. Khoury, Islam-Lexikon A-Z, S. 283.

Ebenso wie Abraham erhielt auch Mose (und sein Bruder Aaron als Unterstützer) von Gott seine Offenbarung in deutlicher Schrift (37/117). Erwählt von Gott (20/13; 7/114) und zum Gesandten berufen (26/21; 28/7, 44; 20/9-48) oblag ihm die Aufgabe, „die Kinder Israels" aus der ägyptischen Gefangenschaft zu retten (20/47, 77; 26/52).[75] Mose wurde Empfänger der Thora, des heiligen Buches der Juden und damit zugleich der Verkünder des göttlichen Gesetzes.[76] Der von Gott mit ihm (7/134; 33/7; 43/49) sowie mit „den Kindern Israels" eingegangene Bund auf der Basis eines gegenseitigen Treueverhältnisses (2/40, 63, 83; 4/154; 5/70) verlieh ihm eine herausragende Stellung in der Prophetenreihe.[77] Sein Auftrag als Prophet war, den Eingottglauben zu verkünden (20/14), um damit „sein Volk aus der Finsternis heraus ins Licht" zu bringen (14/5). Auf Mose und die Thora berief sich Muhammad als eine ihm vorausgegangene Richtschnur sowie als Rechtleitung und Frohe Botschaft für die Rechtschaffenen (46/12; 28/43; 6/154; 7/154; 11/17).

2.4.3 Jesus

Der Koran führt aus, dass Gott Adam, Noah, die Sippe Abrahams und die Sippe ‚Imrāns vor den Menschen in aller Welt auserwählt habe. Zur Sippe ‚Imrans gehört auch Jesus, der häufig die Beifügung „Sohn der Maria" erhielt. (so bspw. in Sure 2/87; 5/46; 43/57; 5/116 und 33/7). Eine – damals übliche – väterliche Zuordnung fehlt.[78]

---

75 Geboren zu einer Zeit, als der ägyptische Pharao die Tötung der männlichen Neugeborenen verfolgte, wurde Moses ausgesetzt (20/39), von der Frau des Pharaos gerettet (28/9), später seiner Mutter zurückgegeben (28/13) und von Gott ausersehen, wie oben ausgeführt zu handeln.

76 Dies war eine besondere göttliche Auszeichnung, L. Hagemann, Islam-Lexikon A-Z, S. 437.

77 L. Hagemann ebendort.

78 Dem koranischen Hinweis, dass Maria sich keusch hielt (21/91; 66/12) und die Juden gegen sie eine gewaltige Verleumdung vorgebracht hätten (4/156)

Wie die Thora auf Mose, sei das Evangelium von Gott auf Jesus als dessen Verkünder[79] herabgesandt worden, um zu bestätigen, was davor gewesen sei (5/46). Das entsprach der Verpflichtung aller Gesandten und Propheten (3/81). Der Koran charakterisiert mithin auch das Evangelium als von Gott geoffenbarte Schrift (3/3, 4; 5/46). Er teilt nicht nur mit, Gott habe Jesus erwählt, um ihn zum Propheten zu machen (19/30), sondern zählt ihn auch zu den größten Persönlichkeiten der Prophetengeschichte (33/7).[80] Gott habe dessen Predigten und Wirken mit verschiedenen Wundern begleitet, um die Echtheit seiner Sendung zu beglaubigen (5/110 i.V.m. 3/48, 49). Er sei mit dem hl. Geist gestärkt und mit klaren Beweisen versehen worden (2/87). Inhaltlich konnte Jesus gewisse Erleichterungen gegenüber der jüdischen Thora erlauben (3/50) und unter den Juden einige strittige Fragen klären (43/63).

Gleichwohl war Jesus gemäß den Darlegungen des Koran das gleiche Schicksal beschieden, wie den Gesandten und Propheten vor ihm. Ungeachtet aller Wunder und Zeichen sei es ihm nicht gelungen, die

kann entnommen werden, dass sich die Bewertung der Umstände ihrer Schwangerschaft im Ergebnis nicht von der christlichen Beschreibung unterscheidet. Der Koran geht gegenüber Maria von einem göttlichen Schöpfungsakt aus (19/20, 21) und zwar durch ein Wort mit dem Namen Jesus Christus (3/45) und die Worte „es sei“ (3/47; 19/35; zu letzterem allgemein: 2/117; 40/68). Dies habe dazu beigetragen, ihn als „Wort Gottes“ zu bezeichnen, L. Hagemann, Islam-Lexikon A-Z, S. 332. Jesus sei, was seine Erschaffung betreffe, vor Gott gleich wie Adam (3/59). Er habe Gottes Geist erhalten (4/171) bzw. sei mit dem heiligen Geist gestärkt worden (5/110). Mit Nachdruck wird hierbei allerdings betont, dass Gott nicht gezeugt habe (112/3). Zwischen Gott und Jesus habe kein Vater-Sohn-Verhältnis bestanden. Gott habe es nicht nötig (stehe es nicht an), sich ein Kind zuzulegen. Darüber sei er erhaben (19/34, 92; 72/3). Es gebe niemanden, der nicht als Diener zu ihm zurückkommen werde (19/93) und keinen Gott neben ihm (23/91). Auch die Trinitätslehre (Dreieinigkeit Gottes als Vater, Sohn und Heiliger Geist) wird im Koran abgelehnt, Gott sei nicht einer von dreien (5/73). Jesu selbst habe sich gegenüber Gott nur als dessen Diener angesehen (5/116, 117; 3/51).

79 L. Hagemann a.a.O., S. 331.

80 Der gleichzeitige Gesandtenstatus ergibt sich aus Sure 5/111; 4/171 und 3/48, 49.

damaligen Zeitgenossen mehrheitlich von der Wahrheit seiner Verkündigung zu überzeugen. Um ihn dem Ungemach der Ungläubigen zu entrücken, habe Gott ihn daher abberufen und zu sich in den Himmel erhoben (3/55; 4/158). Allerdings sei Jesus dabei nicht den Kreuztod gestorben. Gott habe bewirkt, dass am Kreuz nur ein ihm zum Verwechseln ähnlicher Mensch gestorben sei (4/157). Jesu Tod werde erst am Ende aller Tage eintreten (4/159).

2.5 Das Siegel der Propheten

Der Koran gilt als die dem Propheten Muhammad offenbarte Rede Gottes, die dieser der Wahrheit entsprechend – und weil mit einem Änderungsverbot versehen (10/15) – auch unverändert wiedergegeben und aufgeschrieben haben soll. Gott benannte ihn im Koran dafür zum Siegel der Propheten (33/40). Das legitimierte ihn, als letzter Prophet zu beglaubigen, was vor ihm war. Dem Koran ist zu entnehmen, dass sich Gott höchstselbst als sein Schutzherr ausgegeben hat, der ihm zudem auch die Hilfe Gabriels und aller Engel in Aussicht stellte (66/4; allgemeine Zusage zum Schutz vor den Menschen: 5/67). Zudem wurde Muhammad befugt, gegen Heuchler vorzugehen, so dass sie nur noch kurze Zeit seine Nachbarn sein würden (33/60). Ein Fluch werde über ihnen liegen und wo immer man sie zu fassen bekomme, werde man sie greifen und rücksichtslos umbringen (33/61).

Alle wurden aufgefordert, Muhammad zu glauben. Was er verkünde, sei die Wahrheit (35/31; 46/12). Dazu gehörte insbesondere alles, was geeignet war, den Eingottglauben zu bestätigen. Muhammad sah es aber auch als seinen Auftrag an, mit Hilfe des Koran festgestellte Entstellungen, Geheimhaltungen, Verfälschungen und Fehldeutungen (2/75; 3/187; 4/46; 5/41) bei der Handhabung früherer Offenbarungen klarzumachen (16/89) und zu korrigieren, soweit er nicht nachsichtig sein würde (5/15). Als Siegel der Propheten hatte seine Befehlsbefugnis (7/157) ein besonderes Gewicht. Indem er den Aussagen der anderen Schriftbesitzer den Koran entgegensetzte, beanspruchte er als letztes

Glied der Prophetenkette[81] zugleich das nicht mehr änderbare, definitiv endgültige und verbindliche letzte Wort in allem, was mit der Offenbarung zusammen hing (Schlussfolgerung aus 4/26; 5/6; 22/78).[82] Daher habe man seitens der Gläubigen an Gott und ihn zu glauben, ihn hochzuachten und ihn morgens und abends zu preisen (48/9) und zu gehorchen.[83] Der Glaube an Allah und ihn wurde gleichrangig (49/14, 15).

Dieses Selbstverständnis prägte und prägt bis in die Gegenwart die Grundhaltung des Islam und mehrheitlich der Muslime gegenüber Juden und Christen als „Leuten der Schrift". Sie sehen sich als diejenigen, die mit Gottes Erlaubnis *in allem* zur Wahrheit geleitet wurden, über die die Angehörigen der früheren Offenbarungsreligionen (bislang) uneins waren (2/213). Festzuhalten bleibt dabei, dass dies nicht das Ergebnis eines zwischen wem auch immer geführten Diskurses war und ist, sondern einer verbindlichen göttlichen Wahrheitsbestimmung entspricht, der sich die Muslime verpflichtet fühlen und die menschlicherseits nicht zu ändern ist. Hier findet sich eine der Wurzeln des muslimischen Überlegenheitsgefühls.

---

81 Nach ihm sollte es keine weiteren Propheten mehr geben (Traditionserzählung, vgl. bei T. Nagel, Was ist der Islam, S. 132).

82 L. Hagemann, Islam-Lexikon A.-Z, S. 305, 306.

83 Dazu unter 3.3.4.1, S. 83 f.

3. Der Koran

Der Koran steht im Zentrum der islamischen Religion, er ist ihre wichtigste Quelle. Anders als die Evangelien, die als zusammengestellte Berichte nach dem Tode Jesu angesehen werden,[84] wird der Koran als Rezitation (vgl. 75/16-19; 73/4-5; 45/6) von Gottes ureigener Rede aufgefasst,[85] die durch einen herrschaftlichen Boten, den Erzengel Gabriel, übermittelt wurde.[86] Er gilt als irdische Urkunde der letzten göttlichen Offenbarung.[87]

3.1 Wortbedeutung, Strukturierung

Das Wort Koran heißt im Arabischen „qur'ān" und bedeutet so viel wie Lesung oder vorgetragene Rede. Es verweist auf die wesentliche Art und Weise, in der sein Text unter den Muslimen bis auf den heutigen Tag gegenwärtig ist.[88] Der Koran unterteilt sich nach Angaben der al-Azhar-Hochschule in Kairo in 114 Suren und 6236 Verse.[89] Die Eingebungen, die aus einer Schrift vorzutragen sind (96/3, 4) werden in Versform wiedergegeben. Ein Text, der in sich abgeschlossen ist, wird Sure genannt.[90] Die 114 Suren sind nicht nach dem Zeitpunkt ihrer Niederschrift, sondern nach ihrer absteigenden Länge geordnet. Das erschwert Feststellungen zur Abrogation (Aufhebung einer Vorgabe durch eine neue). Diese Gliederung entspricht der vom dritten Kalifen nach Muhammad, 'Uthman (644-656), durchgesetzten und

84 T. Nagel, Was ist der Islam, S. 111.
85 T. Nagel a.a.O., S. 69.
86 A. Th. Khoury, Der Islam und die westliche Welt, S. 13; T. Nagel a.a.O., S. 65; vgl. auch unter 2.2, Fn. 58.
87 A. Th. Khoury a.a.O., S. 26 ff., 34.
88 T. Nagel a.a.O., S. 111. Dass das Offenbarte zu verlesen ist, gibt der Koran auch selbst vor, bspw. in 96/3, 4 und 13/38.
89 T. Nagel a.a.O., S. 111.
90 T. Nagel a.a.O., 118; Die ersten offenbarten Sätze sollen sich aus Sure 74/1-5 ergeben, T. Nagel a.a.O., S. 91.

autorisierten Reihung. Seither liegt der Koran in Buchform vor.[91] Unterschieden wird zwischen den Suren aus der mekkanischen Wirkungsphase Muhammads (609-622) und – nach dessen Auswanderung nach Medina im Jahr 622 – den medinensischen Suren (622-632).[92] Die sog. „Basmala“ (die Einleitungsformel „Im Namen des barmherzigen und gnädigen Gottes“) gehört nicht zum offenbarten Text.[93]

3.2 Allgemeine Bedeutung

Der Text der urkundlich festgehaltenen Offenbarung soll sich aus einer Urschrift ergeben, die nach sunnitischer Mehrheitsauffassung als Text des ungeschaffenen (und damit unveränderbaren) Seins angesehen wird.[94] Dieser entstammt einer wohlverwahrten Tafel (85/22; 43/4; 56/77-80; 80/13 ff.) im Verborgenen, das sich – ebenso wie Gott selbst – jenseits der weltlichen Schöpfungsgeschichte befindet. Auf dieser Tafel soll Gott sämtliches Geschehen der wahrnehmbaren Welt detailliert eingetragen haben, auch den Koran.[95] Letzterer versteht sich zunächst zwar auch als Erinnerung (74/54; 80/11) an die Offenbarungen, die vor ihm

---

91 Die Sammlung der Verkündigungen war spätestens zwei Jahrzehnte nach Muhammads Tod am 8. Juni 632 abgeschlossen, P. Antes, Ethik und Politik im Islam, in: ders. u. a., Der Islam, Religion-Ethik-Politik, S. 60. T. Nagel a.a.O., S. 112. ‚Uthman ließ alle Vorfassungen der Offenbarungsschriftsammlungen systematisch vernichten, D. Zacharias, Islamisches Recht und Rechtsverständnis, S. 118. Diese Reihung der Suren verwischte – ob gewollt oder nicht – jedenfalls eine denkbare zeitliche Situationsgebundenheit und begünstigte den Ewigkeitscharakter des Offenbarten.

92 In der Übersetzung von H. Bobzin findet sich die jeweilige Zuordnung unter der Surenbezeichnung.

93 Vgl. bei T. Nagel a.a.O., S. 112. Der Text wurde von Muhammad dem Anfang eines Briefes von König Salomo aus der mekkanischen Sure 27/30 entnommen und mit Ausnahme der Sure 9 allen anderen Suren vorangestellt.

94 T. Nagel a.a.O., S. 139, 478 f., für den sunnitischen Islam sei dieser Aspekt konstitutiv, ders. a.a.O., S. 317; H. Busse, Grundzüge der islamischen Theologie, in: W. Ende/U. Steinbach, Der Islam in der Gegenwart, S. 26.

95 T. Nagel a.a.O., S. 219 f.; zum „Verborgenen“ vgl. auch unter 2.6.

waren sowie als eine Bestätigung von Thora und Evangelium.[96] Indem er aber darauf verweist, aus dem Urtext als arabischer Koran und „deutliche Schrift" geoffenbart worden zu sein (43/2-4; 16/103; 26/195), um letztgültige Klarheit unter die Menschen zu bringen (4/26; 16/64, 89; 27/76, 77), macht er gegenüber Thora und Evangelium gleichwohl auch Weitergehendes deutlich. Der Koran sei eine Schrift, an der nicht zu zweifeln sei (2/1). Mit ihm seien Wahrheit (23/62; 18/2) und Rechtleitung (45/11) gekommen. Am arabischen Koran (41/44) sei nichts, was vom geraden Weg abweichen würde (39/28), er leite zu dem, was wirklich richtig sei (17/9). Gott habe damit die beste Verkündigung herabgesandt, die man sich denken könne (39/23). Die Religion sei nunmehr vervollständigt, so dass nichts mehr daran fehle (5/3).[97] Der Koran sei die einzig wahre und letztverbindliche Fassung der Urschrift (3/19; 2/75; 4/46; 5/41), mit der ein früherer Fehlgebrauch der Thora und des Evangeliums korrigiert werde. Er sei der gerade Weg Gottes, auf dem es – wie befohlen – Kurs zu halten gelte (42/15).

Die Glaubhaftigkeit der koranischen Offenbarung wird von Muhammad nicht mit Hilfe außerhalb stehender Wunder wie dem Heilen von Kranken, der Wiederherstellung der Sehkraft von Blinden, der Verwandlung von Stöcken in Schlangen oder der Auferstehung von Toten belegt. Das Wunder der Offenbarung ergebe sich vielmehr aus der Komplexität und Widerspruchsfreiheit des Koran selbst. Kein Mensch sei in der Lage (gewesen), ein solches Werk zu erschaffen, nicht einmal einzelne Verse (2/23; 10/38; 11/13; 28/49; 52/34). Zudem war die Wunderhaftigkeit des Koran geeignet, gleichzeitig die Glaubhaftigkeit Muhammads zu belegen.[98]

---

96 L. Hagemann, Islam-Lexikon A-Z, S. 243 und 306: Der Koran enthalte keine neuen, Thora und Evangelium widersprechenden Offenbarungen.

97 Diese Aussage steht zwar im Zusammenhang mit den erlassenen Speisevorschriften. Da die Sure 5 aber die letzte fertiggestellte Sure des Koran gewesen sein soll, dürfte die Aussage über den Anlass hinausgehen und den gesamten Koran meinen, vgl. T. Nagel a.a.O., S. 124, 203.

98 Sie soll sich auch daraus ergeben haben, dass Muhammad Dinge über die Vergangenheit und Zukunft verkündet habe, die er selber nicht habe

Die Verknüpfung mit der Urschrift verleiht dem Koran eine besondere Unverrückbarkeit. Die angenommene Widerspruchsfreiheit wird daraus abgeleitet, dass Gott sich nicht geirrt haben kann.[99] Nur er könne diesen Text ändern, löschen oder ersetzen (2/106; 17/86; 16/101, 39).[100] Niemand sonst könne dies tun (18/27; 10/64). Die damit verbundene und aus Sure 43/4 abgeleitete Lehre von der „Mutter der Schrift", die (Bobzin:) durch die Lesung wahrhaftig bei uns sei, führte zur Annahme der ewigen Gültigkeit der koranischen Normen. Dies ist auch deshalb hervorzuheben, weil der Koran neben den Glaubensaussagen im engeren Sinne auch detaillierte gesetzliche Bestimmungen enthält, die das religiöse, soziale und politische Leben des Einzelnen und der Gemeinschaft bestimmen[101] und die einzuhalten sind.

---

wissen können, T. Nagel, Was ist der Islam, S. 138 f., der auch den Hinweis gibt, dass sich die Lehre von der Unnachahmlichkeit des Koran im sunnitischen Islam nur durchsetzen konnte, weil man die Rede Gottes wie ihn selbst der übernatürlichen Sphäre des Unerschaffenen zuordnete.

99 D. Zacharias, Islamisches Recht und Rechtsverständnis, S. 125. Der Koran enthält dann aber offenbar auch gewollte Unschärfen. Sure 3/7 unterscheidet zwischen eindeutigen Versen, die der Urschrift entsprechen bzw. (bei Bobzin) den Kern des Buches bilden und mehrdeutigen. Letztere werden (Bobzin) von jenen, in deren Herzen Verwirrung sei, genutzt, um Zweifel zu wecken und Ausdeutungen vorzunehmen. Letzteres komme aber nur Gott zu. Die gründliches Wissen hätten, die würden glauben.

100 Eine Ersetzung (Abrogation) wird angenommen, wenn „verbesserte" Aussagen eines Verses in einer jüngeren Sure denen in einer älteren entgegenstehen. Ansonsten werden der Textauslegung des Koran allerdings engste Grenzen gesetzt. Grund dafür ist die angenommene Identität seines arabischen Textes mit der verwahrten Urschrift, zum anderen bedürfen Übersetzungen aus dem Arabischen der besonderen Anerkennung arabischer Institutionen, weil menschengemachten Werken die göttliche Prägung fehlt. Durch besonders fachkundige Übersetzungen soll dieses Manko ausgeglichen werden. Enge Grenzen ergeben sich vor diesem Hintergrund auch bei historisch-kritischen Exegesen, die über die Abrogation hinausgehen, dazu T. Nagel a.a.O., S. 130, 134.

101 L. Hagemann, Islam-Lexikon A-Z, S. 305.

Unter den Muslimen stellt sich der Koran als ein teilweise auswendig gelernter, schlechthin mit allem Wissen über die göttliche Ordnung und Rechtleitung ausgestatteter Bildungsstoff dar.[102] Er ist das Lesebuch für den Vollzug des Gebetes und der Pflichten gegenüber Gott, seinen Gesetzen, des von ihm aufgezeigten geraden Weges.[103] Er ist die Anleitung dafür, wie man dem Licht folgt und der göttlichen Rechtleitung gerecht wird.[104] Die wortlautorientierte Handhabung des Koran als Folge sowohl des Vorlesens der Schrift als auch des Rezitierens hat dabei in den vergangenen Jahrhunderten für die übergroße Mehrheit der Muslime im Vordergrund gestanden. Dies wird wohl auch für die nahe und weitere Zukunft zu erwarten sein, findet es doch seine inhaltliche Stütze im Koran selbst. Alles (was in der Schrift stehe) stamme von Gott. Mehrdeutiges wisse niemand anderes zu deuten, außer Gott (3/7). Daraus ergibt sich das zentrale Anwendungsprinzip der sola scriptura: Allein aus dem Wortlaut des Koran und dem Glauben daran erschließt sich der Inhalt der Offenbarung.[105]

Der Koran besteht aus muslimischer Sicht vollständig aus göttlich Offenbartem. Für das Weitere bleibt als bedeutsam festzuhalten, dass es sich bei den normativen Aussagen ausschließlich[106] um göttliche Gesetzesbefehle handelt, die deshalb auch prägende Bestandteile der Scharia sind. Welche Auswirkungen dies auf Konfliktlagen mit säkularem Recht und der in diesem Zusammenhang zu entscheidende Frage der Normenhierarchie haben kann, wird an anderer Stelle zu

102 Arth. Khoury, Der Islam und die westliche Welt, S. 34. Es gibt nichts, was ... nicht in einer deutlichen Schrift verzeichnet wäre (34/3; ähnlich: 6/59; 11/6). T. Nagel a.a.O., S. 111. Auf die Bedeutung des Wissens wird unter 3.3.4.2, S. 85 f. näher eingegangen.

103 A. Th. Khoury a.a.O., S. 34.

104 T. Nagel a.a.O., S. 37: Die göttliche Rechtleitung, die sich bspw. in Sure 2/38 findet, ist ein Korpus an Befehlen und Anweisungen, die in diesem Zusammenhang den koranischen Teil der Scharia darstellen. A. Th. Khoury, Der Islam und die westliche Welt, S. 16.

105 Vgl. hierzu im „Reformislam“ unten S. 85 f.

106 Nach muslimischer Auffassung enthält der Koran keine Bestandteile eines „ius humanum“, D. Zacharias a.a.O., S. 120.

untersuchen sein.[107] Zunächst soll auf die für die Themenstellung wesentlichen Grundüberzeugungen des Koran näher eingegangen werden.

3.3 Weitere zentrale Bestandteile der islamischen Religion

3.3.1 Die Welt des Verborgenen

Wie alle abrahamitischen Offenbarungsreligionen trennt der Islam das gegenständliche Diesseits vom Unsichtbaren.[108] Letzteres enthält zwar auch eine irdische Komponente, weil sich die allumfassende Kenntnis Gottes auf die menschliche Gedankenwelt (35/38; 20/7) sowie die geheimen und vertraulichen Absprachen (9/78) der Menschen mit erstreckt, umfasst im Wesentlichen aber das Jenseitige. Die Welt des Verborgenen prägt die gesamte Lebenseinstellung der gläubigen Muslime, ihre Ängste, ihr Fühlen und ihr Denken in besonderem Maße. Zu dieser Welt gehören Gott (36/11), die unterschiedliche Zahl der Engel, die Dschinn als Geistwesen, das Böse in Gestalt der Satane, die wohlverwahrte Tafel sowie das Paradies und die Hölle (32/17-21), der Tag des Gerichts (72/25, 26; 31/34; 33/63; 69/1-3)[109] und der Zeitpunkt seines Stattfindens (34/3; 7/187). Weiteres knüpft sich an das zentrale Glaubensversprechen Gottes, seine erste Schöpfung für die Existenz des Diesseits bei der Auferweckung aller Menschen zu neuem jenseitigem Leben wiederholen zu wollen (16/38, 39; 2/28; 10/4; 21/104). Dies geschieht am Tag des Weltunterganges (14/48) und des Gerichts (64/7; 89/21-23), an dem gleichzeitig die Entscheidung darüber getroffen wird, ob dieses neue Leben dem Paradies oder der Hölle zugeordnet wird. Denn nach den Aussagen des Koran vollzieht sich an diesem Tag die Aufteilung aller Menschen in zwei Gruppen.

107 Vgl. hierzu unter Teil II, 3.1.

108 Auch die Todesstunde des einzelnen Menschen gehört mit zum Verborgenen (34/14).

109 Verwendet wird auch die sinnbildliche Formulierung „Stunde des Gerichts“, 34/3; 43/61; 45/27.

Der einen gehören jene an, die taten, was recht ist, der anderen die Ungläubigen (30/43).

Die Jenseitserwartung hinsichtlich dieses Gerichtstages gehört zum Wesenskern der islamischen Religion, wenngleich alles in unklarer Zukunft liegen mag. Da im Koran aber Gottes persönliches Wort verkündet wird, ist davon auszugehen, dass die für diesen Tag vielfach angedrohten Strafen eine keinesfalls zu unterschätzende Glaubenswirkung entfalten. Verstärkend kommt hinzu, dass der Koran die Bedeutung des jenseitigen Lebens eingehend hervorhebt und betont. Die Rechtschaffenden hätten zwar bereits im Diesseits Gutes zu erwarten, die Behausung im Jenseits sei aber wahrhaftig besser (6/32; 16/30). Der Mensch sei daher gut beraten, sein diesseitiges Leben an der Bedeutsamkeit des Jenseitigen auszurichten – also an der Frage, wo bzw. unter welchen Umständen er es verbringen wolle. Das diesseitige, zeitlich befristete Leben sei im Vergleich lediglich als Nutznießung, Spiel und Zerstreuung zu betrachten (3/185; 6/32; 29/64) und bedeute für das Jenseits wenig (9/38). Es sei nicht zu überschätzen (57/20).[110] Auch wenn viele Menschen die Glücksgüter des Diesseits anstreben würden, so wolle Gott für sie doch die Glücksgüter des Jenseits (8/67). Er rufe die Menschen zur (jenseitigen) Behausung des Heils (10/25), diese sei für die Gläubigen wahrlich besser (16/3) und das wahre Leben (29/64). Für diejenigen, die glauben und tun, was recht ist, sei Gottes Lohn besser (als irdischer Besitz) (28/80). Das Jenseits sei die Behausung, die Bestand habe (40/39).

Auf die Ungläubigen hingegen warte die Hölle und damit etwas vom Schrecklichsten, was es gebe (74/35).

Der Tag des Gerichts

Dass der Tag des Gerichts, dessen Entscheidung für die Ewigkeit gelten soll, also nicht nur ein Tag der Frohen Botschaft, sondern auch einer

110 Erwähnenswert hierzu 18/45: Aus blühendem Leben (im Diesseits) bleibt eines Morgens nur noch verdorrtes Zeug, das die Winde fortwehen.

der tiefgreifenden Furcht sein muss,[111] verbindet sich zunächst mit den für jeden Einzelnen vorgesehenen Verfahrensabläufen. Hüterengel legen dazu über jeden Menschen Bücher an. Sie schreiben in ihnen im Verborgenen auf, was sie während ihres Lebens an Gutem oder Sündhaften gesagt und getan haben (3/181; 6/61; 10/21; 43/80; 52/41; 68/47). Vergessen werde nichts. Die jeweiligen Verzeichnisschriften der Sünder befinden sich – ebenso wie die Schriften über die Frommen – an einem im Koran konkret benannten Ort im Verborgenen (83/7, 18). Geführt von ihren Todesengeln (16/33)[112] begeben sich die frommen Rechtgeleiteten mit ihrer Schrift in der Rechten und die Sünder bzw. Ungläubigen mit ihrer Schrift in der Linken zur Gerichtsverhandlung (69/19-25). Dort werden sie Gott der Reihe nach vorgeführt (18/47-49; zu weiteren Einzelheiten im Verfahren vgl. auch 37/20-33). Es wird ihnen Kunde gegeben, was sie auf Erden getan haben (37/39; 64/7). Nach dem Wert ihrer Taten werden sie verschieden (3/162) eingestuft (6/132).

Paradies und Hölle

Diejenigen, die sich rechtleiten ließen, brauchen am Gerichtstag keine Angst zu haben (7/35; 27/92), sondern können das Paradies erhoffen (11/23, 115; 22/14, 23). Gott bringe die, die taten, was recht sei, nicht um ihren Lohn (11/115). Wer aber an das Jenseitige nicht glaube und darum vom (wahren) Weg abweiche (23/74), falle der Höllenstrafe anheim (34/8), ebenso Ungläubige und Frevler (2/24; 9/84; 18/100, 104).[113] Ihnen werde am Tag des Gerichts ihr jeweiliges Tatenregister

111 Für die Sünder gibt es keine Frohe Botschaft (25/22).

112 Der jeweilige Mensch wird von seinem Todesengel nach Ablauf seines irdischen Lebens auch abberufen (32/11).

113 Als Frevler gelten diejenigen, die die koranische Verkündigung für Schwindel halten (25/4). Wer bspw. nicht an Gott und seinen Gesandten Muhammad glaubt, stirbt als Frevler (9/84). Für diese kommen ggf. auch diesseitige Strafen in Betracht (32/21). Ihre irdischen Werke werden für hinfällig erklärt. Auch im Jenseits haben sie den Schaden (5/5).

vorgelegt und es werde nach der Wahrheit (also nach dem Koran) entschieden (39/69). An diesem Tag würden die Ungläubigen Sprechverbot (16/84) und ein erhöhtes Strafmaß zu erwarten haben, wenn sie andere vom Weg Gottes abgehalten haben sollten (16/88).

Paradies und Hölle sind zwar Teil des Verborgenen, werden dort aber bereits als existent angesehen (2/24; 18/100; Der Sündenfall Adams vollzog sich im Paradies, von wo aus er auf die Erde ausgewiesen wurde (7/19 ff.; 20/115 ff.)). Bevölkert werden sie nach der Verlautbarung des Koran am Tag des Gerichts. Der Glaube hieran wird dadurch erleichtert, dass Muhammad nach eigenem Bekunden vorab Näheres offenbart worden ist. Das betraf nicht nur den geschilderten Verfahrensgang am Gerichtstag, sondern auch die Darstellung dessen, womit sich der Mensch eine Vorstellung von Paradies und Hölle zu machen in der Lage war. Natürlich war das paradiesische Leben mit den Augen und dem Vorverständnis der damaligen Zeit nachzuvollziehen, ebenso die Gegenteiligkeit mit ihrer Mühsal und den Mängeln der damaligen Lebensverhältnisse. So erklären sich die „Gärten von Eden“ (18/31, 107; 20/76) als Chiffre für das Paradies (auch Gärten der Ewigkeit (25/15) oder Gärten der Wonne 22/56)), unter denen Bäche fließen (5/12), mit ihren guten Wohnungen (9/72), Früchten und Schatten (13/35), in denen man ewig verweilen (5/85) könne, beeinträchtigt weder durch Mühsal noch durch Ermüdung (35/33). Aber auch zeitloses lockt: Die Gläubigen nebst Gattinnen haben alles, was sie verlangen (36/57), dürfen (endlich) Wein trinken, bei dem man weder betrunken wird, noch dummes Zeug redet, noch sich versündigt (52/23) und Männer werden mit schönen gleichaltrigen Jungfrauen verheiratet, deren Vorzüge eingehend geschildert werden (44/54; 55/58; 56/22; 78/33).

Soweit es um die Hölle geht, erspart es Muhammad seinem Gegenüber nicht, die Qualen des Höllenfeuers, des ewigen Schmerzes und Schmorens in vielen Details vor Augen geführt zu bekommen: Als quasi Untoter könne man dort weder leben noch sterben (20/74). Obwohl der Tod von überall herkomme, sei man nicht wirklich tot (14/16). Von Innen und Außen erleide man ewigliche körperliche Höllenqualen, es wird geschmolzen, erneuert und gegart ohne Ende (11/106; 4/56; 23/104; 18/29; 22/19 f.; 88/5).

Die ausführliche Darstellung bei der Erstellung des Sündenregisters, des Ablaufs bei Gericht sowie der Höllenqual soll helfen zu verstehen, mit welch religiöser Nachhaltigkeit bei Muslimen der Wunsch gestärkt wird, sich gesetzestreu (schariakonform) zu verhalten. Die Schilderungen zur „Stunde des Gerichts" mit ihrer bildhaften Veranschaulichung ist bei Gläubigen wie Ungläubigen durchaus geeignet, Eindruck zu hinterlassen. Mit dem Wissen, dass den Hüterengeln nichts entgeht und sie alles aufschreiben, wird die Angst begründet und am Leben erhalten, durch Frevel, Ungläubigkeit oder Abweichen vom rechten Weg von Gott nicht ins Paradies gelassen zu werden, sondern sich auf der anderen Seite wiederzufinden. Gott sei, so postuliert es der Koran immer wieder nachdrücklich, bis ans Lebensende zu fürchten.

Privilegierung mit Auswirkungen

Dies gilt auch für das Nachfolgende. Eine Sonderrolle wird im aufgezeigten Zusammenhang nämlich jenen zuerkannt, die um Gottes willen selbst gekämpft (Krieg geführt) haben. Ihnen spricht der Koran bei Gott ein höheres Ansehen als den anderen zu (9/20). Ihnen ist Gott bereit zu vergeben, soweit sie sich zuvor in Versuchung führen ließen (16/110). Denen, die für Gott gekämpft und dabei gesiegt oder ihr Leben verloren haben, erhalten im Jenseits gewaltigen Lohn (4/74). Ihnen werden ihre schlechten Taten von Gott getilgt (3/195). Der Koran besagt, dass sie im Jenseits sogleich lebendig bleiben, himmlische Speisen erhalten (3/169; ähnlich: 2/154) und ihnen die Übernahme ins Paradies versprochen wird (3/195).[114]

114 Die häufig mit angesprochene Zahl von 72 Jungfrauen für getötete Märtyrer ergibt sich nicht aus dem Koran, sondern gilt nur durch Hadith als bestätigt.

Zu den Vergünstigungen gehört auch, von den schmerzhaften Qualen der sog. Grabespein ausgenommen zu werden. Danach sollen die furchteinflößenden Engel Munkar und Nakir die im Grab liegenden Verstorbenen auf ihre Gläubigkeit hin befragen. Erweisen sie sich als ungläubig, werden sie von diesen Engeln mit eisernen Keulen auf Gesicht und Rücken geschlagen.[115] Selbst Muhammad soll Gott insoweit um Verschonung angefleht haben. Den im Dschihad Gefallenen bleibt die Grabespein während ihres Daseins in der Zwischenwelt erspart.[116]

Nicht zuletzt kann das Versprechen folgenreich sein, als Märtyrer in jedem Fall das Paradies zu erlangen. Diesen Status versprechen alle unterschiedlichen Formen der Wahrnehmung des Dschihad, mit denen man sein Leben einsetzt. Damit verbindet sich gleichzeitig ein erhebliches Gefahren- und Gewaltpotential zu Lasten anderer, und zwar der sog. Ungläubigen – nicht als Ergebnis einer „individuellen Radikalisierung“ sondern als Ergebnis einer subjektiv so verstandenen und ernst genommenen Legitimierung durch die Offenbarung. Die Betroffenen sind nicht geistig verwirrt, sondern orientieren sich an einem göttlichen Versprechen. Ihr Handeln ist für sie daher Teil der Religionsausübung (vgl. hierzu S. 76 ff.) und keine Frage von Schuld.

3.3.2 Eingottglauben und Gottesbild

Ohne mit Thora und Evangelium in Widerspruch zu geraten, ist der zentrale Mittelpunkt der koranischen Offenbarung das streng monotheistische Postulat, dass es im Himmel und auf Erden (6/3; 42/12) nur einen einzigen und keinen anderen außer Gott gibt (112/1, 3;

115 A. Th. Khoury sieht dies durch Sure 47/27 und 8/50 als belegt an, vgl. Islam-Lexikon A-Z, S. 162. In Betracht kommt allerdings auch 50/19. Zur Grabespein vgl. auch L. Hagemann, Islam-Lexikon A-Z, S. 168. Die Folgen der Qual währen bis zum Tag des Gerichts. T. Nagel, Was ist der Islam, stützt sich hinsichtlich der Grabespein auf die Hadithe. Zu seiner Darstellung vgl. a.a.O., S. 209 f. und 221 f.

116 T. Nagel a.a.O., S. 210, 222.

2/163; 16/51).[117] Ihm allein gehört, was im Himmel und auf der Erde ist (16/52; 2/255). Damit erfolgt eine deutliche Abgrenzung zum arabischen (heidnischen) Polytheismus[118] sowie eine „Richtigstellung" gegenüber dem jüdischen und christlichen Glauben. Das betrifft vor allem die Lehre vom Dreifaltigen Gott. Gleichzeitig folgt aus dem Postulat des allgewaltigen Gottes (39/4) der auf das Dies- wie auf das Jenseitige bezogene Anspruch eines allumfassenden Machtmonopols (10/65; 23/86 (Herr des gewaltigen Throns); 26/213; 35/10; 39/62)). Gott kommt auch auf der Erde die höchste Macht zu (45/36) sowie einer umfassenden Sachwalterschaft (11/12; 4/126, 131). Diese koranischen Offenbarungen prägen auch maßgebend die Scharia.[119]

Als Teil des Verborgenen ist der ungeschaffene[120] Gott ohne Anfang und Ende, also zeitlos und ewig.[121] Er bleibt demzufolge bildfrei. Gleichzeitig nimmt er auf der Erde alles wahr (2/255), indem er im Werden und Vergehen fortwährend alles schafft (55/29; 53/44; 16/3-17; 65/73), ohne dabei an durch die Menschen zu entschlüsselnde Maßstäbe gebunden zu sein.[122] Ihn überkommt dabei weder Ermüdung noch Schlaf. Gott ist für den Islam folglich die zusammengefasste Gesamtheit alles Transzendenten und gleichzeitig ins Diesseits hinein Wirkenden.[123]

Ungeachtet des Dogmas von der Wesenseinheit Gottes lassen sich aus dem Koran Eigenschaften und Haltungen Gottes in Erfahrung bringen, die für das menschliche Verständnis anschaulich wirken. Zu

---

117 Weitere Belege enthalten die Suren 3/2, 18; 9/129; 21/108; 35/3; 37/4; 39/6; 41/6; 52/43; 59/22, 23; 73/9; Sure 112 enthält hierzu einen ausdrücklichen Befehl.

118 Dazu näher unter 3.3.3.2, S. 59 f. und unter 3.3.5.1, S. 114.

119 Vgl. unter 1.3, S. 22, 25 ff.

120 T. Nagel, Was ist der Islam, S. 139.

121 A. Th. Khoury, Der Islam und die westliche Welt, S. 66. Alle diese Prädikate würden der Wesenseinheit Gottes nicht widersprechen.

122 T. Nagel a.a.O., S. 62.

123 T. Nagel a.a.O., S. 55 ff. spricht von einer „gewissen Immanenz" und befasst sich mit den Schwierigkeiten, die sich daraus für die islamische Theologie ergeben. Hierzu auch bei A. Th. Khoury a.a.O., S. 66 ff.

den Eigenschaften zählt, dass Gott alles kann (16/70) und über alles Bescheid weiß (34/44; 36/81). Er sieht, weiß und hört alles (42/11; 29/5, 60), auch das Verborgene (32/6). Selbst das Gewicht eines Stäubchens entgeht ihm nicht (34/3). Zudem ist sein Handeln unergründlich. Er gibt seine Huld, wem er will (3/73), ebenso seine Herrschaft (2/247), er führt in die Irre, wen er will (13/27; 16/93; 14/4), leitet aber auch recht, wen er will (16/93; 2/272; 24/35). Da die Konsequenzen diesseitig wie jenseitig höchst unangenehm ausfallen können, dürfte diese Unergründlichkeit mit dazu beitragen, Gott während des irdischen Lebens stets zu fürchten und möglichst keinen Anlass zu geben, hinsichtlich der eigenen Glaubens- und Gesetzestreue auf die Probe gestellt, also den Täuschungskünsten der Satane ausgesetzt zu werden.

Zu den göttlichen Haltungen zählt zunächst die auf alle Menschen bezogene Freigiebigkeit. Wie in Sure 55 veranschaulicht, beschenkt Gott die Menschen reich mit Gaben. Darüber hinaus differieren erkennbare Haltungen aber je nachdem, um wen es geht. Wie allgemein im Koran, verläuft die große und bedeutsame Trennlinie zwischen den Gläubigen und Ungläubigen. Über erstere spricht Gott seinen Segen, um sie (fürsorglich) aus der Finsternis heraus ins Licht zu bringen (33/43). Er liebt die, die ihn fürchten (9/4, 7). Wer glaubt, darf auf Vergebung seiner Verfehlungen hoffen (20/73), zumindest für einen Teil seiner Schuld (46/31). Bei denjenigen, die aufrichtig glauben oder zum Glauben zurückfinden, erweist er sich als gnädig und barmherzig (2/160; 3/89), auch bei jenen Ungläubigen, die sich zum Glauben bekehren (2/192). Wer die im Koran benannten schweren Sünden und abscheulichen Handlungen meidet, dem werden bei Gericht die weniger schweren schlechten Taten getilgt (5/31; 53/32). Getilgt werden Sünden auch im Falle der gewissenhaften Verrichtung der religiösen Pflichten (64/17; 92/17-21).[124]

Dem reumütigen Sünder wird die Schuld vergeben und seine Buße wird angenommen (40/3). Wer um Vergebung bittet, wird sie erhalten (3/135, 136), Gott wendet sich ihm wieder zu (5/89). Wer

124 Was zu diesen Pflichten gehört, vgl. unter 3.3.4.1, S. 83 f., dort Fn. 210 und 211.

rechtzeitig umkehrt und (im Sinne des Koran) rechtschaffend handelt, dem werden (bei der Abrechnung) von Gott die schlechten Taten gegen die guten eingetauscht (25/70). Ihnen allen gegenüber ist er milde, so dass sie bei der Auferstehung noch darauf hoffen können, ins Paradies zu gelangen. Durch Reue und Umkehr lässt sich Gott versöhnen (5/39; 25/71), es sei denn, sie kommen verspätet (4/18). Allerdings bleibt auch hier stets ein Rest von Unsicherheit, denn Gott macht, was er will, und bleibt daher weiterhin zu fürchten.

Hinsichtlich der Ungläubigen lässt Gott verlautbaren, ihnen gegenüber große Abscheu zu empfinden (40/10, 35), sich an ihnen rächen zu wollen (44/16), über Heiden und Heuchler zornig zu sein, sie zu verfluchen und für sie die Hölle bereit zu halten (48/6). Diejenigen, die ungläubig sind und auch nicht glauben werden, gelten bei Gott als die schlimmsten Tiere (8/55). Sein Zorn werde zudem über jene kommen, die dem Unglauben in sich Raum geben würden. Sie hätten eine „gewaltige Strafe" zu erwarten (16/106). Die in Kenntnis des Koran ungläubig sterben, auf denen liege der Fluch Gottes, der Engel und der (gläubigen) Menschen, für sie sei das ewige Höllenfeuer (2/161) ohne Aufschub und Erleichterung (2/162) vorgesehen. Dabei manifestiert sich der Unglaube im Koran nicht nur bei jenen, die dieser Religion nicht angehören, sondern auch bei jenen, die den Eingottglauben durch eine wie auch immer geartete „Beigesellung" relativieren. Gott andere Götter oder überhaupt Dritte in irgendeiner Weise beizugesellen, gilt als so „gewaltiger Frevel" (31/13) bzw. „gewaltige Sünde" (4/48) gegenüber einem (göttlichen) Verbot (7/33), dass dafür keine Vergebung erfolgt (4/48, 116; 39/8).[125] Vergebung finden auch jene nicht, die erst vorgaben, gläubig zu sein und dann wieder ungläubig wurden und andere vom Glauben abhielten (63/1-3, 6). Gleiches ist im Falle wiederholter Ungläubigkeit zu erwarten (3/90). Ein wiederholtes Hin und Her im Glauben findet keine Vergebung (4/137).

125 A. Th. Khoury, Der Islam und die westliche Welt, S. 63 bewertet die Beigesellung als die schwerste Sünde innerhalb des Islam.

Alle Ungläubigen haben im Diesseits[126] wie im Jenseits Gottes schwere Strafe zu erwarten (3/56, 91; 2/165; 26/213), auch die Schwankenden (4/151). Die Strafe im Diesseits erfolgt durch die Gläubigen, wenn sie die Ungläubigen bekämpfen (9/14). Zudem wird ihnen der Einzug ins Paradies dadurch verboten (5/72).

Die Kompromisslosigkeit des islamischen Monotheismus im aufgezeigten Zusammenhang hat weitreichende Konsequenzen, auf die noch einzugehen sein wird. Sie beeinflusst im Übrigen auch das muslimische Selbstverständnis.

3.3.3 Das muslimische Selbstverständnis

Das Miteinander von Menschen wird immer auch davon beeinflusst, wie man über sich selbst denkt und denken kann und wie über die anderen.

3.3.3.1 Die beste Religion für die beste Gemeinschaft

Aus den Offenbarungen des Koran lässt sich die aus ihm abgeleitete Richtigkeit der islamischen Religion in der Schöpfungsgeschichte bis auf Adam zurückführen. Muhammad fordert seine Anhänger daher auf, wie die Hanīfen ihr Antlitz auf diese Religion zu richten, sich also mit ihrer ganzen Person auf sie einzustellen.[127] Diese Haltung sei die „natürliche Art“ (Bobzin: die göttliche Begabung), in der Gott die Menschen erschaffen habe (30/30), sie sei durch ihn so angelegt worden. Diese Veranlagung könne man nicht abändern. Das sei die

126 Als Beispiele für schwere diesseitige Strafen mit dem Ziel der Ausrottung (8/7) benennt Muhammad die Vernichtung ungläubiger Volksstämme, Naturkatastrophen wie die Sintflut (7/59-64; 23/23-30), den Untergang von Städten und anderen, vgl. Sure 89/6-14 sowie oben S. 34 f.

127 Ein entsprechender Befehl Gottes war auch an Muhammad selbst ergangen (10/105).

richtige Religion (Bobzin: die Religion, die Bestand hat) (30/30). Daraus wird geschlussfolgert, dass in jedem Menschen die (natürliche) Veranlagung schlummert, den einen Gott mit seiner Allmacht zu erkennen. Aus der Schöpfungsgeschichte wird folglich eine quasi muslimische Urnatur des Menschen (fitra) abgeleitet.[128]

Bei Adam selbst vollzog sich diese Erkenntnis noch aus dem unmittelbaren Schöpfungsakt Gottes. Er wurde von diesem aus Erde (Lehm, 23/12; 32/7) mit dem anschließenden Wort „sei!" geschaffen. Da war er (3/59).[129] Im Hebräischen steht das Wort Adam für „Mensch". Der Tanach bezeichnet so den ersten Menschen. In Genesis 2,7 wird der Name in Bezug auf das hebräische Wort adamah für den Erdboden verwendet, aus dessen Staub der Mensch von Gott gebildet wurde. Auch der Koran definiert das einzige von Gott geschaffene Wesen als ersten Menschen, aus dem dann das ihm entsprechende andere Wesen (als seine Gattin) gemacht wurde (4/1; 39/6), aus denen dann viele andere Männer und Frauen hervorgegangen sind (4/1; 30/21; 39/6; 49/13). Gott schuf Adam in der Absicht, auf Erden einen Nachfolger einzusetzen (2/30). Dafür lehrte er ihn alle Namen für die Dinge (der Welt) (2/31) und ließ ihn zunächst im Paradies verweilen (7/19). Obgleich die Beziehung zwischen ihm und Adam durch dessen Sündenfall getrübt wurde, vergab Gott Adam wegen dessen Bußfertigkeit (2/37), erwählte ihn wie ursprünglich gewollt (20/122) und entließ ihn auf die Erde (7/24).[130] Die Allmacht Gottes wurde von Adam hiernach nicht wieder in Frage gestellt. Nach islamischer Auffassung gilt er als Gottes erster Prophet und als Vater des Menschengeschlechts.[131]

Die „natürliche Art der Gotterkenntnis" ließ sich später mit der von Gott an die „Kinder Adams" gerichteten Frage belegen, ob er nicht ihr Herr sei – was sie bejahend bezeugten (7/172). Daraufhin

128 T. Nagel, Was ist der Islam, S. 408 spricht von einer „ursprünglichen Seinsart".

129 Einzelheiten ergeben sich aus den Suren 23/12-14 und 32/7-9; Vgl. auch 86/5-7; 75/36-39; 22/5 und 35/11.

130 Vgl. 7/19-25; 20/115-123.

131 L. Hagemann, Islam-Lexikon A-Z, S. 394.

wurden sie verpflichtet, Gott zu dienen (36/60, 61). Dies wurde als erster Bund zwischen Gott und den Menschen auf der Grundlage einer Uroffenbarung angesehen.[132] Die Frage sei gestellt worden, damit sich die Menschen am Tag des Gerichts nicht ahnungslos geben könnten (7/172, 173), denn die Möglichkeit einer Abirrung von der „natürlichen Art der Gotterkenntnis“ blieb von Anfang an nicht ausgeschlossen (20/123, 124). Offenbar betraf das sogar den ganz überwiegenden Teil der Menschheit. Denn der Koran offenbart, dass Gott die Menschen nach der Schöpfung ganz tief herunterkommen ließ (95/5). Es betraf nur jene nicht, die glaubten und taten, was recht ist (95/6). Diese Menschen lebten im Offenbarungsgebiet.

Die Verankerung des Islam in der frühen Menschheitsgeschichte verdankte ihre Verstetigung dabei dem Ansehen und der Sichtweise Abrahams, der als Vater der Muslime angesehen wird (22/78). Offenbarungen, die vor dem Koran da waren, werden von Muhammad als Beleg für die gleiche Frömmigkeit herangezogen. „Wir waren schon Muslime, bevor er (der Koran) da war“ lässt die Offenbarung Muhammad sagen. „Er hat euch Muslime (Bobzin: Gottergebene)[133] genannt, vorher und nun hier“ (27/78). „Wer hätte eine bessere Religion, als wer sich Gott ergibt, dabei rechtschaffen ist und der Religion Abrahams folgt“, fragt Muhammad in Sure 4/125. Der Koran verweist darauf, dass als (einzig wahre) Religion bei Gott „der Islam“[134] gilt (3/19). Die Gesandten seien von Gott geschickt worden, um dem Islam zum Sieg über alles zu verhelfen, was es sonst an Religion gibt (48/28; 61/9). Er sei die wahre (9/33; 10/105; 18/2; 23/62) bzw. die richtige (30/43) Religion, er leite zu dem, was wirklich richtig sei (17/9). Es handele sich um die beste Verkündigung, die man sich denken könne (39/22), sie sei vervollständigt, so dass nichts mehr daran fehle (5/3),[135] eine

132 L. Hagemann a.a.O., S. 246.

133 Als Muslim gilt, wer Gott demütig ergeben ist, sich seinem Willen ganz unterwirft, L. Hagemann, Islam-Lexikon A-Z, S. 397.

134 Diese Übersetzung von R. Paret findet sich auch im Islam-Lexikon A-Z in der Übersetzung von A. Th. Khoury, S. 630 zu Sure 3/19.

135 Vgl. oben, Fn. 97.

Religion, die nicht bedrückt (22/78). Andere Religionen würden von Gott (als Ersatz) nicht angenommen werden (3/85).

Die elitäre Exklusivität des Islam und der Muslime wird abgerundet durch den Hinweis, von Gott erwählt worden zu sein (22/78). Indem sich die Muslime (nicht die anderen) ganz auf Gott eingestellt hätten, habe sie dieser zu einer in der Mitte stehenden Gemeinschaft gemacht (2/143) und zur besten Gemeinschaft, die unter den Menschen (weltweit) entstanden sei (3/110). Dieser muslimischen Gemeinschaft spricht Gott im Koran bemerkenswerterweise die gesetzgeberische Befugnis zu, „zu gebieten, was recht ist (und) zu verbieten, was verwerflich ist" (3/110). Der Umfang dieser Gemeinschaft bleibt unkonkretisiert.[136]

3.3.3.2 Probleme mit den „Leuten der Schrift"

Die Schilderung von der Uroffenbarung gegenüber den „Kindern Adams" korrespondiert mit der Aussage, dass die Menschen ursprünglich eine einzige Gemeinschaft gewesen seien (2/213). Die Dinge entwickeln sich dann allerdings anders weiter, so dass – jedenfalls im Vorderen Orient – Gesandte und Propheten an den Urzustand erinnern mussten (2/213). Muhammads Hinweis, wenn Gott gewollt hätte, hätte er euch zu einer einzigen Gemeinschaft gemacht (5/48) richtet sich folglich nur an einen Teil der Menschen, nämlich an diejenigen des jüdischen, christlichen und muslimischen Glaubens. Nur ihnen wurden Offenbarungsschriften herabgesandt, um darüber zu entscheiden, worüber sie uneins waren (2/213), nicht den Heiden. Nur die Empfänger dieser Schriften sollten auf die Probe gestellt werden, was sie von dem glauben würden, was Gott ihnen als Offenbarung hatte zukommen lassen, um dann nach den guten Dingen zu wetteifern (5/48). Die

136 Er kann sich daher sowohl auf die Umma als auch auf andere Herrschaftsgebiete, bspw. muslimische Staaten beziehen. Zur Umma vgl. unter 3.3.3.3, S. 69.

Vielzahl der arabischen Polytheisten bleibt insoweit außen vor. Deren heidnische Ungläubigkeit aufgrund ihrer fehlenden Bereitschaft, sich aus früheren Anschauungen und Bindungen zu lösen (98/1), macht sie für Weiteres uninteressant. Muhammad lässt für sie den jenseitigen Höllenbrand und diesseitiges Verhängnis verkünden.

Anders als im Islam wird im Juden- und Christentum nicht verpflichtend davon ausgegangen, dass jedes Wort ihrer heiligen Schriften von Gott stammt. Das eröffnet in Glaubensfragen zwar Spielräume im Detail, führt aber gleichzeitig zu einem grundlegenden Problem zwischen den drei Offenbarungsreligionen bei der Wahrheitsfindung. Denn der anhaltende Unwille der Muslime gegenüber solch angenommenen Spielräumen basiert darauf, dass ihre Offenbarung allein die Wiedergabe einer Lesung gegenüber Muhammad enthält, von der jedes Wort unverfälscht von Gott höchstselbst stammt. Daraus folgt: Nur der Koran ist als verbindlich anzusehen.

3.3.3.2.1 Gruppen mit muslimischer Frömmigkeit

Anders und differenzierter gestaltet sich das Verhältnis zu „den Leuten der Schrift". Unter diese Umschreibung fallen jene, denen aus der Sicht der Muslime bereits in früherer Zeit Vorläufer der koranischen Offenbarung durch Gesandte Gottes überbracht worden waren, so den Juden durch Mose und den Christen durch Jesus (2/87). Bei den „Kindern Israels" sind es die Gesetzestafeln (der Thora) gewesen, die nach der Überlieferung Mose am Berg Sinai übermittelt wurden (7/142-145) und in sich ebenfalls Rechtleitung und Licht enthielten (5/44). Sie gaben ein Bundesverhältnis zwischen Gott, Mose und dem israelitischen Volk mit der Verpflichtung zur gegenseitigen Treue (2/40; 5/70), der Anerkennung des einzigen Gottes (2/83; 5/44) und zur Entscheidung nach den göttlichen Vorgaben (4/154; 5/44) wieder.[137] Bei den Christen ist es nach der koranischen Offenbarung Jesus, der bestätigen sollte,

137 Zur Thora vgl. bei L. Hagemann, Islam-Lexikon A-Z, S. 437 und 565.

was vor ihm war. Ihm leitete Gott das Evangelium mit Rechtleitung und Licht zu (5/46). Die Leute des Evangeliums sollten nun nach dem entscheiden, was Gott darin (zur Bestätigung der Thora) herabgesandt hatte (5/47).[138]

Vor diesem Hintergrund wendet sich der Koran – in Bestätigung des Vorangegangenen[139] – zunächst wiederholt an die Juden und Christen mit den Worten, doch einen gemeinsamen Gott zu haben (29/46), der „unser und euer Herr" (2/139; 42/15) sei. Gott lässt Muhammad dazu allerdings sagen, dass im muslimischen Verständnis nur die Religion Abrahams die Rechtleitung enthalte (2/135). Der Koran sei die letzte Mahnung Gottes zur richtigen Anwendung von Thora und Evangelium (5/67). Gott habe mit ihm die beste Verkündigung herabgesandt (39/23). (Nur) wer daher das Gleiche glaube, wie die Muslime (in Übereinstimmung mit Abraham), der sei rechtgeleitet (2/137).

Damit werden Koran und Islam zum Maßstab des Weiteren mit der Folge, dass sich „die Leute der Schrift" in Gläubige und Ungläubige aufteilen (3/114), wobei die meisten von ihnen als Frevler angesehen werden (3/110). Sie würden gegen Glaubensvorschriften verstoßen. So sei es im Speziellen auch unter den „Kindern Israels" (7/168) gewesen. Nur diejenigen der Leute der Schrift, die diese richtig lesen würden, würden bereits an die Wahrheit (im Sinne des Koran) glauben (2/62, 121). Nur dieser Kreis, der vergleichbar den Muslimen handelt, wetteifert deshalb (im Streben) nach den guten Dingen (3/113, 114) und mit allen Gläubigen gemeinsam um das Paradies (3/130, 133). Dieser Teil gehört zu den Rechtschaffenen (3/114). Er braucht wegen des Gerichts keine Angst zu haben und wird (an jenem Tage) nicht traurig sein (5/69; 2/62). Muhammad obliegt in diesem Zusammenhang die Aufgabe, mit dem Koran zu entscheiden, was zwischen Juden und Christen streitig war (5/48, 49) oder verheimlicht wurde (5/15). Er soll

138 Die Bestätigungs- und ergänzende Korrekturfunktion ergibt sich aus Sure 5/48, 49.

139 Er hat euch (Muslime) als Religion verordnet, was ... wir (zuvor schon) dem Abraham, Mose und Jesus anbefohlen haben (42/13).

vom Koran nicht abweichen (5/49), weil das die bessere Entscheidung sei (5/50). Nur der Islam gelte bei Gott als Religion (3/19).

3.3.3.2.2. Vorwürfe gegenüber den Juden

Gegenüber dem als ungläubig eingestuften Teil der Juden und Christen (5/44) lassen sich dem Koran eine Vielzahl nicht tolerierbarer Abweichungen von der „wahren Religion" entnehmen. Beide Gemeinschaften würden sich gegenseitig die richtige Glaubensgrundlage absprechen (2/113). Jede für sich würde Gott zudem nicht gerecht werden. Sie seien ihm gegenüber Verpflichtungen eingegangen, die sie in Teilen anschließend wieder vergessen hätten (5/12-14). Das Verhältnis zwischen Gott und den Juden lässt sich summarisch als das einer enttäuschten Liebe beschreiben (vgl. 2/246 ff.). Gott lässt Muhammad an unterschiedlichen Stellen darauf hinweisen, dass er den „Kindern Israels" doch seine Gnade erwiesen, gute Dinge beschert und sie vor den Menschen in aller Welt ausgezeichnet habe (2/47, 122; 45/16). Er habe sie zudem vor den Leuten des Pharaos errettet (2/49). Der Aufforderung, ihm gegenüber die eigenen Pflichten zu erfüllen (2/40), sei jedoch nicht entsprochen worden. Die Juden hätten sich in Ungehorsam von der Thora abgewandt (5/43). Die Verpflichtungen, nur (dem alleinigen) Gott zu dienen und seine Gebote zu beachten (näheres: 2/83-84; 5/12), seien wiederholt nicht eingehalten worden (5/13).

Die Missachtung des Eingottglaubens musste Mose nach den Ausführungen des Koran sogar nach dem Auszug aus Ägypten feststellen (20/85-88; 7/148). Nach jeder eingegangenen Verpflichtung habe ein Teil der Juden diese verleugnet (2/100), die Offenbarung entstellt (2/75; 5/41),[140] sie verfälscht (2/211), daraus etwas geheim gehalten (6/91) oder unterschlagen (2/140). Auch seien Speisevorschriften erfunden (3/93) und Gottes Gesandte umgebracht worden (2/87). Den gläubigen Menschen stünden die Juden am meisten feindlich gegen-

140 Darunter wird verstanden, Worte von der Stelle wegzunehmen, wo sie hingehören (5/13, 41).

über (5/82). „Wie könnt ihr Muslime verlangen, dass die Juden euch glauben“, wo doch ein Teil von ihnen zuvor (schon) das Offenbarte wissentlich entstellt hat? (2/75-77), fragt Muhammad in verbitterter Abwendung und Abneigung. Zudem habe ein (anderer) Teil von ihnen Gott mit Esra[141] einen Sohn zur Seite gestellt (9/30). Im Ergebnis habe Gott den ungläubigen Teil der Juden daher verflucht (2/88, 89, 159; 5/13). Das habe dazu geführt, dass dieser Teil so wenig gläubig sei (2/88) und Gott in seinem Zorn eine erniedrigende Strafe bereithalte (2/90). Bis zum Tage der Auferstehung werde er Leute über sie schicken, die ihnen (zur Strafe) eine schlimme Qual auferlegen würden (7/167). Das war allgemein gehalten, geografisch nicht begrenzt und konnte zu ggb. Zeit von den Muslimen stets neu als Bestätigung gewertet werden. Ihre Abneigung gegenüber den Juden findet ihre religiösen Wurzeln in deren andauerndem Ungehorsam gegenüber Gott.

3.3.3.2.3 Vorwürfe gegenüber den Christen

Die vergessenen (5/14) oder nicht eingehaltenen Verpflichtungen sind bereits angesprochen worden. Obgleich Jesus die „wahre Offenbarung“ erhalten habe (2/87; 5/46), sei das Evangelium seitens seiner Anhänger

141 Esra war nach der Zeit des babylonischen Exils der Juden als hoher Würdenträger jüdischer Herkunft am persischen Hof tätig und für deren religiöse Angelegenheiten zuständig. Er wurde vom persischen König nach Jerusalem entsandt, um dort die Ordnung des Gottes Israels wieder herzustellen. In Teilen der in Palästina lebenden Juden wurde er seinerzeit als Sohn Gottes verehrt, worauf Muhammad hier offenbar Bezug nimmt. Auch Esra soll keines irdischen Todes gestorben, sondern ähnlich der koranischen Darstellung zum Tode Jesu „entrückt“ worden sein, vgl. unter 2.4.3, S. 40. Aus dem Kap. 14, Vers 49-50 des 4. Buches Esra ergibt sich in der Tat, dass Esra zu seinen Genossen „entrückt“ wurde, nachdem er noch heilige jüdische Bücher geschrieben hatte. Allerdings war ihm laut Vers 9 zuvor angekündigt worden, fürderhin bei seinen Genossen „und Gottes Sohn“ verweilen zu können, bis die Zeiten um seien. (Wortlaut des 4. Buches Esra, Kapitel 14 bei Wikipedia.)

verfälscht worden. Er sei von ihnen als Sohn Gottes angesehen worden. „Da habt ihr etwas Schreckliches begangen", lässt Gott durch Muhammad dazu sagen (19/89).[142] Die Infragestellung des Eingottglaubens stellt sich als das zentrale Problem im Miteinander zwischen Muslimen und Christen dar. Muhammad wendet sich mit seinen Richtigstellungen gegen unterschiedliche christliche Sichtweisen. „Der Barmherzige hat sich ein Kind zugelegt", gibt der Koran eine dieser Varianten wieder (19/88; 2/216), „Gott ist Christus, der Sohn der Maria" (5/17) eine andere. Muhammad wendet sich im Rahmen des koranischen Verständnisses der christlichen Dreifaltigkeitslehre auch gegen die Ansicht, Gott sei einer von dreien (5/73). Das sei unzutreffend (4/171). Jesus Christus sei lediglich ein Gesandter Gottes gewesen (5/75; 4/171), er sei vor Gott gleich wie Adam.[143] Es gebe niemanden im Himmel und auf der Erde, der nicht als Diener Gottes zu ihm kommen würde (19/92). Auch Jesus selbst habe sich nur als Diener Gottes verstanden (5/72, 117) und eine direkte Frage Gottes, ob er sich (und seine Mutter Maria) ihm beigesellt habe, ausdrücklich verneint. Er dürfe nichts sagen, wozu er kein Recht habe (5/116). Die Annahme, Jesus sei Gottes Sohn, sei daher nichts als eine Lüge. Die es anders sehen würden, hätten kein Wissen (18/5).[144] „Wer ist frevelhafter, als wer gegen Gott eine Lüge ausheckt oder die Wahrheit für Lüge erklärt", fragt Muhammad im Koran (29/68).

---

142 Dass Gott Söhne und Töchter „angedichtet" wurden (6/100), ist offenbar auch in anderen Zusammenhängen festzustellen gewesen. Hierzu äußert sich der Koran in Sure 21/26 ff.

143 Die christliche Theologie geht von der Dreifaltigkeit (Trinität) Gottes aus. Sie ist die Wesenseinheit Gottes in drei Personen: Als Vater, Sohn und hl. Geist. Nach koranischer Auffassung ist Jesus nur ein Gesandter Gottes. Durch sein Wort „es sei" (36/82; 40/68) gegenüber Maria sei diese unbefleckt schwanger geworden und Jesus so Geist von ihm. Jesus sei durch den heiligen Geist gestärkt worden. Später habe er von Gott die Schrift und die Weisheit erhalten sowie Thora und Evangelium gelehrt (5/110). Auch Adam sei durch das Wort „sei" entstanden. Dazu vgl. unter 3.3.3.1, S. 57. Muhammad wendete sich damit gegen die christliche Festlegung des Konzils von Nicäa im Jahr 325, vgl. Teil II, 1.2.1, S. 191.

144 Zum Begriff des Wissens vgl. unter 3.3.4.2, S. 85 f.

Wenngleich die Christen im Koran als diejenigen bezeichnet werden, die den Gläubigen (den Muslimen) in Sachen Liebe am Nächsten stehen (5/82), so ändert das an der bilanziellen Gesamtbewertung nichts. Die Leute des Evangeliums werden aufgefordert, nach dem zu entscheiden, was Gott (im Koran) herabgesandt hat (5/47). Diejenigen, die das nicht tun, also auch die Anhänger der Sohneseigenschaft Jesu, werden zu Frevlern (5/47) und Ungläubigen (5/17, 73; 6/100) erklärt, denen Gott das Paradies verboten und die Hölle zugewiesen hat (5/72, 73). Für die Pflichtvergessenheit der Christen benennt ihnen der Koran als diesseitige Gottesstrafe Hass und Feindschaft untereinander bis zum Tag der Auferstehung (5/14).

3.3.3.2.4 Auswirkungen im Miteinander

Die Mahnung Gottes gegenüber Muhammad, sich von den Leuten der Schrift nicht in Versuchung führen zu lassen und vom herabgesandten Koran (auch teilweise) nicht abzuweichen (5/49), hat in der Offenbarung weitere Untersetzungen erfahren. Beides dürfte die allgemeine Haltung der Muslime gegenüber ihrem Umfeld spürbar mitgeprägt haben.

Sure 60/1 enthält die nachdrückliche Mahnung Muhammads, sich „meine und eure Feinde“ nicht zu Freunden zu nehmen. Dazu zählen alle, die sich „aus Gründen des Glaubens“ gegen die Muslime gestellt haben – und dies losgelöst vom Verhältnis einer Blutsverwandtschaft (60/3). Die Sure enthält des Weiteren Gottes Verbot, sich denen anzuschließen, die der Religion wegen gegen Muslime gekämpft haben (60/9).[145] Die ablehnende Haltung gegenüber Freundschaften

145 Es wird zwar nicht ausgeschlossen, dass Gott das Entstehen einer gegenseitigen Zuneigung im Verhältnis mit den bisherigen Feinden bewirkt (60/7), diese Möglichkeit wird jedoch auf jene beschränkt, die nicht der Religion wegen sondern aus anderen Gründen gegen die Muslime gekämpft haben (60/8). In der Lebenswirklichkeit wird diese Differenzierung allerdings nur schwierig nachzuprüfen sein, weshalb sie in muslimischen Mehrheitsgesellschaften auch keine erkennbare Rolle gespielt hat.

außerhalb der eigenen (Religions-) Gemeinschaft bezieht sich vordergründig zwar auf den aktuellen Anlass der Ereignisse nach Muhammads Fortgang aus Mekka, ist aber durchaus verallgemeinerungsfähig. Das verdeutlicht der Rückgriff auf ein Beispiel aus Abrahams Zeiten, mit dem die Erkenntnis wiedergegeben wird, es sei Feindschaft und Hass zwischen den Leuten Abrahams und den Ungläubigen offenbar geworden, und zwar für alle Zeiten „solange ihr nicht an Gott alleine glaubt" (60/4). Die angesprochene Linie findet sich auch an anderer Stelle im Koran. Die Muslime sollten sich nicht die Juden und Christen zu Freunden nehmen (3/28, 118; 4/144; 5/51, 57). Die seien (nur) untereinander Freunde. Wer das tue, habe keine Gemeinschaft mehr mit Gott (3/28; 4/144).[146] Die Botschaft ist also, sie nicht wie Muslime zu behandeln.

Muhammad stellt seinen Zuhörern die Frage, ob sie Gott Vollmacht geben wollen, gegen sie vorzugehen (4/144). Die Heuchler würden sich auf dem untersten Grund des Höllenfeuers wiederfinden (4/145).[147] Insbesondere wird nachdrücklich vor Freundschaftsverhältnissen mit Juden und Christen gewarnt. Auch Freundschaften dieser Art würden zum Ausschluss aus der Gemeinschaft der Gläubigen führen (5/51). Die Warnung umfasst aus dem Kreis jener, die schon vor den Muslimen die Schrift besaßen, nicht nur diejenigen, die mit dem Islam nur Spott und Spiel treiben würden, sondern darüber hinaus auch andere Ungläubige (5/57).[148]

---

146 Eine Ausnahme gilt dort, wo das „Freundschaftsverhältnis" auf wirklicher Furcht basiert. Dann sei der Betreffende entschuldigt (3/28).

147 Dies gilt nicht für jene, die umkehren, sich bessern und sich in ihrem Glauben ganz auf Gott einstellen (4/146), also das Freundschaftsverhältnis beenden.

148 Damit sind nicht nur die sog. Heiden gemeint, sondern auch solche, die wieder ungläubig geworden sind, selbst nahe Blutsverwandte: Ihr Gläubigen! Nehmt euch nicht eure Väter und Brüder zu Freunden, wenn sie den Unglauben (dem Glauben) vorziehen (9/21).

Nicht nur Freundschafts-, auch Vertrauensverhältnisse mit Menschen außerhalb der muslimischen Gemeinschaft stoßen auf Ablehnung. Die allgemein gehaltene Sure 3/118 enthält die Aufforderung, sich als Muslim insoweit Niemanden als Vertrauten zu nehmen, weil man Außenstehenden nicht trauen könne. Vielmehr drohe Verwirrung und Bedrängnis auf der Grundlage von deren ablehnender Glaubenshaltung. Muhammad warnt in diesem Zusammenhang vor Groll, Boßheit und Hass (3/118-120).

Parallel hierzu enthält der Koran auch Vorgaben zur Heirat zwischen Mann und Frau (nur solche Ehen gelten im Islam vor Gott und auf Erden als legitimiert), wobei das Initiativrecht für den Beginn und die Beendigung einer Ehe dem Mann vorbehalten ist. Er darf bis zu vier Ehefrauen haben (4/3).[149]

Als unproblematisch erlaubt der Koran die Ehe mit gläubigen, ehrbaren (d. h. bei erster Heirat jungfräulichen) Frauen (5/5). Mit Frauen aus der Gemeinschaft derer, „die vor euch diese Schrift erhalten haben", sind Ehen erlaubt, wenn sie ehrbar sind und ihnen ihr Lohn (die Morgengabe) gegeben wird. Dabei hat sich der Muslim selbst als ehrbarer Ehemann zu verhalten, er hat also auf Liebschaften zu verzichten und darf keine Unzucht treiben (5/5).

Gläubige Frauen, die als „Auswanderer" zur Gemeinschaft der Muslime stoßen, sind zunächst auf ihre wirkliche Gläubigkeit hin zu prüfen. Die neue Heirat mit einer solchen Frau gilt nicht als Sünde, wenn sie ihre Morgengabe erhält. Dagegen sind gläubige Frauen ungläubigen Männern nicht zur Ehe erlaubt und letztere nicht den gläubigen Frauen (60/10).[150] Ein gläubiger Sklave sei besser als ein heidnischer Mann (2/221). Zudem sollen gläubige Muslime nicht länger an Ehen mit ungläubigen Frauen festhalten, da ihnen diese nicht (mehr) erlaubt

149 Für Muhammad gab es im Koran (33/50) eine umfängliche Ausnahmeregelung.

150 Für P. Antes, Ethik und Politik im Islam, in: ders. u. a., Der Islam, Religion-Ethik-Politik, S. 77 wird die Ehe zwischen einer muslimischen Frau und einem nicht-muslimischen Mann nur durch die Tradition verboten.

seien. Das sei die Entscheidung Gottes (60/10).[151] Im Übrigen besteht parallel dazu das Gebot, keine heidnischen Frauen zu heiraten, solange sie nicht gläubig werden. Eine gläubige Sklavin (diese wurden gemeinhin nicht geheiratet) sei besser als eine heidnische Frau (2/221).

Bedeutsam ist in diesem Zusammenhang der Umstand, dass ein gläubiger Muslim seinen Glauben bis zum Tod behalten muss, um Gottes Heilsversprechen nicht verlustig zu gehen. Er darf folglich in keine ungläubige Eheverbindung konvertieren (3/102).[152] Eine Muslima darf auch deshalb keinen Christen heiraten, weil gemäß der Scharia die Kinder der Religionszugehörigkeit des Vaters zu folgen haben.[153]

Zusammengefasst lässt sich aus dem Dargelegten die deutliche Neigung ableiten, möglichst unter sich und der eigenen Gemeinschaft zu bleiben.

Der Appell, sich von anderen nicht in Versuchung führen zu lassen, denen zugeschrieben wird, einem selbst übel gesonnen zu sein, führt zu einem latent angelegten Misstrauen, das in der eigenen Gemeinschaft religiös nicht angelegt ist. Diese Grundhaltung hemmt das Entstehen von Vertrauens- und Freundschaftsbeziehungen als Grundvoraussetzung eines integrativen Miteinanders in einem heidnischen Umfeld. Befördert werden Isolationstendenzen bis hinein in die Partnerwahl, soweit nicht Übertritte zum Islam erfolgen. Die Neigung vieler in Deutschland lebender Muslime, unter sich zu bleiben, Beziehungen zu Menschen im nicht-muslimischen Umfeld so weit wie möglich zu meiden, eigene (streitige) Angelegenheiten durch sog. Friedensrichter klären zu lassen,[154] mögen in diesen Vorgaben eine ihrer Ursachen haben. Viele

---

151 Diese Entscheidung umfasste auch finanzielle Ausgleichsleistungen: Behielt ein Muslim eine gläubige Frau, war der ungläubige erste Ehemann mit dem Betrag zu entschädigen, den er für die Frau seinerzeit ausgegeben hatte. Wurde eine ungläubige Frau zurückgegeben, konnte der Muslim von den Ungläubigen das fordern, was er seinerzeit für die betreffende Frau ausgegeben hatte (60/10).

152 Zu den Folgen der Apostasie vgl. unter 3.3.5.2, S. 116 ff.

153 W. Walther, Die Frau im Islam heute, in: W. Ende/U. Steinbach, Der Islam in der Gegenwart, S. 617 f.

154 Vgl. unter Teil II, 3.7.

Bemühungen um Integration stoßen hier an ihre (oftmals nicht gekannten) Grenzen. Alle aufgeführten Aspekte befördern das Entstehen von Parallelgesellschaften und tragen gleichzeitig zu ihrer Verfestigung bei. Vergleichbare Entwicklungen lassen sich sowohl in Deutschland als auch in anderen nord- und westeuropäischen Staaten beobachten. Die Auswirkungen werden an späterer Stelle angesprochen.

3.3.3.3 Der Kampf für Gott

Die Gemeinschaft der Muslime (Umma) kann sich inzwischen auch faktisch als weltweit agierende Glaubensgemeinschaft empfinden. An alle Menschen gerichtet zu sein, entsprach von Anbeginn auch ihrem kollektiven religiösen Selbstverständnis. Die Umma versteht sich als frei von nicht-muslimischer Kontrolle und sieht sich nur Gottes Gesetz verpflichtet.[155] Das ihr eigene Gefühl der Zusammengehörigkeit speist sich aus religiösen und kulturellen Wurzeln und manifestiert sich im gemeinsamen Bekenntnis zu Allah und dem Propheten Muhammad.[156] Der Universalanspruch des Islam hat zur Folge, dass er auch seine Lebensordnung als weltweit gültig und im Grundsatz verbindlich ansieht. Die islamische Umma fühlt sich folglich aufgerufen, ihren Machtbereich so lange auszudehnen, bis möglichst alle Menschen den Islam angenommen haben.[157] Gegenüber dem ungläubigen Umfeld kann das Selbstverständnis der Umma zu Solidarisierungen untereinander auch dort führen, wo die Unterschiedlichkeit der Herkünfte zunächst dagegensprechen könnte. Dieser Aspekt ist politisch bedeutsam, wird aber bislang kaum beachtet.

---

155 P. Heine, Islam-Lexikon A-Z, S. 228.

156 P. Heine ebendort; U. Matyssek, Zum Problem der Trennung von Religion und Politik im Islam, in: S. Muckel, Der Islam im öffentlichen Recht, S. 165.

157 T. Nagel, Was ist der Islam, S. 268; U. Matyssek a.a.O., S. 179 f.; P. Heine a.a.O., S. 229; A. Th. Khoury, Islam-Lexikon A-Z, S. 273.

Die Befugnis dieser Gemeinschaft, zu gebieten, was recht ist und zu verbieten, was verwerflich ist (3/110)[158] ergibt sich zwar aus dem Koran, allerdings ohne die Festlegung einer Entscheidungsinstanz. Das führt dazu, dass sich sowohl vorhandene Machthaber als auch Gruppen oder Einzelpersonen dazu berufen fühlen können, die Macht des Islam auszudehnen. Am Beispiel des Dschihad lassen sich die Folgen dieses Ausgangspunktes aufzeigen.

Unter dem Begriff des Dschihad ist nicht automatisch ein heiliger Krieg zu verstehen. Wie sich aus einem Muhammad zugeordneten Hadith ergibt, handelt es sich um eine gegenüber anderen Personen auszuübende „Anstrengung" oder „Bemühung", die je nach den geltenden Umständen „mit dem Herzen, mit Worten oder mit Taten" erfolgen kann.[159] In den von Muhammad wiedergegebenen Offenbarungen finden sich ebenfalls unterschiedliche Begriffsinhalte. Die erstmalige Verwendung des arabischen Wortes ǧihād wird mit der mekkanischen Sure 25/52 in Verbindung gebracht.[160] Wie auch in anderen mekkanischen Suren (29/69; 16/110; 31/15) wird dabei die Anstrengung bzw. das Bemühen des Einzelnen angesprochen, zum Glauben zu finden, an ihm festzuhalten und ihn gegenüber Ungläubigen offensiv zu vertreten.[161]

Nach Muhammads unfreiwilliger Auswanderung von Mekka nach Medina und vor dem Hintergrund der ihm von den Mekkanern verweigerten weiteren Teilnahme an den dortigen Pilgerritualen erhielt die „Anstrengung" in den medinensischen Suren dann einen kämpferischen

---

158 Vgl. unter 3.3.3.1, S. 59.

159 A. Th. Khoury, Islam-Lexikon A-Z, S. 208, 277; T. Nagel, Was ist der Islam, S. 51 Fn. 90 und S. 269.

160 T. Nagel a.a.O., S. 269.

161 Eine im Mittelalter entstandene Lehrmeinung hat daraus den sog. „Großen Dschihad" entwickelt. Hierunter wird das individuelle Bemühen um den islamischen Glauben verstanden (Chr. Szyska in: Kleines Islam-Lexikon, S. 106). Hierzu zählen geistige Initiativen oder solche mit dem Herzen im täglichen Bemühen um einen aufrichtigen Glauben, desgleichen verbale Anstrengungen beim Werben zum Islam oder Taten im Rahmen von sozialen Diensten oder Wohltätigkeiten. Das Gute wird unterstützt, das Böse unterbunden, A. Th Khoury a.a.O., S. 277.

bzw. kriegerischen Charakter,[162] der fortan auch dominiert.[163] Ohne Krieg wird Muhammad nicht nach Mekka zurückkommen können. In Sure 2/216, die etwa 1½ Jahre nach Ankunft in Medina entstand,[164] übermittelt er die für die Gläubigen göttliche Verpflichtung, gegen die Ungläubigen zu kämpfen, obwohl es ihnen zuwider sei (möglicherweise wegen des Umstandes, gegen die vertrauten, evtl. sogar eigenen Sippen in Mekka kämpfen zu müssen). Um Gottes willen sei aber gegen diejenigen zu kämpfen, die dies gegen die Gläubigen tun würden (2/190, 244). Sie seien zu töten, wo immer man sie zu fassen bekomme oder zu vertreiben (2/191).

3.3.3.3.1 Historisch überholt oder zeitlos?

In Ausführungen zum islamischen Recht wird darauf hingewiesen, dass die Verse, die zum Kampf gegen die Ungläubigen aufrufen, nach heutiger allgemeiner Ansicht nur auf die heidnischen Mekkaner zu Lebzeiten Muhammads zu beziehen seien.[165] Es erscheint zweifelhaft, ob diese Ansicht tatsächlich zutrifft. Die häufig allgemein verwendete Benennung der „Ungläubigen“[166] umfasste zwar auch die Mekkaner, war und ist darüber hinaus aber auf alle Polytheisten sowie Juden und

162 Diejenigen, die glauben... und (Bobzin:) auf dem Wege Gottes kämpfen (Paret: sich abgemüht haben), dürfen auf die Barmherzigkeit Gottes hoffen (2/218). Die Bemühung ist hier militärisch zu verstehen, vgl. bei M. Rohe, Das islamische Recht, S. 150. Mit gleichem Ergebnis T. Nagel, Was ist der Islam, S. 271 und A. Th. Khoury, Islam-Lexikon, S. 274.

163 Der hl. Krieg wird geführt, damit alle Menschen als Muslime (oder tolerierte Dhimmis) in den Grenzen des islamischen Herrschaftsbereichs in Frieden und Gottesfurcht leben können, A. Th. Khoury a.a.O., S. 206.

164 T. Nagel a.a.O., S. 270.

165 M. Rohe, Das islamische Recht, S. 149; Dagegen T. Nagel a.a.O., S. 127: Prinzipiell seien die göttlichen Wahrheiten unabhängig von den historischen Ereignissen gültig, in denen sie formuliert worden seien.

166 Zum Inhaltsverständnis vgl. S. 55 f.

Christen anwendbar. Dem Prinzip der sola scriptura[167] kommt insoweit ebenfalls eine besondere Bedeutung zu. Und nicht zuletzt erfolgte die Offenbarung der Sure 9 erst nach der Eroberung Mekkas. Selbst wenn der einengende Bezug auf die Mekkaner zutreffen sollte, überzeugt die damit angenommene Unbeachtlichkeit für die Gegenwart nicht. Der Mensch wird ungeachtet eines im Ausgangspunkt als zulässig angesehenen Idschtihad[168] nach ganz überwiegender islamischer Auffassung als nicht befugt angesehen, darüber zu entscheiden, was von den Offenbarungen gilt oder nicht. Gottes Worte können nur durch ihn ersetzt oder geändert werden.[169]

Für eine zeitlose Geltungsdauer spricht hier zudem, dass die für den Dschihad relevanten Suren generalisierbare Aussagen enthalten. Diese sind mit Regelungen und Wertungen verbunden, die nicht nur die heidnischen Mekkaner betreffen. Deren zukünftige Unanwendbarkeit ergibt sich weder aus dem Koran, noch ist sie aus ihm abzuleiten. Bspw. geht es darum, den Abfall vom Islam zu verhindern. In diesem Zusammenhang ist die Rechtfertigung festzustellen, es sei schlimmer, Gläubige (zum Abfall vom Islam) zu verführen, als die Verführer zu töten (2/191, 217). Deshalb sei gegen die heidnischen Gegner zu kämpfen, bis niemand mehr versuche, Gläubige (zum Abfall vom Islam) zu verführen und nur noch Gott verehrt werde (2/193; 8/39). Auch die Aufforderung, Gott zu fürchten, ihm nahe zu kommen und um seinetwegen Krieg zu führen (Bobzin: auf seinem Weg zu kämpfen) (5/35), vermag über das mekkanische Geschehen hinauszureichen. Gleiches gilt für den zeitlosen Handel, zu dem Gott den Gläubigen rät, um sie vor einer schmerzhaften Strafe zu erretten: Sie müssen an

167 Vgl. hierzu auf S. 12 f.

168 Hierzu vgl. insbesondere unter 4.4.2.1. und die dortige kurze Definition zum Begriff.

169 Vgl. S. 26, zudem S. 45; durch Zeitablauf gegenstandslos könnte allenfalls Sure 9/73 geworden sein, weil sie sich mit ihrer Aufforderung, Krieg gegen die Ungläubigen und Heuchler zu führen, konkret an Muhammad richtete. Andere Suren wenden sich dagegen allgemein an die Gläubigen (61/10; 5/35; 9/38, 39).

ihn und seinen Gesandten glauben und mit dem eigenen Vermögen und in eigener Person um seinetwegen Krieg führen (Bobzin: auf dem Wege Gottes kämpfen) (61/10-12). Sie sollen dabei Gottes Helfer sein (61/14). Diejenigen, die ungläubig seien, sollen bezwungen werden (47/8).

Zur Förderung der Siegeszuversicht der Gläubigen weist Muhammad darauf hin, dass Gott bereits frühere Generationen (von Ungläubigen) vernichtet habe. Den (zeitgenössischen) Ungläubigen werde es nicht anders ergehen. Gott sei der Schutzherr der Gläubigen (47/10, 11). Was spricht gegen die Zeitlosigkeit dieser Botschaft? Gleiches gilt für die Erinnerung an, die den Engeln durch Gott erteilte Eingebung, mit ihm die Gläubigen zu festigen. Er selbst werde den Ungläubigen Schrecken einjagen. (Mit dem Schwert) sei denen auf den Nacken und auf jeden Finger zu schlagen. Das sei die Strafe dafür, gegen Gott und seinen Gesandten Opposition getrieben zu haben (8/12 ff.).[170] Mit dem Schwert sei zu kämpfen, bis der Krieg die Gläubigen von seinen Lasten befreit (und vom Frieden abgelöst wird). Das sei der Wortlaut der Offenbarung (Bobzin: So soll es sein) (47/4). Zudem bestehe der Lohn derer, die gegen Gott und Muhammad Krieg führen oder die im Lande auf Unheil bedacht seien, darin, dass sie umgebracht, gekreuzigt oder an Hand und Fuß verstümmelt würden (5/33).

Ungeachtet der Ausführungen zu den damaligen waffenbezogenen Möglichkeiten lässt sich der Kern dieser Offenbarung bis zur heutigen Zeit fortschreiben. Das ebenfalls unbefristete Versprechen Gottes, die auf seinem Weg Getöteten recht zu leiten, alles für sie in Ordnung zu bringen (Bobzin: ihnen Wohlergehen zu schenken) und sie ins Paradies eingehen lassen, das er (Bobzin:) für sie ausersehen hat (47/4-6),[171] rundet eine zeitlose Motivlage für die Gläubigen ab.

---

170 Gemeint war das Abschlagen der Finger, um sie am künftigen Spannen ihrer Bogen zu hindern, T. Nagel, Was ist der Islam, S. 140.

171 Vgl. S. 51 f.

3.3.3.3.2 Sure 9

Eine besondere Bedeutung kommt der Sure 9 zu. Sie entstand nach der Einnahme Mekkas im Januar 630 und etwa ein Jahr vor Muhammads Tod im Juni 632.[172] Sie gehört zu den spätesten Suren. Das Fehlen der Basmala[173] zu Beginn lässt den Eindruck einer nicht lösbaren Besonderheit entstehen, denn ihre Eigenschaft als Teil der Offenbarung wird nicht in Zweifel gezogen. Die Schwertverse dieser Sure sind somit letztgültig.[174]

Muhammad und die Seinen befanden sich „auf dem Weg Gottes" in der Phase der Eroberung der arabischen Halbinsel und optional weiterer Bereiche. Insoweit passend ruft Sure 9 die Gemeinschaft der Muslime (ohne zeitliche Befristung) zum fortgesetzten Kampf gegen die Ungläubigen auf.[175] Gemeint sind damit diejenigen, die nicht an Gott und den Jüngsten Tag glauben, die nicht verbieten, was Gott und sein Gesandter verboten haben sowie die, die als Angehörige der anderen Buchreligionen nicht der wahren Religion folgen. Wer frühere Eide gebrochen habe (wie die Juden und Christen) und wer gegen den muslimischen Glauben ausfällig werde, gilt als Prototyp des Unglaubens (9/12). „Wenn ihr gegen sie kämpft, wird Gott sie durch euch bestrafen" (9/14). Es sei zu kämpfen, bis die Benannten (Bobzin:) erniedrigt

172 T. Nagel, Was ist der Islam, S. 107.

173 Vgl. S. 43.

174 Inwieweit sie die Aussagen anderer Suren abrogiert, kann deshalb offenbleiben. M. Rohe vertritt bspw. die Auffassung, Sure 9 abrogiere mit den Versen 29 ff. jene Koranverse, die eine nur defensive Ausrichtung gegen Angriffe von außen erkennen lassen, Das islamische Recht, S. 149.

175 Entsprechend dem bereits erwähnten Regelwerk zugunsten der Ungläubigen beginnt Sure 9 mit einer befristeten Schutzerklärung zu ihren Gunsten und einer Ankündigung anschließender Kriegsmaßnahmen (9/2, 3). Nach Ablauf der Frist sei allen Ungläubigen, die sich nicht bekehren oder mit denen keine Abmachungen bestehen, überall aufzulauern. Sie seien zu umzingeln, zu greifen und zu töten, wo immer man sie treffe, es sei denn, sie würden sich bekehren, das Gebet verrichten und die Almosensteuer zahlen (9/5).

aus eigener Hand Tribut entrichten (9/29). Muhammad hört sich von Gott aufgefordert, Krieg gegen die Ungläubigen und Heuchler zu führen und hart gegen sie zu sein (9/73).

Sure 9 bekräftigt damit Aussagen, die schon in vorangegangenen Suren enthalten waren. Sie ist im erweiternden Sinne aber auch so verstanden worden, dass der Dschihad den Charakter einer fortwährenden und dauerhaften Pflicht gegenüber Gott angenommen hat, sich mit Leib und Leben für den Islam einzusetzen (9/23), um den islamischen Machtbereich auszudehnen.[176] Gott habe von den Gläubigen nach Muhammad ihre Person und ihr Vermögen dafür erhalten (wörtlich: abgekauft), dass sie das Paradies bekommen. Konsequenterweise müssten sie nun um Gottes willen kämpfen, dabei töten und ggf. selbst den Tod erleiden (9/111; angedeutet auch in 4/74). Muhammad unterschied in Sure 9 die wahrhaft Gläubigen, die sich selbst und unter Einsatz ihres Vermögens am Dschihad beteiligten (9/41, 88, 89)[177] von denen, die das nicht können oder wollen.[178] Den Unwilligen, Halbherzigen und Drückebergern in den eigenen Reihen stellte er Gottes schmerzhafte Strafe in Aussicht. Ein anderes Volk würde dann ihre

176 Für T. Nagel a.a.O., S. 271. Für ihn enthält die Sure beeindruckende Belege für das Bestreben Muhammads, den Dschihad als ein Wesensmerkmal der muslimischen Gemeinschaft anzusehen, ebendort S. 274, 295, und zwar neben den fünf Säulen der islamischen Frömmigkeit, S. 377. Auch L. Hagemann benennt den Dschihad in diesem Sinne als ständige Verpflichtung neben den fünf Säulen, Islam-Lexikon A-Z, S. 176, 312. Chr. Szyska, Kleines Islam-Lexikon, S. 106; A. Th. Khoury, Islam-Lexikon A-Z, S. 275, 276 beschreibt als denkbare Form den passiven Widerstand oder militärische Aktionen.

177 Dies stellte eine Intensivierung der Sure 49/14 dar, wonach sich wahre Gläubigkeit darin zeigt, dass sie zu Herzen gegangen sein müsse. Wo dies nicht der Fall sei, könne nur von der Annahme des Islam gesprochen werden – was aber genüge, wenn Gott und seinem Gesandten gehorcht werde.

178 Denen gibt er mit auf den Weg, ihr Herz sei versiegelt. Daher hätten sie keinen Verstand (9/87) und wüssten nicht Bescheid (9/93). Nicht bedrückt könne sich nur der fühlen, der schwach und krank oder unvermögend sei (9/91) oder von Muhammad einen abschlägigen Bescheid erhalten habe (9/92). Zur aufgezeigten Gegenüberstellung auch T. Nagel a.a.O., S. 274.

Stelle einnehmen (9/39, 42, 63, 74-87). Jenen, die mit ihm glauben und die sich selbst und ihr Vermögen im Kampf für Gott einbrächten, werde dagegen großes Glück zukommen (9/88, 89). Dieses bestehe in dem Versprechen Gottes auf einen Platz im Paradies (9/111). Wer so Krieg führe, der habe (Bobzin:) den höchsten Rang bei Gott und gehöre zu den Gewinnern (9/20).

Allerdings gibt Muhammad schon vor seinem Tod Gottes Hinweis wieder, die Gläubigen könnten unmöglich (alle) geschlossen ausrücken (9/122). Damit relativierte sich zwar nicht die Pflicht aller zum Dschihad, wohl aber der Umfang der Teilnehmenden. Das war hilfreich. Denn nach der Einnahme von Mekka waren vor allem die Helfer aus Medina der andauernden Feldzüge müde geworden.[179] Zudem erwiesen sich viele Beduinen als indifferent und zahlten in Teilen lieber Geld, als für die Muslime in den Krieg zu ziehen (9/97-106). Losgelöst davon verlor der bisherige Aspekt der Auswanderung aus Mekka als Beleg für „wahre Gläubigkeit" an Bedeutung, nachdem die Stadt erobert worden war und aus anderen Teilen der arabischen Halbinsel neue Kämpfer zu den Muslimen stießen, die hinsichtlich des Maßes ihrer Glaubensüberzeugung auf Ebenbürtigkeit drängten.

3.3.3.3.3 Der Dschihad als Teil der Scharia

Die Offenbarungsaussagen des Koran erfahren vor diesem Hintergrund nach Muhammads Tod daher ergänzende Auslegungen im Rahmen der als hochwertig eingestuften Hadithe und der Scharia, ohne mit den Ursprüngen in Konflikt zu geraten. Der schariatische Pflichtkanon wird so modifiziert, dass der Dschihad nun als eine den übrigen Ritualpflichten vergleichbare Handlung erscheint, und zwar als ihr beschwerlichster Teil. Als solcher muss er nicht mehr von allen erfüllt werden, kann dies aber durchaus in bewusster Absicht.[180] Für

179 T. Nagel a.a.O., S. 297.
180 T. Nagel a.a.O., S. 278.

den Dschihad bedeutet dies, dass die den Muslimen gemeinschaftlich auferlegte Pflichterfüllung bereits dann als beachtet gilt, wenn eine hinreichende Anzahl von Gläubigen sie auf sich nimmt.[181] In die gleiche Richtung – aber die Pflicht der hinreichenden Zahl überlagernd – zielt das Verständnis des Dschihad als Individualpflicht. Diese kann – ggf. sufistisch verstärkt[182] – durch privat geübte strenge Ritenerfüllung, Frömmigkeit und Schariatreue motiviert sein,[183] die als Nachahmung der Äußerungen und Handlungsweisen Muhammads verstanden und als verpflichtend angesehen wird.[184] Sie kann aber auch als Reaktion auf plötzliche und unerwartete Angriffe oder im Falle eines angenommenen Notfalls in Betracht kommen.[185] Gleiches gilt im Falle unterdrückter Glaubensbrüder (4/75), im Falle der Verführung (zum Abfall vom Islam) (2/193; 8/39) oder bei religiös relevanter Verletzung von Verträgen (9/12). Die Pflicht zum Dschihad wird so zu einer jedem Muslim obliegenden Individualpflicht, die der subjektiven Einschätzung unterfällt.[186]

Diese Art Dschihad wird nicht von der Obrigkeit eines islamischen Gemeinwesens organisiert, sondern in Gruppen oder einzeln praktiziert, wenn sich der Machthaber dazu außer Stande sieht. Bei kleinräumigen Grenzgefechten kann er sich gegen Ungläubige richten, die in der Nähe zum eigenen Gebiet ihren Wohnsitz haben (9/123). Er kann

181 M. Rohe, Das islamische Recht, S. 149; T. Nagel a.a.O., S. 194, 286; Chr. Szyska, Kleines Islam-Lexikon, S. 106; Im Ergebnis auch A. Th. Khoury a.a.O., S. 275, 276, der allerdings die geographische Festlegung als offen ansieht.

182 Der Sufismus trägt dazu bei, den Schariagehorsam durch eine zusätzliche Frömmigkeit abzustützen, ausführlich dazu T. Nagel a.a.O., S. 447 ff.

183 T. Nagel a.a.O., S. 291.

184 T. Nagel a.a.O., S. 293.

185 A. Th. Khoury, Islam-Lexikon A-Z, S. 275; T. Nagel a.a.O., S. 286, 287.

186 A. Th. Khoury, Islam-Lexikon A-Z, S. 275; T. Nagel a.a.O., S. 286, 287. Als zeitgenössisches Beispiel zitiert Nagel Ausführungen des damaligen Rektors der al-Azhar-Hochschule in Kairo, ‚Abd al-Halim Mahmud (1910-78), der in seinem Werk al-Ǧihād fī l-islām (2. Aufl. 1988) erklärte, den Dschihad gegen die Juden zur Individualpflicht zu machen (S. 295).

zudem von Glaubensgemeinschaften ausgehen, die sich dem Islam verschrieben haben und die im nicht-muslimischen Machtbereich zu den Waffen greifen oder die feindliche Angriffe abwehren sollen. Er kann sich aber auch gegen muslimische Machthaber wenden, denen unterstellt wird, der eigenen Pflicht zum Dschihad nicht genügt zu haben.[187] Alle aufgezeigten Formen des militärischen Engagements gelten als zulässig und fallen unter den Begriff des sog. „Kleinen Dschihad".[188]

3.3.3.3.4 Regelwerke aus der Scharia

Das Verhältnis zwischen den Muslimen und ihren Feinden wird Gegenstand von Regelwerken innerhalb der Scharia. Sie finden ihre Ursprünge in Büchern über die Feldzüge, den sog. sijar (as-sijar: die Feldzüge).[189] Danach stehen sich die muslimische und die nicht-muslimische Welt nicht gleichberechtigt gegenüber,[190] wenngleich es zwischen ihnen bisweilen durchaus zu Absprachen und Verträgen kommen kann.[191] In den sijar wurzelt die Zweiteilung der bewohnten Welt in das „Gebiet des Islam" (dār al-islām) und das „Gebiet des Krieges" (dār al-harb).[192] Die schafiitische Rechtsschule hat dem später noch ein „Gebiet des Vertragsausgleichs" hinzugefügt, so dass es für vertraglich geregelte Zwischenphasen im nicht-islamischen Bereich das „Gebiet des Vertrages" (dār al-'ahd) oder des „...Friedensschlusses" (dār al-sulh)

187 Ein Beispiel dafür war der tödliche Anschlag auf den ägyptischen Staatspräsidenten Anwar as-Sadat am 6.10.1981 in Kairo.

188 Chr. Szyska, Kleines Islam-Lexikon, S. 106; A. Th. Khoury, Islam-Lexikon A-Z, S. 277.

189 Hierzu bei T. Nagel a.a.O., S. 281.

190 A. Th. Khoury, Islam-Lexikon A-Z, S. 207; T. Nagel a.a.O., S. 283, 284, auch nicht als Vertragspartner.

191 M. Rohe, Das islamische Recht, S. 152 verweist auf wiedergegebene Regelungen aus der Praxis.

192 L. Hagemann, Islam-Lexikon A-Z, S. 311; A. Th. Khoury ebendort, S. 274; T. Nagel a.a.O., S. 282.

geben kann.[193] Letzteres darf allerdings nicht darüber hinweg täuschen, dass der wirkliche und endgültige Frieden erst als erreicht angesehen wird, wenn alle Menschen unter islamischer Herrschaft leben. Bis dahin können mit den lediglich zur Kenntnis zu nehmenden Regierungen der nicht-muslimischen Staaten vorübergehende friedliche Beziehungen gepflegt werden.[194] Das kann auch der eigenen Interessenlage entsprechen, wenn der Feind übermächtig ist. Die Pflicht zum Dschihad besteht dann zwar weiter, wird aus pragmatischen Gründen staatlicherseits aber ruhend gestellt.

Aufnahme in die Scharia findet auch das fortgeschriebene göttliche Regelwerk zum Schutz der Ungläubigen. Der Koran lässt erkennen, dass eine Art Vorwarnung zu erfolgen hat, bevor es diesen strafend ans Leben geht. Es sei (über ein Volk) nie eine Strafe verhängt worden, ohne vorher einen Gesandten zu ihm geschickt zu haben (17/15). Die Aufforderung zum Ergreifen und Töten von Ungläubigen sei erst umsetzbar, wenn diese einer vorausgegangenen Aufforderung nicht gefolgt seien, den islamischen Glauben anzunehmen (4/89).[195] Und auch Sure 9/3 stellt vor den Beginn der militärischen Aktion die Aufforderung, sich zu bekehren. Nicht gekämpft werden solle darüber hinaus im Falle bestehender Vertragsverhältnisse (4/90) und wenn die Ungläubigen zuvor erklärt hätten, nicht gegen die Gläubigen kämpfen zu wollen. Wenn sie sich dann fernhalten würden, friedlich seien und keinen Widerstand mehr leisten würden, gebe Gott keine Möglichkeit mehr, gegen sie vorzugehen (4/90).

193 M. Rohe a.a.O., S. 151; A. Th. Khoury a.a.O., S. 274.

194 A. Th. Khoury a.a.O., S. 206, 207.

195 Entsprechende Hinweise finden sich bei A. Th. Khoury, Islam-Lexikon A-Z, S. 277 f. Ebenso bei Chr. Szyska, Kleines Islam-Lexikon, S. 206.

3.3.3.3.5 Fazit

Festzuhalten bleibt, dass der Koran im Rahmen der muslimischen Anstrengungen, der einzig wahren Religion zum Sieg zu verhelfen (9/33), Kampf und Krieg gegen Ungläubige nach wie vor legitimiert. Dabei ist deren Leben weniger wert als das der Gläubigen. Ihr Tod ist als irdische Strafe Gottes für ihren Unglauben anzusehen. Wenngleich die Pflicht aller zum Dschihad durch eine hinreichende Zahl ersetzt werden kann, so bleibt doch vor allem die Individualpflicht hoch problematisch. Sie ist auf unterschiedliche Weise immer aktivierbar. Das Muhammad Offenbarte besteht als Befehl an alle Gläubigen über seine Lebenszeit hinaus.

Lässt sich bei der Ausübung des Islam bereits das sola-scriptura-Gebot als theoretisch legitimierendes Tor zur religiösen Selbstermächtigung nutzen, so wird dies durch hinzukommende subjektive Komponenten des Einzelnen noch verstärkt. Was mit dem Wort der Radikalisierung einen unzutreffenden Beigeschmack erhält, ist letztlich individuell gelebter Glaubenseifer. Dieser Aspekt erhält allerdings eine besondere Bedeutung, wenn die Rechtsprechung des Bundesverfassungsgerichts zur Freiheit der Religionsausübung ihn auch noch unter den besonderen Schutz des Art. 4 GG stellt.

Auch in der Gegenwart können sich Kämpfer für ihr Handeln als göttlich legitimiert ansehen. Unklar bleibt nur, bei wem es sich wann, wo und wie verwirklicht. Die ausgesprochen grausamen Tötungshandlungen an Ungläubigen durch Einzeltäter oder Anhänger des „Islamischen Staates“[196] mit ihrer Missachtung der „Lebensheiligkeit“ wurden von vielen Muslimen zwar als unislamisch gebrandmarkt. Weil sich aber mit dem Islam individuell die unterschiedlichsten Auslegungen verbinden lassen und Instanzen für aktuell verbindliche Glaubensfestlegungen nicht bestehen, ist die dargelegte nicht ausgeschlossen. Die

196 Hierzu ein ausführlicher Überblick von Benjamin Onasch, Die rituelle Dimension des Terrorismus im Zeitalter des Dschihadismus, in: U. Backes/A. Gallus/E. Jesse, Extremismus & Demokratie.

auf das Jenseits bezogene Heilserwartung erzeugt bei den „Aktivisten" geradezu eine Sehnsucht nach dem eigenen Tod und den Wunsch, dabei möglichst viele Ungläubige mitzureißen.[197] Das können auch dementsprechend bewertete Muslime sein.

3.3.4. Das Menschenbild im Islam

Der Mensch wird im Koran ausschließlich zweigeschlechtlich dargestellt. Gemäß der Offenbarung schuf Gott aus einem einzigen Wesen (Adam) die Frau als das ihm entsprechende andere Wesen als Gattin. Aus ihnen beiden entstanden viele Männer und Frauen (30/21; 39/6; 49/13; 4/1). Die beiden von ihm geschaffenen Geschlechter, das männliche und das weibliche (75/39; 53/45; 49/13), kennen keine diversen Abweichungen. Aus der Religion ergebe sich laut Koran die natürliche Art und Weise, in der Gott die Menschen geschaffen habe, sie könne nicht abgeändert werden (30/30).

Der Koran bescheinigt Gott eine umfassende Gewalt und Macht über alles.[198] Für das islamische Bild vom Menschen ist es daher nur folgerichtig, wenn dessen Verhältnis zu Gott durch ein engmaschiges Abhängigkeits- und Subordinationsverhältnis (21/19) geprägt ist. Es umfasst vollständig und nachhaltig den ganzen Menschen – bis zu seinem Tod (3/102). Die Eigenschaft Adams (und der Menschen) als Nachfolger[199] Gottes auf Erden (2/30 f) ändert daran nichts. Gott gestaltet den Menschen nach den Offenbarungen bereits im Mutterleib wie er will (3/6) und weiß über ihn Bescheid, seit er als Embryo in diesem war (61/32). Er bestimmt sein Schicksal (6/63-65; 9/51; 57/22), seine Lebenszeit (6/60; 22/5) und seinen Tod (21/34, 35; 3/185). Anhaltend lässt Gott in seinen Offenbarungen durch Muhammad

197 B. Onasch a.a.O., S. 212 ff.

198 Vgl. unter 3.3.2, S. 52 f.

199 Der Koran spricht ausdrücklich nicht von Stellvertretung. Dem Menschen wird nichts gottgleiches zuerkannt. Er ist nur Gottes Geschöpf. Selbst Jesus ist insoweit wie Adam (3/59), vgl. unter 3.3.3.2.3., S. 64.

darauf hinweisen, dass ihn die Menschen aus den unterschiedlichsten Gründen zu fürchten hätten und Angst vor ihm haben sollten (3/50; 5/35; 16/51).[200] Denn er alleine entscheide über die Bedingungen der menschlichen (Fort-)Existenz im Jenseits (6/62).[201] Nur die Gottesfürchtigen seien seine Freunde (8/34), nur sie würde er lieben (9/4, 7).

3.3.4.1 Die Aufgabe des Menschen; Versuchung und Abwehr

Der Mensch muss zunächst damit fertig werden, von Gott als Mängelwesen geschaffen worden zu sein. Er ist arm und auf Gott angewiesen (35/15), von Natur aus schwach (4/28), kleinmütig und ängstlich (70/19, 20), seine Seele verstrickt sich im Bösen (12/53), er ist unbeständig (30/36; 41/49), vergesslich (20/115, 126), unzuverlässig (16/53, 54; 29/65) und streitsüchtig (16/4; 36/77; 18/54). Torheit und die Neigung, Unrechtes zu tun (13/72) durchziehen sein Leben.[202] Hinzu kommt, dass das Böse in Gestalt des Satans die Menschen mit Gottes Vollmacht bis zum Tag des Gerichts dazu verführen darf, von der göttlichen Ordnung abzuirren – womit ihnen ständig die Hölle in Aussicht steht.[203]

Dieser Gefahrenlage steht gegenüber, dass Gott für das Leben der Menschen sorgt (8/6; 16/80-81; 17/70), ebenso für deren Unterhalt

200 Diese Fundstellen sind nur Beispiele. Gott fürchten zu müssen bzw. zu sollen, wird bei vielen Gelegenheiten in fast allen Suren betont, bspw. in 5/88, 96, 100.

201 Vgl. S. 47, 49 f.

202 Die Art und Weise, in der Gott die Menschen geschaffen hat, darf man nicht gegen etwas anderes austauschen (30/30).

203 Iblis, der als Dschinn (18/50) zu den Engeln gehörte, wurde gemäß Koran zum Satan gemacht und aus dem Paradies zu den Menschen auf die Erde verstoßen, weil er sich einer Anordnung Gottes widersetzt hatte. Auf seinen Wunsch hin erhielt er allerdings die besagte Vollmacht. Außerdem machte Gott den Ungläubigen Satan und seine Sippschaft zu Freunden (7/27). Zur mehrfach wiedergegebenen Iblis-Offenbarung vgl. 2/34-39; 7/11-18, 19 ff.;38/73-85; 15/31-43; 17/61-65.

(29/60, 62). Er überlässt sie aber auch in anderer Hinsicht nicht sich selbst (75/36), sondern verknüpft seine Erwartungen mit deren dies- und jenseitigem Leben. Die Erwartungshaltung Gottes, die sich jeder Mensch erschließen kann, umfasst drei Schwerpunktbereiche:

Der Mensch muss vor Augen haben, von Gott nicht zum Zeitvertreib geschaffen worden zu sein (23/115; 21/16), auch wenn das Leben auf der Erde (im Gegensatz zum Jenseitigen) nur als Spiel und Zerstreuung anzusehen sei (57/20).[204] Vielmehr habe er Gott zu dienen (12/40), nur zu diesem Zweck sei er geschaffen worden (51/56).[205] Diener Gottes zu sein, bedeute, ihn allein zu verehren (2/186). Hierzu gehöre, viel an ihn zu denken (33/41), ihn zu lobpreisen (15/98),[206] sich vor ihm zu verneigen, in Ehrfurcht niederzuwerfen (2/125; 15/98; 22/77) und gottesfürchtig zu sein.

Daneben obliegt ihm die Pflicht, Gott und seinen Gesandten zu gehorchen (2/285; 3/32; 4/59; 47/33; 49/14, 15; 64/16). Wer gehorcht, ist rechtgeleitet (24/54). Gehorsam gegenüber Gott, die treue Ergebung in seinen Willen, gilt als vorzügliche Tugend.[207] Wie am Beispiel des Iblis verdeutlicht wird, ist gegenüber Gott unbedingter Gehorsam bei allen seinen Vorgaben zu leisten, soll es einem nicht selbst schlecht ergehen. Das wird später auf die Vorgaben Muhammads erweitert (13/32; 4/59; 47/33; 49/14, 15; 4/64, 80).[208] Die Bedeutung Muhammads als Prophet wird auch durch die umgekehrte Reihenfolge unterstrichen: Wer dem Gesandten gehorcht, gehorcht Gott (4/80). Der Gehorsam gegenüber Allah und seinem Gesandten wird damit

---

204 Vgl. S. 48.

205 Die Pflicht des Dienens wird im Koran permanent betont, vgl. 2/21, 186); 3/51; 16/36; 21/25, 92;29/56; 36/61; 39/2, 14. Zu den Anfängen vgl. S. 57 f.

206 Der Mensch hat Gott morgens und abends zu preisen (33/42; vgl. auch S. 34), dazu auch Muhammad, vgl. S. 41. Die Engel hatten Gott sogar unablässig Tag und Nacht zu preisen (21/20).

207 L. Hagemann, Islam-Lexikon A-Z, S. 177, 312.

208 Zwar vergibt Gott Adam mit Blick auf dessen Reue den Sündenfall (2/37; 20/115), bleibt in seinen weiteren Entscheidungen aber unkalkulierbar: „Ich werde wahrlich die Hölle mit lauter Dschinn und Menschen anfüllen"(11/119).

gleichwertig. Wer gegen Gott (und Muhammad) widerspenstig ist, hat eines gewaltigen Tages seine Strafe zu fürchten (39/13), wenn nicht sogar schon im Diesseits (59/3). Wer Frevlern Schaden zufügt, tut dies mit Gottes Erlaubnis (59/4-5). Was für ein bemerkenswerter Freibrief über die Zeiten hinweg!

Denen, die im Besitz der göttlichen Offenbarung sind, obliegt schließlich die Pflicht, fromm zu sein. Der einzelne Mensch unterliegt dabei der fortlaufenden Überprüfung seiner Gottestreue und Glaubensfestigkeit (29/3-6). Gott weiß auch über ihn Bescheid und stellt ihn ständig auf die Probe, auf dass er sich bewähren kann (6/165).[209] Der Rahmen für seine Frömmigkeit ergibt sich in Teilen aus der Sure 2/177.[210] Sie zeigt sich im Übrigen in der strengen Beachtung der sog. „fünf Säulen" der islamischen Lebens- bzw. Daseinsordnung,[211] die nach dem islamischen Glauben von Gott auf das Jenseitsguthaben des einzelnen Menschen angerechnet wird. Hinzu kommt – in geeigneter Weise – die Befolgung der Pflicht zum Dschihad.[212] Nur der gläubige und gehorchende Mensch (3/32; 24/54) gilt als rechtgeleitet.[213] Wer sich in diesem Sinne verhält, über den hat das Böse keine Vollmacht (17/65). Satans Vollmacht erstrecke sich nur auf die, die sich ihm anschlössen (16/100).

---

209 A. Th. Khoury, Der Islam und die westliche Welt, S. 89.

210 Frömmigkeit besteht ... darin, dass man an Gott, den jüngsten Tag, die Engel, die Schrift und die Propheten glaubt und sein Geld ... den Verwandten, den Waisen, den Armen, dem, der unterwegs ist, den Bettlern und für (den Loskauf von) Sklaven hergibt, das Gebet verrichtet und die Almosensteuer zahlt.

211 Diese fünf Säulen bestehen aus folgenden Vorgaben: 1) Das öffentliche Glaubensbekenntnis („Ich bezeuge, dass es keinen Gott gibt außer Allah und Muhammad ist sein Prophet"); 2) das tägliche rituelle Gebet (salāt; Pflichtgebet, Sure 5/6); 3) die Almosensteuer (für die Gemeinde und Soziales, Sure 2/83, 177); 4) das Fasten im heiligen Monat Ramadan (Sure 2/183, 185, 187 ff.); 5) die große Wallfahrt nach Mekka (Hadsch, Sure 2/158, 196 ff.).

212 Vgl. S. 71, 75 ff.

213 Und behält die Option dereinst zu den Rechtschaffenen gezählt zu werden. Die gesonderte Behandlung der im Kampf für Gott Gefallenen wurde auf den S. 51 f., 73 und 76 angesprochen.

3.3.4.2 Wissen und Verstand – Grenzlinien

Der Islam beansprucht mit Hilfe des Koran, eine Religion des Wissens und des Verstandes zu sein. Der Begriff des Wissens erhält eine Zuordnung zu Gott, der als einziger über (all-)umfassendes Wissen verfügt (7/89; 6/80; 20/98; 40/7). Soweit Menschen über Wissen verfügen, gibt die Offenbarung wieder, dass es von Gott kommt und nicht durch sie selbst entstand. Vielmehr hat Gott den Menschen gelehrt, was er (zuvor) nicht wusste (96/5). Bereits Adam habe von ihm Wissen übertragen bekommen, und zwar in Gestalt der Namen für die Dinge (2/31) sowie – durch den Schöpfungsakt – das Wissen, dass es keinen Gott gibt außer ihm (3/18).[214] Im Laufe der Zeit sei das Wissen als Offenbarungswissen über die Alleinstellung und Allmacht Gottes, des Verborgenen, über die Entstehung des Universums, der irdischen Welt sowie über das Erlaubte und Verbotene in der göttlichen Lebensordnung durch Gesandte und Propheten weitergegeben worden. Das Wissen umfasse die Wahrheit der Religion (Lebensordnung) (10/93). Nachdem die Schrift schon früher in Teilen offenbart worden sei (3/23),[215] sei sie durch Muhammad nunmehr vollständig und mit der wahren Religion (9/33; 17/81, 107; 23/61; 34/49; 39/69; 61/9; 45/6) unter Klärung aller Zweifelsfragen den Menschen überbracht worden. Das Wissen erwachse somit vollständig aus der Wahrheit der koranischen Lebensordnung (10/93; 17/105), was Gott am Tag des Gerichts klar machen werde (10/93). Das würden zur gleichen Zeit auch die wissen, die die Schrift kennen und Bescheid wüssten (30/56). Denjenigen, die ein gründliches Wissen haben, wird bescheinigt, auch dagegen gefeit zu sein, Mehrdeutigkeiten des Wortlauts im Koran zu folgen. Sie folgen dem Wortlaut und glauben daran, anders als die, die mithilfe der Mehrdeutigkeit vom rechten Weg abschweifen (3/7).[216]

---

214 Vgl. S. 57.

215 Mit den einzelnen Offenbarungen sei auch das Wissen umfangreicher geworden (20/114).

216 Sure 3/7 ist ein starker Beleg für das mehrheitlich gelebte Wortlautverständnis (sola scriptura), vgl. S. 12 und 46.

Ungläubige Menschen verfügen über dieses Wissen nicht (2/113). Sie verehren etwas, wovon sie kein Wissen haben (22/71) und können nur Vermutungen nachgehen (10/66; 6/148 ff.).

„Das wissen die, die Verstand haben“ (3/7). Mit dieser Aussage wird die Brücke zum zweiten Bestandteil des vorgenannten Selbstverständnisses geschlagen, dem Verstand. Gott soll den Unglauben auf die gelegt haben, die über keinen Verstand verfügen (10/10). Diese lassen sich auch nicht mahnen (3/7; 2/269). Muhammad verweist mit zahlreichen Beispielen (20/115 ff.; 30/17 ff.) auf Zeichen Gottes an die Wissenden (30/22) und an Leute, die Verstand haben würden (20/128; 30/24, 28), um deutlich zu machen, wie der menschliche Verstand in der Lage sei, aus dem bisherigen Geschehen in der Welt die Wahrheit der islamischen Lebensordnung und das aus ihr erwachsende Wissen zu erkennen.

Dem Verstand kommt im Islam die Aufgabe zu, sich das Wissen der Offenbarung zu erschließen und im Rahmen des religiös Vorgegebenen richtig zu praktizieren. Aus dem Wissen heraus würde der Verstand die Existenz Gottes anerkennen, ebenso seine Ge- und Verbote sowie die Wahrheit der Offenbarung. Er sagt dem Einzelnen, dass er in die Welt des Verborgenen nicht vorzudringen vermag, dass sein Schicksal unergründlich bleibt und wo für ihn die Grenzen der Erkenntnis liegen. Der gläubige Muslim muss nicht ergründen, warum der Verzehr von Schweinefleisch für ihn nicht in Betracht kommt, sein Verstand zeigt ihm aus dem offenbarten Wissen auf, dass Gott den Verzehr dieses Fleisches (außer in Notlagen) verboten hat (5/3). Auf Weiteres kommt es nicht an. Die Zahl der Pflichtgebete muss rational nicht begründet werden, da der Verstand weiß, dass sie göttlich vorgegeben ist. Auch das Wissen um die Bedeutung der Ritentreue für die Frömmigkeit und das Jenseitsguthaben bei Gott erspart weitere Überlegungen. Der Verstand erschließt sich sein Wissen aus der Offenbarung, aus ihr heraus weiß er um seine Grenzen, weil sich diese aus der Wahrheit der Religion ergeben. Wer über diese Grenzen und über den Inhalt der Offenbarung forscht, statt zu glauben, hat offenbar keinen Verstand

(7/169). Wer hingegen Verstand hat, soll Gott fürchten (5/100).[217] Bei mehrdeutigen Aussagen im Koran besagen Wissen und Verstand, dass Deutungsversuche zu unterbleiben haben, „denn niemand weiß es zu deuten außer Gott" (3/7).

Über Gottes Ge- und Verbote darf der Mensch nicht hinausgehen. Seine Anordnungen darf man nicht abändern. Seinen Machtbefugnissen darf man sich nicht nähern (57/4). Das Offenbarungswissen sagt, dass sie zu akzeptieren sind. Wer so hochmütig wäre, seine Befugnisse und Anordnungen in Frage zu stellen, würde das wiedergegebene Schicksal des Iblis vor Augen haben müssen. Wegen seines – auf eigenem Willen beruhenden[218] – Widerspruchs gegen Gottes Anordnung gilt er seither als Satan und das personifizierte Böse, dem die Hölle zugedacht ist. Nicht zuletzt sorgt der menschliche Verstand dafür, sein Wissen an die nachfolgenden Generationen weiterzugeben, damit es nicht verloren geht.

Auffällig ist in diesem Zusammenhang das Fehlen der Vernunft. Im Sinne der europäischen Aufklärung gilt sie als eine von göttlichen Vorgaben unabhängige Fähigkeit des Menschen, die Welt nach eigenständigen Regeln rational und bestmöglich zu gestalten, also ein vernunftgeleitetes Dasein herbeizuführen. Hierzu enthält der Koran keine Hinweise. Zwar hat es unter islamischen Denkern Versuche gegeben, den Menschen als von Gott mit der Vernunft ausgestattetes Wesen anzusehen. Die Mu'taziliten, eine Denkschule, die im 9. Jhdt. entstand und im 13. Jhdt. aus der muslimischen Geistesgeschichte fast völlig wieder verschwunden war,[219] vertrat die Auffassung, dass der Mensch

217 A. Th. Khoury, Der Islam und die westliche Welt, S. 67 verweist darauf, dass sich daher auch die moderne islamische Theologie zurück hält. Wie Gott alles hört und sieht (11/37; 52/48; 54/14), wie er den Thron besteigt (20/5; 57/4), bleibt letztlich offen. Es wird darauf verzichtet, Geheimnisse zu erforschen, die den menschlichen Verstand (und sein Wissen) übersteigen und zu keinem zufrieden stellenden Ergebnis führen.

218 Er hielt sich für höherstehend, weil er nicht aus Lehm (wie Adam) sondern aus Feuer entstanden sei. Darum weigerte er sich, Gottes Anordnung zu befolgen, sich vor Adam niederzuwerfen.

219 T. Nagel a.a.O., S. 477.

nach eigener Vernunft die Frage über Gut und Böse entscheiden könne.[220] Der mit eigener Bestimmungsmacht ausgestattete Mensch könne sich grundlegenden Gebote Gottes über Gut und Böse aus seinem immerwährenden Sittengesetz selbstdenkend erschließen.[221]

Dagegen wendete sich die Denkschule der Asch'ariten (benannt nach ihrem Gründer al-Aš'ari (873-935) und einflussreichsten Kritiker der mu'tazilitischen Schule[222]), die über Jahrhunderte hinweg herrschende Schulmeinung in der islamischen Orthodoxie.[223] Die Unterscheidung zwischen Gut und Böse basiere nicht auf einem Urteil der Vernunft, sondern auf einer Festlegung Gottes im Koran. Ohne diese seien alle Dinge und Handlungen indifferent.[224] Hieraus ergibt sich der Kern der asch'aritischen Metaphysik,[225] die das Sunnitentum beherrscht.[226] Das Geschöpf verfügt über keinerlei eigene Bestimmungs- und Handlungsmacht. Es darf nur seinen Verstand verwenden, um innerhalb des Offenbarungswissens und in Gehorsam gegenüber Gott den richtigen Weg zu suchen.[227] Jenseits dieses Rahmens auf die

---

220 A. Th. Khoury, Der Islam und die westliche Welt, S. 97.

221 L. Hagemann, Islam-Lexikon A-Z, S. 172 ff.: Das Sittengesetz ergebe sich aus der Seinsordnung und dem moralischen Naturgesetz. Gut und Böse würden sich überall und alle Zeit aus sich selbst heraus definieren. So bereits in der Zeit vor der Offenbarung (Muhammads). Entscheidungskriterium zwischen dem Guten und dem Bösen sei die vernunftbezogene Überlegung. Zum Thema auch T. Nagel a.a.O., S. 477; St. Guth, Kleines Islam Lexikon, S. 223.

222 Chr. Szyska, Kleines Islam-Lexikon, S. 177.

223 A. Th. Khoury, Islam-Lexikon A-Z, S. 560. Auch das Aufgreifen von Vernunfterwägungen im Zuge der Befassung mit den Werken von Aristoteles im 12. Jhdt. stieß bei den islamischen Theologen auf Ablehnung, ders. ebendort, S. 61.

224 L. Hagemann a.a.O., S. 172.

225 Darunter wird hier die philosophische Lehre von den letzten Gründen und Zusammenhängen des Seins verstanden.

226 T. Nagel a.a.O., S. 493.

227 T. Nagel a.a.O., S. 478, 479, der den Gehorsam gegenüber Gott an dieser Stelle nicht erwähnt. Selbiger ist als allgemeine Pflicht indes immer zu beachten, vgl. unter 3.3.4.1, S. 83. In der Literatur wurde allerdings die Tradition (die Hadithe) als zugänglich für die Vernunft angesehen, um Wider-

Vernunft als eigenständige Erkenntnisquelle abstellen zu dürfen, sieht der Koran nicht vor. Vernunftbezogene Entscheidungen des Menschen hinsichtlich seiner Auslegung auch nicht. Beides widerspräche der vorgegebenen göttlichen Allmacht.

3.3.4.3 Naturgesetze; Entscheidungsfreiheit des Menschen

Angesichts der Vielzahl von Korsettstangen für den menschlichen Verstand und sein Wissensspektrum stellt sich die Frage, welchen Stellenwert Naturgesetze haben und inwieweit der Mensch überhaupt über einen eigenen Willen verfügt.

Aus ihren Beobachtungen in der erlebten Welt und im Bereich des Universums haben die Menschen zu allen Zeiten versucht, Erkenntnisse zugunsten der eigenen Lebenswelt zu gewinnen und Gesetzmäßigkeiten abzuleiten.[228] Die dabei entdeckten oder entwickelten Naturgesetze prägen die moderne Erkenntnislage nach wie vor. Das gilt auch für den muslimischen Kulturkreis. Allerdings unterscheidet sich aus dortiger Sicht die Beantwortung der Kausalitätsfrage deutlich von anderen. Das Offenbarungswissen, wonach Gott zu jeder Zeit alles schafft und bewirkt, führt dazu, die Naturgesetze lediglich als Gewohnheiten des göttlichen Wirkens zu definieren, also als wiederholte Wirkungserscheinung und Regelmäßigkeit des göttlichen Wirkens anzusehen.[229] Die Gewohnheiten kann und darf der Mensch erforschen

---

sprüchlichkeiten ausschließen zu können (so A. Th. Khoury, Islam-Lexikon A-Z, S. 559, 560). Dem dürfte entgegenstehen, dass die Hadithe zu den autoritativen Texten gehören. Darauf bezogen die Vernunft als eigenständige Erkenntnisquelle für den Verstand anzusehen, dürfte daher ausscheiden.

228 Die Astrologie war auch im muslimischen Kulturkreis bedeutsam, P. Heine, Islam-Lexikon A-Z, S. 71 f.

229 A. Th. Khoury, Der Islam und die westliche Welt, S. 52, 53. Das Konzept der Gewohnheiten und sein Ursprung wird näher dargestellt bei T. Nagel a.a.O., S. 76 f.

und bewerten, letzteres aber lediglich im Rahmen des Wissens. Unter Berufung auf den Koran (56/68-73) wird ein vom göttlichen Wirken unabhängiger, von der Natur selbst veranlasster eigenständiger Prozess verneint, weil Gott auch die Natur mit all ihren Facetten und Gesetzlichkeiten erschaffen hat. Gott ist auch insoweit der Schöpfer, Erschaffer und Gestalter (59/24). Die metaphysischen und logischen Grundsätze der menschlichen Vernunft verlieren vor diesem Hintergrund ihre universelle innere Gültigkeit.[230]

3.3.4.3.1 Entscheidungsfreiheit

Dies könnte auch die Antwort auf die Frage nach einem eigenständigen menschlichen Willen mit beeinflussen. Der umfangreiche Komplex der göttlichen Gesetze im Rahmen der Rechtleitung mag hilfreich sein, zwischen dem Guten und Bösen zu unterscheiden (5/100). Aber entscheidet dies im Konkreten auch der Mensch? Oder entscheidet es für den Menschen Gott?

Einfache Antworten auf diese Fragen enthält der Koran nicht. Erkennbar sind zunächst Hinweise auf die gottbezogene Vorherbestimmtheit des menschlichen Lebens. Bspw. offenbart Sure 57/22 (nach Bobzin): „Kein Unglück geschieht auf der Erde – auch nicht an euch selbst –, das nicht in einem Buch verzeichnet wäre, noch bevor wir es (konkret) geschaffen. Siehe, das ist für Gott ein Leichtes." Sure 9/51 zielt in die gleiche Richtung: „Sag: Uns wird nichts treffen, was nicht Gott uns vorherbestimmt (wörtlich: verschrieben) hat." Diesen vorherbestimmten und schicksalhaften Fügungen vermag sich der Betroffene dann nicht zu entziehen (so wurde zwar Lot, gemäß der göttlichen Entscheidung aber nicht dessen Frau gerettet (27/57)). Ähnliches gilt dann, wenn Gott für den Menschen Rahmenbedingungen erzeugt. Die Ungläubigkeit eines Menschen wird bspw. damit erklärt, dass Gott ihm Herz und Gehör oder sein Gesicht versiegelt hat (16/108; 2/6-7).

230 A. Th. Khoury, Der Islam und die westliche Welt, S. 53.

An anderer Stelle ist die Rede von einigen Zuhörern, denen Gott eine Hülle auf ihr Herz gelegt habe und Schwerhörigkeit in ihre Ohren, so dass sie den Koran nicht verstanden hätten (6/25; 18/57). Mit dieser bildhaften Rahmensetzung beeinflusst er die Betreffenden und führt in die Irre, wen er will (6/39).

Aber Jemanden einen falschen Weg einschlagen oder Schicksalhaftes über ihn kommen zu lassen, ist nicht gleichbedeutend damit, jede einzelne Entscheidung an seiner Statt vorher selbst zu treffen. Ob der Mensch streitet (6/25), lügt (6/33, 39), opponiert (8/13; 59/4), widerspenstig ist (39/13) oder anderes macht, wird zudem nicht als Gottes Handlung beschrieben. Die Frage der menschenbezogenen Entscheidungsfreiheit könnte insoweit also weiter als offen betrachtet werden.

Dagegen ließe sich anführen, dass der Koran Hinweise enthält, wonach Gott die Entscheidung des Einzelnen erkennbar selbst bewirkt: „Nicht ihr habt sie getötet, sondern Gott. Nicht Du hast den Pfeilschuss abgegeben, sondern Gott“ (8/17). An anderer Stelle gibt Muhammad Abraham wieder, der seinen Landsleuten sagt, Gott habe sie erschaffen und das von ihnen Gemachte (37/95). Der Mensch erscheint hier als Vollstrecker des göttlichen Willens, der dessen Entscheidung als eigene ausführt. Aber sind diese Beispiele auf alle Fälle des Lebens übertragbar, wären sie also verallgemeinerungsfähig?

Die angesprochene Grundsatzfrage, die nicht zuletzt beim fortdauernden Abprüfen der individuellen Frömmigkeit und der Beachtung des Gebotenen und Verbotenen bedeutsam ist, bedarf somit nach wie vor einer abschließenden Klärung. Würde *alles* von Gott bestimmt sein, fiele darunter auch die Entscheidung des Menschen gegen das Vorgegebene. Dies hätte zur Folge, dass Gott den Menschen für eine nicht von diesem, sondern von sich selbst getroffene Entscheidung – bis hin zum ewigen Höllenfeuer im Jenseits – bestrafen würde. Die Annahme, dass ein gänzlich Fremdbestimmter für sein Tun geradestehen soll, würde einen unlösbaren Widerspruch innerhalb einer Schöpfungsgeschichte darstellen,[231] die sich als widerspruchsfrei versteht.

231 T. Nagel a.a.O., S. 194.

Die Annahme der gänzlichen Fremdbestimmung bestätigt der Koran indes auch nicht. Vielmehr schuf Gott mit der von ihm an Iblis übertragenen Befugnis, die Menschen auf der Erde verführen zu dürfen, selbst einen insoweit ebenbürtigen Gegenpart. Dadurch ist der Mensch in die Lage versetzt, eine eigenständige Entscheidung treffen zu können, ob er Gott oder dem Satan folgt. Und dies, *bevor* Gottes Reaktion in Gestalt einer Einzel- oder Rahmenentscheidung ergeht (und losgelöst vom vorherbestimmten Lebensschicksal). Er kann also das diesseitige Leben dem jenseitigen vorziehen, Mitmenschen vom Wege Gottes ablenken (14/3), das getane Böse, das sich im schönsten Licht zeigte, für gut halten (35/8) oder sich entscheiden, seine eigene Neigung zu seinem Gott zu machen (45/23; 7/179). Erst deshalb führt Gott ihn in die Irre, versiegelt Ohren und Herz oder verdeckt dem Betreffenden die Augen (45/23). Der Koran führt hierzu aus: Was dich an Schlimmen trifft, kommt von Dir selber (4/79). Im Fall der Reue (auch dies eine eigene Entscheidung des Menschen, was der Koran am Beispiel Adams verdeutlicht) ist Gott dann möglicherweise bereit, zu vergeben. Damit gibt es also im Konkreten eine vom Einzelnen selbst vorgenommene und verantwortete Handlung. Auch dafür steht die Iblis-Erzählung. Nicht sein eigener Wille wurde Iblis zum Verhängnis, sondern sein gleichzeitiger Ungehorsam gegenüber Gott. Dass der Koran eigenständige Entscheidungen zulässt, ergibt sich nicht zuletzt aus Sure 18/29: „Wer nun will, möge glauben und wer will, möge nicht glauben" sowie Sure 41/46: Der Mensch kann zu seinem eigenen Vorteil rechtschaffen handeln oder zu seinem Nachteil Böses tun. Gott weiß dann davon und bestraft bzw. belohnt eine menschliche Handlung.

Die Bestrafung eines Menschen setzt bei Unrechtshandlungen dessen Verantwortlichkeit voraus. Diese lässt der Koran im Regelfall zu, soweit nicht Gott selbst (wie bei der Tötung Ungläubiger) dafür die Verantwortung übernimmt. Somit wird der schariatisch angenommenen Voraussetzung Rechnung getragen, dass dem Menschen ein Mindestmaß an eigener Verantwortung zuzuerkennen ist.[232] Seine relative

232 T. Nagel a.a.O., S. 75.

Handlungsfreiheit und Eigenverantwortung gestatten es, ihn dafür im Diesseits und im Jenseits gerechterweise bestrafen zu können, sei es für den Fall verletzter ritueller Pflichten, nicht beachteter göttlicher Verbote oder falscher Entscheidungen (3/154) in den von Gott veranlassten Prüfungssituationen zur Wahl des richtigen Weges (3/154; 47/31). Auch das Böse lässt den Menschen einen Fehltritt erst wegen dem machen, was dieser vorher (Bobzin) erworben (also entschieden) hatte (3/155).

Kurz gesagt: In einem vom Koran vorgegebenen Rahmen lässt Gott den Menschen Verantwortung für eigene Entscheidungen übernehmen, ohne dass es hierbei auf Vernunfterwägungen ankäme.

Aus der von Gott in Ansätzen offenbar gewollten Verantwortung für das eigene menschliche Tun ergibt sich weltlich, grundsätzlich von keinem Widerspruch für die Annahme einer strafrechtlich schuldhaften Verantwortung im Sinne des deutschen Rechts ausgehen zu müssen. Problematisch könnte es dort sein, wo Täter sich auf eine göttliche Handlung beziehen wollen (... nicht Du hast den Pfeilschuss abgegeben...). Mit Blick auf die Folgen für den Rechtsfrieden und die Gemeinverträglichkeit der Religionsausübung erscheint es indes zwingend, die Verantwortlichkeit des Einzelnen in Deutschland von göttlichen Handlungen zu trennen.

3.3.4.3.2 Freiheit im Übrigen

Aus dem Wissen, das der Koran vermittelt, wird auch ein bestimmendes Vorverständnis von Freiheit erkennbar.[233] Aus den Ge- und Verboten der Rechtleitung ergibt sich eine permanente Prüfungssituation des Einzelnen gegenüber Gott, die eines deutlich macht: Gott ist stets zu fürchten, weil der Mensch bangen muss, bestraft zu werden, sollte er sich außerhalb der islamischen Lebensordnung bewegen. Die

233 Rahmensetzungen ergeben sich aus dem Menschenbild, vgl. unter 3.3.4 und 3.3.4.1, S. 81 ff.

Offenbarung kennt nämlich kein im Ausgangspunkt unbeschränktes Recht auf individuelle Freiheit. Vielmehr hat sich der Mensch im Rahmen der Rechtleitung an die Grenzen der besagten Lebensordnung zu halten.

Damit besteht auch kein prinzipielles Recht auf ein selbstgestaltetes Leben. Zwar ist ein „prinzipielles Recht auf Freiheit“ aus dem Befehl Gottes abgeleitet worden, *nur ihm* zu dienen (12/40).[234] Dem ließe sich entnehmen, frei davon zu sein, anderen dienen zu müssen. Diese Freiheit „von etwas“ enthält allerdings noch keine Freiheit „für etwas“, zumal sich aus dem Koran vielfältige Begrenzungen ergeben. Selbst die Freiheit, zum Islam zu finden, ist aus islamischer Sicht vom Gedanken getragen, dass im jenseitigen Leben ansonsten die Höllenstrafe droht. Es ist daher eher eine Einsicht aus dem Wissen des Koran in das Notwendige. Die Freiheit, im diesseitigen Leben aus dem Islam auszutreten (Apostasie), würde das Gebot verletzen, bis zum Tod Muslim sein zu müssen (3/102). Der Austritt ist daher strafbewehrt.[235] Was bleibt, ist das erlaubte Streben nach gemeinschaftlicher Freiheit und Selbstbestimmung im Falle der machtpolitischen Unterdrückung, insbesondere dann, wenn sie von Ungläubigen ausgeht. Umfasst ist aber auch die Unterdrückung durch eigene Herrscher, wenn diese ungerecht und nicht in Übereinstimmung mit den islamischen bzw. schariatischen Vorgaben handeln. Ein Recht auf individuelle Freiheiten bedeutet das nicht.

3.3.4.4 Gleichheit der Menschen in der islamischen Lebensordnung

Der Islam kann zutreffend darauf verweisen, für das Dies- und Jenseitige ohne rassische, ethnische oder nationale Unterscheidungen auszukommen.[236] Diese von der Hautfarbe und Nationalität abgekoppelte

234 P. Antes in: Antes u. a., Der Islam, Religion-Ethik-Politik, S. 84.
235 Hierzu unter 3.3.5.2, S. 115-118.
236 P. Heine, Islam-Lexikon A-Z, S. 52.

Gleichheit findet im Rahmen der Großen Wallfahrt nach Mekka ihre besondere Ausprägung.[237]

Ungeachtet dessen ist der Islam aber keine Religion, die den Menschen einen gleichen Stellenwert beimisst. Der Satz, dass vor Gott alle Menschen gleich seien, findet im Koran erkennbar nur insoweit Anwendung, dass am Tage des Gerichts alle auf Gottes Entscheidung warten. An diesem Tage erfolgt die Aufteilung der Menschen in zwei Gruppen: in diejenige, die aus Ungläubigen besteht und die andere, die aus jenen besteht, die glaubten und taten, was recht ist (30/43-45; 98/7). Diejenigen, die an andere Gottheiten als Allah geglaubt haben, also Polytheisten, Atheisten[238] und Heiden anderer Art werden sich bei den Ungläubigen wiederfinden, ebenso diejenigen unter den Juden, Christen und Muslimen, denen der Koran die Höllenstrafe angekündigt hat. Der Koran offenbart, dass die Hölle sieben Tore habe und jedem dieser Tore ein Teil der Ungläubigen zugewiesen wird (15/44), ohne allerdings Näheres auszuführen.

Auch die Muslime sind vor Gott nicht ohne Weiteres gleich.[239] Wer dem Wohlgefallen Gottes folgt, ist nicht gleich dem, der dem Unwillen Gottes verfällt (3/162). Darum gilt es, die Rechtgeleiteten und Sünder, denen Gott vergeben hat, von den Frevlern, Heuchlern und denen, die Abscheuliches getan haben, zu trennen. Alle werden nach dem eingestuft, was sie auf Erden getan haben (6/132). Hieraus ergeben sich bei Gott (Bobzin) Rangstufen (3/163). Einzelheiten werden sich aus dem

237 P. Heine ebendort, S. 601. Das hervorgehobene Prestige der Araber, das sich aus dem Umstand ergibt, dass Muhammad ihnen angehörte und der Koran als deutliche Schrift in arabischer Sprache offenbart wurde (vgl. S. 11 und 17), der führenden Sprache in der islamischen Theologie (P. Heine ebendort, S. 52) machte sie allerdings oftmals zu ersten unter gleichen.

238 A. Th. Khoury, Islam-Lexikon A-Z, S. 236 verweist darauf, dass der Koran das Phänomen des Atheismus noch nicht kannte.

239 Dass alle Muslime vor Gott gleich seien (P. Heine, Islam-Lexikon A-Z, S. 52) bzw., dass sie vor Gott eine Gemeinschaft von Gleichen sein würden (T: Nagel, Theologie und Ideologie im modernen Islam, in: P. Antes u. a., Der Islam, Religion-Ethik-Politik, S. 44), erzeugt für das Jenseits daher einen unzutreffenden Eindruck.

ergeben, was aus den einzelnen Schriften zur jeweiligen Person verlesen (17/71) und ihnen vorgelegt wird (18/47-49; 64/7). Die für Gott im Kampf Gefallenen haben mit den höchsten Stellenwert.[240]

Die Ungleichheit im Jenseits findet Entsprechungen im Diesseits. Auch hier werden die Menschen weder als gleichberechtigt noch als gleichzusetzen angesehen (16/75-76; 59/20). Wie im Jenseits teilt der Glaube die Menschen diesseitig in Ungläubige und Gläubige (59/20). Diejenigen von den Leuten der Schrift und den Heiden, die ungläubig sind, wird angekündigt, dass sie im Feuer der Hölle sein und darin weilen werden (98/6). Diejenigen, die glauben und tun, was recht ist, sind aus Sicht Gottes die besten Geschöpfe (98/7). Muslime gelten auf Erden im Glauben als eine Gemeinschaft von Gleichen. Ihnen stehen – abgestuft – die Ungläubigen gegenüber. Diese Zweiteilung ist vor allem für die Polytheisten und Heiden aller Art im muslimischen Machtbereich hoch problematisch, weil sie gegenüber den Muslimen hier schlicht rechtlos sind.[241] Vom Glauben Abgefallenen wird in Aussicht gestellt, von Gott auf Erden durch andere ersetzt zu werden (5/54).[242] Die Zweiteilung legitimiert aber nicht zuletzt auch die Benachteiligung der sog. Schutzbefohlenen.

3.3.4.4.1 Die Schutzbefohlenen

Unter diesen Begriff fallen die Angehörigen der anderen Buchreligionen „im Gebiet des Islam", also die Juden und Christen.[243] Sie unterliegen zwar der Oberherrschaft des islamischen Rechtswesens, haben aber als Empfänger früherer Offenbarungen immerhin einen Status minderen Rechts in Gestalt von tolerierten „Schutzbefohlenen"

240 Vgl. S. 51 f., 76.

241 M. Rohe, Das islamische Recht, S. 153.

242 Vgl. S. 117.

243 Als dritte Gruppierung im Bereich der Buchreligionen benennt der Koran noch die Sabier (offenbar eine örtliche Glaubensgemeinschaft), die hier aber außer Betracht bleibt.

(Dhimmis).[244] Dieser Status geht zurück auf die „umarschen Bedingungen“, so benannt nach dem zweiten Kalifen nach Muhammad, ‚Umar b. al-Hattab (634-644), die von der islamischen Staatsrechtslehre bislang nie widerrufen wurden und zum Teil bis heute angewandt werden.[245] Sie bilden die schariatische Grundlage für die dauerhaft tolerierte Existenz jüdischer und christlicher Gemeinschaften in islamisch dominierten Gebieten. Im Ausgangspunkt werden sie auf die Suren 3/28, 118; 4/144; 5/51, 57 und 60/1 zurückgeführt.[246] Inhaltlich befassen sie sich hauptsächlich mit vier Themenkreisen[247]:

- baurechtliche Grundlagen für die dem Kultus bzw. der Religionsausübung dienenden Gebäude,
- Verpflichtung zur Beherbergung muslimischer Reisender in ihren Kirchen bzw. Synagogen,
- die Verhinderung der Beeinträchtigung und Schädigung muslimischer Religionsausübung,
- die Kenntlichkeit der Christen und Juden durch besondere Kleidung und an erlaubten Reittieren.

Zum Basisrechtsschutz der Schutzbefohlenen gehört die Integrität ihrer Person und ihres Vermögens gegenüber Jedermann.[248] Sie dürfen mit Muslimen und untereinander Handel treiben und Geschäftsverträge abschließen.[249] Ansonsten ergeben sich für sie aber zahlreiche Einschränkungen, die in der Logik des Islam und des sich daraus ergebenden Selbstverständnisses[250] liegen: Ihre Religionsausübung soll

244 M. Rohe, Das islamische Recht, S. 155; A. Th. Khoury, Islam-Lexikon A-Z, S. 573; zum wesentlichen Inhalt des Schutzabkommens ebendort S. 571.

245 T. Nagel, Was ist der Islam, S. 48; Die Bedingungen galten für alle „Schutzbefohlenen“.

246 M. Rohe, Das islamische Recht, Eine Einführung, S. 49.

247 T. Nagel a.a.O., S. 572 f.

248 M. Rohe a.a.O., S. 153.

249 A. Th. Khoury, Islam-Lexikon A-Z, S. 573.

250 Vgl. hierzu S. 56-59; 65-68 f.

unauffällig erfolgen, um nicht die religiösen Gefühle der Muslime zu verletzen.[251] Sie dürfen ihre Kirchen und andere religiös genutzten Gebäude zwar erhalten, aber grundsätzlich keine neuen mehr errichten.[252] Dies dient dem Ziel der ‚umarschen Bedingungen, das Aussterben ihrer Religion zu fördern.[253] Für Rechtsangelegenheiten ihrer Gemeinschaften kann ihnen – sogar mit eigener Gerichtsbarkeit – zwar eine weitgehende Autonomie gestattet werden (bspw. im Familien- und Erbrecht sowie im Personenstandswesen), in Fällen der Interessenkollision mit Muslimen ist die islamische Rechtsordnung jedoch stets vorrangig.[254] Ehen zwischen Muslimen und Angehörigen der Buchreligionen gelten grundsätzlich als ausgeschlossen (2/221; 60/10). Ausnahmeregelungen wären zulässig (5/5), wenn die Angehörigen der Buchreligionen als gläubig im Sinne des Islam angesehen werden können.[255] Erbverhältnisse zwischen Muslimen und Nicht-Muslimen sind in beide Richtungen ausgeschlossen.[256] Ungleichbehandlungen gibt es auch im Bereich des Strafrechts, etwa bei Mord und Totschlag.[257] Zeugenaussagen von Schutzbefohlenen gegen Muslime dürfen im Allgemeinen nicht angenommen werden.[258] Als Diebstahlsopfer hat der Dhimmi zwar zivilrechtliche Ausgleichsansprüche gegen den Täter, strafrechtlich wird dieser nach islamischen Recht jedoch nicht belangt.[259] Aus dem Koran ergibt sich, dass Gott den Ungläubigen keine Möglichkeit geben wird, gegen die Gläubigen vorzugehen (4/141).

---

251 A. Th. Khoury, Islam-Lexikon A-Z, S. 571.

252 M. Rohe, Das islamische Recht, S. 155; das erklärt, warum die Türkei grds. keine neuen Kirchenbauten erlaubt.

253 T. Nagel, Was ist der Islam, S. 47, 48.

254 M. Rohe a.a.O., S. 153, 154.

255 Vgl. S. 28, 31; Näheres zum islamischen Eherecht bei M. Rohe, Das islamische Recht, S. 65, 67 f.

256 Zur Ungleichbehandlung vgl. bei M. Rohe a.a.O., S. 102.

257 A. Th. Khoury, Islam-Lexikon A-Z, S. 572.

258 A. Th. Khoury ebendort.

259 M. Rohe a.a.O., S. 123.

Den Schutzbefohlenen ist der Zugang zu staatlichen Institutionen zwar grundsätzlich eröffnet, aber nicht zu wichtigen Ämtern.[260] Im öffentlichen Raum gab es für sie die Vorgabe, ihren Status durch Besonderheiten in der Bekleidung deutlich zu machen und sich gegenüber Muslimen devot zu verhalten.[261] Auch hatten sie im Staat ganz allgemein nicht dieselben Rechte und Pflichten wie die Muslime.[262] Sie waren Adressat der sog. Kopfsteuer,[263] mussten allerdings auch keinen Waffendienst leisten. Die genannten Beispiele verdeutlichen, dass Unterschiede im Glauben nach wie vor ein wesentliches Element der Ungleichbehandlung im islamischen Herrschaftsgebiet darstellen können. Auch in der weltlichen Alltagspraxis spiegelt sich das wider.

3.3.4.4.2 Geschlechtergleichheit; Stellung der Frau

Der Koran verweist ohne weitere Konkretisierung zunächst darauf, dass Gott die Menschen aus einem männlichen und einem weiblichen Wesen geschaffen hat (49/13). Aus dem Embryo habe er die menschliche Gestalt geschaffen und geformt und daraus die beiden Geschlechter gemacht, das männliche und das weibliche (49/14-15; 75/38-39). In Sure 82/7 bleibt der geschaffene und ebenmäßig geformte Mensch ungeschlechtlich. Gleiches gilt für Schilderungen an anderer Stelle (15/18-30; 30/20; 32/9).

Wer von beiden zuerst geschaffen wurde, bleibt gleichwohl nicht unbeantwortet. Gott hat aus dem zuerst geschaffenen Wesen auch die Frau (als seine Gattin) gemacht (4/1; 16/72; 30/21), woraus sich im Umkehrschluss und auch ausdrücklich (3/59) dessen männliches

260 A. Th. Khoury, Islam-Lexikon A-Z, S. 573; M. Rohe a.a.O., S. 153, 154. Rohe weist allerdings auch darauf hin, dass letzteres je nach Zeitgeist in der Vergangenheit unterschiedlich gehandhabt wurde.

261 M. Rohe a.a.O., S. 154, 155; T. Nagel a.a.O., S. 571.

262 A. Th. Khoury, Islam-Lexikon A-Z, S. 573.

263 Vgl. hierzu bei T. Nagel a.a.O., S. 577; P. Heine, Islam-Lexikon A-Z, S. 23.

Geschlecht ableiten lässt.[264] Anders als das männliche Wesen, das seinen Namen Adam aus der Übersetzung des hebräischen Wortes für „Mensch“ erhielt, bleibt die erste Frau im Koran namenlos. An den ersten Menschen richten sich zudem die göttlichen Anweisungen, (nur) ihn lehrte Gott (sinnbildlich) alle Namen.

Die Pflicht, zu glauben und Gutes zu tun, gilt für alle Muslime ungeachtet ihres Geschlechts (16/97). Auch die für Treue und Gehorsam in Aussicht gestellte Belohnung sowie die Bestrafung für Ungehorsam unterscheidet grundsätzlich nicht zwischen Männern und Frauen (33/35).[265] Damit wurde ein abstrakter Ausgangspunkt sowie eine Vorgabe für das konkret anzustrebende, verständnisvolle Miteinander festgelegt. Auch die Verheißung für das Jenseits betrifft Männer und Frauen in gleicher Weise (9/72).

Ungeachtet dessen stehen sich Mann und Frau nicht gleichberechtigt gegenüber. Das Miteinander ist erkennbar männlich dominiert, was sich nicht nur aus der Reihenfolge im Schöpfungsgeschehen ableiten lässt (4/1).[266] Muhammad offenbart, dass die Männer über den Frauen stehen, weil Gott sie (vor diesen) ausgezeichnet habe[267] und wegen der Ausgaben, die sie aus ihrem Vermögen für die Frauen hätten (4/34), etwa in Gestalt der Brautgabe (4/4). Aus Sure 4/34 wird abgeleitet, dass der Mann als das Haupt der Familie anzusehen ist, dem seine Frau Gehorsam schulde.[268] Die Vorrechtsrolle des Mannes spiegelt sich auch in anderen Teilen der Offenbarung. Ihm ist es erlaubt, bis zu vier Frauen heiraten zu dürfen, daneben darf er Sklavinnen

---

264 Hierzu vgl. auf S. 57 und S. 81.

265 A. Th. Khoury, Islam-Lexikon A-Z, S. 199.

266 Vgl. S. 57 und S. 81.

267 Die von H. Bobzin gewählte Übersetzung „die Männer stehen für die Frauen ein“ bleibt im Kontext hinter der 4. Sure und dem weltweit praktizierten Hierarchieverständnis zurück. Die Übersetzung im Islam-Lexikon A-Z auf S. 638 weist den Männern Vollmacht und Verantwortung gegenüber den Frauen zu und spricht von der Bevorzugung der Männer durch Gott.

268 A. Th. Khoury, Islam-Lexikon A-Z, S. 156.

besitzen (4/3).[269] Allerdings werden die Männer zur Zurückhaltung ermahnt (4/129).

Frauen ist ehelich hingegen nur ein Mann gestattet. Erst nach einer evtl. Scheidung dürfen sie erneut heiraten. Mit Erreichen ihrer Heiratsfähigkeit [270] ist die Frau das Saatfeld ihres Mannes (2/223). Soweit sie aufgrund ihrer Menstruation durch Gott als unrein anzusehen ist, hat sich der Mann während dieser Zeit von ihr fernzuhalten. Das gilt auch für die Tagphase während des Ramadans (2/187) sowie für die Zeit der Teilnahme an der Großen Wallfahrt nach Mekka (2/197). Danach hat er wieder zu ihr zu gehen, wo auch immer er will (2/223). Eigene Haltungen der Frau hierzu spricht der Koran nicht an. Fürchtet der Mann, dass eine seiner Frauen sich auflehnt und eine Vermahnung nicht fruchtet, dann soll er sie im Ehebett meiden und unabhängig davon schlagen dürfen (4/34). Eine Sanktionsreihenfolge kann, muss damit aber nicht verbunden sein. Die Art des Schlagens ist nach islamischem Recht zwar auslegungsfähig, mit dem Wortlaut vereinbar ist aber auch eine gröbliche Ausübung körperlicher Gewalt.[271]

---

269 Muhammad durfte umfangreiche Sonderregelungen für sich in Anspruch nehmen (33/50-51), begrenzt durch 33/52.

270 Nach islamischen Recht sind Mädchen mit 9 Jahren und Jungen mit 12 Jahren ehemündig. Diese Ehen werden nach deutschem Recht grundsätzlich nicht anerkannt. Inwieweit in Deutschland Kinderehen geschlossen werden, lässt sich gegenwärtig nicht ermitteln, da viele Ehen nur religiös durch Imame geschlossen werden. Inwieweit die Imame ihrer Meldepflicht gegenüber deutschen Standesämtern nachkommen, ist nicht bekannt. Die Ehemündigkeit ergibt sich in Deutschland aus den §§ 1302 ff. BGB. Hinzu kommt das Gesetz zur Bekämpfung von Kinderehen vom 21. Juli 2017.

271 Ein Dossier der Wochenzeitung „Die ZEIT“ vom 3. Januar 2019 von Malte Henk und Henning Sussebach befasst sich auf S. 14-16 ausführlich mit Sure 4/34 und den hierzu erfolgten Auslegungen. Im Ergebnis steht das „Ob“ des Schlagens nicht in Frage, sondern lediglich das „Wie“. Der gewählte Ausweg der Autoren aus dieser Befundlage besteht darin, die persönliche Interpretation einer 40-jährigen Dozentin einer Pädagogischen Hochschule in Deutschland wiederzugeben. Dies löst jedoch nicht das Dilemma einer religiös begründbaren abweichenden Alltagspraxis. Gott verbietet zwar, gewalttätig zu sein (16/90), die Schwelle hierfür liegt aber

Auch in anderen Rechtsbereichen hat das weibliche Geschlecht einen schwächeren Status gegenüber dem männlichen. Auffällig ist dies zunächst bei Ehescheidungen, deren weitaus häufigste Form, die einseitige Beendigungserklärung, nur dem Ehemann zusteht. Der sog. ṭalāq, der sich auf Sure 2/229 und 65/1-2 stützt, bedarf keiner Begründung und wird nach der (sunnitischen) Mehrheitsmeinung selbst bei fehlendem innerem Willen wirksam, wenn er nur hinreichend klar zum Ausdruck gebracht wurde und eine gewisse Wartefrist (Abkühlungsphase) abgelaufen ist. Ansonsten ist ein Widerruf möglich. Ist die Frau schwanger, darf sie dies bereits in den ersten drei Monaten nicht verheimlichen, wobei der Mann ohne weiteres das Recht hat, die Frau zurückzunehmen, wenn er eine Aussöhnung will. Hierauf einzugehen, sind die Frauen nach Billigkeit verpflichtet. In diesem ganzen Prozedere steht der Mann (ausdrücklich!) eine Stufe über der Frau (2/228). Einer gerichtlichen oder behördlichen Mitwirkung bedarf es im islamischen Recht nicht.[272] Der Ehefrau wird nur in bestimmten Fällen ein gesetzliches und gerichtlich durchzusetzendes Scheidungsrecht zugebilligt.[273] In diesen Fällen muss die Frau die Brautgabe zurückzahlen bzw. auf noch nicht erbrachte Anteile verzichten. Ihr Unterhaltsanspruch endet grundsätzlich (ggf. nach Ablauf der Wartefrist) bei wirksamer Scheidung, ebenso das gegenseitige Erbrecht. Sonderregelungen bestehen im Fall einer Schwangerschaft.[274]

Die bei der Fixierung zivilrechtlicher Schuldverhältnisse als erforderlich angesehenen Bezeugungen sollen grundsätzlich durch zwei Männer erfolgen. Fehlt es an einem Mann, so soll dieser nur durch zwei Frauen ersetzt werden können (2/282). Erbrechtlich sind Söhne gegenüber Töchtern bevorteilt, letztere erben nur halb so viel wie ihre Brüder (4/11).

---

offenbar über dem Schlagen einer Frau oder anderen göttlich erlaubten Formen von Gewalt.

272 Einzelheiten und Sonderformen zur Beendigung der Ehe bei M. Rohe, Das islamische Recht, S. 91-93.

273 M. Rohe a.a.O., S. 93 f.

274 M. Rohe a.a.O., S. 95 f.

Bedeutsam ist aber vor allem das Rollenbild, das der Frau im Koran zugeschrieben wird. Es lässt sich Offenbarungen entnehmen, in denen sich Gott durch Muhammad unmittelbar an die muslimische Frau und speziell an die Frauen Muhammads wendet. Ebenso wie die Männer haben die Frauen gläubig und Gott demütig ergeben zu sein. Sie haben wahrhaftig, geduldig und bescheiden zu sein, Almosen zu geben, zu fasten, darauf zu achten, dass sie ihre Scham bewahren (sich des unerlaubten Geschlechtsverkehrs enthalten) (33/35). Gläubige Frauen sollen ihre Augen niederschlagen (statt jemanden anzugucken), den Schmuck, den sie tragen, nach außen hin nicht offen zeigen, soweit er nicht normalerweise sichtbar ist und den vorne erkennbaren Schlitz des Kleides mit einem Schal bedecken (24/31).

Frauen sind in ihrer Aufgabenstellung auf den häuslichen Bereich fokussiert und haben auf das zu achten, was dem Außenstehenden verborgen ist und bleiben soll, weil Gott möchte, dass es nicht an die Öffentlichkeit kommt (4/34). Ihre vornehmste Aufgabe ist es, eine gute Hausfrau, Mutter und Erzieherin der Kinder zu sein.[275] Unverheiratete Frauen sollen keusch leben, wenn sie ein ehrbares Leben führen wollen (24/33). Die Ehrbarkeit wird zwar ausdrücklich nur Sklavinnen abgesprochen, wenn sie der Prostitution nachgehen, dies ist aber auf alle Frauen (und Mädchen) übertragbar, weil der Geschlechtsverkehr der ehrbaren Frau nur in der Ehe stattfindet. Verheiratete Frauen können wegen Unzucht verstoßen werden (65/1). Erst bei Frauen, die alt sind und nicht mehr damit rechnen können, zu heiraten, sind gewisse Lockerungen erlaubt, auch wenn darauf verzichtet werden sollte (24/60).

Männer und Frauen haben Entscheidungen Gottes und Muhammads in Angelegenheiten, die sie betreffen, zu befolgen. Sie haben insoweit keine freie Wahl (33/36).[276] Wenn sie das Haus verlassen, sollen sie sich in der Öffentlichkeit so kleiden, dass es nicht anstößig wirkt.[277]

---

275 A. Th. Khoury, Islam-Lexikon A-Z, S. 156.

276 Von dieser Regelung profitierte auch Muhammad, der ein Auge auf die Frau eines freigelassenen Sklaven geworfen hatte, sie diesem aber zunächst belassen wollte (33/37-38). Das änderte daraufhin Gott.

277 L. Hagemann, Islam-Lexikon A-Z, S. 314.

Zu diesem Zweck sollen sie sich etwas von ihrem Gewand über den Kopf herunterziehen, damit sie (als ehrbare Frauen) erkannt und nicht belästigt werden (33/59).[278]

Für die Frauen des Propheten gab es darüber hinaus weitere Hinweise, die seiner hervorgehobenen Stellung gerecht werden sollten.[279] Auch sie hatten Gott und seinem Gesandten zwar demütig ergeben zu sein und zu tun, was recht ist (33/31). Darüber hinaus war von ihnen aber auch zu bedenken, nicht wie jemand von den (sonstigen) Frauen zu sein (33/32). Wenn sie gottesfürchtig seien, (sollten sie bestimmt auftreten) und bräuchten im Reden (mit fremden Männern) nicht unterwürfig zu sein, damit diese nicht Verlangen nach ihnen bekämen (33/32).[280] Sie sollten sich im Haus mit Würde und Anstand benehmen, nur das sagen, was sich geziemt (33/32) und sich nicht herausputzen (33/33).[281] Vielmehr hätten auch sie das Gebet zu verrichten, Almosensteuer zu zahlen sowie Gott und seinem Gesandten zu gehorchen (33/33). Zudem sollten sie im Blick haben, was von den Versen Gottes in ihrem Haus verlesen wird (33/34). Den offenbar häufigen Wünschen der Gläubigen, Muhammad in seinem Haus besuchen zu können, wird – was die Kontakte mit seinen Frauen anbelangt – selbst hier in abschirmender Weise vorgegangen, damit „euer und ihr Herz eher rein“ bleibt (33/53).[282]

---

278 L. Hagemann ebendort: Gott ist zwar bereit zu vergeben, wenn dies unterbleibt. Ungeachtet dessen wird deutlich, dass der Ausgangspunkt der heutigen Verschleierungsdiskussion auf einen Offenbarungstext zurückzuführen ist.

279 Ehefrauen heutiger Führungspersönlichkeiten könnten sich gleichwohl angesprochen fühlen.

280 Dieser Hinweis ist im Gegenschluss interessant: Die sonstigen Frauen haben sich in Gesprächen mit anderen Männern offenbar zurückzuhalten und bescheiden zu sein.

281 Diejenigen, die dies überfordern würde, sollte Muhammad im Namen Gottes anbieten, sich auf eine ordentliche Weise (also mit Abfindung) von ihm zu trennen (33/28).

282 Den Ehefrauen Muhammads waren Gespräche ohne Vorhang nur erlaubt, wenn es sich um ihre Väter, Söhne, Brüder und deren Söhne bzw.

Neben einem Teil der auch aus abendländischer Sicht – insbesondere für Kreise der „besseren Gesellschaft" – adäquat und vernünftig erscheinenden Benimmregeln stimmen die hier wiedergegebenen Offenbarungstexte im Übrigen doch eher nachdenklich. Auf Frauenrechtlerinnen müssen sie wie aus der Zeit gefallen wirken. Hierbei ist festzuhalten, dass es sich nicht nur um die isolierte Wiedergabe im Wesentlichen zweier Suren handelt. Vielmehr sind die Wiedergaben prägend für das Vorverständnis aller Teile des Korans, in denen die angesprochene Thematik anklingt. Wie das Ganze im Hinblick auf die freie Entfaltung der Persönlichkeit zu bewerten ist, wird an anderer Stelle näher zu untersuchen sein (vgl. hierzu im Teil II unter 3.5).

3.3.4.4.3 Homosexualität

Kontrastreiche Abweichungen im Nebeneinander der muslimischen Lebensordnung und der „westlichen Gegenwart" zeigen sich auch im Bereich der gleichgeschlechtlichen Beziehungen. Das Streben nationaler, wie international agierender Interessengruppen der Schwulen-, Lesben- und Transgenderbewegung nach juristischer Gleichstellung und allgemein akzeptierter Teilhabe am gesellschaftlichen Leben stößt in muslimisch dominierten Staaten und in entsprechenden Parallelgesellschaften in europäisch geprägter Staaten auf Unverständnis und Abwehr. Die Ursachen hierfür sind religiöser Art. Sie beeinflussen die Gegenwart spürbar.

Die offenbarten Texte zu gleichgeschlechtlichen Handlungen lassen zweierlei erkennen: Zum einen wird deutlich, dass es sich bei ihnen offenbar um ein zeitloses Phänomen unabhängig von ebenfalls möglichen Dekadenzerscheinungen handelt. Zum anderen ergibt sich, dass solche Handlungen Abneigung auslösen, weil sie als atypisch

---

Schwestern handelte. Die Frauen wurden aufgefordert, sich hieran zu halten, um einer erniedrigenden Strafe Gottes im Diesseits zu entgehen (33/57).

empfunden wurden und werden. Der Koran spricht die Homosexualität an mehreren Stellen als Handlung sowohl zwischen Männern als auch zwischen Frauen an. Nach seinen Aussagen verbietet Gott, was abscheulich und verwerflich ist (16/90). Wo dies für die abscheulichen Handlungen bestätigt wird (7/33), fällt darunter auch die Unzucht („eine üble Handlungsweise“) (17/32). Unzucht gehört zu den schwersten Verbrechen, die ein Muslim begehen kann und hängt von detaillierten Voraussetzungen und Zeugenbeweisen ab.[283]

Begrifflich versteht der Koran darunter offenbar den Geschlechtsverkehr außerhalb des durch Heirat begründeten Ehestandes, soweit er nicht erlaubterweise Sklavinnen betrifft. Neben der Homosexualität[284] fallen darunter folglich der voreheliche Verkehr, inzestuöse Handlungen sowie der Ehebruch. Die Menschen sollen sich auf solche abscheulichen Handlungen weder sichtbar noch im Verborgenen einlassen (6/151). Die Einordnung des gleichgeschlechtlichen Sexualverkehrs in diese Kategorie ergibt sich aus einer Schilderung über Lot. Dieser warnte als Bote Gottes seine Leute: “Wollt ihr denn etwas Abscheuliches begehen? Ihr gebt euch in (eurer) Sinnenlust wahrhaftig mit Männern ab statt mit Frauen“ (7/80, 81; 27/54, 55; 29/28, 29). Sure 26/166 bezeichnet Homosexuelle als „verbrecherische Leute“ (Lots Volk sei eines, „das Gesetze bricht“, Bobzin). Im Zuge eines Strafgerichts Gottes wurden Lots Leute von einem vernichtenden Regen ausgelöscht (7/84; 27/58; 29/34). Homosexuelle Handlungen betrafen aber auch Frauen (4/15). Sogar den Frauen des Propheten wurde für ausgesprochen abscheuliches Handeln eine verdoppelte Strafe in Aussicht gestellt (33/30).

Der Koran offenbart den Männern für ihr Tun Ungemach (eine Züchtigung) (4/16) und den Frauen lebenslangen Hausarrest, soweit ihnen Gott nicht eine andere Möglichkeit eröffnet (4/15). An anderer Stelle wurden für Männer und Frauen 100 Peitschenhiebe sowie

283 T. Nagel, Was ist der Islam, S. 616, 617; A. Th. Khoury, Islam-Lexikon A-Z, S. 533.

284 P. Heine, Islam-Lexikon A-Z, S. 582.

Ehebeschränkungen festgelegt (24/2-3).[285] Verheiratete Frauen können wegen Unzucht von ihren Männern verstoßen werden (65/1). Weitere Konsequenzen schließen sich an.[286] Wie sich aus dem Schicksal des Volkes von Lot ergibt, kann die Strafe auch tödlich ausfallen.

3.3.4.5 Zur Würde des Menschen und der Unverletzlichkeit des Lebens

Die Begrifflichkeit der Menschenwürde ist im Zuge der hier behandelten Offenbarung nicht feststellbar gewesen. Gleichwohl bedeutet dies nicht, dass es dem Koran am Bewusstsein der besonderen Stellung des Menschen im Verhältnis zu den übrigen Geschöpfen gefehlt hat.

Zunächst lässt sich auf die geschilderten Besonderheiten im Schöpfungsgeschehen verweisen.[287] Danach ist der erste Mensch nicht nur Gottes Geschöpf gewesen, sondern erhielt von ihm Geist eingeblasen (15/29; 32/9). Vor ihm hatten sich die Engel niederzuwerfen (2/34), weil Gott beabsichtigte, den Menschen zu seinem Nachfolger auf der Erde zu bestimmen (2/30). Aus alledem lässt sich ohne weiteres ableiten, dass allen Menschen als Nachfahren des Erstgeschaffenen (Adam) und seiner für ihn geschaffenen Frau mit ihrer Geburt auch aus koranischer Sicht ein gemeinsamer gottbezogener Wert zuerkannt wird, der begrifflich als „innewohnende Würde“ beschrieben werden kann. Mit dieser Würde werden alle Menschen gleichermaßen geboren. Sie lässt

285 Ob die genannten verslichen Vorgaben nebeneinander gelten oder die Festlegungen in Sure 24 diejenigen in Sure 4 ersetzen, wird unterschiedlich bewertet (M. Rohe, Das islamische Recht, S. 125). Im Zweifel gilt der Wortlaut. Die International Lesbien, Gay, Bisexual, Trans and Intersex Association (ILGA) zählte 2019 zudem 12 Staaten auf, in denen homosexuellen Männern die Todesstrafe drohte: Afghanistan, Brunei, Iran, Jemen, Katar, Mauretanien, Nigeria, Pakistan, Saudi-Arabien, Somalia, Sudan und die Vereinigten Arabischen Emirate.

286 Zu den schariatischen Konsequenzen vgl. A. Th. Khoury, Islam-Lexikon A-Z, S. 617, 618.

287 Vgl. unter 3.3.3.1, S. 57 und unter 3.3.4, S. 81.

sich – weil Teil des Schöpfungsgeschehens und von niemandem mehr beeinflussbar – auch als unveränderlich und unveräußerlich verstehen.

Die Würde des Menschen lässt sich aber auch aus dem Wert ableiten, der den Menschen als Lebewesen über alle anderen Dinge und Lebewesen stellt. Sure 17/70 führt hierzu aus (Bobzin): „Wir erwiesen den Kindern Adams Ehre und ... versorgten sie mit guten Dingen und zeichneten sie besonders aus vor vielen, die wir erschaffen haben." Hierzu lässt sich zählen, alle Namen als Teil des Wissens zu kennen, sowie Verstand und Urteilskraft zu haben, um sich weitere Wissensbereiche erschließen zu können. Hinzu kommt, sich über die Natur und die Tierwelt gestellt betrachten zu dürfen. Das anvertraute irdische Gut war von Gott zunächst anderen angeboten worden, die sich aber aus Angst verweigerten, bevor es die Menschen auf sich nahmen (33/72). Es wurde diesen dann von Gott dienstbar gemacht, sowohl in Gestalt der Herdentiere (36/72), der Schiffe (14/33), der Meere (45/12) wie in Gestalt von allem, was im Himmel und auf der Erde ist (31/20; 45/12, 13). Die Aufzählung dürfte beispielsbezogen und nicht abschließend zu verstehen sein.

Allerdings lässt sich damit noch kein gleiches Maß an Würde für alle Menschen feststellen, weil im Koran noch weitere Aspekte hinzukamen. So sollten die Menschen auf der Erde kein Unheil anrichten (2/11). Damit eröffnete sich ein Pfad für das, was unter der lateinischen Begrifflichkeit „dignitas" erfasst wird, nämlich nicht nur Würde, sondern Würdigkeit, die sich aus Handeln und Leistung ergeben kann. Letzteres dürfte im Denken der damaligen Menschen auch durchaus seinen Stellenwert gehabt haben, sei es in Gestalt einer allgemeinen Leistung für die Gemeinschaft, in der man lebt oder durch militärischen Erfolg, der deren Bestand absichert oder darüber hinaus reicht. Dignitas konnte auf diesem Wege durch persönliches Ansehen abstufbar sowohl anwachsen als auch – bei Verfehlungen oder Misserfolg – geringer werden bis hin zum völligen Verlust. Dieser Gedanke zeigt sich jedenfalls in der koranischen Offenbarung: Am Tag des Gerichts wird alles Getane erneut vorgetragen. Die Menschen werden dann von Gott nach ihren Taten eingestuft (6/132).

Im Hinblick auf das dienstbar und anvertraute irdische Gut könnte das Vermeiden von Unheil bedeuten, sorgsam (bspw. ökologisch) mit ihm umzugehen sowie das Zusammenwirken der Schöpfungsbestandteile und dessen Bedeutung für das Leben und Wohlergehen der Menschen auf der Erde zu erkennen.

Der im Koran erkennbare Schwerpunkt liegt jedoch in anderen Bereichen. Für dessen Wissenserkenntnis ist es vor allem bedeutsam, dass das Unheil von jenen ausgeht, die ungläubig sind (2/8-13), weil sie damit die islamische Lebensordnung insgesamt bedrohen. Wer sich dagegen in der erforderlichen Weise – bis hin zur Selbstopferung – für diese Lebensordnung anstrengt, darf auch auf Erden reichen Lohn und ein hohes Maß an Anerkennung erwarten. Schließlich gilt derjenige als der Vornehmste bei Gott, der am frömmsten ist (49/13). Wer aber Zweifel an Gott und der wahren Religion hegt, wer sich abwendet oder sie gar bekämpft, „der gehört zu den vielen, an denen die Strafe wahr wird. Wenn Gott jemanden erniedrigt, gibt es niemanden, der ihm Ehre erweisen würde“ (22/18). Abgesehen von der Strafe im Jenseits bedeutet das den Verlust seiner Würdigkeit (und Würde) schon im Diesseits.

Hinzu kommt ein Aspekt, der sich aus dem Koran ebenfalls erschließen lässt. Am Anfang steht, dass Gott den Menschen dafür geschaffen hat, ihm zu dienen, zu gehorchen und die Lebensordnung zu erhalten.[288] Diese muslimische Urnatur des Menschen (fitra),[289] Gott als alleinigen Herrn anzusehen, ist den Menschen zunächst auch bewusst gewesen. Dieses Bewusstsein erhielt sich dann aber nur bei wenigen (Abraham) und ging bis zu den Offenbarungen weitgehend verloren. Vor allem die Muslime sind nun jene, die das offenbarte Wissen, den konsequenten Eingottglauben und die göttlich vorgegebene Lebensordnung wieder erkannt und angenommen haben. Damit erlangen sie einen höheren Reifegrad als die übrigen Menschen und gelangen auf dem Pfad der Rechtleitung auch zu einem höheren Maß an Würdigkeit

288 Vgl. Teil I, 3.3.4.1.
289 Vgl. Teil I, 3.3.3.1.

und Würde. Wie weit dies reichen kann, lässt sich abschließend nicht ermitteln. Das liegt daran, dass die innewohnende Würde gegenüber allen anderen Lebewesen zwar im Ausgangspunkt erkennbar ist, nicht aber das Maß an Glaubenstreue oder aber an Grenzverletzungen.

Des Weiteren ist nicht feststellbar, aus der Würde als solcher eine Grundlage für Rechte im Sinne eines Anspruchs ableiten zu können. Mit dem Koran werden den Menschen zwar zahlreiche zu erfüllende Pflichten auferlegt, aber keine Rechte eingeräumt. Wenn es auch Versprechungen Gottes gibt, wie etwa das der Wiederauferstehung oder der Lohn für die im Dschihad Getöteten, so wird doch darüber hinaus immer wieder betont, dass Gott tue, was er wolle. Einem Anspruchsdenken des Menschen gegenüber Gott fehlt erkennbar die Grundlage. Auch Freiheitsrechte benennt die Offenbarung nicht.

Vielgestaltigkeit zeigt sich nicht zuletzt hinsichtlich der Wertigkeit des menschlichen Lebens. Soweit es um den Schutz der (noch) ungeborenen Kinder geht, lässt sich dem Koran die Aufforderung entnehmen, diese aus Furcht vor Verarmung nicht zu töten. Dies sei eine schwere (und unnötige) Verfehlung (17/31).

Darüber hinaus fehlt es im offenbarten Text aber an einem umfassenden Verbot zu töten. Vielmehr heißt es dort, dass der Mensch niemanden töten solle, den Gott zu töten verboten habe (6/151). Ein solches Verbot besteht insoweit, als kein Gläubiger einen (anderen) Gläubigen töten darf, es sei denn aus Versehen. Für diesen Fall sind ausdifferenzierte Sühneleistungen zu erbringen (4/92). Das in der schon genannten Sure 6/151 ausgesprochene Verbot, Menschen zu töten, wird an gleicher Stelle für den Fall relativiert, dass eine Berechtigung vorliegt. Eine solche ergibt sich im Falle eines erfolgten Totschlags, für den von Gott eine Wiedervergeltung sogar vorgeschrieben ist, soweit sich nicht andere Formen des Ausgleichs finden lassen (2/178). Der häufig als Beleg für die Verwerflichkeit des Tötens erwähnte Koranvers, wenn einer jemanden tötet, solle es so gewertet werden, als hätte er alle Menschen getötet (5/32), relativiert sich bereits aus dem dortigen Zusammenhang. Zum einen richtet sich dieser Vers ausdrücklich nur an die „Kinder Israels“ aus Anlass des Brudermordes von Kain an Abel, zum anderen blieb das Töten aus Rache oder als Strafe für auf der Erde angerichtetes Unheil völlig unberührt. Gott selbst erteilt schließlich die Berechtigung, andere zu töten, die gegen ihn und seinen Gesandten Krieg führen und im Lande eifrig auf Unheil bedacht sind (5/33). Eine noch allgemeinere Berechtigung zur Tötung Ungläubiger ergibt sich aus Sure 2/191[290], sowie aus den Bestimmungen der Sure 9.

Das Aufgezeigte macht deutlich, dass sich ein umfassender Schutz menschlichen Lebens weder aus einer offenbarten Unverletzlichkeit noch aus seiner Würde ergibt.[291]

3.3.5 Toleranz und Religionsfreiheit, Apostasie

Dass die Religionen vor Gott nicht als gleichwertig gelten, ist bereits im Vorangegangenen dargelegt worden.[292] Gleichwohl stünde dies der Toleranz und Freiheiten zugunsten anderer nicht entgegen, wenn sich entsprechendes aus den Offenbarungen selbst ergeben sollte.

3.3.5.1 Toleranz und Religionsfreiheit

Der Koran enthält die Aussage, wenn Gott es gewollt hätte, wären alle Menschen zusammen (im Sinne des Koran) gläubig geworden (10/99). Niemand dürfe (aber) gläubig werden, außer mit seiner Erlaubnis

---

290 Vgl. auch S. 71. Das feststellbare gegenseitige Töten unter Muslimen (etwa zwischen Sunniten und Schiiten) erklärt sich damit, dass sie sich untereinander in Teilen als ungläubig ansehen.

291 Die in Art. 1 der Kairoer Erklärung der Menschenrechte vom 5. August 1990 enthaltene Aussage „Alle Menschen sind gleich an Würde" spiegelt im Ansatz zwar die „innewohnende Würde" wider, stellt deren Umfang aber unter den Vorbehalt des wahrhaften Glaubens: „Der wahrhafte Glauben ist die Garantie für das Erlangen solcher Würde auf dem Pfad zur menschlichen Vollkommenheit." Daraus folgt, dass noch nicht jeder Mensch diese Würde schon erlangt haben muss. Garantiert wird sie erst mit der wahren Religion, dem Islam.

292 Vgl. unter 3.3.3.1, S. 59.

(10/100). Im Gegenschluss ließe sich daraus ableiten, dass auch andere Religionen gottgewollt jedenfalls ihre Existenzberechtigung haben könnten. Für seine Gesandtenphase definiert der Koran die Rolle Muhammads als Mahner (87/9) und Warner, der keine Gewalt über die Menschen seines Umfeldes habe (88/21,22). Es gehöre nicht zu seinen Aufgaben, andere zum Glauben rechtzuleiten (2/272) oder dazu zu zwingen (88/22).[293] Insbesondere Sure 109, die in Vers 6 mit dem Satz endet, "ihr habt eure Religion und ich die meine", könnte als Beschreibung gegenseitiger Toleranz verstanden werden.

Indes trügt der oberflächliche Eindruck. Die zahlreichen Hinweise im Koran darauf, was die Ungläubigen sowohl diesseitig als auch jenseitig allein wegen ihres Unglaubens zu erwarten hatten oder haben, lässt Raum allenfalls für eine begrenzte Toleranz. Zwar traf Muhammad vorerst keine Verpflichtung, aber nur, weil er als Gesandter das Strafen Gott überlassen konnte. „Genieße deinen Unglauben (noch) ein wenig. Du wirst einer von den Insassen des Höllenfeuers sein" (39/8). „Sag zu denen, die nicht glauben: Handelt nach dem Standpunkt, den ihr einnehmt. Wir handeln, wie wir es unsererseits für recht halten. Und wartet (nur) ab. Wir warten (ebenfalls) ab" (11/121, 122). Dieser harmlos klingende Schlusssatz ist in Wirklichkeit als eine versteckte Androhung im Sinne der zu erwartenden Höllenstrafe zu verstehen (39/8; 6/135). Auch hinter Sure 109 verbirgt sich keine wertneutrale Gegenüberstellung, sondern die Gewissheit, dass Gott die Ungläubigen zu Schanden machen bzw. die Hölle auf sie warten wird (11/119). Als Prophet fordert Muhammad später sogar dazu auf, gegen diejenigen zu kämpfen, die ... nicht der wahren Religion angehören, bis sie kleinlaut ... Tribut entrichten (9/29).

Ungeachtet dessen erlaubt der Koran dort abweichende Regelungen, wo es um die Angehörigen der anderen Offenbarungsreligionen geht. Denn Muslime, Juden und Christen glauben aus seiner Sicht an den gleichen Gott.[294] Bei dem, was Mose, Jesus und die Propheten von

293 Hierzu S. 34 f.
294 Vgl. S. 61.

ihrem Herrn erhalten hätten, seien keine Unterschiede gemacht worden (3/84). Das ermöglicht Freiräume. Als Beleg für gegenseitige Toleranz *in diesem Kreise* gläubiger Menschen lässt sich nicht zuletzt der Satz heranziehen, in der Religion gebe es keinen Zwang (2/256), verbunden mit unterschiedlichen Aufforderungen, gemeinsam nach den guten Dingen zu wetteifern (3/114; 5/48). Damit ließe sich der Eindruck vermitteln, sich mit guten Argumenten gegenseitig überzeugen zu können.

Dies als Teil eines allgemeinen ergebnisoffenen Wettbewerbs anzusehen, wäre jedoch ein grobes Missverständnis. Sieht man genauer hin, geht es in einem Fall der besagten Aufforderung um die von Gott mit dem Koran für die Muslime neu vorgegebene Gebetsrichtung, die von der bisherigen abwich. Sie sei neu als Prüfung dafür vorgegeben worden, wer dem Gesandten Muhammad folge. Der betende Muslim solle sein Gesicht (also seine ganze Person) nunmehr stets und wo immer er sei, in Richtung der heiligen Stätte in Mekka wenden (2/144). Die den Koran erhalten hätten, wüssten das. Es sei die Wahrheit von Gott, an der nicht zu zweifeln sei (2/144, 147, 149). Wer das dennoch tue, sei ein Frevler (2/145). Juden und Christen seien hinsichtlich der Gebetsrichtung uneins, sie würden die Wahrheit zum Teil verheimlichen (2/146). Nach den guten Dingen zu wetteifern, kann hier folglich nur so verstanden werden, durch das richtige koranische Tun und mit Hinweis auf den benannten Frevel die anderen von der Fehlerhaftigkeit ihrer Sicht zu überzeugen, um Unglauben zu vermeiden.

In anderen Fällen geht es darum, nach Vergebung und dem Paradies zu wetteifern (3/133), keinen Zins zu nehmen (3/130), woran sich Juden und Christen nicht gebunden fühlten, sowie der Pflicht nachzukommen, Gott und Muhammad zu gehorchen (3/132), was Juden und Christen gemeinhin nicht täten. Hinzu kamen weitere Gesichtspunkte, denen Juden und Christen nicht gerecht werden können, weil sie nicht gläubig im Sinne des Korans sind. Muhammad macht die Muslime auf ihre Vorteile im Wettkampf um das Paradies aufmerksam. Vom koranischen Weg nicht – oder nur unter Strafe – abweichen zu dürfen, wird immer wieder betont. Hingewiesen wird darauf, dass die meisten von den „Leuten der Schrift" Frevler seien (3/110). Nur ein kleinerer Teil sei gläubig und wetteifere (von sich aus) mit den Muslimen nach den guten Dingen, also um die Richtigkeit der Offenbarung. Auch der Appell, mit den Leuten der Schrift nur auf eine möglichst gute Art zu streiten (29/46), beschränkt sich auf diesen Teil und schließt die Frevler an selber Stelle ausdrücklich aus.

Vom Ergebnis her sollte also nur um die Richtigkeit der koranischen Offenbarung gewetteifert werden. Jede Religionsgemeinschaft sollte mit ihrer Offenbarung auf die Probe gestellt werden, was sie davon (im Sinne des Koran) aufgegriffen habe, wobei Muhammad mit dem Koran immer das letzte Wort zufiel. Diejenigen unter den Juden und Christen, die bereit waren, sich der koranischen Offenbarung anzuschließen, konnte er im ausgerufenen Wettbewerb dann in Aussicht stellen, zu den Rechtschaffenen (3/114) und Gewinnern zu zählen. Diese Position bezieht der Islam bis heute.

Bleibt der Satz, dass es *in* der Religion keinen Zwang gebe. Mit Satz 1 von Sure 2/256 wird die Interpretation verbunden, niemand dürfe zu einer Religion gezwungen werden, diese Stelle im Koran sei also ein Beleg zugunsten der Religionsfreiheit.[295] Es hieße allerdings das Vorverständnis des Koran überzustrapazieren, Vers 256 auf alle Glaubensrichtungen zu erstrecken. Der heidnische Polytheismus, der Pantheismus sowie der Atheismus gelten mitnichten als Religion, die Rechtlosigkeit ihrer Anhänger stand zu keiner Zeit in Frage. Es kann daher im Weiteren – wie bereits angedeutet – nur von den Offenbarungsreligionen ausgegangen werden. Aber auch hier verengt sich das Religionsverständnis. Wie der Koran besagt, wird von Gott als Religion nur der Islam angenommen werden und keine andere (als Ersatz für den wahren Glauben) an seiner Statt (3/85). Dem entspricht, dass diese im Sinne einer das Jenseits wie Diesseits umfassenden Lebensordnung als vollständig angesehen wird. Das bedeutet, dass sich Satz 1 von Vers 256 *nur auf den Koran* fokussiert. Bereits der Folgesatz lässt hierfür den Grund erkennen: Der rechte Weg sei (durch ihn) klar geworden.

295 Hinweise bei M. Rohe, Das islamische Recht, S. 269-270.

Daran ist vor allem bedeutsam, dass in der koranischen Religion alles als in sich stimmig gilt. Alles fügt sich gemäß Gottes Weisheit und Gestaltungsmacht. Wer dem Koran also folgt, lebt folglich *in der Religion* ohne Zwang.[296]

Das ließ sich am Beispiel von Speisezwängen der Juden und Christen verdeutlichen. Den Juden seien alle Speisen erlaubt gewesen, bevor die Thora herabgesandt wurde, außer, was sie sich selbst verboten hätten (3/93). Deren (durch die angewandten Talmud-Regelungen bei den Juden wie auch infolge ähnlicher Wertungen der Christen spätere) Ablehnung von Tieropfern sehe der Koran nicht vor. Vielmehr erlaube er solche Opfer (22/30-33). Diese und andere drückenden Verpflichtungen und Fesseln habe der Koran allen abgenommen (7/157). Dementsprechend kann Muhammad seinen Zuhörern sagen, dass Gott ihnen in der Religion nichts auferlegt, was bedrückt (22/78), also zwingt.

Das ist allerdings nicht schon gleichbedeutend mit einer folgenlosen Freiheit *zu* anderen (Buch-)Religionen. Ohne nachteilige Folgen benennt der Koran nur die Freiheit, sich zum Islam zu bekehren und ihm beizutreten. Einen darüber hinaus gehenden Beleg zugunsten einer gleichwertigen Hinwendung zu einer anderen Religion enthält der Koran nicht.[297] Was Vertreter anderer Buchreligionen anbelangt, werden lediglich Vertragsschlüsse auf der Grundlage einer begrenzten Toleranz bspw. bei einem sog. Schutzbefohlenenstatus[298] praktiziert. Ein Beitritt zu diesen Glaubensgemeinschaften und damit ein Abfall vom Islam wird hingegen nicht toleriert.

3.3.5.2 Abwendung vom Islam (Apostasie)

Inhaltlich wird die Apostasie als Abkehr von den Grundsätzen des Islam aufgefasst. Der einst Gläubige wird endgültig ungläubig. Der

296 T. Nagel, Was ist der Islam, S. 26, 60, 90.

297 T. Nagel erweitert diese Aussage auch auf die Prophetenvita, Was ist der Islam, S. 566 f.

298 Vgl. S. 96 ff.

Austritt ist eine der Erscheinungsformen, mit denen dies offenkundig wird. Gleichbedeutend ist, die Gültigkeit der absoluten Ge- und Verbotsnormen der Scharia zu leugnen und durch entsprechendes Handeln zum Ausdruck zu bringen. Die Schmähung des Propheten gilt als strafwürdige Variante.[299] Der vormals Gläubige lehnt sich damit gegen Gott auf. Gleichzeitig verlässt er die Gemeinschaft der Gläubigen, gefährdet deren Bestand und verliert ihren Schutz.[300]

Schwere Sünden und abscheuliche Handlungen werden von Gott grundsätzlich nicht vergeben (53/32).[301] Zu ersteren, die noch vor den abscheulichen Handlungen aufgeführt werden, zählt primär der Unglaube in seinen unterschiedlichen Varianten, also als Beigesellung (4/48, 116) oder die Heuchelei (Vortäuschung des Glaubens), aber auch die Apostasie (16/106).[302] In Grenzen ist Umkehr möglich. Wer zunächst gläubig war, dies nun aber nicht mehr ist (3/86) zeigt zwar bereits ein frevelhaftes Handeln. Dieses kann gleichwohl durch tätige Reue mit der Folge einer Vergebung noch rückgängig gemacht werden (3/89). Erst bei einem Wiederholungsfall ist dies nicht mehr möglich (3/90; 4/137). Dass selbst eine damalige Fürbitte Muhammads daran nichts mehr ändern würde (63/5, 6; 9/80), belegt die Schwere der Verfehlung.

Wie die Bestrafung der Betreffenden im Diesseits[303] konkret aussehen wird, scheint der Koran auf den ersten Blick offen zu lassen.

---

299 M. Rohe, Das islamische Recht, S. 134 f.; ähnlich: A. Th. Khoury, Islam-Lexikon A-Z, S. 19; Die französische Satirezeitschrift Charlie Hebdo veröffentlichte im März 2006 Muhammad-Karikaturen und wiederholte dies im Jahr 2012. Im Januar 2015 stürmten bewaffnete Muslime die Redaktionsräume und töteten 12 Menschen, um Rache für Muhammad zu nehmen. Im Oktober 2020 wurde in Frankreich der Lehrer S. Paty wegen des Zeigens und Problematisierens solcher Karikaturen von einem 18-jährigen Muslim enthauptet. Beides veranschaulichte die Aktualität dieser Variante.

300 A. Th. Khoury, Islam-Lexikon A-Z, S. 18; ders., Der Islam und die westliche Welt, S. 123; zur historischen Brisanz, vgl. bei T. Nagel a.a.O., S. 583.

301 Wer sie meidet, hat Vorteile, hierzu S. 54.

302 L. Hagemann, Islam-Lexikon A-Z, S. 556.

303 Für das Jenseits hätten sie mit dem ewigen Höllenfeuer dereinst eine gewaltige Strafe zu erwarten (3/88; 16/106; 88/23-24).

Allgemein heißt es zunächst nur, dass Gottes Zorn über jene kommen werde, die ohne äußeren Zwang ungläubig würden. Ihnen wird gleichwohl bereits für das Diesseits eine schwere Strafe in Aussicht gestellt (3/56). Sie verlieren bei Gott an Stellenwert und können auch den verbleibenden Gläubigen gleichgültig bleiben. Gott werde für sie (als Ersatz) Leute bringen, die ihn lieben und die für ihn kämpfen würden (5/54). Es bleibt allerdings nicht bei bloßer Gleichgültigkeit. Denn als Lohn für den Glaubensabfall würde der Fluch Gottes und der (gläubigen) Menschen insgesamt auf den Betroffenen liegen (3/87). Das bedeutet im Ergebnis deren Ausgrenzung aus der Gemeinschaft der Muslime und den Verlust des Status eines Vollbürgers mit allen damit verbundenen Nachteilen,[304] auch der realen Bedrohung mit dem Tod. Diese wäre durch jeden anderen Gläubigen vollstreckungsfähig.[305]

Nach der muslimischen Tradition wird öffentliche Apostasie im Regelfall mit dem Tode bestraft.[306] Ungeachtet dessen wäre diese Strafe aber auch unmittelbar aus dem Koran ableitbar. Die Aufforderung, Heuchler zu töten (4/88, 89), ist als göttliche Erlaubnis im Zuge eines erst-recht-Schlusses auf den Fall des Abfalls vom Glauben übertragbar, weil sich damit der Gedanke des Hochverrats an der muslimischen

---

304 M. Rohe, Das islamische Recht, S. 257 bezeichnet das als „bürgerlichen Tod"; T. Nagel a.a.O., S. 583.

305 Die Todes-Fatwa gegen den in Indien geborenen britischen Schriftsteller Salman Rushdi 1989 wegen dessen „Satanische Verse", ausgesprochen vom iranischen Religionsführer Khomeini, wurde erst 1998 durch den iranischen Staatspräsidenten Chatani wieder aufgehoben. Rushdi lebte bis dahin versteckt an unterschiedlichen Orten. Ungeachtet der Aufhebung fand am 12. August 2022 ein Messerattentat auf Rushdi im US-Bundesstaat New York mit schweren Verletzungen durch einen Sohn libanesischer Einwanderer statt.

306 L. Hagemann, Islam-Lexikon A-Z, S. 555; A. Th. Khoury, Islam-Lexikon A-Z, S. 18 verweist auf einen zentralen Hadith, wonach für Apostasie von Muhammad der Tod gefordert wird; ders., Der Islam und die westliche Welt, S. 123. U. Matyssek, Zum Problem der Trennung von Religion und Politik im Islam, in: S. Muckel, Der Islam im öffentlichen Recht des säkularen Verfassungsstaates, S. 190.

Gemeinschaft verbinden lässt.[307] Apostasie wird der Heuchelei mithin gleichgestellt (63/3). Die Anwendung der Tradition sowie des Koran gelangt auf der Folgenseite so zum gleichen Ergebnis. Die Werke der Apostaten sind sowohl im Diesseits als auch im Jenseits hinfällig (2/217).

Religionsfreiheit ist im Islam folglich als eine (im eigenen Interesse) ergriffene Freiheit zum Islam zu verstehen. Wer Muslim ist, verliert seine Religionsfreiheit. Er darf den Islam nicht ablegen,[308] sondern muss als Muslim sterben (3/102), will er nicht der Hölle zugeordnet werden (2/161, 162). Die Freiheit der anderen Religionen endet am Vorverständnis des Islam als einzig wahrer Religion und den Vorgaben des Koran. Sie endet ferner an den Grenzen des Status als Schutzbefohlener, soweit dieser überhaupt erlangt werden kann, da er voraussetzt, Angehöriger einer anderen Buchreligion zu sein. Die individuelle sog. negative Religionsfreiheit, also die Freiheit, einem Bekenntnis nicht mehr angehören zu wollen, wird nur zu Lasten der anderen Buchreligionen und heidnischen Glaubensrichtungen befürwortet, nicht aber zu Lasten des Islam.

3.3.6 Exkurs: Zur Bedeutung des Freitagsgottesdienstes

Der „Tag der Versammlung“ wird in Sure 69/9 angesprochen. Aus ihr ist das Gebot für alle Gläubigen abgeleitet worden, das obligatorische Mittagsgebet gemeinschaftlich zu entrichten und bei dieser Gelegenheit die muslimische Gemeinschaft in Eintracht zu verbringen.[309] Beide Ereignisse auf einen Freitag zu legen, wird auf Anhänger der koranischen Offenbarung in Medina zurückgeführt, die Muhammad dort bereits etwa zwei Jahre vor seiner Vertreibung aus Mekka durch Gesandte im

307 T. Nagel, Was ist der Islam, S. 45, 48; A. Th. Khoury, Islam-Lexikon A-Z, S. 18, 19.

308 A. Th. Khoury, Der Islam und die westliche Welt, S. 123.

309 R. Elger, Kleines Islam-Lexikon, S. 78; T. Nagel, Was ist der Islam, S. 558.

Koran sowie im rituellen Gebet unterweisen ließ.[310] Unter Rückgriff auf die Zeiten Abrahams sollte die Ergebenheit gegenüber Gott und seinem Gesandten auf diesem Wege bekundet werden,[311] wofür sich offenbar der dortige, an einem Freitag stattfindende Markttag öffentlichkeitswirksam nutzen ließ.[312]

3.3.6.1 Machtbezogene Ersatzinstitution

Die Teilnahme am Freitagsgebet ist für die männlichen Muslime obligatorisch.[313] Es zählt – wie alle anderen vorgeschriebenen Gebete – zu den fünf Säulen (den Grundpflichten) des Islam in Erfüllung der Aufgabe, Gott zu dienen.[314] Sein Gestaltungsrahmen hebt sich von den anderen rituellen Gebeten allerdings deutlich ab. Als ursächlicher Ausgangspunkt hierfür ist das Fehlen von Institutionen der Rechts- und Religionspflege zu Muhammads Lebzeiten in Betracht gezogen worden.[315] Die Anleitung und Lenkung der Gläubigen über den Weg der rituellen Gebete und des Freitagsgottesdienstes bot und bietet sich somit als Ersatzlösung an, sowohl Gott zu verehren als auch dem Vertreter seiner weltlichen Macht die gebotene Referenz zu erweisen. Dem Freitagsgottesdienst wird daher nachvollziehbar ein hoheitlicher Charakter zugesprochen.[316]

Bereits in der Architektur der Freitagsmoscheen spiegelte sich im Laufe der Geschichte dieser Doppelcharakter als Ort der Gottesverehrung und des gleichzeitigen Ausdrucks für einen politischen

310 T. Nagel a.a.O., S. 374.

311 T. Nagel a.a.O., S. 240.

312 P. Heine, Islam-Lexikon A-Z, S. 205.

313 R. Elger a.a.O., S. 143, T. Nagel a.a.O., S. 179; Frauen sind zur Teilnahme nicht verpflichtet, sie dürfen aber teilnehmen, wenn sie es wollen, A. Th. Khoury, Islam-Lexikon A-Z, S. 200.

314 R. Elger a.a.O., S. 81; solange der Koran vorgetragen wird, hat man zuzuhören und Ruhe zu halten (7/204).

315 T. Nagel a.a.O., S. 179.

316 T. Nagel a.a.O., S. 588.

Herrschaftsanspruch wider: Nach außen zeigen sie sich als teils machtvolle Kuppelbauten mit Minarett(-en), nach innen als (teils eindrucksvoll) funktional gestaltete Versammlungsräume ohne einen spezifisch sakralen Charakter.[317] Sie unterscheiden sich dadurch deutlich von den übrigen Moscheen. Bis ins 12. Jhdt. hinein wurde der Grundsatz, dass es in den Städten oder größeren Orten möglichst nur eine solche Moschee für alle männlichen Gläubigen geben sollte, auch weitgehend eingehalten.[318] Mit dem Anwachsen von deren Einwohnerzahl wurde dazu übergegangen, in den jeweiligen Stadtvierteln eine Freitagsmoschee zu errichten.

Was diese Moscheen inhaltlich hervorhebt, ist das Abhalten einer Predigt durch einen Imam. Sie enthält Verse aus dem Koran und Ermahnungen moralischer und anderer Art. Daraus können auch politische Inhalte oder Forderungen abgeleitet werden.[319] Schon Muhammad hatte sich als jemanden gesehen, der seinen versammelten Zuhörern Gottes Verse verliest (62/2). Nach ihm wird als Imam nun ein Vorsteher oder Führer in der Funktion des Vorbeters verstanden, der in seiner Person eine gebetsbezogene und politische Autorität vereint.[320] Der Begriff des Imamats wurde nach Muhammads Tod zur Bezeichnung der Nachfolge im Prophetenamt geprägt,[321] er hat auf der Basis

---

317 B. Finster, Kleines Islam-Lexikon, S. 143. Sie verweist allerdings ebenso auf den sog. Mihrab, eine manchmal reich oder auch ungeschmückte Gebetsnische als besonders sakralen Ort, a.a.O., S. 138.

318 P. Heine, Islam-Lexikon A-Z, S. 205; T. Nagel a.a.O., S. 240.

319 Auf beide Aspekte verweisen P. Heine, Islam-Lexikon A-Z, S. 205 und R. Elger a.a.O., S. 179; die (gegenwärtige) Vergangenheitsbezogenheit im Inhalt solcher Predigten in deutschen Moscheen ergibt sich aus dem Buch von C. Schreiber, Inside Islam (2017).

320 R. Elger a.a.O., S.101 spricht von religiöser Autorität; P. Heine, Islam-Lexikon A-Z, S. 205. Bereits todkrank soll Muhammad gesagt haben, Abū Bakr zu befehlen, vorzubeten. Die übrigen Prophetengenossen hätten das so ausgelegt, dass Abū Bakr zur Wahrnehmung des großen Imamats ausersehen sei, T. Nagel, Was ist der Islam, S. 243.

321 T. Nagel, Was ist der Islam, S. 239.

der vorherrschenden islamischen Sicht daher einen erkennbar machtbezogenen und staatsrechtlichen Bezug.

Eine symbolhafte Umsetzung ergab sich bei der erneuten Umwandlung der Hagia Sophia in eine Moschee, womit die zwischenzeitliche Nutzung als Museum beendet wurde. Das Oberhaupt der türkischen Religionsbehörde Diyanet, Imam Ali Erbas, betrat die Kanzel der ursprünglich größten christlichen Kirche der Stadt Istanbul während des Freitagsgottesdienstes am 24. Juli 2020 mit einem Krummschwert. Die Diyanet beeinflusst über die Ditib in Deutschland mehrere hundert Moscheen und ihre Vorbeter. Das Amt des obersten Imams der Umma oblag im Sunnitentum dem Kalifen, dem als obersten Herrscher zudem das Amt des (in der heutigen Terminologie) Staatsoberhauptes zukam.[322] Sein Autoritätsanspruch umfasste die Führerschaft in allen Angelegenheiten der Gottesverehrung wie auch in allen diesseitigen Dingen der göttlichen Daseinsordnung.

3.3.6.2 Großes und kleines Imamat

Dem Kalifen stand in Wahrnehmung des „großen Imamats" die Befugnis zu, eine allgemeine Führerschaft in Nachfolge des Propheten wahrzunehmen.[323] Ihm unterstanden die Freitagsmoscheen und jene bei den Pilgerstätten, er konnte als Vorbeter und Prediger das Freitagsgebet leiten[324] und als oberster Imam bestimmen, wer als örtlicher Machthaber oder Statthalter befugt war, in anderen Freitagsmoscheen als Vorbeter zu agieren und die Ergebenheitsbekundungen entgegen-

322 Zur Zeit der vier Kalifen war der Kalif der Stellvertreter des Gottgesandten, später war er der Stellvertreter Allahs auf Erden, T. Nagel, a.a.O., S. 306; R. Elger a.a.O., S. 101; bei den Schiiten steht der Begriff des Imams für den „göttlich geleiteten" Führer in der erblichen Nachfolge Alis.

323 T. Nagel a.a.O., S. 239; zur Zeit der vier Kalifen galt der Amtsträger noch als Stellvertreter des Gottgesandten, T. Nagel a.a.O., S. 306.

324 B. Finster, Kleines Islam-Lexikon, S. 143.

zunehmen. Nicht Berufene waren hierzu nicht legitimiert.[325] Mit zunehmender Machtausweitung des islamischen Herrschaftsgebiets war dies im Rahmen erforderlicher Vollmachtsübertragungen zunehmend bedeutsamer geworden, um die Homogenität und Zuverlässigkeit in der Zusammensetzung der Imame gewährleisten zu können. Der frühere muslimische Staatsrechtler al-Māwardī (gest. 1059) hatte sich daher bemüht, bis ins Kleinste zu regeln, wer in den Imamatsmoscheen stellvertretend zu predigen befugt sei, wenn der eigentlich bestellte Imam ausfällt. Es galt also, das große Imamat staatspolitisch abzusichern, womit gleichzeitig der institutionelle Ersatzcharakter des Freitagsgottesdienstes[326] erkennbar wurde.

In den anderen Moscheen, die dem „gemeinen Volk" gehörten,[327] konnte dieser Aspekt geringer gewertet werden. Im Rahmen des sog „kleinen Imamats" (hier erfolgt keine Predigt) reichte und reicht es aus, wenn der Nachahmende sein rituelles Pflichtgebet gemäß den Vorgaben der Scharia an das des Vorbeters bindet und auf diese Weise Gehorsam leistet.[328] Dies gilt als der entscheidende Punkt, denn die Nachahmung durch den Betenden garantiert diesem die Anrechenbarkeit für sein Verdienstkonto im Jenseits und begünstigt damit dessen Anwartschaft auf das Paradies. Die Autorität des Vorbeters ergibt sich daraus, dass er für die Richtigkeit der zu rezitierenden Koranverse und des Ritenvollzuges verantwortlich ist. Diese Richtigkeit zu gewährleisten, prägt gleichzeitig das Amtsverständnis sowohl des großen als auch des kleinen Imamats.[329]

---

325 T. Nagel a.a.O., S. 239, 240; in den Empfängern der Vollmacht und ihren Mitarbeitern sieht Nagel die Vorstufe eines staatlichen Apparats, a.a.O., S. 179.

326 T. Nagel a.a.O., S. 240.

327 T. Nagel a.a.O., S. 239, 241.

328 T. Nagel a.a.O., S. 241 f, unter Bezug auf die kuweitische Enzyklopädie des islamischen Rechts (2007).

329 T. Nagel a.a.O., S. 241, 242.

3.3.6.3 Gegenwartsbezüge

Gegenwartsbezogene Hinweise auf eine Änderung des rituellen Gebetsvollzuges gibt es aus den islamischen Herrschaftsbereichen nicht. Gleiches gilt für die in der Historie angelegte Bedeutung des Freitagsgebets. Aus den früher zum Osmanischen Reich gehörenden und in Europa liegenden Siedlungsbereiche der Muslime sind dem Verfasser keine entsprechenden Änderungen bekannt. Es wäre daher von Interesse zu erfahren, wie sich die Situation in den christlich geprägten Kernstaaten des westlichen und mittleren Europas entwickelt, in denen eine offenbar auf Dauer angelegte muslimische Diaspora entsteht. Bislang dominiert der Eindruck, dass sich die muslimischen Gemeinschaften auch hier an den Gewohnheiten ausrichten, die ihre Angehörigen aus ihren Heimatländern mitgebracht haben. Eine auf Deutschland[330] bezogene Konkretisierung dieses Eindrucks wird allerdings dadurch erschwert, dass zum Innenleben dieser Gemeinschaften kaum wissenschaftlich belastbare Kenntnisse vorliegen. Analysen und Studien scheitern weitgehend schon an der Sprachbarriere. Dies gilt ebenso für die Moscheen und die in Teilen damit verbundenen Sozial- und Kulturzentren. In der Welt der Moscheen wird größtenteils in türkischer oder arabischer Sprache gesprochen, gebetet und gepredigt.[331] Es erscheint aber naheliegend, von der bisherigen Bedeutung weiterhin ausgehen zu können.

Es stehen aber auch andere wichtige Grundkenntnisse nicht zur Verfügung.[332] Aus den verdienstvollen Recherchen C. Schreibers lässt

330 Auf die Entwicklungen in Frankreich, Italien, den Beneluxstaaten, Großbritannien und Skandinavien soll und kann an dieser Stelle nicht eingegangen werden. Ähnlichkeiten mit den für den deutschsprachigen Raum gemachten Beobachtungen sind allerdings wahrscheinlich.

331 C. Schreiber, Inside Islam, S. 37.

332 Wie viele Moscheen es in Deutschland überhaupt gibt, in welcher Zahl sie den Sunniten, Schiiten oder Aleviten zuzuordnen sind, ist unbekannt. Weder die zuständigen Bundes- noch Landesbehörden verfügen über ein Moscheenregister. Selbst der Zentralrat der Muslime in Deutschland verfügt über keine genauen Angaben über die Zahl der Moscheen und Freitagsmoscheen. Der deutsche Staat hat bislang auf entsprechende Erhebungen

sich immerhin ableiten, dass die Moscheen für die Muslime wichtige Rückzugsräume darstellen. In einer fremden Kultur mit ihren zahllosen Ablenkungen und Versuchungen machen sie es möglich, die eigene religiöse und kulturelle Identität mit ihren Maßstäben für das tägliche Leben nicht aus den Augen zu verlieren. Dies gilt im Besonderen für die Freitagsmoscheen. In „Inside Islam" wird wiedergegeben, dass die besuchten Predigten von jungen Menschen im Alter zwischen 14 und 30 Jahren überlaufen gewesen wären[333] und dass sich die Warnungen der Imame vor den Versuchungen des Lebens in Deutschland wie ein roter Faden durch viele der gehörten Predigten gezogen hätten.[334] Gleichzeitig sei die oft fehlende Religionskenntnis und Glaubensfestigkeit vieler Muslime beklagt worden.[335] Der Appell an die Glaubenstreue habe daher ebenso wenig gefehlt wie der sich aus dem Koran

---

durch Verpflichtung der Moscheevereine oder anderer Träger verzichtet. C. Schreiber kam im Rahmen seiner privaten Recherche mit Stand Februar 2017 auf 180 Minarette und 2284 Moscheen (a.a.O., S. 33). Er führte aus, dass es (von außen) schlicht nicht möglich sei, eine belastbare Zahl zu ermitteln (a.a.O., S. 35, 36, 235). Selbst die Zahl der in Deutschland aktuell lebenden Muslime beruhe lediglich auf ungefähren Schätzungen (C. Schreiber a.a.O., S. 32 unter Bezug auf offizielle Zahlen des Bundesamtes für Migration und Flüchtlinge). Sie geben keinen genauen Kenntnisstand wieder. Bezogen auf den 31. Dezember 2015 wurde auf der Basis erheblicher Unsicherheiten von 4,4 – 4,7 Mio. Muslimen in Deutschland ausgegangen. Die Zuwanderungen aus der Migrationsphase 2015/16, aus dem sich daraus entwickelnden Familiennachzuges sowie der Migration der Folgejahre bis 2022 (etwa 200.000 Menschen pro Jahr) lassen vermuten, dass sich die Zahl der in Deutschland derzeit lebenden Muslime auf etwa 6,6 bis 7 Mio. Menschen erhöht hat. Aktuellere Zahlen des Bundesamtes für Migration und Flüchtlinge hinken der Entwicklung zeitlich etwas hinterher. Im letzten Zensus 2022 wurde auf die Abfrage der muslimischen Religionszugehörigkeit verzichtet. Gezählt wurden nur Christen. Auch der Anteil der Muslime an der Wohnbevölkerung in Deutschland und ihre Schwerpunkte wurden vom Bundesamt für Statistik nicht ermittelt. Gewolltes Wegschauen?

333 C. Schreiber a.a.O., S. 236.

334 C. Schreiber a.a.O., S. 240.

335 C. Schreiber a.a.O., S. 238.

ergebende Hinweis, nach Möglichkeit unter sich zu bleiben und sich nicht in die deutsche Gesellschaft zu integrieren.[336] Als zentrale Botschaft sei feststellbar gewesen, sich abzugrenzen, die muslimische Identität zu bewahren sowie sich vor den Einflüssen in Deutschland abzuschirmen.[337] Ganz überwiegend hätten die Predigten ihre Zuhörer in einer anderen Welt festgehalten, schlimmstenfalls die Demokratie in Deutschland sogar abgelehnt.[338] Zusammengefasst seien die Freitagsmoscheen jedenfalls als politische Räume anzusehen.[339]

Vor diesem Hintergrund ist es umso bedeutsamer, dass die meisten Imame aus dem Nahen Osten und der Türkei stammen und in großen Teilen selbst nach längerer Aufenthaltsdauer in Deutschland die hiesige Sprache nur unzulänglich beherrschen.[340] Insbesondere in den von der DITIB (Türkisch-Islamische Union der Anstalt für Religion e.V.) beeinflussten ca. 900 Ortsgemeinden und Moscheen wird zu politischen Themen gepredigt, die vom staatlichen Einfluss der Türkei mitgeprägt sind. Als autoritatives Medium können insbesondere Freitagspredigten für Zwecke von staatlicher Propaganda genutzt werden.[341] In welchem Umfange davon Gebrauch gemacht werden wird, lässt sich nicht von vornhinein einschätzen. Gleichwohl ist es ausgesprochen wichtig, sich dieses Potentials bewusst zu sein. Freitagsmoscheen sind ein denkbarer und wahrscheinlicher Ort nicht nur für die importierte Propaganda anderer Staaten, sondern auch für Aufrufe anderer Art, um eigene Ziele und Anliegen verfolgen und durchsetzen zu können. Es ist dringend an der Zeit, die staatliche Informationsbasis grundlegend zu verbessern.

---

336 C. Schreiber a.a.O., S. 239, 244.

337 C. Schreiber a.a.O., S. 241; nach T. Nagel, Was ist der Islam, S. 240, verfolgt der Imam damit das Ziel, die Umwandlung der muslimischen Loyalität in eine solche gegenüber der säkularen freiheitlichen Grundordnung Deutschlands zu verhindern.

338 C. Schreiber a.a.O., S. 242, 245.

339 C. Schreiber a.a.O., S. 244.

340 C. Schreiber a.a.O. S. 241, 236.

341 P. Heine, Islam-Lexikon A-Z, S. 205.

4. Neue Entwicklungen infolge neuer Zeiten?

Die machtpolitische Landkarte zwischen den christlichen Staaten Europas und dem muslimischen Einflussbereich auf dem Balkan, im vorderen und mittleren Orient sowie im nordafrikanischen Mittelmeerraum hatte sich seit den gescheiterten Belagerungen Wiens durch die Osmanen 1529 und 1683 bis zum Ende des 18. Jahrhunderts nicht mehr grundlegend verändert. Trotz einer – auch damals – vielgestaltigen Uneinigkeit der europäischen Akteure war es mit einer großen militärischen Anstrengung zur Verteidigung Wiens gelungen, weitere osmanische Vorstöße nach Mitteleuropa zu verhindern.

Dieser Zustand dürfte aus muslimischer Sicht nicht als Problem gewertet worden sein. Seit der christlichen Rückeroberung Spaniens (Reconquista) vom 11. bis 13. Jahrhundert waren militärische Aktionen christlicher Mächte auf muslimischem Gebiet ausgeblieben. Das Morgenland blickte auf Europa wegen dessen angenommener Rückständigkeit eher mit Verachtung herab.[342] Das änderte sich allerdings spürbar, als 1798 ein französisches Expeditionsheer unter Führung Napoleons in Nordägypten das osmanisch-ägyptische Heer mit einer als unbezwingbar geltenden Eliteeinheit aus Mamluken besiegte. Hintergrund dieser Aktion war es gewesen, die britische Vormachtstellung im östlichen Mittelmeer zu beenden. Die mit zahlreichen Entdeckungen und Erfindungen einhergehende technische, militärische und wirtschaftliche Dynamik europäischer Staaten – auch getragen durch eine deutliche Bevölkerungszunahme – stieß auf eine Schwächeperiode muslimisch geprägter Herrschaftsräume. Die osmanische Oberhoheit in Nordafrika war bereits in der 2. Hälfte des 18. Jahrhunderts in Teilen aufgegeben worden, im 19. Jahrhundert wurde sie durch französischen, italienischen und britischen Einfluss ersetzt. Algerien (1830) und Tunesien (1881) wurden von Frankreich annektiert, die Cyrenaica und Tripolitanien (im heutigen Libyen) gerieten 1899 unter italienischen Einfluss (die Annektion erfolgte 1911) und

342 P. Heine, Islam Lexikon A-Z, S. 426.

Ägypten wurde von der Türkei 1882 Großbritannien als Protektorat überlassen.

Bei dieser Machtverschiebung blieb es nicht. In Persien, das noch zu napoleonischer Zeit vor allem französischem Einfluss unterlag, setzte sich ab 1820 britischer Einfluss durch. Zudem machten sich hier Interessen des russischen Zarenreichs bemerkbar. 1907 kamen beide Staaten überein, den persischen Norden als russische und dessen Süden als britische Einflusssphäre anzusehen. Auch hier ging die Wahrnehmung französischer, britischer und russischer Interessen zu Lasten der Osmanen, ebenso wie auf der arabischen Halbinsel. Obgleich diese bis zum Ende des 1.Weltkrieges Teil des Osmanischen Reiches blieb, erwarb Großbritannien zur Sicherung seines Seeweges nach Indien bereits 1839 die Hafenstadt Aden (ab 1935 britische Kronkolonie) und schloss auch mit den Emiren am Persischen Golf und in Kuweit zwecks Sicherung der persischen Gegenküste Protektoratsverträge ab. Der osmanische Einfluss auf dem Balkan sowie im Mittelmeerraum verringerte sich ebenfalls. Griechenland erlangte 1829 in Teilen seine Unabhängigkeit, auch Albanien wurde in diesem Jahr unabhängig. Der sich aus dem türkisch-russischen Krieg 1877 ergebende Friedensvertrag von St. Stefano (1878) führte dazu, dass die Türkei der Unabhängigkeit Serbiens, Montenegros und Rumäniens sowie der Autonomie Bulgariens zustimmen musste. Zudem musste sie die militärische Besetzung Zyperns 1878 durch Großbritannien hinnehmen, das zwar die türkische Oberhoheit formal noch anerkannte, aber nur bis zur Annexion im Jahr 1914. Der ebenfalls 1878 staatfindende Berliner Kongress relativierte die Ergebnisse von St. Stefano unter dem Einfluss des deutschen Reichskanzlers Bismarck zwar in Teilen (Montenegro blieb türkisch, das Autonomiegebiet Bulgariens wurde drastisch verkleinert), verhinderte aber nicht die weiteren Gebietsabtretungen der Türkei in späteren Jahren (Österreich-Ungarn erhielt 1908 bspw. Bosnien und die Herzegowina, Griechenland 1913 die Insel Kreta).

Als Ergebnis des 1. Weltkrieges verlor das Osmanische Reich durch das völkerrechtliche Instrument der Mandatsherrschaft den Raum des geographischen Syrien (zu dem der Libanon, Jordanien und Palästina gehörte) sowie Mesopotamien (heutiger Irak) an Frankreich und Großbritannien. Um die Araber für einen Kriegseintritt auf britischer und französischer Seite gegen die Türkei zu bewegen, war ihnen nach Ausbruch des Weltkrieges ein einheitlicher arabischer Nationalstaat versprochen worden. Dazu kam es allerdings nicht, weil Großbritannien und Frankreich 1916 im geheimen Sykes-Picot-Abkommen ihre Einflusssphären bereits ohne Rücksicht auf ethnische und religiöse Begebenheiten der Araber festgelegt hatten. Später entstanden aus deren Mandatsgebieten die Nationalstaaten Irak, Syrien, Libanon, Jordanien und Israel. Sie haben heute noch umfangreich Probleme, die in den früheren Entscheidungen europäischer Mächte wurzeln.

Der Ausgang des christlich-muslimischen Zusammenpralls von 1798 begünstigte allerdings nicht nur die aufgezeigten machtpolitischen Verschiebungen, sondern führte vor allem innerhalb des muslimischen Herrschaftsraumes zu erheblichen gesellschaftlichen Verwerfungen. Im Gefolge Napoleons hatte sich eine große Zahl von Wissenschaftlern, Ingenieuren, Technikern und Menschen anderer Disziplinen befunden, die den Kontakt mit Ihresgleichen auf der arabisch-ägyptischen Seite suchten. Das Ergebnis bedeutete für Letztere eine Art „Kulturschock" und löste zugleich das Bemühen aus, möglichst viel über die europäischen Kenntnisse und Fertigkeiten zu erfahren. Auch bestand die Bereitschaft, das Machbare nachzuahmen.[343]

Der Statthalter der osmanischen Provinz Ägypten und Khedive (Vizekönig) Muhammad Ali Pascha[344] schickte ab 1820 Gesandtschaften nach Frankreich und Großbritannien, um über ein eigenes Ausbilderpotential mit den erforderlichen Fachkenntnissen und Fähigkeiten verfügen zu können.[345] Zu diesem Zweck entsandte er 1826 eine 44-köpfige Stipendiatengruppe für fünf Jahre nach Paris, um sich mit

343 P. Heine, Islam Lexikon A-Z, S. 426.

344 Dieser hatte seine Bestätigung 1805 aus Istanbul erhalten und war sechs Jahre später de facto Alleinherrscher von Ägypten geworden, K. Stowasser im Nachwort zu „Ein Muslim entdeckt Europa, Rifa'a Tahtawi", S. 308.

345 K. Stowasser a.a.O., S. 309; L. Wick, Islam und Verfassungsstaat, S. 55; vgl. zudem S. 69 ff.

den Bereichen Verwaltung, Militär- und Ingenieurwesen, Medizin, Landwirtschaft und anderen näher vertraut zu machen. Entsprechende Bestrebungen verfolgte Sultan Abd ül Meschid I. (1839-61) auch in Istanbul, der die Bereiche Recht, Verwaltung und Bildung nach französischem und britischem Vorbild ausbauen wollte. In seine Regierungszeit und die seines Nachfolgers fiel der Aufbau von Militär-, Medizin- und Verwaltungsschulen. Das allgemeine Schulwesen dort wurde – teils mit Unterstützung ausländischer Staaten – modern ausgebaut. 1863 wurde in Istanbul das US-amerikanische Robert-College mit englischem Sprachangebot gegründet, 1866 das bisherige Galataseray nach französischem Vorbild zum Lyceum mit entsprechendem Sprachangebot umgestaltet. Aus den Zöglingen dieser Schulen rekrutierte sich in der Türkei der Nukleus einer europäisch orientierten Führungs- und Mittelschicht mit nationaler Grundhaltung, die einen Nationalstaat europäischen Musters anstrebte.[346] Auf diesem Wege entwickelte sich in den muslimischen Zentren eine von europäischen Staaten initiierte und als modern gewertete Gegenwelt, die viele Muslime als fremd empfanden: die Rationalität naturwissenschaftlichen Denkens, die Profitorientierung industrieller Produktionsmethoden und die Effizienz administrativer Organisationen.[347]

Die Schwerpunkte während der Imitationsphase lagen vor allem im militärischen, technischen, naturwissenschaftlichen, medizinischen und ökonomischen Bereich.[348] Hier ergaben sich zunächst relativ geringe Akzeptanzprobleme.[349] Briten und Franzosen förderten in ihren Einflusszonen allerdings auch die Entwicklung liberaler, nationaler und administrativer Ideen für einen Staatsaufbau nach ihrem Muster. Auch solche Vorstellungen wurden neugierig und in Teilen auch begeistert aufgenommen.[350] In der Zeit tiefgreifender Reformen in der Türkei, die 1876 mit der Verabschiedung einer Verfassung ihren vorläufigen

346 Der Große Ploetz, Auszug aus der Geschichte, S. 1081.
347 L. Wick, Islam und Verfassungsstaat, S. 55.
348 P. Heine a.a.O., S. 427.
349 L. Wick a.a.O., S. 57.
350 P. Heine a.a.O., S. 427.

Abschluss fand (sog. Tanzimat/Neuordnung 1839-76), wurden in Istanbul Gesetze aus europäischen Staaten übernommen, ohne dass religiöse Autoritäten dies mit beeinflussen konnten.[351] Meschid I. hatte 1856 mit einem „kaiserlichen Schreiben“ die Gleichstellung aller Nationalitäten und Religionen – auch im Staatsdienst – versprochen, was aus unterschiedlichen Motiven bei weitem nicht auf ungeteilte Zustimmung stieß.[352] Denn anders als im militärisch-technischen und wirtschaftlichen Komplex wurden hierbei Themenfelder berührt, die mit Aussagen des Koran und der Scharia in Übereinstimmung zu bringen waren. Es entstand so eine Parallelentwicklung unterschiedlicher Sichtweisen, von denen die eine relativ schnelle Erfolge bei der Schaffung von Einrichtungen sowie formeller Verfassungs- und Gesetzesstrukturen aufweisen konnte, die andere bei einer zunächst abwartenden Haltung jedoch mit wachsendem Widerstand reagierte bzw. nur das aufgriff, was mit eigenen Vorstellungen vereinbar war.

4.1 Ausgangspunkt der Untersuchung

Vor diesem Hintergrund soll es im Weiteren darum gehen, einschätzen zu können, ob und in welchem Umfange die etwa 200-jährige Einflussnahme europäisch geprägter bzw. europäischer Staaten auf die muslimische Lebenswelt bei den Muslimen zu einem gewandelten Verständnis der durch Muhammad verkündeten Offenbarung geführt hat. Da der Islam über keine kirchenartigen Organisationsformen verfügt, die Lehrmeinungen institutionell vorgeben können, muss versucht werden, die Frage auf einem anderen Wege zu beantworten. Im Ergebnis wird davon abgesehen, auf die Vielzahl intellektueller Stimmen der universitären Wissenschaft abzustellen, zumal sich diese zu einem erheblichen Teil außerhalb der muslimischen Welt finden und praktisch nicht bewertet werden kann, welchen Einfluss sie auf die Muslime in

351 L. Wick a.a.O., S. 60.

352 Der Große Ploetz, Auszug aus der Geschichte, S. 1081.

deren Kerngebieten hatten und haben. Es wird daher überwiegend auf Religionsgelehrte (Ulama) eingegangen, deren Werke und Ansichten innerhalb des Gelehrtenkörpers und der muslimischen Staaten von Einfluss waren. Zudem werden politisch orientierte Theoretiker berücksichtigt, die Massenbewegungen auszulösen in der Lage waren.

Es liegt in der Natur der Sache, dass die zu untersuchende Zeit im Vergleich zu jener während der Offenbarung auf neuen Lebenswirklichkeiten basierte. Das gesellschaftliche Leben sah sich mit völlig neuen Ausprägungen konfrontiert, ebenso das Innenleben der Herrschaftsgebilde. Von Interesse wird daher die Frage sein, welche Antworten dem Koran zur Legitimität eines nicht islamisch abgeleiteten Staates, zu menschengemachten Verfassungen und Gesetzen, zur Gleichheit und Freiheit der Menschen sowie zum Widerstand gegen aktuelle Machthaber entnommen werden. Gleiches gilt zur Frage der Zulässigkeit der Neuinterpretation (Idschtihad) von Koran und Scharia. Die Akzente mögen sich im Laufe der Jahrzehnte verschoben haben, deren Ergebnistendenz bleibt aber bis in die Gegenwart hinein von tragender Bedeutung.

4.1.1 Rifa'a al-Tahtawi

Einer derjenigen von Muhammad Ali Pascha nach Frankreich entsandten Stipendiaten war Rifa'a al-Tahtawi. Als Sohn einer wohlhabenden und angesehenen ägyptischen Familie 1801 südlich von Kairo geboren, führte er seine Abstammung in direkter Linie auf den Propheten Muhammad zurück.[353] Mit 16 Jahren schrieb er sich 1817 an der al-Azhar-Universität in Kairo ein und wurde 1824 Imam. Zunächst Militärprediger im Dienst des Khediven, begleitete er eine von diesem entsandte 44-köpfige Stipendiatengruppe und hielt sich von 1826-31 in Paris auf. Dort durfte er sich ausschließlich dem Studium der französischen Sprache und Übersetzungskunst widmen,[354] so dass er in der Lage war,

353 K. Stowasser a.a.O., S. 312.
354 K. Stowasser a.a.O., S. 316.

französische Texte (später, ab 1863 auch den Code Napoleon[355]) ins Arabische zu übersetzen. Sein Reisebericht[356] erlaubte umfängliche Einblicke in das Frankreich der damaligen Zeit und sein damaliges politisches System. Die darin enthaltenen Schilderungen sollten als Anregung für die muslimischen Länder dienen, nach den fremden Wissenschaften, Künsten und Fertigkeiten zu streben, da „das Wahre verdiene, befolgt zu werden".[357] Mit seinem Bericht wollte Tahtawi alle Völker des Islam aus dem Schlafe der Lässigkeit erwecken, wobei der Berichterstatter nur das billigte, was nicht im direkten Widerspruch zum Wortlaut des islamischen Gesetzes stehend empfunden wurde.[358]

Das Lernen von „den Franken"[359] diene dem Zweck, zu alter Stärke zurück finden zu können, daher solle man Wissen suchen und Dinge übernehmen, die Stärke und Macht einbrächten.[360] Den (überragenden) Wissensstand Frankreichs könne nur der leugnen, der unbillig und ohne Wissen sei.[361] Sein Ausflug nach Frankreich biete zudem die Gelegenheit, das Eigene besser zur Geltung bringen zu können.[362] Erkenntnisschwerpunkte der Reisegruppe lagen im Bereich der Zivilverwaltung, dem Heeres- und dem Marinewesen, der Navigationskunde, einschließlich des Schiffbaus, aber auch in anderen Bereichen, wie etwa der Medizin und Landwirtschaftskunde.[363]

---

355 K. Stowasser ebendort, S. 322.

356 „Die Läuterung des Goldes", abgedruckt in der Übersetzung von K. Stowasser „Ein Muslim entdeckt Europa". Belege aus der abgedruckten Übersetzung beziehen sich im Folgenden auf „Tahtawi".

357 Tahtawi, S. 8.

358 Tahtawi, S. 9 f.

359 Diese Bezeichnung wurde von Tahtawi auf S. 29 als Sammelbegriff für die West- und Mitteleuropäer verwendet. Sie hätten höchste Meisterschaft in der Mathematik, den Naturwissenschaften, der Theologie und der Metaphysik erlangt.

360 Tahtawi, S. 17, 280.

361 Tahtawi, S. 279.

362 Tahtawi, S. 27 ff.

363 Tahtawi, S. 30, 261.

Bei aller Faszination hinsichtlich der wissenschaftlichen Einrichtungen in Paris[364] und des französischen Bildungswesens[365] stand Tahtawi der oberflächlichen Lebensart der Pariser, ihrer geschlechtlichen Freizügigkeit und nur geringen religiösen Ernsthaftigkeit mit kritischer Distanz und auch Ablehnung gegenüber.[366] Die Entchristlichung des täglichen Lebens und wissenschaftlich-intellektuelle Zirkel würden vielmehr den französischen Säkularismus[367] begünstigen. Das politische System Frankreichs wurde neutral geschildert, es ließ keine eigene Identifikation erkennen. Die Darstellung der parlamentarischen Beschränkbarkeit monarchischer Macht durch eine geschriebene Verfassung sowie ihre Delegitimierung infolge eines Verfassungsbruchs[368] lassen sich zwar so interpretieren, dass Tahtāwī angesichts tatsächlicher Probleme mit islamischen Machthabern den verfassungsrechtlichen Möglichkeiten eines Parlaments grundsätzlich nicht ablehnend gegenüber eingestellt war. Er war allerdings vorsichtig genug, Konflikte mit seiner eigenen Herrschaft zu vermeiden. Die von ihm angenommene grundsätzliche Überlegenheit des Islam und der Araber brachte er an anderer Stelle seines Berichts zum Ausdruck.[369]

Tahtawi's Anliegen war es gleichwohl, davon zu überzeugen, dass der Islam im Ansatz mit den progressiven französischen Ideen vereinbar sei.[370] Das jetzt Bewunderte habe er in Teilen auch schon enthalten.[371] Selbst wenn sich die Freiheitsgarantien der französischen

364 Tahtawi, S. 146 ff.

365 Tahtawi, S. 160 ff.

366 Tahtawi, S. 80 f, 108 f, 116, 142 ff.

367 C. de Bellaigne, Die islamische Aufklärung, S. 87; Tahtawi wies hierzu darauf hin, dass das französische Recht nicht aus dem Offenbarungsbuch hergeleitet werde. Es unterscheide sich völlig vom Scharia-Recht und kenne keine Pflichtenlehre, Tahtawi, S. 102.

368 Tahtawi, S. 200 ff. (5. Abhandlung).

369 Tahtawi, S. 271 ff.

370 bei C. de Bellaigne, Die islamische Aufklärung, S. 81 wird das noch ausführlicher bewertet; L. Wick, Islam und Verfassungsstaat, S. 55.

371 Zum Gedanken der „kulturellen Vererbungs- bzw. Rückgewinnungstheorie“: Andreas Meier, Der politische Auftrag des Islam, S. 51.

Verfassung weder im Koran noch den Prophetentraditionen finden ließen, sei das französische Modell islamisch adaptierbar.[372] Liberté sei in dem Sinne wieder zu finden, sich für Gerechtigkeit und Gleichheit einsetzen zu können.[373] Im Übrigen gehöre die Freiheit zum Wesen der Araber. Sie wurde von Tahtawi allerdings so verstanden, nicht unterdrückt zu sein, also frei zu sein von Fremdherrschaft. Hierzu gab er Erzählungen wieder, die deutlich machen, dass es nicht um ein individuelles Freiheitsverständnis für etwas geht.[374] Die Bestimmungen der französischen Verfassung zu den individuellen Freiheitsrechten einschließlich der staatlich geschützten Religionsfreiheit werden nur kurz erwähnt. Positiv bewertet wird lediglich das Recht auf Meinungs- und Pressefreiheit.[375]

Hingewiesen wurde zudem auf die Unabsetzbarkeit der Richter und auf den Anspruch der Franzosen auf einen Richter ihres Heimatortes sowie auf die Wahl von Volksdeputierten.[376] Auch der Koran enthalte Hinweise auf die Demokratie. Die Beratung unter den Gläubigen, die in Sure 42/38 angesprochen werde, sei für diese ein wesentliches Merkmal.[377] Außerdem gebe es ein für alle Menschen geltendes Naturrecht, das der Schöpfer selbst geschrieben habe.[378] Auch als sie die Wahrheit durch den Propheten noch nicht empfangen hätten, hätten sie Verstand

372 L. Wick a.a.O., S. 55.

373 C. de Bellaigne a.a.O., S. 97; laut Tahtawi bedeutet die Schaffung von Gleichheit in Gesetz und Recht, dass niemand vom Herrscher unterdrückt wird und diese Freiheit gleichbedeutend mit dem sei, was im Islam als Gerechtigkeit und Billigkeit bezeichnet werde. Gerechtigkeit sei die Grundlage zivilisatorischer Blüte, Tahtawi, S. 93 und 95.

374 Tahtawi, S. 271-276; das wäre auch als problematisch anzusehen gewesen, da es im Islam keine Freiheit von Gott gibt. C. de Bellaigne, S. 97 weist darauf hin, dass die Freiheit zur Gleichheit an Beschränkungen im Islam nicht verglichen werden könne mit der Freiheit der Möglichkeiten.

375 Tahtawi, S. 97.

376 Tahtawi, S. 100 f.

377 Allerdings würde die Beratung nicht bedeuten, dass der Herrscher ihr folge bzw. sich dem Willen des Volkes beuge, C. de Bellaigne a.a.O., S. 98.

378 C. de Bellaigne a.a.O., S. 95.

besessen. Dieser habe es ermöglicht, geistige Höhen auch ohne Kenntnis des Islam zu erklimmen.[379]

Zur Frage, ob es einen Zusammenhang geben könnte zwischen einem freien Verstand und einem freien Geist und ob der Forscherdrang der Franzosen nicht mit ihrem Freiheitsdrang zusammenhängen könnte, enthielt sich Tahtawi einer Festlegung.[380] Sein Ruf nach Reformen und Veränderung war auf den wissenschaftlich-technischen Fortschritt ausgerichtet, nicht auf eine Veränderung des muslimischen Bewusstseins in der Gesellschaft.[381] Er übertrug das in Frankreich Erlebte nicht auf das eigene Land.[382] Insofern wurde er auch kein bedingungsloser Befürworter konstitutioneller Institutionen in Ägypten, sondern blieb hier ein Verfechter autokratischer Herrschaftsstrukturen.[383] Er und andere hatten kein Interesse an den philosophisch-religiösen Wurzeln, die dem abendländischen Konstitutionalismus vorausgegangen waren.[384]

Tahtawi gehört zu den profiliertesten Persönlichkeiten der frühen Reform- und Modernisierungsphase in Ägypten.[385] Nach seiner Rückkehr aus Frankreich schuf er in Ägypten ein neues Bewusstsein für den Wert der eigenen Kultur. Dieser Gedanke ergab sich schon aus seinem Reisebericht. Ägypten habe einen Anspruch auf das, was ihm der Kunst- und Gewerbefleiß seiner Altvorderen hinterlassen habe. Ein Stück nach dem anderen zu entwenden, werde von allen Einsichtigen als Diebstahl oder gar Raub zu betrachten sein.[386] Zudem setzte er sich nachhaltig und mit Erfolg für Reformen im Bildungswesen ein. Zwar wurde er nach dem Tod Muhammad Ali's (1849) vorübergehend in

379 C. de Bellaigne a.a.O., S. 95, 96.

380 C. de Bellaigne a.a.O., S. 89.

381 E. Heller, H. Moshabi, Islam-Demokratie-Moderne, S. 16; L. Wick a.a.O., S. 56.

382 K. Stowasser a.a.O., S. 324.

383 L. Wick a.a.O., S. 55; ungeachtet dessen stellte Tahtawi das System der Departementsdeputierten positiv dar, S. 98, 99.

384 L. Wick a.a.O., S. 56.

385 K. Stowasser a.a.O., S. 324.

386 Tahtawi, S. 264.

den Sudan verbannt, konnte aber 1854 nach Kairo zurückkehren. Dort übernahm er 1856 die Leitung der neu gegründeten Kriegsschule sowie die administrative Aufsicht über weitere Schulen und wurde 1860 zum Brigadegeneral befördert. Er starb hoch geachtet 1873, nachdem kurz zuvor in Kairo noch die erste Schule für muslimische Mädchen eröffnet worden war, eine von ihm zuvor vorgetragene Idee.[387]

4.1.2 Djamal al-Din al-Afghani; Muhammad Abduh

Die bei Tahtawi erkennbare, teils noch unkritische Faszination gegenüber dem, was von den „modernen" Briten und Franzosen ins Land getragen wurde, verfehlte auch bei anderen nicht ihre Wirkung und löste die Bereitschaft zur Nachahmung aus. Die militärische, technische und wirtschaftliche Überlegenheit lag bei den erlebten europäischen Mächten und den mit ihnen örtlich kooperierenden autochthonen Kräften. Daraus entwickelte sich eine dynamische Weltlichkeit, die – gewollt oder ungewollt, gewünscht oder nicht – zur Säkularisierung in vielen Bereichen beitrug. Die neuen Angebote bestanden in der Idee der Nation und des Nationalismus als Identifikationsfläche für Menschen unterschiedlicher Glaubensrichtungen, Volkszugehörigkeiten und Sprachen,[388] der Begrenzung der Macht durch parlamentarische Verantwortung, Gesetzgebung und Justiz sowie neuen Bildungs- und Ausbildungschancen. Hinzu kam die Abschaffung der Sklaverei,[389] Liberalität und mehr Wohlstand. In mehreren Herrschaftsbereichen wurden Verfassungen verabschiedet (1861 in Tunesien, 1876 im Osmanischen Reich, 1882 in Ägypten), auch wenn sie manchmal noch nicht von langer Dauer waren. 1866 erfolgten in Ägypten erste Schritte zum

387 K. Stowasser a.a.O., S. 321 f.

388 C. de Bellaigne a.a.O., S. 151.

389 In den 1840er-Jahren wurden in das Osmanische Reich alljährlich noch 10.000 Sklaven offen und legal gebracht, die in den größeren Städten auf Sklavenmärkten verkauft wurden, C. de Bellaigne a.a.O., S. 272.

Aufbau einer autonomen Legislative, die auf beratenden Versammlungen basierte, die Muhammad Ali schon 1829 einberufen hatte.[390]

Daraus ergaben sich jedoch zugleich unterschiedliche Entwicklungen innerhalb der gewachsenen Gesellschaften: hochgradig europäisierte städtische Ober- und in Teilen Mittelschichten standen der einfachen, im Islam verwurzelten Bevölkerungsmehrheit und der islamischen Geistlichkeit gegenüber.[391]

Es waren vor allem zwei Islamgelehrte, die sich mit dieser Entwicklung auseinandersetzten: Djamal al-Din al-Afghani (1838-97) und Muhammad Abduh (1849-1905). Beide waren hoch anerkannte Religionsgelehrte und gehörten zu jenen, die Veränderungen mit dem Ziel befürworteten, den Islam zu revitalisieren und zu seiner früheren Strahlkraft zurückzuführen. Sowohl al-Afghani als auch Abduh nahmen eine kritische Einstellung gegenüber dem „taqlid" ein,[392] also der kritiklosen Nachahmung der als verbindlich angesehenen traditionellen Auffassungen zur Rechtleitung.[393] Vielmehr befürworteten sie den Schlüsselbegriff des Idschtihad für die flexible Handhabung und Weiterentwicklung des islamischen Rechts durch verstandesgeleitetes eigenes Nachdenken.[394] Beide Gelehrten wirkten in weiten Bereichen der damaligen muslimischen Welt.

390 L. Wick, a.a.O., S. 61 f.

391 C. de Bellaigne a.a.O., S.145 f.

392 Dabei wurde nicht in Frage gestellt, dass Gottes Wort unveränderlich ist. Zu fragen sei aber auch, welche menschengemachten Schlussfolgerungen aus den zeitlosen Vorgaben der Religion für die jeweilige Gegenwart zu ziehen seien. Der Konsens früherer Zeiten müsse daher nicht zwingend identisch sein mit einem Konsens der Gegenwart. M. Rohe, Das islamische Recht, S. 169, 175. Das schwierige Problem in diesem Zusammenhang besteht allerdings darin, wie dieser neue Konsens zu ermitteln ist. Die dazu erforderlichen Instanzen mit hinreichend akzeptierter Anerkennung bestehen bislang nicht, T.D.

393 M. Rohe, Das islamische Recht, S. 191.

394 M. Rohe a.a.O., S. 44.

al-Afghani

Vor allem al-Afghani wurde sowohl von den Briten als auch vonseiten der örtlichen Machthaber zeitweise als gefährlich angesehen und musste häufigere Ortswechsel vornehmen.[395] Obgleich es den Namen seines Geburtsortes Asadabad auch in Afghanistan gibt, wurde Djamal al-Din wahrscheinlich im schiitischen Iran geboren. Dafür sprechen seine ersten Schulstandorte Qazvin und Teheran.[396] Sein Beinahme al-Afghani dürfte den Zweck gehabt haben, Zweifel an seiner sunnitischen Zuordnung zu verhindern und war damit eine wichtige Voraussetzung für sein panislamisches Wirken.[397] Nach eigenen Angaben gehörte er der sunnitischen Schule der Hanafiten an.[398] Von 1871-79 hielt er sich in Kairo auf. Dort scharte er eine Gruppe junger Intellektueller um sich. Zu ihnen gehörte auch Abduh, mit dem er von 1884-88 in Paris zusammenarbeitete und die gemeinsame Zeitschrift „Das stärkste Band“[399] (in Anlehnung an den Wortlaut von Sure 2/256) herausgab, die eine panislamische und antikoloniale Stoßrichtung aufwies. Die Muslime müssten dazu zu ihren Wurzeln zurückfinden.[400]

al-Afghani gilt als islamischer Modernist, Aufklärer und Revolutionär.[401] Das war allerdings nicht gleichbedeutend mit einer allgemeinen Übernahme französischer Ideen. Voltaire und Rousseau wurden als Ketzer und Materialisten kritisiert, weil sie jede religiöse Verpflichtung verworfen und die Keime des Libertinismus und Kommunismus in

---

395 A. Khoury, Islam Lexikon A-Z, S. 33 f.; ausführlich St. Conermann, in: Kleines Islam-Lexikon, S. 12, 13.

396 St. Conermann, in: Kleines Islam-Lexikon, S. 12.

397 Nach C. de Bellaigne a.a.O., S. 293 soll dies eine Tarnung gewesen sein, um seine iranische (und damit evtl. schiitische) Herkunft zu verschleiern; T. Seidensticker, Islamismus, S. 40.

398 A. Khoury a.a.O., S. 33.

399 R. Paret übersetzt mit das „festeste Band“.

400 A. Khoury a.a.O., S. 33; L. Wick a.a.O., S. 63; St. Conermann a.a.O., S. 13; der Name der Zeitung wird auch mit„Das festeste Band“ übersetzt, T. Seidensticker a.a.O., S. 39.

401 A. Meier, Der politische Auftrag des Islam, S. 80.

die damalige Lehre eingepflanzt hätten. Sie hätten dabei auf vermoderte Elemente des Naturalismus zurückgegriffen und neu belebt.[402] In den Ideen der europäischen Aufklärung sei ein „Kult der Vernunft" angelegt gewesen, der die Französische Revolution ausgelöst, Frankreich entchristlicht und im Ergebnis geschadet habe. Materialismus, Naturalismus sowie der Kult der Vernunft würden auch die islamische Religion zersetzen.[403]

Es mag paradox erscheinen, dass al-Afghani ungeachtet dessen die Vernunft nicht unbeachtet ließ. Ob er sie theologisch als eigenständige Erkenntnisquelle gewichtet hat, blieb unklar. Als Grundlage einer Gemeinschaft erkannte er neben einer gemeinsamen Sprache auch gemeinsame Werte, soweit sie die Menschen durch ihre Vernunft als für sich maßgebend annehmen. Solidarität könne daher auch zwischen Muslimen und Nichtmuslimen bestehen, wenn sie alle gemeinsam für die nationalen Interessen eintreten würden.[404] Insofern gebe es zwischen Offenbarung und Vernunft keinen Widerspruch, sondern grundsätzlich Übereinstimmung, weil sie beide zum gleichen Ergebnis führen würden. Für die Muslime sei die islamische Religion (im Sinne von Lebensordnung) die festeste und umfassendste Grundlage ihrer Solidarität. Islam sei Glaube an die Existenz Gottes in der Welt des Verborgenen sowie an die weitere Offenbarung, zugleich aber auch Glaube an die menschliche Vernunft.[405] Während die prophetische Botschaft der Masse der Gläubigen den Weg weise, seien Philosophie und Vernunft der Weg der Wenigen. Von der Vernunft sollten die Muslime in der Gewissheit Gebrauch machen, dass zwischen ihr und der göttlichen Wahrheit sowie ihrer Ordnung kein Widerspruch bestehe.[406] Dies ließ zwar eine Interpretation dergestalt zu, die Vernunft ergebe sich nicht

402 al-Afghani, „Widerlegung der Naicharis" (Materialisten), zitiert nach der Übersetzung von M. Abduh in: A. Meier a.a.O., S. 82, 83; vgl. auch A. Khoury a.a.O., S. 33.

403 A. Meier a.a.O., S. 80 und 83.

404 A. Khoury a.a.O., S. 34.

405 A. Khoury a.a.O., S. 35.

406 A. Khoury a.a.O., S. 35.

unmittelbar aus der Offenbarung, sondern durch Auslegung – aber auch dies ließ sich als problematisch werten. Vor dem Hintergrund des in einem vorangegangenen Abschnitt zur Vernunft ausgeführten ist es daher wenig erstaunlich, dass die islamische Welt nicht bereit war, diesen Gedanken al-Afghanis aufzunehmen.[407]

Aus seinem islamischen Selbstverständnis heraus, Religion und Staat als etwas Zusammengehörendes zu verstehen, verfolgte al-Afghani die Idee, durch die Wiederbelebung der Religion die islamischen Herrschaftsbereiche dem kolonialen Einfluss zu entziehen.[408] Die Wiederbelebung der religiösen Identität sollte den Weg in eine neue Selbständigkeit ebnen. Einhergehen sollte dies mit der Aneignung der technischen Moderne, ihrer Kenntnisse im Bereich der Naturwissenschaften und der Medizin. Der Islam sollte als revitalisierter Träger der Kultur, der sozialen Entwicklung, der persönlichen Entfaltung, des Strebens nach Fortschritt, des Vertrauens in die eigene Vernunft und einer solidarischen Gemeinschaft gelebt werden. Insgesamt war dies eine deutliche Abgrenzung von der Orthodoxie in den eigenen Reihen. Natürlich fand sich in der solidarischen Gemeinschaft die Umma wieder. al-Afghani versuchte, Sunniten und Schiiten davon zu überzeugen, sich in Vielem der Offenbarung doch grundsätzlich einig zu sein. Der Islam sei mit der Identität der muslimischen Gemeinschaft engstens verbunden.[409]

Weder al-Afghani noch Abduh bestanden darauf, dass Muslime einen eigenen Staat errichten müssten, um die Einheit von Religion und Politik zu verwirklichen.[410] Die Schwierigkeiten, diesem eine flächenmäßige Gestalt geben zu können, dürften beide durch ihre Kenntnisse aus dem muslimischen Raum deutlich vor Augen gehabt und als unlösbar angesehen haben. Andererseits haben sie die Möglichkeit eines oder mehrerer Staaten aber auch nicht ausgeschlossen. Als Weg zur

---

407 A. Khoury a.a.O., S. 35 weist das nur einer Trägheit zu.
408 A. Khoury a.a.O., S. 34; T. Seidensticker a.a.O., S. 40.
409 A. Khoury a.a.O., S. 34, 35.
410 L. Wick a.a.O., S. 65.

Überwindung der muslimischen Zerstrittenheit erkannte al-Afghani allerdings vor allem ein geläutertes Verständnis der religiösen Führer. Vor diesem Hintergrund wurde die Trennung von Staat und Religion eher skeptisch und nicht als Vorzugsvariante angesehen. Eine solche Trennung sei eine französische Lösung vor dem Hintergrund der dortigen historischen Probleme gewesen. Ungeachtet dessen befürwortete er konstitutionelle Freiheiten, erschienen sie doch geeignet, der Willkür der Regierenden begegnen zu können. Sollten die Regierenden die Belange der Gemeinschaft (auch der Umma) nicht beachten, verlören sie den Anspruch auf die Loyalität ihrer Untertanen.[411]

Muhammad Abduh

Abduh gilt als der eigentliche Begründer der modernen islamischen Theologie und die wohl bedeutsamste Stimme im Rahmen der seinerzeitigen Reformbestrebungen.[412] Er versuchte, den Islam mit französischen und britischen Leistungsstandards und Ideen, insbesondere der Nation zu verbinden.[413]

Geboren im Nildelta, besuchte er eine Koran- sowie eine weiterführende Schule, bevor er 1866 an der al Azhar-Universität studierte. 1870 lernte er dort al-Afghani kennen, der ihn mit europäischer Literatur, Philosophie und Theologie bekannt machte.[414] Er schloss sich dessen Sicht an, die Muslime hätten gegen Engländer und Franzosen verloren, weil sie sich vom wahren Islam entfernt hätten. Ungeachtet dessen anerkannte er den technischen und wissenschaftlichen Leistungsvorsprung der Europäer. Er schloss sein Studium 1876 als Gelehrter („alim) ab. Wegen eigener Aktivitäten gegen die Briten musste

411 A. Khoury a.a.O., S. 33, 34; die Bewertung der Säkularität entspricht einer Schilderung Tahtawis in seinem Reisebericht.

412 L. Wick a.a.O., S. 84; C. de Bellaigne a.a.O., S. 393 (großer Liberaler), 387; T. Nagel, Was ist der Islam, S. 523.

413 C. de Bellaigne a.a.O., S. 385 ff..

414 T. Seidensticker, Islamismus, S. 41.

er 1879 kurzfristig ins Exil. 1882 verließ er Ägypten aus den gleichen Gründen erneut und gelangte über Beirut 1884 nach Paris, wo er auf al-Afghani traf.[415] Zusammen mit diesem rief er von dort aus die Muslime auf, sich unter ihrer Religion gegen die Fremdherrschaft zu vereinen und zurück zur wahren Religion ihrer frommen Vorväter (al-salaf al-salih)[416] zu finden. Damit wurden beide auch zu Impulsgebern für die spätere sog. salafistische Bewegung. 1889 kehrte er nach Ägypten zurück, wo er 1890 an das Appellationsgericht in Kairo berufen wurde. Zugleich wurde er Mitglied des Leitungsrates der al-Azhar und erhielt 1899 die Ernennung zum Großmufti von Ägypten, ein Amt, das er bis zu seinem Tode 1905 ausübte. Damit stand er zugleich an der Spitze der Schariagerichte[417] und wurde zudem Mitglied des Gesetzgebenden Rates. Durch ihn erhielt die Anwendung des Idschtihad wieder breiten Raum.[418] Das könnte mit dazu beigetragen haben, dass er zwischen 1901 und 1905 Adressat einer umfänglichen orthodoxen Kampagne wurde, die ihn mit dem Vorwurf der Häresie (Abweichung vom richtigen Glauben) konfrontierte.[419]

Abduh war hochgebildet. Er konnte Französisch und hatte in dieser Sprache Goethe, Schiller, Schopenhauer und Herbert Spencer gelesen (letzterer war der damals meistgefeierte Philosoph der Welt).[420] Inhaltlich beklagte Abduh den taqlid (die kritiklose Nachahmung des Bisherigen) ebenso wie al-Afghani. Die Muslime müssten ihr eigenes Bemühen wieder aufgreifen, aus dem (Wortlaut des) Koran selbst den Willen Gottes zu erkennen und den Wust scholastischer Traditionen hinter sich lassen. Der koranische Text solle für sich alleine sprechen. Damit wies er Gemeinsamkeiten mit dem christlich-protestantischen

415 T. Nagel, Was ist der Islam, S. 461, 523.
416 L. Wick a.a.O., S. 65.
417 C. de Bellaigne a.a.O., S. 387 f.; T. Seidensticker a.a.O., S. 41.
418 M. Rohe, Einführung in das islamische Recht, S. 55; ders., Das islamische Recht, S. 191.
419 C. de Bellaigne a.a.O., S. 395.
420 C. de Bellaigne a.a.O., S. 391.

Ansatz der sola scriptura auf.[421] Unter Einbeziehung des eigenen Verstandes gelte es, zu den Quellen von Koran und Prophetentradition zurückzufinden, um den Islam zu alter Größe zurückführen zu können.[422] Jeder gebildete Muslim sei mit dem Koran in der Hand zum eigenen Idschtihad befähigt.[423]

Abduh entwickelte seine Auffassung vom Islam als Religion des Verstandes, die der Menschheit in ihrem erreichten Reifestadium auch gerecht werde.[424] Die Religionsformen der Antike oder später des Christentums habe der Koran folglich hinter sich gelassen.[425] In seiner „Abhandlung über die Einsheit" (Allahs) versuchte er, damit die Ebenbürtigkeit bzw. sogar Überlegenheit[426] des Islam gegenüber der europäischen Religion und Kultur zu verdeutlichen. Mit Gott und der Offenbarung würde man sich in der Disziplin „Wissen von der (göttlichen) Rede" vor allem auf der Grundlage von Verstandesargumenten beschäftigen. Dazu ermuntere der Koran selbst immer wieder. Damit hätten sich zum ersten Mal in einer Heiligen Schrift Religion und Verstand miteinander verbrüdert, so dass eine neue Art Theologie möglich geworden sei. Nach Auffassung der Muslime gehöre nur das zur Religion, was man mit Hilfe des Verstandes zu glauben vermöge. Der menschliche Verstand sei durch das Wissen von der Rede in der Lage zu erkennen, dass der Koran göttlichen Ursprungs sei.[427] Der Verstand

421 L. Wick a.a.O., S. 85.

422 P. Heine, Islam Lexikon A-Z, S. 427; dieser methodische Ausgangspunkt kennzeichnet Abduhs Denken, das er in der Zeitschrift al-Manar (der Leuchtturm) zusammen mit Rashid Rida entwickelte, vgl. S. 152.

423 C. de Bellaigne a.a.O., S. 390.

424 T. Nagel a.a.O., S. 642, 460 ff.; mit Verweis auf einen ähnlichen Gedankenansatz bei Auguste Comte (1798-1857).

425 T. Nagel a.a.O., S. 463.

426 T. Nagel a.a.O., S. 523, 461.

427 T. Nagel a.a.O., S. 461 f.; die „Rede" meint den offenbarten, vorgetragenen Koran; Die Kairoer Erklärung über Menschenrechte im Islam vom 5. 8. 1990 greift diesen Gedanken in ihrer Präambel auf. Die islamische Umma habe der Menschheit eine Zivilisation gebracht, in der Wissen mit Glauben einherginge.

sei von allen Fesseln befreit worden, womit den Menschen der Weg zurück zur von Gott gewollten Eintracht wieder eröffnet worden sei.[428] Wegen dieser Rationalität sei ein Widerspruch mit der dem naturwissenschaftlichen Denken immanenten Rationalität nicht feststellbar, im Gegenteil: Islam sei Rationalität, das habe nur der Ballast des taqlid verstellt.[429] Eindeutige Stellungnahmen zu umstrittenen theologischen Fragen wurden allerdings vermieden. Dazu zählte das Verhältnis zwischen Religion und Vernunft,[430] die keine konkrete Ableitung erfuhr.

Damit war ein gewisses Rüstzeug erarbeitet, den Koran für die modernen Diskussionen zu ertüchtigen. Gleichzeitig konnte der kulturellen Entfremdung, durch die aus Europa importierte Zivilisation mit dem für die Muslime damit verbundenen Identitätsverlust entgegengewirkt werden.[431] Abduh war ein Gegner des vom Khediven Muhammad Ali eingeleiteten Imitationsprozess, der „Europäisierung von oben". Er agierte gegen die damit verbundene Einflussnahme europäischer Experten und Staaten auf die Bereiche Politik und Wirtschaft, die anfingen, das Land zu dominieren.[432] Der Preis dafür war sein vorübergehendes Exil. Allerdings reifte während dieser Zeit offenbar auch die Erkenntnis, Veränderungen in seinem Sinne nicht gegen die bestehende Ordnung, sondern nur aus ihr heraus bewirken zu können. Obgleich er perspektivisch ein parlamentarisches System befürwortete (die šūrā/schura wurde von ihm als parlamentarische Demokratie des frühen Islam bezeichnet, allerdings ohne Bindung an das Ergebnis[433]), sprach er sich zunächst für eine „aufgeklärte Despotie" aus.[434] Zudem

---

428 T. Nagel a.a.O., S. 463.

429 L. Wick, Islam und Verfassungsstaat, S. 64.

430 Rudolph Peters, Erneuerungsbewegungen im Islam, in: W. Ende/U. Steinbach, Der Islam in der Gegenwart, S. 122

431 P. Heine, a.a.O., S. 427.

432 T. Nagel a.a.O., S. 460; Abduhs antikoloniale Einstellung ergibt sich sehr anschaulich aus seinem Gespräch mit dem britischen Kriegsminister 1884 in London, zu finden bei A. Meier, Der politische Auftrag des Islam, S. 87 f.

433 P. Antes, Ethik und Politik im Islam in: P. Antes u. a., Der Islam, Religion-Ethik-Politik, S. 87.

434 T. Seidensticker a.a.O., S. 41.

wurde er zum systemkonformen Reformer hinsichtlich des Bildungs- und Rechtssystems.[435]

Seine Bewertung als eine „führende Gestalt des islamischen Modernismus“[436] bezog sich im Ergebnis auf politische Entwicklungen seiner Zeit. Zum einen machte er (wie al-Afghani) deutlich, dass der Islam kein Hindernis für eine moderne Entwicklung, Wissenschaft und Theologie darstelle. Die Motivation dafür war, die damit bezweckte Offenheit der Muslime diesen Bereichen gegenüber zu nutzen, zur gewünschten neuen Stärke zurückzufinden. Sein zweites Hauptanliegen war, durch eine umfassende Bildungsreform zu erreichen, auf der Basis eines neu entwickelten Bildungsstandes dem Widerstand gegen die Kolonialmächte zum Erfolg zu verhelfen.[437] Unberührt blieb dabei die offenbarte islamische Religion. In ihrer Verknüpfung mit der technischen und wissenschaftlichen Moderne blieb sie Gegenstand der Bildung und wurde als zeitlose Richtlinie des muslimischen Lebens in keiner Weise hinterfragt. Das „Zurück zu den Wurzeln“ der frommen Vorväter bedeutete vielmehr ihre unangefochtene Gültigkeit im Rahmen der Hauptelemente der ägyptischen Identität.[438] Eines der von Abduh formulierten Gesetze der Geschichte lautete: Wird die wahre Religion in ihrer ursprünglichen Reinheit gelebt, so belohnt Gott die ihr anhängenden Völker mit politischer Macht und Wohlstand, wie das den Arabern in der Epoche ihrer großen Eroberungen widerfuhr. Weicht ein Volk davon ab, so gibt es Gott dem Niedergang und der Knechtschaft preis.[439]

Wie al-Afghani lehnte auch Abduh säkulare Tendenzen ab und war ein Befürworter der Einheit von Religion und Staat. Eine Trennung von beiden sei so wenig möglich, wie eine Trennung von Leib und

435 A. Meier a.a.O., S. 84.

436 A. Meier a.a.O., S. 85.

437 A. Meier a.a.O., S. 90, 178.

438 A. Meier a.a.O., S. 86.

439 R. Wielandt, Offenbarung und Geschichte im Denken moderner Muslime, S. 73.

Seele.[440] Seine Lehren zur Methodik der Koranexegese wurde von seinen Schülern bzw. Anhängern in ganz unterschiedlicher Richtung weiterentwickelt. Dies soll am Beispiel des Ägypters Ali Abd al-Raziq und seines syrischen Schülers Muhammad Rashid Rida dargestellt werden.

4.2 Historische Zwischenentwicklung

Konfrontiert mit einer europäisch geprägten Welt, die das Politische nach außen vom Religiösen weitgehend trennte, führte dieser Aspekt während des 20. Jhdts. auch im muslimisch dominierten Raum zu einer grundlegenden politischen und theologischen Auseinandersetzung. Nach traditioneller islamischer Sicht konnte es eine Ordnung, in der Religion und Politik getrennt sind, ohne den Willen Gottes nicht geben. Eine solche Trennung war dem islamischen Denken so fremd, dass es einen sprachlichen Spezialbegriff im Arabischen dafür nicht gab.[441] Gleiches galt für den Begriff der Säkularisierung, für den man erst im 20. Jhdt. das Wort „Weltlichkeit" (‚almaniya) verwendete, nachdem es zuvor mit Atheismus oder Religionslosigkeit in Verbindung gebracht worden war. Der aktuelle Begriff führte nicht dazu, die negative Assoziation aus den vorangegangenen bei den Religionsgelehrten zu verdrängen.[442] Das islamische Staatsverständnis ging offenbar lange davon aus, religiöse und staatliche Macht als Einheit (al-islam din wa daula, Islam ist Religion und staatliche Macht) anzusehen.[443]

Umso tiefgreifender war die politische Entwicklung im ehemaligen osmanischen Kernland, der Türkei, zu bewerten. Der Ausgang des 1. Weltkrieges, dessen Ende die Türkei an der Seite des Deutschen sowie des Österreichisch-Ungarischen Kaiserreiches als den Verliererstaaten

440 P. Heine, Islam-Lexikon A-Z, S. 519.
441 P. Heine, Islam-Lexikon A-Z, S. 516, 517.
442 L. Wick a.a.O., S. 114.
443 P. Heine a.a.O., S. 519.

erlebte, sorgte hier für die Fortsetzung von Entwicklungen, die sich bereits zuvor schon an der europäischen Staatenpraxis orientiert hatten. 1923 wurde Mustafa Kemal Pascha, genannt Kemal Atatürk (Vater der Türken) Staatspräsident der im Oktober 1923 ausgerufenen türkischen Republik (mit Hauptstadt in Ankara). Sultan Mehmed VI. hatte er Ende 1922 für abgesetzt erklärt. Er war aus dem Weltkrieg mit dem Prestige des erfolgreichsten türkischen Generals zurückgekehrt und hatte den nationalen Widerstand der Türken gegen die Siegermächte dieses Krieges organisiert. Seine für die Türkei tiefgreifenden Veränderungen führte er mit dem Ziel durch, einen säkularen (laizistischen) Nationalstaat nach europäischem Muster zu bilden.[444] Das hatte die Abschaffung des Kalifats (1924) zur Folge,[445] die Schließung der Koranschulen (Medressen), die Einführung einer modifizierten lateinischen Schrift (1928), die Öffnung der Berufswelt für Frauen und die Zuerkennung des Wahlrechts zu deren Gunsten, die Abschaffung der Schariagerichte für das Familien- und Erbrecht, die Auflösung der religiösen Orden und Klöster sowie die Aufhebung der islamischen Kleiderordnung. Der Fez bei Männern wurde verboten, die Schleier bei den Frauen galten als verpönt. Anstelle des islamischen Rechts fanden Übernahmen aus dem schweizerischen Zivilgesetzbuch, dem italienischen Strafrecht und dem deutschen Handelsrecht statt. Der Islam als Staatsreligion, 1876 auf Drängen der sog. Jungtürken[446] in der Verfassung festgeschrieben, ebenso wie die Verankerung eines Zwei-Kammer-Systems wurde aus der Verfassung entfernt.[447] Die Aufgabe des Kalifats bedeutete zugleich

444 P. Heine a.a.O., S. 73.

445 Damit endete auch die Symbiose zwischen der osmanischen Staatsidee und dem bisher gelebten islamischen Universalismus multiethnischer Prägung, A. Meier a.a.O., S. 102.

446 Die Jungtürken sahen in einem Verfassungsstaat die einzig legitime Staatsform. In der Verfassung von 1876 leitete sich die Herrschaft von Sultan Abdülhamid II. ohne Bezug auf islamische Grundsätze direkt vom Willen des Machthabers und nicht der Verfassung ab, L. Wick a.a.O., S. 61.

447 Der Sultan setzte die Verfassung zwei Jahre später zwar außer Kraft, dieses war allerdings 1908 auf Druck der Jungtürken wiederum rückgängig gemacht worden.

die Aufgabe des Anspruchs, die Gemeinschaft der Muslime (Umma) zu repräsentieren. Atatürk achtete zwar darauf, dass man ihn nicht des Atheismus beschuldigen konnte,[448] übte sich aber darüber hinaus in Gratwanderungen: Die nicht-muslimischen Glaubensgemeinschaften wurden den muslimischen gleichgestellt und die politische Ordnung legitimierte sich nicht mehr aus dem Islam, sondern aus der Nation.

4.2.1 Ali Abd al-Raziq

Dieser politische Umbruch fand seine theologische Entsprechung im Hauptwerk eines Gelehrten der al-Azhar-Universität, dem Ägypter Ali Abd al-Raziq und seinem 1925 erschienenen Buch „Der Islam und die Grundlagen der Herrschaft".[449] Geboren 1888 als Sohn einer einflussreichen und vermögenden Familie besuchte er zunächst die örtliche Koranschule. Als er sie zehnjährig verließ, kannte er den Koran bereits auswendig. An der al-Azhar-Universität beschäftigte er sich mit europäischen Sprachen und „modernen" Wissenschaften. Anschließend ging er nach London (1912) und Oxford (1913), um dort Nationalökonomie und politische Wissenschaften zu studieren. Kriegsbedingt kehrte er nach Ägypten zurück (1915) und wurde dort Schariarichter.[450] Sein benanntes Buch löste in der ägyptischen und arabischen Öffentlichkeit heftige Reaktionen aus.[451] Nach seinem Erscheinen wurde er am 12.8.1925 aus dem Lehrkörper der al-Azhar entlassen,[452] verlor die Lizenz zum Richteramt und erhielt Berufsverbot für den

448 P. Heine a.a.O., S. 73.

449 H.-G. Ebert / A. Hefny, Der Islam und die Grundlagen der Herrschaft; Übersetzung und Kommentar des Werkes von Ali Abd al Raziq. Das Buch fiel in eine Zeit, in der der ägyptische König Fu'ad I. (1922-36) versuchte, die Geltung der Scharia auf das Ritual- und Personenstandsrecht zu begrenzen, T. Nagel a.a.O., S. 263.

450 alle Angaben bei H.-G. Ebert / A. Hefny a.a.O., S. 9.

451 H.-G. Ebert / A. Hefny a.a.O., S. 12.

452 Getagt hatte das Gremium der höchsten islamischen Gelehrten der Universität.

öffentlichen Dienst.[453] Mehrheitlich standen seine Thesen unter dem Stigma des Atheismus und Unglaubens,[454] weshalb darüber praktisch nicht mehr offen debattiert wurde, es sei denn unter Intellektuellen.[455] 1945 rehabilitiert, war er von 1948-49 Minister für religiöse Stiftungen. Als Mitglied des Parlaments und des ägyptischen Oberhauses verfügte er auch über politischen Einfluss. Ali Abd al-Raziq, dessen Vater mit M. Abduh befreundet war, starb im September 1966. Abduh war für ihn Leitbild in religiösen und politischen Auffassungen gewesen.[456]

Im „Islam und den Grundlagen der Herrschaft" bezweifelte al-Raziq zunächst die herkömmliche Legitimation des Kalifats. Im Islam sei das Kalifat das sog. Große Imamat[457] und der Kalif der höchste Machthaber, der die Oberaufsicht sowohl in religiösen als auch in weltlichen Angelegenheiten in Vertretung für den Propheten wahrnehme.[458] Innerhalb der Umma habe der Kalif den gleichen Rang wie der Gesandte Gottes.[459] Nach Ansicht von al-Raziq enthält der Koran aber keine Hinweise auf das Imamat und das Kalifat. Selbst wenn alle Hadithe der Gegenposition als hochwertig betrachtet und streitige Aspekte übersehen würden, finde man in diesen Hadithen nichts, was als Beweis gelten könne, das Kalifat sei von Gott als Teil des Glaubens auferlegt worden bzw. als eine der Religionspflichten zu betrachten.[460] Eine solche Pflicht folge auch nicht aus dem Konsens als weiter in Betracht zu ziehender Rechtsquelle.[461] Als „schwächster Beweis" wurde die Behauptung ins Auge gefasst, das Praktizieren der religiösen Rituale bzw. das Wohlergehen der Umma sei vom Einsetzen des Kalifen abhängig.[462] al-Raziq konzedierte zwar die Notwendigkeit einer Regierung, sah aber deren Form und Art

453 H.-G. Ebert / A. Hefny a.a.O., S. 9, 13; L. Wick a.a.O., S. 65.
454 L. Wick a.a.O., S. 65.
455 L. Wick a.a.O., S. 66; M. Rohe, Der Islam und das Recht, S. 249.
456 Alle Angaben bei H.-G. Ebert / A. Hefny a.a.O., S. 10.
457 al-Raziq, zitiert nach H.-G. Ebert / A. Hefny a.a.O., S. 29.
458 al-Raziq a.a.O., S. 31.
459 al-Raziq a.a.O., S. 33.
460 al-Raziq a.a.O., S. 46.
461 al-Raziq a.a.O., S. 49.
462 al-Raziq a.a.O., S. 57.

als nicht festgelegt an. Gott wolle nicht, dass die Religion, für die er bürge, von einer Regierungsart abhängig sei, auch nicht vom Kalifat oder einem Kalifen.[463] Das bedeute für die Muslime, frei zu sein in der politischen Gestaltung ihrer Staaten, soweit die Religion mit ihren Befehlen und Vorgaben Beachtung finde. In diesem Zusammenhang ist auch der Freiheitsbegriff al-Raziqs von Interesse. Freiheit heißt für ihn, sich niemand anderem unterwerfen zu müssen als Gott. Wenn man es gegenüber Menschen tue, dann nur, weil man sich der Stärke und der Macht des Schwertes beugen müsse.[464] Aus seiner Sicht beruhte das Kalifat im Zuge der Geschichte lediglich auf der Basis der Angst einflößenden bewaffneten Macht.[465] Wie schon bei Tahtawi, al-Afghani und Abduh findet sich auch bei al-Raziq kein individuelles Freiheitsrecht für etwas.

Mit seiner Sicht hatte al-Raziq praktisch eine nachträgliche Begründung für die Abschaffung des Kalifats durch Atatürk vorgelegt. Zu Gegnern hatte er sich damit all jene gemacht, die in den muslimischen Staaten an der Neubildung eines Kalifats interessiert waren. Das waren nicht wenige. Und es kamen noch weitere Gegner hinzu. Denn al-Raziq ging so weit, das staatsbezogene Wirken Muhammads aus der Offenbarung als Teil der von Gott vorgegebenen Lebensordnung herauszunehmen. War der Prophet sowohl Inhaber eines politischen Staates und Leiter einer Regierung als auch Gesandter einer religiösen Mission und Leiter einer religiösen Einheit? Gehörte er zu denjenigen, denen Gott sowohl die Botschaft als auch das Königtum gegeben hat?[466] So lauteten seine Eröffnungsfragen, die er im Ergebnis verneinte.[467] Muhammads Führerschaft bei Vermittlung der Botschaft habe zwar so viel Macht erfordert, dass er sich Gehör verschaffen konnte, diese Macht sei aber nicht gleichbedeutend mit einer umfassenden staatlichen Macht gewesen, die man zu einer politischen Führung benötige.[468] Aus Koran und Sunna leite

463 al-Raziq a.a.O., S. 59, 62.
464 al-Raziq a.a.O., S. 53.
465 al-Raziq a.a.O., S. 51, 52.
466 al-Raziq a.a.O., S. 69, 70.
467 al-Raziq a.a.O., S. 82.
468 al-Raziq a.a.O., S. 83, 86, 88, 93.

sich sogar das Verbot der Annahme ab, dass der Prophet neben seiner religiösen Botschaft auch zu einem politischen Staat aufgerufen habe.[469] Ohne den Begriff der Säkularisierung zu verwenden, schuf er so die Grundlage für die Trennung des Politischen von der Religion, der er quasi ein „europäisches" Vorverständnis zuwies. Wie bereits ausgeführt, ist al-Raziqs Ansicht unter den muslimischen Gelehrten und den Gläubigen nicht konsensfähig gewesen, im Gegenteil.[470]

4.2.2 Muhammad Rashid Rida

Der 1865 nahe Tripoli im damaligen Syrien (heute Libanon) geborene Rida gilt als Abduhs bekanntester Schüler. Er zählte zu den einflussreichsten Denkern des Reformislam und des arabischen Nationalismus zu Beginn des 20. Jhdts. Nach dem Besuch einer Koranschule wechselte er auf die Nationale Schule in Tripoli, deren Gründer (orientiert an Abduh) eine Synthese von religiöser Erziehung und westlichen Wissenschaften anstrebte.[471] Als Religionsgelehrter ging er 1897 nach Ägypten, wo er in Kairo alsbald Schüler und Vertrauter von Abduh wurde.[472]

469 al-Raziq a.a.O., S. 96. Die Unterwerfung der Araber gegenüber Mohammed sei religiös und personenbezogen motiviert gewesen. Der drohende Zerfall der muslimischen Einheit nach Mohammeds Tod führte zu einer politischen Entscheidung des 1. Kalifen Abu Bakr zugunsten des Kalifats, um die Interessen der Muslime pragmatisch wahrnehmen zu können. Eine verbindliche Festlegung im Koran habe es nicht gegeben. Den Titel „Nachfolger des Gesandten Gottes" habe Abu Bakr angenommen, weil er Macht und Stärke verlieh. Im Interesse seiner Herrschaft habe er auch die Apostasiekriege geführt. Es bliebe ein Irrtum, das Kalifat als ein religiöses Amt anzusehen, al-Raziq a.a.O., S. 100 ff. und 108 ff.

470 Zu denkbaren kritischen Positionen vgl. auch bei A. Meier a.a.O., S. 108 f.

471 St. Conermann, in: Kleines Islam-Lexikon, S. 193; T. Seidensticker, Islamismus, S. 42.

472 St. Conermann a.a.O., S. 194; T. Seidensticker, a.a.O., S. 42.

Rida war überzeugt davon, dass der Islam allem, was Europa an geistiger Orientierung zu bieten hatte, überlegen war.[473] Mit der Herausgabe der schließlich monatlich erscheinenden Zeitschrift al-Manar (der Leuchtturm) von 1898 bis zu seinem Tod im August 1935 schuf er ein ausgesprochen bedeutsames Medium für die weite Verbreitung seiner religiösen und politischen Reformvorstellungen, vor allem aber auch für diejenigen seines Lehrers Abduh.[474] Al-Manar wurde in der arabischen Welt zum maßgeblichen Organ reformistischen Gedankenguts.[475] Wie al- Afghani und Abduh stand auch Rida der wissenschaftlich-technischen Moderne der westlichen Kolonialmächte aufgeschlossen gegenüber. Soweit sie mit Koran und Sunna vereinbar sei, könne man sie übernehmen.[476] Gleiches galt für deren moderne Bildungsmethoden zur Verbesserung des Schulsystems.[477]

Im Übrigen war Rida mit geprägt von der panislamischen und antikolonial ausgerichteten Zeitschrift al-Afghanis und Abduhs „Das stärkste Band"[478] und bemüht um die Einheit der Muslime. Für ihn war nicht zuletzt der Dogmatismus der Rechtsgelehrten mit verantwortlich für das Entstehen fragmentarischer Strömungen im Islam und den Niedergang der islamischen Welt.[479] Die religiöse Einheit der Muslime war jedoch bedeutsam für ihre Identität. Sein Beitrag zur Revitalisierung des Islam umfasste deshalb auch das Bestreben, weiteren Spaltungen der Gläubigen entgegenzuwirken. Wie bei den frommen Altvorderen seien allein der Koran und nur hochwertige Traditionserzählungen der Sunna als Wegweiser für das Diesseits anzusehen.

---

473 R. Wielandt, Offenbarung und Geschichte im Denken moderner Muslime, S. 74.

474 So wurde dort dessen Exegese „Tafsir al-Manar" 1900 veröffentlicht, eine Texterklärung des Koran, die auf Vorlesungen Abduhs an der al-Azhar basierte und die Rida nach dessen Tod weiterführte, T. Seidensticker a.a.O., S. 42.

475 St. Conermann, in: Kleines Islam-Lexikon, S. 194.

476 T. Nagel, Was ist der Islam, S. 524 f.

477 P. Heine, Islam-Lexikon A-Z, S. 511.

478 St. Conermann a.a.O., S. 193.

479 St. Conermann a.a.O., S. 194.

Wer danach lebe, sei von allen Muslimen als Muslim anzuerkennen. Kommentare von Gelehrten zu autoritativen Texten dürften beachtet, aber nicht für Zwistigkeiten missbraucht werden.[480] Diese Überlegungen waren nicht nur angetan, das Trennende zwischen Sunniten und Schiiten, sondern auch die Unterschiede zwischen den vier Rechtsschulen zu relativieren. Alles, was im Islam auf fremde Einflüsse zurück ginge, sei auszutilgen, beispielsweise der Sufismus.[481]

In der Ordnung des Diesseits nach dem göttlichen Gesetz sah Rida einen integralen Bestandteil des islamischen Glaubens und den sichtbarsten Ausdruck seiner Überlegenheit.[482] Der Erhalt der eigenen religiösen Identität, also der eigenen religiösen Sicht auf die Lebensordnung, war ihm deshalb von zentraler Wichtigkeit. Der Islam sei die geistige Rechtleitung und Grundlage des sozialen und politischen Zusammenlebens.[483] Koran und Sunna würden alle grundlegenden Einsichten für die Regierung, die Gesetzgebung und die Rechtsprechung vermitteln. Die Scharia werde dem öffentlichen Leben mit seiner im Laufe der Zeit wandelbaren Gegebenheiten dank ihrer nur allgemeinen Richtlinien und Rahmenvorgaben immer gerecht, weil die Menschen deren zeitgemäße Anwendung selbst herausfinden könnten. In diesem Bereich stand Rida – wie auch Abduh – dem Idschtihad grundsätzlich nicht abgeneigt gegenüber, soweit die Vorgaben des Koran, der Sunna und des Konsenses der Altvorderen in den ersten vier Generationen (den „salaf salih“) dem nicht entgegenstanden.[484] Als Rechtsquelle für die Auslegung des islamischen Rechts hatte für ihn das sog. maslaha-Prinzip, also der Aspekt der Nützlichkeit für die islamische Gemeinschaft oder ihr Gemeinwohl eine große Bedeutung. Rida machte das von den

480 T. Nagel a.a.O, S. 524.

481 T. Nagel a.a.O., S. 524; L. Wick a.a.O., S. 100, Fn. 90.

482 R. Wielandt, Offenbarung und Geschichte im Denken moderner Muslime, S. 91.

483 R. Wielandt a.a.O., S. 91.

484 R. Wielandt a.a.O., S. 93; grundsätzlich dürfe Allah allerdings nicht relativiert werden, auch nicht in Gestalt eigenständigen Denkens und Handelns durch Idschtihad, T. Nagel a.a.O., S. 507, 509.

klassischen fiqh-Schulen zugelassene Prinzip zur obersten Norm allen politischen Handelns im öffentlichen Bereich.[485] Es erlaubte, in Notsituationen von bestimmten Rechtsregeln abzuweichen („Not kennt kein Gebot") und bot eine breite Basis für ein flexibles Handeln auch im politischen Bereich.[486] Eine Befürwortung grundsätzlicher individueller Freiheiten, wie bspw. die Religionsfreiheit, war im Ergebnis nicht feststellbar. Immerhin wurde von ihm die Todesstrafe für Apostasie nur bei offenem Abfall vom Islam als gerechtfertigt angesehen.[487]

Rida, der dem arabischen Nationalismus zuneigte und zu Beginn der zweiten Dekade des 20. Jhdts. zunächst für eine arabische Autonomie im Osmanischen Reich eintrat, gehörte mit seiner 1923 erschienenen Schrift „Das Kalifat oder das größte Imamat" und der herrschenden Meinung zu den überzeugten Befürwortern des Kalifats und Gegnern al-Raziqs. Das Kalifat sei erforderlich als Symbol der muslimischen Einheit gegenüber den kolonialen Mächten und als international wirkende Organisation für die Muslime[488] sowie verbindlich gefordert durch Konsens, Prophetentradition und die klassische politische Theorie.[489] Allerdings trat er nun für ein arabisches Kalifat anstelle des osmanischen ein. In diesem Zusammenhang entwickelte Rida auch Gedanken zur innerstaatlichen Willensbildung und Entscheidungsfindung. Im wahrhaft islamischen Staat solle alle Gewalt von der Umma ausgehen. Diese beauftrage ein Kollegium von fähigen Honoratioren aus den wichtigsten gesellschaftlichen Kreisen und Berufen (die „Leute des Bindens und Lösens") mit der Bestimmung des Kalifen. In der Hand des Kalifen läge die Bildung der Regierung und der Rechtsfindung. Der Kalif müsse im Rahmen seiner Entscheidungen das Prinzip

485 R. Wielandt a.a.O., S. 93.

486 M. Rohe, Das islamische Recht, S. 67.

487 Albert Hourani, Arabic Thought in the Liberal Age (London 1962), S. 237 (zit. nach Wikipedia).

488 A. Meier, Der politische Auftrag des Islam, S. 102, 106.

489 T. Seidensticker, Islamismus, S. 42

der Konsultation/Beratschlagung (schura/šūrā) beachten und den Rat der „Leute des Bindens und Lösens" einholen.[490]

Dieses institutionenbezogene Modell machte deutlich, wie unscharf der Begriff der Šūrā verwendet werden konnte. Denn das Modell war hier kein demokratisch-parlamentarisches im westlichen Sinne, sondern eher am traditionellen Modell der Notabeln-Versammlung ausgerichtet.[491] Wie die Auswahl der „Leute des Bindens und Lösens" und deren Konsultation erfolgen sollte, blieb ebenso offen wie die Frage nach der internen Meinungsbildung dieses Gremiums. Streitfragen sollten durch Rekurs auf den Koran, die Sunna und den Konsens der frommen Altvorderen gelöst werden.[492] Die Lücken bei den Verfahrensfragen waren aus Sicht Ridas gleichwohl als Vorteil zu bewerten. Das „Wie" des Konsultationsvorgangs sollte den Zeitumständen angepasst werden können, weshalb es auch der Prophet vermieden habe, sich dazu zu äußern oder festzulegen.[493] Dem entsprach Ridas Vorgehen. Damit blieben allerdings auch zentrale Bestandteile verfassungsrechtlicher Staatlichkeit im europäischen Sinne unangesprochen. Darüber hinaus verklärte Rida das medinensische Modell unter der religiösen Führung Muhammads und verlieh der Verbindung von Religion und Staat für die Gegenwart einen allgemein verbindlichen Charakter.[494] Ihre Trennung sei eine ernste Bedrohung der muslimischen Identität, da sie die Einheit der göttlichen Offenbarung in Frage stellen würde.

Nach dem 1. Weltkrieg näherte sich Rida zunehmend dem Wahhabismus an und begrüßte die wahhabitisch-saudische Machtübernahme in den Jahren 1924-26.[495] Die von Muhammad Ibn ‚Abd al Wahhab (1702-92) und dem Emir Ibn Sa'ud (gest. 1746) gegründete wahhabitische Bewegung hatte sich zuvor schon als Fortsetzung der

490 R. Wielandt a.a.O., S. 91, 92.
491 M. Rohe, Das islamische Recht, S. 249.
492 R. Wielandt a.a.O., S. 92.
493 R. Wielandt a.a.O., S. 93 f.
494 L. Wick a.a.O., S. 65.
495 St. Conermann a.a.O., S. 194.

hanbalitischen Rechtsschule[496] auf der arabischen Halbinsel durchgesetzt[497]- nicht zuletzt aufgrund der finanziellen Unterstützung des Herrscherhauses Sa'ud, die auch Rida zugutekam.

4.3 Praktische Anwendungen

al-Afghani, Abduh, al-Raziq und Rida schufen prägende Grundlagen für ein reformislamisches Selbstverständnis, auf das noch an anderer Stelle näher eingegangen wird.[498] Dessen Umsetzung war jedoch abhängig von den realen politischen Machtverhältnissen und in diese eingebunden. Die von den Kolonialmächten ausgehenden konstitutionellen Vorgaben für das politische System führten in den muslimischen Herrschaftsgebieten zu einer Parteipolitisierung als Mittel zur Erlangung politischer Macht, soweit diese nicht durch Militärs, Autokraten oder Diktatoren überlagert oder ersetzt wurde.

Das Empfinden, einer großen muslimischen Gemeinschaft (der Umma) anzugehören, wurde dadurch allerdings nicht hinfällig. Gleiches galt für das verbindende Element: den Islam. Jenseits der aktuellen politischen Macht- und Herrschaftsstrukturen gab es immer wieder charismatische Praktiker und Theoretiker mit Versuchen, diesen Strukturen einen idealen muslimischen Alternativentwurf entgegenzustellen. Soweit sie dabei politische Macht anstrebten, mussten sie sich

496 Diese kritisierte die Schariagelehrsamkeit der hanafitischen, malikitischen und schafiitischen Rechtsschulen, weil sie zu kompliziert sei und die einfache Gotterkenntnis verbauen würde. Sich widerstreitende Lehrmeinungen sowie unübersichtliche Schriftkompendien ließen die Gläubigen ratlos zurück, T. Nagel a.a.O., S. 521 f. Maßgeblich sei allein der Satz „Es gibt keinen Gott außer Gott" für alles, was geschieht. Darauf baute Wahhab seine Lehre auf, vgl. Näheres bei T. Nagel, a.a.O., S. 518 ff. Die primären Wurzeln des Salafismus lägen hier, nicht in der antikolonialen Bewegung, T. Nagel ebendort, S. 658.

497 A. Khoury, Islam-Lexikon A-Z, S. 263.

498 Vgl. unter 4.5, S. 179 ff.

auch parteipolitisieren. Diese Art der Politisierung mag den Eindruck begünstigt haben, sie gehöre nicht zur Religion, sondern sei von ihr zu trennen. Dabei wird jedoch übersehen, dass die islamische Religion Politik und staatliche Macht nach ganz überwiegender muslimischer Auffassung als integralen Bestandteil mit umfasst. Die Parteipolitisierung erscheint somit zwar als zwangsläufige Folge kolonialer konstitutioneller Formvorgaben, sie steht dem grundsätzlichen Ausgangsverständnis aber nicht entgegen. Zwei dieser politischen Praktiker und Theoretiker sollen an dieser Stelle näher vorgestellt werden, weil sie einen massenwirksamen Einfluss auf Muslime in weiten Teilen ihres Siedlungsbereiches hatten und haben.

4.3.1 Hassan al-Banna

al-Banna war kein Religionsgelehrter, sondern Laie und – nach erfolgreichem Abschluss eines Lehrerseminars – Grundschullehrer. 1906 als Sohn eines Uhrmachermeisters nordwestlich von Kairo geboren, galt er als bodenständig, durch familiäre Prägung traditionell fromm und gebildet, aber unintellektuell.[499]

al-Banna litt unter der Europäisierung des täglichen Lebens und der britischen Kontrolle Ägyptens, die er abschaffen wollte. An deren Stelle stellte er als Leitbild eine „Islamische Ordnung" für alle Lebensbereiche, die ihm, da auf dem Koran und der Sunna basierend, vollkommen erschien.[500] Dies betraf vor allem das Erziehungssystem sowie die juristischen und politischen Institutionen.[501] Wollte man die zivilisatorische Blüte der Muslime wiedergewinnen, musste man die religiösen Grundlagen erneuern. Die prinzipielle Erneuerung des Islam beruhte aus seiner Sicht auf dessen authentischer Spiritualität, aus der dann die konkrete Praxis erwachsen würde. Damit befand sich al-Banna auf

499 A. Meier, Der politische Auftrag des Islam, S. 175.
500 P. Heine, Islam-Lexikon A-Z, S. 456.
501 T. Nagel, Was ist der Islam, S. 525; P. Heine a.a.O., S. 457.

einer Linie mit Abduh, für den die Erziehung der Gesellschaft zu einer authentischen religiösen Identität ebenfalls die Voraussetzung für islamische Reformen war, insbesondere bei Themen, welche die Frau, die Familie, die Sexualmoral und die Kultur betrafen.[502] Auch im Übrigen stand al-Banna in der Tradition des von al-Afghani angelegten, von Abduh entwickelten und von Rida in der Zeitschrift al-Manar vorgestellten bzw. wiedergegebenen Reformislam.[503] Der Verzicht auf eine islamische Verfassung und ebensolche Gesetze führe zu einer Privatisierung des Islam, die der Prophet nicht gebilligt habe.[504] Für al-Banna war der Islam – gerichtet auf die koloniale Lage – „Dogma und Gottesdienst, Vaterland und Nationalismus, Religion und Staat, Spiritualität und Aktion, Koran und Schwert".[505]

1928 gründete al-Banna die „Gemeinschaft der Muslimbrüder", die die religiöse Erneuerung mit sozialen Reformen verbinden wollte[506] und die später um eine Parallelorganisation „der Muslimschwestern" erweitert wurde.[507] Es gelang ihm, ein umfassendes politisches, wirtschaftliches und soziales Angebot zu entwickeln. 1933 ging er nach Kairo und verlegte auch den Sitz der Muslimbrüder in diese Stadt. Diese entwickelten sich nun zur Massenorganisation und fassten von Ägypten aus in allen muslimischen Ländern Fuß.[508] Bemerkenswert war, dass es sich um keine vom Staat oder von staatstragenden Organisationen (Militärs, Ulama) initiierte Bewegung handelte, sondern um eine von unten, die in der Mitte der Bevölkerung wurzelte.[509] Die Muslimbrüder verstanden sich dementsprechend als Interessenvertreter der unteren und mittleren Gesellschaftsschichten, also der Arbeiter, Bauern und „kleinen" Staatsbediensteten. Es ging al-Banna darum, bei

502 A. Meier a.a.O., S. 178.
503 A. Meier a.a.O., S. 175.
504 T. Nagel a.a.O., S. 525.
505 P. Heine a.a.O., S. 456.
506 A. Meier a.a.O., S. 175.
507 P. Heine a.a.O., S. 457.
508 P. Heine a.a.O., S. 456.
509 A. Meier a.a.O., S. 170.

diesen das Bewusstsein für die Bedeutung des Islam am Leben zu erhalten, um beizeiten das koloniale Joch abschütteln zu können.[510]

Die Ideale der Reformbewegung für die Zeit nach Beendigung der Kontrolle durch fremde Mächte und eine wahrhaft islamische Gesellschaft lassen sich auf folgende Grundsätze verdichten: Rückkehr zu den Normen sowie zur Lebens- und Glaubensausrichtung der Altvorderen aus der Epoche der Gefährten des Propheten; Verwirklichung der Islamischen Ordnung; Übertragung des örtlichen (kommunalen) Regelwerkes im Zusammenleben auf den Bereich der Gesamtgesellschaft; Verbindung des Beratungsprinzips (schura) mit einem hierarchisch organisierten Führungsprinzip; Ähnlichkeit der Stellung der obersten Führungsperson innerhalb der säkularen Nation mit dem traditionellen Status des Kalifen in der Umma.[511]

Die Verwirklichung der „Islamischen Ordnung" sollte im öffentlichen Bereich u. a. zur Abschaffung des Parteienwesens führen. Das Recht sollte in dem Sinne reformiert werden, dass es mit der islamischen Gesetzgebung „in allen ihren Abteilungen" im Einklang steht. Die Beamten sollten sich den Lehren des Islam verpflichtet wissen. Ihr persönliches Verhalten sollte unter der Aufhebung der Trennung zwischen privater und dienstlicher Sphäre kontrolliert werden. Zum Gebiet des Sozialen und der Bildung gab es Vorstellungen zur Bekämpfung des Alkohols und aller Rauschmittel, die öffentliche und geheime Prostitution sollte unterbunden werden, ebenso alle Arten von Glücksspiel, Lotterien und Klubs. Ballsäle und Tanzlokale sollten geschlossen, das Tanzen verboten werden. Frauen sollten gemäß den Lehren des Islam sowohl geschützt als auch gefördert werden. Ihre Erziehung sollte unter Anwendung der Regeln weiblichen Anstands erfolgen, um das flirt- und gefallsüchtige Verhalten zu unterbinden. Dabei sollten Schülerinnen, Studentinnen, Lehrerinnen aber auch Ärztinnen und vergleichbare Berufsgruppen im Focus stehen. Die Lehrpläne zwischen Mädchen und Jungen sollten unterschiedlich sein, die Primarschulen auf den Dörfern an die Moscheen angeschlossen

510 T. Nagel a.a.O., S. 525; A. Meier a.a.O., S. 178; P. Heine a.a.O., S. 457.
511 A. Meier a.a.O., S. 176 f.

werden. An den Universitäten sollte Geschlechtertrennung eingeführt werden. Die auswendige Beherrschung des Koran sei Voraussetzung für das Erlangen wissenschaftlicher Diplome im Bereich der religiösen und philologisch-philosophischen Fächer. Das kulturelle Leben sollte umfänglich zensiert und Zuwiderhandlungen in allen Bereichen sollten bestraft werden, bis hin zur öffentlichen Auspeitschung. al-Banna sprach sich hingegen dafür aus, Eheschließungen, Familiengründungen und Nachkommenschaft durch alle geeigneten Mittel zu fördern. Zudem sollte die Ausbildung sowohl in den Schulen als auch bei den Erwachsenen verbessert werden.[512]

Individuelle Freiheitsrechte standen bei al-Banna nicht auf der Agenda. Soweit er den Staat mit demokratischen Strukturen verband, verstand er darunter, dass sein Oberhaupt von der Bevölkerung gewählt und sich von gewählten Repräsentanten beraten lässt. Verfahrensfragen blieben offen. Auf örtlicher Ebene sollten alle Muslime gehalten sein, die dortigen Organe nach ihren Fähigkeiten mitzuberaten, wozu sie eine gute Ausbildung befähigen sollte.[513] al-Bannas Vorstellungen ähnelten damit jenen von Rashid Rida.

Aus der angestrebten Islamisierung von Staat und Gesellschaft erwuchs Ende der 40er-Jahre ein schroffer Gegensatz zur ägyptischen Regierung.[514] Die Aufstellung eigener paramilitärischer Verbände, Attentate auf Europäer und Regierungsmitglieder (der Ministerpräsident Ägyptens fiel im Dezember 1948 dem Attentat eines Muslimbruders zum Opfer) sowie das Anzetteln von Aufständen führte zu staatlichen Gegenmaßnahmen, ohne allerdings das Organisationsgeflecht der Muslimbrüder nachhaltig zerschlagen zu können.[515] Hassan al-Banna wurde am 12. 2. 1949 (vermutlich durch die Geheimpolizei) auf offener Straße erschossen.

---

512 Zu allem: al-Banna, zitiert nach A. Meier a.a.O., S. 180 ff. Der von al-Banna vorgestellte Maßnahmenkatalog war noch deutlich ausgeprägter und betraf auch wirtschaftliche Themenfelder.

513 P. Heine a.a.O., S. 457, 458.

514 T. Nagel a.a.O., S. 525.

515 P. Heine a.a.O., S. 458.

4.3.2 Abu al-A'la al-Maududi

Der indisch-sunnitische Theologe, Rechtsgelehrte und Politiker al-Maududi (1903-1979) entstammte einer hoch angesehenen indischen Familie. Sein Vater war antibritisch eingestellt und ermöglichte ihm Privatunterricht, mit dessen Hilfe er in die indo-muslimische Tradition eingeführt wurde.[516]

In jungen Jahren hatte sich al-Maududi der indischen Kalifatsbewegung angeschlossen, die das osmanische Kalifat als panislamisch-universales Symbol ihrer eigenen Hoffnung auf politische Selbstverwirklichung gegenüber der britischen Kolonialherrschaft und der hinduistischen Bevölkerungsmehrheit ansah.[517] Ab 1928 formulierte er seine reformorientierten Positionen, die davon ausgingen, dass der Islam von unlauteren westlichen Einflüssen gereinigt werden müsse.[518] 1941 gründete er seine indo-pakistanische „Islamische Gemeinschaft", deren Führer er Zeit seines Lebens war[519] und mit deren pakistanischer Hälfte er nach der blutigen Teilung des indischen Subkontinents versuchte, in Pakistan einen idealen islamischen Staat zu errichten. Auf ihn geht zurück, dass es in der ersten Verfassung Pakistans 1956 hieß, man wolle einen wahrhaft islamischen Staat aufbauen, in dem sich alle Gesetze nach dem Koran und der Sunna richten.[520] Auch wenn ihn sein Aktionismus zeitweilig ins Gefängnis brachte, lehnte al-Maududi Gewalt stets ab und setzte stattdessen auf eine gute islamische Erziehung.[521]

Sein besonderer internationaler Einfluss war darauf zurückzuführen, dass er einen erheblichen Teil seiner Publikationen auf Englisch veröffentlichte. Damit fanden diese im gesamten britischen Commonwealth, aber auch darüber hinaus Verbreitung.[522] Sein Bestreben war,

516 St. Conermann in: Kleines Islam-Lexikon, S. 132.
517 A. Meier, Der politische Auftrag des Islam, S. 186.
518 St. Conermann a.a.O., S. 132.
519 A. Meier a.a.O., S. 185.
520 St. Conermann a.a.O., S. 133.
521 St. Conermann a.a.O., S. 133; P. Heine, Islam-Lexikon A-Z, S. 490.
522 P. Heine, Terror in Allahs Namen, S. 111; St. Conermann a.a.O., S. 133.

davon zu überzeugen, dass der Islam seine eigenen Lebensregeln hätte, seine eigene Kultur und Philosophie sowie sein eigenes wirtschaftliches und politisches System. Gleiches gelte für sein Erziehungssystem. In allem, was der Westen hierzu zu bieten habe, sei man ihm deutlich überlegen.[523] Der Einfluss al-Maududis war insbesondere unter dem pakistanischen Präsidenten Zia ul-Haqq erheblich. In der Armee hatte er zahlreiche Anhänger gefunden, ebenso im Bereich der Sicherheitsdienste und des Geheimdienstes. al-Maududis Tiefenwirkung hatte zahlreiche Köpfe erreicht.[524] Entsprechend den Vorschriften im Islam befürwortete er das Privateigentum und war gegen die Verstaatlichung von Produktionsmittel. Seine Partei der „Islamischen Gemeinschaft" forderte die Einrichtung eines Bank- und Versicherungssystems, welches das Zinsverbot des Koran berücksichtige. Das wirtschaftliche System sollte nicht am Ziel der wirtschaftlichen Gleichheit, sondern am Ziel der Gerechtigkeit orientiert sein.[525]

Im Zentrum von al-Maududis Staatskonzeption aber stand der Begriff der Souveränität und dies in erkennbarer Auseinandersetzung mit dem europäisch-westlichen Begriffsverständnis von „legal and political sovereignty". In einem 1952 in Marrakesch gehaltenen Vortrag entwickelte er hierzu die nachfolgenden Gedanken:

Nach dem Sprachgebrauch der politischen Wissenschaft bezeichnet Souveränität die höchste und absolute Gewalt. In ihrem vollen Sinne komme sie (nach dem Koran) allein Gott zu. Er sei der wahre und wirkliche Souverän. Kein anderer dürfe das Recht beanspruchen, der ursprüngliche Souverän zu sein.[526] Was bedeute dies? Seine Gebote seien das (islamische) Gesetz, er habe absolute Vollmachten und besitze eine totale Gewalt, die durch nichts beschränkt sei. Ihm sei freiwillig oder gezwungenermaßen zu gehorchen. Der Einzelne besitze ihm

523 P. Heine, Terror in Allahs Namen, S. 111, St. Conermann a.a.O., S. 133.

524 P. Heine a.a.O., S. 112.

525 P. Heine a.a.O., S. 112.

526 al-Maududi, zitiert nach A. Meier a.a.O., S. 189. In einer späteren Schrift bestätigt al-Maududi diesen Gedanken, „Islamische Lebensweise", München 1996, S. 58 f.

gegenüber nicht die geringsten Rechte, es sei denn, Gott habe sie von sich aus gewährt. Den durch Gott in Kraft gesetzten Gesetzen habe der Einzelne zu gehorchen. Als Subjekt der göttlichen Souveränität sei er an keinerlei (andere) Gesetze gebunden und niemand (anderem) zu Gehorsam verpflichtet. Gottes Handeln sei weder in Frage zu stellen noch zu bewerten.[527]

Die Souveränität Gottes als Ideal bliebe aber eine unerfüllte Verpflichtung, solange sie nicht auch als eine faktische politische Souveränität bestünde. Jeder (nur) menschliche Machthaber sei in seinen Möglichkeiten begrenzt, denn nicht jeder andere sei seinem Willen unterworfen. Anders bei Gott: Das gesamte Universum und alles, was in ihm sei, beruhe auf der Souveränität Gottes. Das wirke sich folglich auch auf die Wirklichkeit aus. Gott verfüge deshalb über das Recht (wie sich aus Sure 12/40; 7/3 und 5/44 ergebe), die Souveränität über die Menschen auszuüben. Im Islam drücke sich die Anerkennung der gesetzlichen Souveränität Gottes in der Unterwerfung unter sie aus. Alles andere sei Unglaube.[528]

Die Repräsentanten dieser gesetzlichen Souveränität Gottes auf Erden seien die Propheten und Gesandten gewesen. Durch sie wüssten die Menschen, was Gott als bindendes Gesetz vorgeschrieben habe. Deshalb sei ihnen – wie aus Sure 26/126, 131, 150; 4/64 und 4/80 ersichtlich – zu gehorchen.[529] Folge: Auch die politische Souveränität werde auf diesem Wege von Gott ausgeübt. Wo die Menschen ermächtigt wurden, politische Gewalt auszuüben, sei dies nur eine treuhänderische Ermächtigung zur Wahrnehmung des göttlichen Rechts, die Übertragung der Souveränität selbst sei damit nicht verbunden gewesen.[530] Begrifflich verbinde sich der Status dieser Ermächtigung mit dem Kalifat. Darunter sei nicht das Recht eines Einzelnen, einer Dynastie oder einer Klasse zu verstehen, sondern das Recht der Gesamtheit derer, die die

527 al-Maududi a.a.O., S. 189 f.
528 al-Maududi a.a.O., S. 191.
529 al-Maududi a.a.O., S. 191.
530 al-Maududi a.a.O., S. 192.

Souveränität Gottes anerkennen würden. Dies reiche über die Generationen fort (24/55).[531] Das mache das Kalifat demokratisch (in Abgrenzung zum Kaisertum, Papsttum oder der Theokratie). Dabei sei dieses Kalifat an das Gesetz Gottes gebunden und agiere nicht – wie im Westen – nach dem Prinzip ungezügelter Freiheit.[532]

Wie sich aus diesen Ausführungen ergibt, ist die westlich verstandene gesetzliche und politische bzw. die Volkssouveränität als menschliches Gedankenkonstrukt anzusehen, das der göttlichen Souveränität nachgeordnet und schon begrifflich mit ihm unvereinbar ist. Die Allgemeinheit wird bei al-Maududi lediglich zum Subjekt des Kalifats, nicht Träger der Souveränität[533] im Sinne einer Kompetenz-Kompetenz für alles. Ihre „legal sovereignty" erfährt ihre Grenzen und Aufgabenstellung im vorgegebenen göttlichen Gesetz. Daraus ergeben sich unterschiedliche Konsequenzen, bspw. die Pflicht, für die Respektierung des islamischen Rechts zu sorgen[534] und die sich daraus ergebenden Kompromissverbote zu beachten. Hinsichtlich der Gleichberechtigung bzw. des Gleichheitsgebots sah ein am Koran orientierter Verfassungsentwurf al-Maududis vor, dass Nicht-Muslime in einem muslimischen Staat als Geduldete nur einen nachgeordneten Status haben sollten.[535] Weil der Staat auf islamischer Grundlage aufgebaut sei, dürfe niemand, der sich zu dieser nicht bekenne, eine gleichberechtigte und bedeutende Position im staatlichen Geschehen einnehmen.[536] Um zu einer „wahren Religion" zurück finden zu können, sei als Voraussetzung der Abbruch aller Beziehungen zu den Hindus erforderlich.[537] Frauen wird nach der traditionellen Verteilung der Geschlechterrollen in Politik und Verwaltung allenfalls eine untergeordnete Stellung zuerkannt.[538]

531 al-Maududi a.a.O., S. 192 f.
532 al-Maududi a.a.O., S. 193.
533 al-Maududi a.a.O., S. 193.
534 al-Maududi a.a.O., S. 193.
535 M. Rohe, Das islamische Recht, S. 258.
536 M. Rohe a.a.O., S. 245, 258.
537 St. Conermann a.a.O., S. 133.
538 M. Rohe a.a.O., S. 245.

Das zur Souveränität Gesagte unterscheidet nach al-Maududis Auffassung die islamische auch von der westlichen Demokratie.[539] Sie basiere auf dem Grundsatz des Kalifats der Gläubigen (in diesem Sinne: des Volkes). Diese müssten die von Gott durch seinen Propheten erlassenen Gesetze befolgen. Ein religiös begründetes Recht auf demokratische Selbstbestimmung gebe es im Koran folglich nicht. Hinter seinem Demokratiebegriff verbirgt sich vielmehr ein anderes Grundverständnis. Zwar erhebt auch bei al-Maududi die Demokratie den Anspruch, dass die Regierung nur aufgrund allgemeiner Wahlen des Volkes zustande kommt oder abgelöst werden darf,[540] die Gewählten der entscheidungsbefugten Institution sind hinsichtlich ihrer Möglichkeiten bei ihm aber eher vergleichbar mit den „Leuten des Bindens und Lösens" (vgl. oben S. 90), wobei dafür offenbar nur Männer in Betracht kommen, die in der Auslegung der göttlichen Vorschriften hinreichend kundig sind.[541] Als Staatsoberhaupt wird ein Befehlshaber befürwortet, der von einer Institution gewählt und von dieser ausschließlich beraten werden sollte. Dabei waren nur geringe Kontroll- und Sanktionsmöglichkeiten hinsichtlich seiner weitreichenden Befehlsgewalt vorgesehen.[542]

4.4 Aktuelle Zwischenentwicklung

Zuletzt wurde der sog. Arabische Frühling in den Staaten Nordafrikas und in Teilen des ehemaligen großsyrischen Siedlungsraumes aus europäischer Perspektive mit der Hoffnung verbunden, anstelle der bisherigen autokratischen Regierungen einen Umbruch im Sinne der europäischen Demokratien miterleben zu können. Die dank elektronischer Ausstattung bestens vernetzt und modern erscheinende junge Generation schien den Eindruck zu belegen, dass mit den Begriffen der Freiheit,

539 al-Maududi, Islamische Lebensweise, S. 62 f.
540 al-Maududi zitiert nach Meier a.a.O., S. 193.
541 M. Rohe a.a.O., S. 245.
542 P. Heine, Terror in Allahs Namen, S. 111.

Demokratie, Gleichberechtigung und sozialer Gerechtigkeit die europäisch vertrauten Begriffsinhalte mitschwingen würden. Nach dem erfolgreichen Abschluss der antikolonialen Befreiungsbestrebungen und der wachsenden Enttäuschung innerhalb der muslimischen Bevölkerung über den unzureichenden Umgang der Regierungen mit den wirtschaftlichen, sozialen und außenpolitischen Problemen erschien es – oberflächlich betrachtet – in der Tat nicht völlig abwegig, anzunehmen, dass der formal vorhandene Konstitutionalismus mit demokratischem Geist im westlichen Sinne versehen werden könnte und sollte.

Mit dem bisher Ausgeführten sollte aufgezeigt werden, wie hochkarätige muslimische Vordenker, denen eine durchaus wirkmächtige Schlüsselstellung innerhalb der muslimischen Reformbewegung zugesprochen werden kann, mit den Herausforderungen des Islam durch „die Modernität des Westens" umgegangen sind. Ergänzend zwingt die religiöse Verwurzelung breiter Schichten der muslimischen Bevölkerung im Islam aber auch dazu, bei der Bewertung der vorgenannten Erwartungshaltungen gesondert die Auffassung derjenigen mit zu untersuchen, die dem Bereich der – im Regelfall – staatstragenden Rechtsgelehrten angehörten. Die Vorgaben führender Religionsgelehrter waren oftmals bis hinein in die örtlichen Moscheegemeinden prägend für das, was die Imame dort an die Gläubigen weitergaben. Es ist das Verdienst von Lukas Wick, am Beispiel von vier bedeutsamen Religionsgelehrten und mit Hilfe eigener arabischer Sprachkenntnisse näher untersucht zu haben, wie sie konstitutionelle Forderungen im 20. Jahrhundert theologisch verarbeitet und Verfassungsstaatlichkeit auf institutioneller Ebene als theologisches Problem wahrgenommen und debattiert haben.

4.4.1 Shaltut, Tantawi, Allah und Ibrahimi

Mahmud Shaltut (1893-1963) war im 20. Jahrhundert eine bedeutende Größe im sunnitischen Islam. Er lehrte mit solider Reputation Jahrzehnte an der al-Azhar und wurde 1958 vom ägyptischen Präsidenten Nasser in das dort höchste Amt als Vorsteher (Scheich) der Universität berufen. Er nahm dieses Amt bis zu seinem Tode wahr. Im Geiste Muhammad Abduhs, dessen Denken er sich stets verpflichtet fühlte, bemühte er sich um die Modernisierung dieser Lehranstalt und trug damit wesentlich zu ihrer wachsenden internationalen Ausstrahlung bei.[543] Seine enge Anbindung an die Regierung dürfte mit dazu beigetragen haben, die Widerspruchsfreiheit der ägyptischen Verfassung mit dem Koran in ganz allgemeiner Form bejaht, dies aber im Einzelnen nicht begründet zu haben.[544]

Sayyid Tantawi (1928-2010) studierte ab 1958 an der al-Azhar. 1959 machte er dort seinen Abschluss und promovierte 1966. Er wurde zu einer der damals bekanntesten Persönlichkeiten des sunnitischen Islam, dessen Einfluss sich auf die gesamte sunnitische Welt erstreckte. Tantawi wandte sich in den 90er-Jahren gegen terroristische Gewalt im Namen des Islam und sprach den Selbstmordattentätern den Märtyrerstatus ab. Letzteres revidierte er allerdings 2002 und bewertete solche Aktionen nun als Akte der Selbstverteidigung. Bei seiner Ablehnung gegenüber jeglichem Extremismus blieb er. Tantawi verfasste eine mehrbändige Koraninterpretation.[545] 1986 wurde er zunächst zum Großmufti der Arabischen Republik Ägypten gewählt, einem hohen religiösen Amt. Damit verbunden war die Leitung des Rechtsgutachtergremiums des Zentrums für islamische Rechtsfragen (bis 1996), das 1895 gegründet worden war. 1996 erfolgte durch Präsident Husni Mubarak die Ernennung zum Großscheich der al-Azhar, womit er gleichzeitig Imam der al-Azhar-Moschee wurde. Seit Shaltut hatte das Amt des Vorstehers in den 60er-Jahren einen im islamischen Sinne religiöspolitischen Charakter. Unter Tantawi beeinflusste die Azhar zunehmend die ägyptische Politik. Er selbst trug dazu bei, dass die Scharia in Ägypten nicht nur als eine, sondern als die eigentliche Hauptquelle des ägyptischen Rechts bezeichnet wurde.[546]

543 L. Wick, Islam und Verfassungsstaat, S. 139, 140, 159.
544 L. Wick a.a.O., S. 141.
545 L. Wick a.a.O., S. 160.
546 L. Wick a.a.O., S. 160, 161.

Muhammad Ahmad Chalaf Allah (1916-1998) bekleidete an der al-Azhar keine Führungspositionen. Er war aber durch eigene Stellungnahmen und öffentliches Engagement in Erscheinung getreten, weshalb seine Schriften anhaltend wahrgenommen werden.[547] Im Anschluss an seine Zeit auf einer Koranschule studierte er in Unterägypten an der Hochschule dār al-ʿulūm und schloss dieses Studium 1939 mit dem Lizentiat ab. Seine an der dortigen geisteswissenschaftlichen Fakultät unter der Leitung eines Abduh-Schülers vorbereitete Dissertation wurde abgelehnt, weil er behauptete, die Erzählungen im Koran hätten – auch wenn sie sich auf historische oder legendarische Ereignisse bezögen – keinen historischen, sondern nur einen rein literarischen Charakter. Der Islam dürfe daher nicht politisch instrumentalisiert werden. Chalaf Allah blieb gleichwohl Teil des Lehrkörpers, promovierte zu einem anderen Thema und wirkte als Koranexeget und Buchautor. Chalaf Allah war linksnationalistisch engagiert, wandte sich aber gegen Nationalismen europäischen Ursprungs.[548] Da der Sozialismus die Arbeit zur Grundlage der Erneuerung mache, sah er Gemeinsamkeiten mit dem koranischen Menschenbild, wonach der Mensch nur Mensch sei, sofern er arbeite.[549]

Ebenso wie Chalaf Allah bekleidete auch der Algerier Muhammad al-Bashir al-

Ibrahimi (1889-1964) keine Funktion an der al-Azhar. Er war politisch unabhängig und ein scharfer Kritiker des französischen Kolonialismus und seiner algerischen Unterstützer.[550] Nach dem Besuch der Koranschule verließ er Algerien und ging nach kurzer Gasthörerschaft an der al-Azhar nach Medina, wo er seine religiösen Studien beendete.[551] 1920 kehrte er nach Algerien zurück und wurde zur treibenden Kraft der dortigen islamischen Renaissance. al-Ibrahimi sah sich selbst als Reformer. Eine Erneuerung des Islam sei notwendig und müsse mit

547 L. Wick a.a.O., S. 138.

548 Chalaf Allah zit. nach L. Wick a.a.O., S. 159.

549 Chalaf Allah zit. nach L. Wick a.a.O., S. 155.

550 L. Wick a.a.O., S. 144.

551 L. Wick a.a.O., S. 144, 145.

dessen Säuberung von Aberglauben und Neuerungen als den Ursachen seiner Rückständigkeit beginnen.[552] 1931 war er Mitbegründer der „Vereinigung der muslimischen Geistlichen Algeriens", die für die Unabhängigkeitsbewegung und islamische Erneuerung Algeriens eine wichtige Rolle übernehmen sollte.[553] al-Ibrahimi war Verfasser zahlreicher Reden und Aufsätze, in denen er sich als Befürworter der arabischen Sprache und Kultur einsetzte. Er engagierte sich auch politisch und unterstützte später von Ägypten aus den bewaffneten Kampf gegen die Franzosen. Die Erneuerung des Islam war für ihn Motivation und Voraussetzung, breite Bevölkerungskreise auf den antikolonialen Kampf einzustimmen mit dem Ziel, die Unabhängigkeit Algeriens wieder herzustellen.[554]

4.4.2 Inhaltliche Auswertung

Von keinem der vier genannten Religionsgelehrten wurde die Bedeutsamkeit des Islam als zentrale und umfassende Erkenntnisquelle für die universelle und weltliche Lebensordnung in Frage gestellt. Allen ging es – geprägt von Abduh[555] – um die Bewältigung der Gegenwartsprobleme ihrer Zeit mittels einer Revitalisierung des Islam durch die Rückkehr zu seinem wahren (al-Ibrahimi) bzw. authentischen Kern (Shaltut). Angesichts dieser Ausgangsposition durfte man auf den Umgang mit wesentlichen konstitutionellen Grundlagen gespannt sein. Dies insbesondere auch deshalb, weil alle vier Autoren deutlich machten, dem Idschtihad, also eigenen und neuen Bewertungen jedenfalls im Ansatz aufgeschlossen gegenüberzustehen.

552 al-Ibrahimi zit. nach L. Wick a.a.O., S. 146.
553 L. Wick a.a.O., S. 145.
554 L. Wick a.a.O., S. 147, 148.
555 L. Wick a.a.O., S. 164 bezeichnet Abduh als spiritus rector aller vier. Näheres vgl. dort S. 140 (Shaltut), S. 161 f. (Tantawi), S. 154 (Chalaf Allah) und S. 146 (Ibrahimi).

4.4.2.1 Idschtihad

Darunter wird die Ausübung des freien Ermessens verstanden.[556] Tantawi bejaht deren Erforderlichkeit auch in der Gegenwart.[557] Ganz allgemein betonte er die Pflicht zum freien Ermessen bei gesetzlichen Urteilen.[558] Darüber hinaus sei der Idschtihad zu jeder Zeit Pflicht gewesen, weil es regelmäßig Neues gegeben habe. Es sei ihm ein Rätsel gewesen, warum er in der Gegenwart mit ihrer Fülle an Neuem so steril geblieben sei.[559] Seine eigenen Ansätze im Konkreten blieben allerdings weithin unklar. Anders die Grenzen. Gegenteilige Ansichten zu Angelegenheiten, zu denen in der Vergangenheit bereits Einmütigkeit (Konsens) hergestellt wurde, überschritten für Tantawi die Grenzen des Erlaubten.[560] Die Grundlagen der Scharia ließ er unberührt.[561] Als Ansatz für Idschtihad kann gewertet werden, die Vernunft als Erkenntnisquelle nicht auszuschließen. Nach seiner Ansicht würde ihr rechter Gebrauch unweigerlich zur Annahme des Islam führen. Der vernünftige und mündige Mensch sei einfach muslimisch.[562]

Den Gedanken, dass der Mensch erst durch den Koran mündig werde, greift auch Chalaf Allah auf,[563] ebenso den Aspekt der Vernunft, wobei deren Zuordnung aber – wie bei Abduh – offenbleibt. Kritisiert wird lediglich die Haltung vieler Muslime, an die Vernunft zu appellieren, sie aber im Zusammenhang mit dem Koran nicht anzuwenden.[564] Ch. Allah stellt zunächst heraus, Dogmen hinsichtlich der Verehrung Gottes hätten unangetastet zu bleiben. Der Mensch könne nicht

556 L. Wick, Islam und Verfassungsstaat, S. 161.
557 Tantawi zit. nach L. Wick a.a.O., S. 162.
558 L. Wick a.a.O., S. 161.
559 Tantawi zit. nach L. Wick a.a.O., S. 162.
560 Tantawi zit. nach L. Wick a.a.O., S. 161.
561 Tantawi zit. nach L. Wick a.a.O., S. 162.
562 Tantawi zit. nach L. Wick a.a.O., S. 164.
563 Chalaf Allah zit. nach L. Wick a.a.O., S. 156, der daraus ableitet, dass auch Chalaf Allah der Vorstellung von der muslimischen Urnatur des Menschen (fitra) anhängt.
564 Chalaf Allah zit. nach L. Wick a.a.O., S. 150.

erlauben, was Gott nicht zugelassen habe.[565] Erlaubt sei daher, was wörtlich mit dem Koran belegt werden könne.[566] Über solche offenbarten Aussagen könne nicht verhandelt werden.[567] Darüber hinaus ließ sein Umgang mit dem Koran mittels der von ihm gebrauchten semantischen Textauslegung jedoch Spielräume für Neuinterpretationen.[568] Jenseits der Vorschriften zur Gottesverehrung sei nach seiner Auffassung alles erlaubt, was Koran und Sunna nicht ausdrücklich verboten hätten.[569] Der Aspekt, dass nur Gott Verbote aussprechen könne, sei von zentraler Bedeutung. Verbote, die nicht ausdrücklich in Koran und Sunna zu finden seien, würde jegliche Legitimation fehlen.[570] Chalaf Allah war überzeugt davon, dass es der Koran den Menschen überlasse, auf der Grundlage von Recht, Gerechtigkeit und des allgemeinen Nutzens (das sog. maslaha-Prinzip als Rechtsquelle[571]) die Herausforderungen ihrer Zeit bewältigen zu können.[572] Die Gläubigen seien dem Propheten Muhammad somit nicht in seiner Eigenschaft als damaligem weltlichen Herrscher zum Gehorsam verpflichtet gewesen, sondern nur in seiner Eigenschaft als Gesandter und Prophet.[573] Konsensual durchgesetzt hat sich die Sicht von Ch. Allah indes nicht.

Dass bei Shaltut und al-Ibrahimi offenbar nichts Allgemeines zum Idschtihad zu finden war, mag sich aus ihren sonstigen Positionierungen ableiten.

---

565 Chalaf Allah zit. nach L. Wick a.a.O., S. 153.
566 Chalaf Allah zit. nach L. Wick a.a.O., S. 154.
567 Chalaf Allah zit. nach L. Wick a.a.O., S. 151.
568 L. Wick a.a.O., S. 151.
569 Chalaf Allah zit. nach L. Wick a.a.O., S. 154.
570 L. Wick a.a.O., S. 154.
571 Vgl. oben, S. 24, Fn. 25.
572 Chalaf Allah zit. nach L. Wick a.a.O., S. 151.
573 Chalaf Allah zit. nach L. Wick a.a.O., S. 152. Dies gleicht der Sicht von al-Raziq, vgl. S. 150 f.

4.4.2.2 Einheit von Religion und Staat

Am ehesten konnte Chalaf Allah dem säkularen Anliegen der Trennung von Religion und Staat einiges abgewinnen.[574] Wie schon al-Raziq vor ihm trennte er das Religiöse (im europäischen Sinne) von der weltlichen Gestaltbarkeit und Macht. Beide seien bis zum Propheten Muhammad durch Gott legitimiert gewesen. Schon Muhammad habe Befehlsgewalt aber nur in religiösen Angelegenheiten gehabt und sich auch selbst nicht als weltlicher König verstanden. Daher könne man nicht sagen, dass der Islam Religion und Staat sei.[575] Vielmehr hätten die politischen Herrscher nach Muhammad ihre Macht vom Volk erhalten. Abu Bakr sei von diesem erst nach langem Hin und Her und dabei aus Gründen der Vernunft gewählt worden. Auch die Legitimation der weiteren Kalifen sei nicht von Gott abgeleitet gewesen, sondern von menschlichen Entscheidungen.[576] Der koranische Staat sei als Bürgerstaat zu verstehen, der auch sozial sei, da der Koran den Menschen die soziale Befreiung gebracht habe.[577]

Die anderen drei Gelehrten bestätigten dagegen die im Islam vorherrschende Annahme der Einheit von Religion und Staat. Für al-Ibrahimi war alles, was in Koran und Sunna stehe, die Religion.[578] Das Besondere an seiner Position war allerdings, dass er zwar nachdrücklich die islamische Gerichtsbarkeit als Teil der Religion und des Staates ansah, umstandsbedingt aber für Algerien eine Trennung der Regierung von der Religion forderte. Die Regierung habe schwere Fehler und Versäumnisse begangen und sich von der französischen Kolonialmacht instrumentalisieren lassen. Sie habe den Islam nicht geschützt.[579] Deren Trennung von der Religion sei daher erforderlich, weil ein nicht-islamischer Staat den Islam dominieren wolle. In diesem Falle dürfe er sich in religiöse

574 L. Wick a.a.O., S. 160.
575 L. Wick a.a.O., S. 152.
576 Chalaf Allah zit. nach L. Wick a.a.O., S. 153.
577 Chalaf Allah zit. nach L. Wick a.a.O., S. 156.
578 al-Ibrahimi zit. nach L. Wick a.a.O., S. 146, 147.
579 al-Ibrahimi zit. nach L. Wick a.a.O., S. 147.

Angelegenheiten daher nicht einmischen. Vielmehr seien Freiheit und Unabhängigkeit für den Islam zu fordern, solange der Staat nicht die explizit geforderte islamische Rechtsordnung gewährleisten könne.[580]

Auch Tantawi wies dem Islam mit seiner Scharia innerhalb des Staates eine große Bedeutung zu.[581] Zu sprechen kam er auch auf die Pflicht zum Dschihad. Muslime hätten die Pflicht, sich gegen die Feinde des Islam zu rüsten. Daraus folge auch die Pflicht, moderne Waffen herzustellen, welche besser als die ihrer Feinde seien. Der starke Gläubige werde von Gott mehr geliebt als der schwache. Der Dschihad dürfe allerdings nur zum Zwecke der Verteidigung geführt werden.[582] Am deutlichsten zur Einheit von Religion und Staat wurde allerdings Shaltut. Aus seiner Sicht war es äußerst schwierig, zwischen Religion und Politik zu unterscheiden, Staat und Religion seien sehr stark miteinander verbunden. Ein islamischer Staat ohne Religion sei ebenso unvorstellbar wie anzunehmen, dass die islamische Religion ohne Interesse für Gesellschaft und Politik sei – dann wäre es nicht der Islam. Im Islam könne es daher keine Trennung von Religion und Staat geben, es sei denn, man könnte den Geist vom Leib des lebendigen Menschen abtrennen, ohne ihn zu töten.[583]

Diese orthodoxe Sicht auf die Dinge fand sich ebenso bei der Frage nach der Notwendigkeit einer Verfassung. Für Shaltut waren alle Regeln – auch in politischen und staatlichen Angelegenheiten – Sache des Schöpfers. Mit Blick auf Rousseaus „contract social" und Montesquieus Gewaltentrennung führte er aus, es erfordere keine von Menschen erdachten politischen Theorien, weil der Islam das Wohl der Menschen in allen Angelegenheiten des Lebens wolle. Der Staat sei vom Standpunkt des Islam ein moralischer Staat. Seine geschriebene Verfassung (der Koran) gelte ewig.[584] Der Koran sei eine allgemeine, ewige und

580 al-Ibrahimi zit. nach L. Wick a.a.O., S. 149.

581 M. Tantawi zit. nach L. Wick a.a.O., S. 164.

582 M. Tantawi zit. nach L. Wick a.a.O., S. 163 f.

583 M. Shaltut zit. nach L. Wick a.a.O., S. 142 f.; diese Aussage entspricht im Ergebnis der von Abduh, vgl. S. 145 f.

584 M. Shaltut zit. nach L. Wick a.a.O., S. 142.

unveränderliche Verfassung, er sei die vollkommenste Richtlinie von Gott zum Wohle der Menschen in dieser Welt und im Jenseits.[585] Shaltut verstand unter einer Verfassung also keinen autonomen Text, sondern dieser Begriff war für ihn ein anderes Wort für die Prinzipien des Koran.[586]

4.4.2.3 Individuelle Freiheitsrechte

Dem entsprechend dürfte auch Shaltuts Haltung zu den individuellen allgemeinen Freiheitsrechten gewesen sein. Einen Anspruch auf solche Rechte gegenüber Gott dürfte er angesichts der aufgezeigten Grundhaltung nicht angenommen haben. Daher schwieg er dazu.[587] Die Freiheit der Partnerwahl wurde allerdings ausdrücklich verneint. Muslimische Frauen dürften nur Muslime heiraten.[588] Würde die Wahl eines muslimischen Mannes auf eine nicht-muslimische Frau fallen, so wurde offenbar davon ausgegangen, dass sie dem Mann der Tradition gemäß Gehorsam leistet und konvertiert. Religionsfreiheit war für Shaltut zwar ein hohes Gut[589], er dürfte darunter aber nur die Freiheit verstanden haben, sich zum Islam zu bekehren. Anders beurteilte er die Freiheit, aus dem Islam auszutreten. Die Befolgung der Religion sei eine Pflicht und ein Individuum habe nicht die Wahl, sie zu verlassen oder sich von ihr zu trennen.[590] Dies mache ihn zum Atheisten. In diesem Zusammenhang billigte er auch alle Konsequenzen, die sich aus diesem neuen Status ergaben, bspw. die Ehescheidung, den Verlust des Erbrechts und selbst die Tötung des Apostaten.[591]

585 M. Shaltut zit. nach L. Wick a.a.O., S. 143.
586 L. Wick a.a.O., S. 144.
587 L. Wick a.a.O., S. 141, 144.
588 L. Wick a.a.O., S. 144.
589 L. Wick a.a.O., S. 143.
590 M. Shaltut zit. nach L. Wick a.a.O., S. 142.
591 M. Shaltut zit. nach L. Wick a.a.O., S. 141 („Man schone sein Blut nicht.“); L. Wick a.a.O., S. 141 und 144.

Auch hinsichtlich der Gleichheit waren bei Shaltut deutliche Divergenzen zum europäischen Verfassungsverständnis festzustellen. Er ging nicht von einer bürgerrechtlichen Gleichheit vor dem Gesetz aus. Sein auf den Koran bezogenes Gleichheitsverständnis bezog sich nur darauf, dass dieser den Menschen vor Gott nicht nach Geschlecht, Hautfarbe oder sozialer Gruppenzugehörigkeit unterscheidet. Auf die Ungleichbehandlung der Ungläubigen vor Gott (also der meisten Andersgläubigen und der sonstigen Ungläubigen) sowie innerhalb des weltlichen islamischen Rechtssystems ging er nicht ein.[592] Die theologische Herausforderung des Islam durch die modernen Verfassungsprinzipien blieb schlicht unbehandelt.

Tantawi kam auf verfassungsrechtlich relevante Fragen deutlich seltener als die anderen Gelehrten zu sprechen. Aus Sure 2/256 (es gibt keinen Zwang in der Religion) schlussfolgerte er allerdings eine umfassende Garantie der Religionsfreiheit, weil gemäß diesem Vers der Glaube nicht erzwungen werden könne.[593] Andererseits zitierte er den Propheten mit den Worten, dass es ihm befohlen sei, die Leute, welche die islamische Verbreitung bekämpfen und den Muslimen gegenüber feindlich gesinnt sind, solange zu bekämpfen, bis sie bekennen, dass es nur den Gott des Islam gibt.[594] Das Problem der Apostasie relativierte er insofern, als derjenige, der unter Zwang seinen Glauben aufgebe, ihm im Herzen weiterhin die Treue halten könne. Dann sei er nicht mehr als Abtrünniger anzusehen.[595] Andere individuelle Freiheitsrechte blieben unbehandelt, weil insoweit ein negativer Konsens aus früherer Zeit bestanden habe, den Tantawi nicht anzweifelte. Die Grundlagen der Scharia blieben bei ihm unberührt.[596]

Auch al-Ibrahimi thematisierte freiheitsrechtliche Aspekte der politischen Moderne kaum. Aus seinen apologetischen Ausführungen zum Islam ließ sich daher ableiten, dass ihm verfassungsrechtlich

592 L. Wick a.a.O., S. 143.
593 M. Tantawi zit. nach L. Wick a.a.O., S. 163.
594 M. Tantawi zit. nach L. Wick a.a.O., S. 163.
595 M. Tantawi zit. nach L. Wick a.a.O., S. 163.
596 L. Wick a.a.O., S. 162.

garantierte Freiheitsrechte kein wirkliches Anliegen gewesen sind.[597] Der Religionsfreiheit stand er sogar erkennbar ablehnend gegenüber. Dass anderen Religionen Respekt entgegengebracht werden solle, sei eine Intrige der christlichen Europäer, die dazu diene, die Unterwerfung der muslimischen Gläubigen zu begünstigen und ein Hemmschuh für den geistigen Fortschritt der menschlichen Zivilisation (hin zum Islam).[598] Auch der Gedanke der bürgerrechtlichen Gleichheit schien ihn nicht überzeugt zu haben. Die klassische Aufteilung der Menschen in gläubige Muslime und andere blieb unhinterfragt. Der Schutzbefohlenen-Status der anderen Schriftbesitzer (als Dhimmis) bereitete ihm keine Probleme, weil diese aus seiner Sicht alle Rechte als Muslime hätten, nicht aber alle Pflichten.[599] Auf den Status anderer Ungläubiger ging er nicht ein.[600]

Gesichtspunkte, die im aufgezeigten Zusammenhang erwähnenswert sind, fanden sich schließlich nicht zuletzt bei Chalaf Allah. Dieser war davon überzeugt, dass allein der Koran in der Lage sei, die liberalen verfassungsrechtlichen Garantien der Freiheit, Verantwortung, Demokratie und des friedlichen Zusammenlebens der Menschen zu vermitteln. Dabei stützte er sich auf den „Tafsir al-Mannar" von Muhammad Abduh, den er für die beste Ausführung dazu hielt.[601] Der Islam habe den Menschen Freiheiten auf religiöser, politischer und sozialer Ebene gebracht. Er habe die menschliche Vernunft von Göttern, Mönchen, Priestern, Wahrsagern und Sterndeutern befreit.[602] Im Konkreten machte Ch. Allah allerdings deutlich, den vom Islam vorgegebenen Rahmen nicht wirklich zu verlassen, sondern Freiheitsrechte inhaltlich aus islamischer Sicht zu konkretisieren. Bei der Thematisierung der Ehe zwischen Gatten unterschiedlicher Religionen kam er zu dem Ergebnis, dass die Ehe zwischen einem Muslim und einer Schrift-

---

597 L. Wick a.a.O., S. 148.
598 al-Ibrahimi zit. nach L. Wick a.a.O., S. 149.
599 al-Ibrahimi zit. nach L. Wick a.a.O., S. 148.
600 L. Wick a.a.O., S. 148.
601 Chalaf Allah zit. nach L. Wick a.a.O., S. 154.
602 Chalaf Allah zit. nach L. Wick a.a.O., S. 155.

besitzerin (Jüdin, Christin) gültig sei. Über die Ehe einer Muslima mit männlichen Schriftbesitzern werde nichts ausgesagt, auch nicht über Ehen mit Angehörigen anderer Religionen etwa in China, Japan oder Indien. Der Ehe eines Muslims mit einer Frau aus diesen Ländern stehe aber nichts im Wege, zumal die Gattin zum Übertritt zum Islam bewogen werden könne.[603] Die Ehe einer Muslima mit Männern anderer Religionen blieb bei C. Allah unbeantwortet.

Das friedliche Zusammenleben zwischen den Religionen hatte für Ch. Allah eine besondere Bedeutung.[604] Gleichwohl gab es für ihn Grenzen. Zwar wurde dem Juden- und Christentum die himmlische Abstammung zuerkannt, woraus sich Toleranzgebote ableiten ließen und das Zusammenleben von Muslimen, Juden und Christen als unproblematisch erklärt werden konnte. Entsprechendes mit Polytheisten und Heiden anzunehmen, erschien Ch. Allah aber undenkbar. Diese hatten aus seiner Sicht lediglich die Möglichkeit, den Islam anzunehmen oder den Tod zu erleiden.[605]

Ähnliches lässt sich hinsichtlich des Gleichheitsgebots feststellen. Ch. Allah führt dazu nur aus, dass der Koran keine Unterschiede mache zwischen Geschlecht, Sprache und anderen Schriftreligionen. Immerhin spricht er sich insoweit dafür aus, Christen und andere Nicht-Muslime ohne Bedenken zu den Autoritäten zu zählen, die man als Experten bei Beratungen hinzuziehen könne.[606] Heiden und Polytheisten dürften hierbei jedoch ebenfalls keine Rolle gespielt haben. Ch. Allah schweigt offenbar hierzu, ebenso wie zum Komplex der bürgerrechtlichen Gleichbehandlung.

603 Chalaf Allah zit. nach L. Wick a.a.O., S. 158.
604 L. Wick a.a.O., S. 157.
605 Chalaf Allah zit. nach L. Wick a.a.O., S. 158 und L. Wick ebendort.
606 Chalaf Allah zit. nach L. Wick a.a.O., S. 157.

4.4.2.4 Staat und Demokratie

Aus dem Handeln des Propheten vermochte Ch. Allah sowohl eine Staatsgründung in Medina als auch eine legislative Gewalt mit gesetzgebenden Institutionen, eine exekutive Gewalt und eine oberste Verfassungsgerichtsbarkeit abzuleiten.[607] Der Islam habe damit zum Verschwinden bisheriger religiöser Staaten beigetragen und sie durch den zivilen und demokratischen Staat ersetzt. Dessen Präsident erlange die Regierungsgewalt im Namen des Volkes, durch dessen Wahl und zu dessen Wohl.[608] Dem Menschen jede legislative Autorität abzusprechen und allein die Souveränität Gottes anzunehmen, sei eine politische Konzeption, die sich so im Koran nicht finde, ebenso wie der dafür verwendete Begriff Hākimīya.[609] Womit er al-Maududi widersprach.

Der Prophet habe Demokratie gepredigt, aber kein politisches System hinterlassen, damit die Gemeinschaft der Gläubigen frei wählen könne, was ihnen den Lebensumständen gemäß als passend erscheine.[610] Daher habe al-Afghani beim türkischen Kalifen für den Erlass einer Verfassung und für eine demokratische Regierung plädiert.[611] Gleichwohl wurde die theologische Dimension der verfassungsstaatlichen Ordnung von Ch. Allah in seinem Buch „Der Koran und der Staat“ trotz vielversprechender Gliederung nicht vertiefend behandelt. Der Autor blieb nach Auffassung von Lukas Wick eine inhaltliche Auseinandersetzung weitgehend schuldig.[612]

Im Mittelpunkt des Demokratiegedankens stand für Ch. Allah das Beratungsprinzip (schura) nach Sure 42/38, das hierdurch ausreichend legitimiert sei. Alle weltlichen Herrscher und auch die Leute des Bindens und Lösens[613] seien verpflichtet, sich von den entsprechenden

607 Chalaf Allah zit. nach L. Wick a.a.O., S. 159.
608 Chalaf Allah zit. nach L. Wick a.a.O., S. 155.
609 Chalaf Allah zit. nach L. Wick a.a.O., S. 152.
610 Chalaf Allah zit. nach L. Wick a.a.O., S. 157.
611 L. Wick a.a.O., S. 157.
612 L. Wick a.a.O., S. 159.
613 L. Wick a.a.O., S. 153, 154.

Experten beraten zu lassen. Bereits der Prophet Muhammad sei danach vorgegangen.[614] Diese Beratungspflicht war für Ch. Allah gleichbedeutend mit den Prozeduren des neuzeitlichen Parlamentarismus.[615] Die erforderlichen Spezialisten bzw. Experten waren nach seiner Ansicht aus den Reihen der Ulama, der Generäle, der Großbauern und -Händler, der Wissenschaftler, Direktoren, Parteivorsitzenden, Mediziner, Rechtsanwälte und Ingenieure sowie aus den Reihen jener auszuwählen, denen die Umma Vertrauen schenke.[616] Wie die Beratung im Einzelnen gestaltet werden und welche Auswirkung bzw. Bindewirkung sie haben sollte, blieb bei Chalaf Allah unbehandelt.[617]

4.5 Fazit und Schlussfolgerungen

In unterschiedlicher Hinsicht lassen sich die in diesem Abschnitt vorgestellten Persönlichkeiten mit dem Begriff Reformislam verbinden. Dabei mag bei einem Teil der Leser die Annahme mitschwingen, es handele sich um eine Entwicklung weg von den eher verstörenden Aussagen des Islam hin zu einem Denken, das mit dem hiesigen vergleichbar ist und zur europäischen Säkularität führen könnte. Die Analyse der aufgezeigten Beschäftigungen mit dem Islam während der letzten ca. 200 Jahre ergibt allerdings einen anderen Befund.

Zunächst ist festzustellen, dass alle hier aufgeführten Autoren den Koran selbst unberührt und unhinterfragt gelassen haben. Dazu zählt der Glaube an die Welt des Verborgenen mit Gott, der wohlverwahrten Tafel, dem Paradies, einer Art Zwischenwelt, dem Höllenfeuer sowie dem unbekannten Tag des Jüngsten Gerichts. Hinzu kommt die Überzeugung, dass der Koran Gottes unmittelbares Wort ist, das durch Muhammad offenbart wurde. Daraus ergibt sich die Schöpfungs-

614 L. Wick a.a.O., S. 154.
615 L. Wick a.a.O., S. 155.
616 Chalaf Allah zit. nach L. Wick a.a.O., S. 153.
617 L. Wick a.a.O., S. 154.

geschichte und die muslimische Urnatur des Menschengeschlechts (fitra). Aus letzterer wird abgeleitet und von wichtigen muslimischen Denkern unwidersprochen bis heute betont (Chalaf Allah, S. Tantawi), dass erst der Koran mittels des Verstandes zur unbeschränkten Mündigkeit des Menschen führt. Zudem sei es die Pflichtaufgabe des Menschen, Gott zu dienen sowie ihm und dem Propheten Muhammad zu gehorchen. Das Religionsverständnis des Islam blieb bei allen Autoren auch insoweit unverändert, dass alles im Koran Stehende die Religion sei. Diese Sicht ist hochbedeutsam, denn sie schließt nicht nur die auf den Glaubenskult bezogenen Gesetze mit ein, sondern auch diejenigen, die hinsichtlich des weltlichen Lebens zu beachten sind. Der Koran beansprucht von daher aus maßgebendem Munde bis heute unverändert, eine umfassende Lebensordnung zu enthalten, aus der sich alle konkretisierenden Details ableiten lassen.

Politisch verband sich mit dem sog. Reformislam von Anbeginn eine antieuropäisch-westliche Ausrichtung. Schon bei Rifa'a Tahtawi durfte die Offenheit seiner Schilderungen über das damalige Frankreich und die teilweise Bewunderung des Kennengelernten nicht darüber hinwegtäuschen, dass er fest im Islam verwurzelt blieb. Seine Ausführungen sollten dazu dienen, seine Landsleute aus ihrer selbstgefälligen Schläfrigkeit zu lösen und sie zur Nachahmung anzuregen, soweit es um den technisch-wissenschaftlichen Fortschritt ging. Aus dem politischen Leben griff er nur das vorsichtig auf, was auf Machtkontrolle und Legitimation abzielte, also Dinge, die auch für „zu Hause" interessant erschienen. Ansonsten erkannte er die Nützlichkeit der modernen Schulerziehung, um mit deren Hilfe Anschluss an die Fähigkeiten der Europäer zu finden, aber auch die eigene Identität bewahren und den Wert der eigenen Kulturgüter einschätzen zu können.

al-Afghani und Abduh führten diese Linie fort, zusätzlich motiviert durch ihre antikolonialistische Grundausrichtung. Im muslimischen Raum führte sie inzwischen auch weitgehend zum gewünschten Erfolg. Abduhs Interpretation des Islam als Verstandesreligion ist dabei von gar nicht zu unterschätzender Bedeutung für die geistige Auseinandersetzung mit den Europäern und das muslimische Selbstverständnis gewesen. Nun konnte argumentiert werden, über eine auch rational überlegene Religion zu verfügen.

Im Ergebnis schufen al-Afghani und Abduh die Grundlagen für alle späteren muslimischen Denker, die Immunisierung der Muslime gegenüber den „westlichen“ Einflüssen befördern und dies durch eine Revitalisierung des Islam ergänzen zu können. Ihre Kritik an der kompliziert gewordenen Schrifttumslage der vergangenen Jahrhunderte führte zurück zum Wortlaut des Koran und zur Glaubensüberzeugung der frommen Altvorderen. Aus beidem sollte die Kraft geschöpft werden, dem aktuellen Islam die Dynamik jener Zeit wieder einzuhauchen. Es ging ihnen und ihren Schülern also nur partiell um eine Nachahmung westlicher Standards. Der „Fortschritt“ sollte korankonform übernommen werden, soweit er zu Stärke und Macht führte (Tahtawi, al-Afghani, Abduh, Rida, al-Raziq). Den vorgestellten Autoren der Reformbewegung ging es daher überwiegend, und angelehnt an den Urislam, um einen Weg hin zur eigenen religiösen Mitte. Es ging darum, den Islam von europäischen bzw. westlichen Einflüssen aus der Kolonialzeit zu reinigen.

In Auswertung der zitierten Religionsgelehrten ergibt sich des Weiteren, dass eine Annäherung an europäisch-westliche Verfassungsstandards lediglich im Formalen verharrte. Die sich aus dem Koran und der Scharia oder aus früheren Konsensbildungen ergebenden Grenzen standen der Übernahme der inhaltlichen Voraussetzungen entgegen.

Zunächst bedeutete dies, dass für Koran und Sunna – überwiegend und entsprechend der herrschenden Lehrmeinung – strukturell keine elementaren Vakanzen hinsichtlich der weltlichen Staatlichkeit angenommen wurden. Dass die Menschen bei der Gestaltungs- und Entscheidungsfindung eine staatsbezogen eigenständige Freiheit besäßen, weil die staatliche Macht und auch das Kalifat nicht Teil der Offenbarung gewesen seien (al-Raziq, Chalaf Allah) erwies sich als nicht konsensfähig. Gleiches galt – selbst unter Beachtung von Geboten oder Verboten des Koran – für die Annahme einer umfassenden Kompetenz des Menschen für legislative Regelungen. Der Gedanke der göttlichen Allmacht blieb auch insoweit unangetastet, ebenso die Vorstellung, dass Staat und Politik im Islam integraler Bestandteil der

Religion seien. Dementsprechend blieb es auch bei der anti-säkularen Grundhaltung.[618]

Die Vernunft als eigenständige menschliche Erkenntnisquelle zu betrachten, hat sich auch im Rahmen des „Reformislam“ nicht durchgesetzt, auch wenn der Begriff vereinzelt Verwendung fand.

Immerhin aber waren Teile der konstitutionellen Standards – wenngleich unterschiedlich ausgeprägt – machtpolitische Realität in der muslimischen Welt geworden. Vieles drehte sich um *Verfassungen, Demokratie, Souveränität und Freiheitsrechte.* Der relativ breit aufgestellte Appell an den Idschtihad hat allerdings kaum zu mutigen Definitionsentwürfen und staatsrechtlichen Thesen geführt. Ansätze dazu lassen sich lediglich bei al-Raziq und Chalaf Allah finden. Ansonsten macht sich Ernüchterung breit. Bei den angesprochenen Religionsgelehrten war zudem auffällig, dass sie den (wesentlich europäischen) Entwicklungsprozess hin zu diesen Begriffen nicht aufnahmen oder sogar als nicht nachahmenswert (al-Afghani) ablehnten.

Feststellbar war auch die Tendenz, Begrifflichkeiten pauschal als gegeben anzusehen, sie islamisch umzudeuten, Bezüge zu verändern oder sie mit dem Koran abzulehnen.

Die *Souveränität*, die al-Maududi weithin unwidersprochen allein Gott zuweist, lässt Volkssouveränität schlicht nicht zu[619] und fällt damit als autonome Legitimitätsquelle legislativen menschlichen Handelns aus. Ein im Sinne des Islam religiös legitimierter Staat kann Relativierungen zudem kaum zulassen.[620] Im staatlichen Miteinander verbleibt allerdings die Unabhängigkeit von fremden Machteinflüssen.

618 Am Beispiel der muslimischen Siedlungsbereiche, die nach dem Zerfall der UdSSR wieder selbständig wurden und einen Großteil der aufoktroyierten säkularisierten Strukturen rückabwickelten, konnte diese Haltung auch für die Lebenswirklichkeit belegt werden. Hinweise bei P. Heine, Islam-Lexikon A-Z, S. 520. Die aktuelle Abwendung der Türkei von den laizistischen Entscheidungen Atatürks veranschaulicht dies ebenfalls, ebenso wie die Entwicklung im Iran seit Khomeini.

619 M. Rohe, Das islamische Recht, S. 245.

620 A. Meier, Der politische Auftrag des Islam, S. 188.

Demokratie wird als eine denkbare Form der Staatslegitimation bewertet. Sie erscheint als Recht der Muslime (!), das Staatsoberhaupt oder die Leute des Bindens und Lösens (Chalaf Allah) zu wählen. Nicht verstanden wird darunter aber die Wahl von Abgeordneten durch alle Staatsbürger, die frei und unabhängig in der Wahl ihrer Aufgabenstellung und der zu treffenden Entscheidungen sind. Als Beleg für die Verankerung der Demokratie im Koran wird häufiger auf das in Sure 42/38 angesprochene Gebot einer fortwährenden Beratung (Schura) untereinander hingewiesen (Chalaf Allah). Teilweise gilt sie als Frühform des modernen Parlamentarismus (Abduh, Ch. Allah) und als wesentliches Merkmal der Demokratie (R. Tahtawi). Gleichwohl dürfte sich die Beratung im Rahmen dessen zu bewegen haben, was Koran und Sunna erlauben. Angesprochen sind in benannter Koranstelle die, die auf ihren Herrn hören und das Gebet verrichten. Soweit es um die Beratung des Staatsoberhauptes geht, bleiben Einzelheiten und Verfahrensfragen ungeklärt oder im Dunkeln.[621] Erkennbar ist immerhin, dass das Staatoberhaupt seine Befugnisgrenzen nicht aus menschlichen Gesetzen, sondern aus dem Koran und der Sunna erfährt.[622]

Der Begriff der *Verfassung* wird weithin nicht als autonomes Regelwerk angesehen, sondern als durch Gott vorgegeben (S. Tantawi, Ch. Allāh, M. Shaltut).[623] Als Begriff sei sie jedoch islamisch adaptierbar (R. Tahtawi) oder sollte gleich eine islamische Verfassung sein (H. al-Banna). Auch hier verbleibt wenig Spielraum für säkulares Handeln. Gleichwohl wurden neben der Exekutive und der Schura auch Anhaltspunkte für eine Gerichtsbarkeit ausgemacht (Chalaf Allah).[624] Die Adaption von europäischen Verfassungselementen erschien vertretbar im Hinblick auf die Machtbeschränkung des Staatsoberhauptes sowie bei der Einräumung konstitutioneller Freiheitsrechte für die einzelnen Muslime zur Delegitimierung der Herrschaft aufgrund unislamischen Verhaltens.

621 L. Wick, Islam und Verfassungsstaat, S. 154 f.

622 A. Meier a.a.O., S. 188.

623 L. Wick a.a.O., S. 164.

624 Als Fundstelle für die Judikative dürfte die Sure 5/42-48 in Betracht kommen.

Die Anmerkungen zum Verfassungsbegriff prägen auch den Bereich der individuellen *Freiheitsrechte.* Deren Fehlen im Koran bestätigte bereits R. Tahtawi. Auch die Religionsgelehrten al-Afghani, Abduh, al-Raziq und Rida teilten diese Sicht, ebenso wie al-Banna, M. Shaltut und S. Tantawi, der sich dabei auf einen früheren negativen Konsens berief. Zwar hat sich der Mensch nur Gott zu unterwerfen und gilt ansonsten als Niemandem untertan (al-Raziq). Er hat aber auch Gott zu dienen sowie ihm und Mohammed zu gehorchen. Eigene Rechte bestehen daher nur dort, wo Koran und Sunna sie einräumen. Von einem individuellen Recht des Einzelnen auf freie Persönlichkeitsentfaltung ist dem Koran nichts zu entnehmen. Soweit Religionsgelehrte von Freiheit sprechen, meinen sie folglich grundsätzlich nicht die Freiheit, irgendetwas zu tun, sondern sie meinen damit die Freiheit von Unrechtsherrschaft oder Unterdrückung durch andere Menschen oder Völker. Ansonsten werden autonome individuelle (Menschen-) Rechte weitgehend nicht behandelt, weil sie dem Menschen von Gott nicht eingeräumt wurden. Dies erscheint in sich als schlüssig, weil in der eigenständigen Beanspruchung von Rechten eine Gleichstellung mit Gott gesehen werden könnte. Diese Form von Beigesellung ließe den Menschen aus muslimischer Sicht mit allen Konsequenzen zum Ungläubigen werden.

Das Spannungsfeld, in dem man sich bewegt, lässt sich exemplarisch am Beispiel der *Religionsfreiheit* darstellen. Sie gilt allgemein als hohes Gut (Shaltut) und leitet sich für S. Tantawi unmittelbar aus Sure 2/256 ab, wonach es in der Religion keinen Zwang gebe. Das Zusammenleben zwischen Muslimen, Juden und Christen wird auf der Basis des Koran folglich als unproblematisch angesehen (Ch. Allah). Bereits hinter dieser Aussage zu den Angehörigen der anderen Buchreligionen verbirgt sich allerdings die erste wesentliche Einschränkung, die von Ch. Allah auch ausdrücklich betont und von den Übrigen stillschweigend beibehalten wird. Sie betrifft die im Koran enthaltene kompromisslose Ablehnung von Heiden und Polytheisten, die vor der Wahl stehen, dem Islam beizutreten oder mit dem Tod rechnen zu müssen. Selbst hinsichtlich der Vertreter der anderen Buchreligionen gilt nur die Fortsetzung einer passiven Toleranz im Rahmen eines Schutzbefohlenen-Status. Nur dieser Dhimmi-Status, der auf der Gestaltungsdominanz der Muslime beruht (was Ch. Allah nicht thematisiert), macht das Zusammenleben in einem islamischen Staat unproblematisch. Korankonform und nach einhelliger Auffassung verfügt der Mensch somit über die Freiheit, der Aufforderung zu folgen, dem Islam beizutreten und sich zu ihm zu bekennen.

Dies ändert sich im Hinblick auf die sog. negative Religionsfreiheit, also die Möglichkeit, wieder auszutreten bzw. das Bekenntnis zu widerrufen. An dieser Stelle soll der Hinweis Tantawis auf Sure 2/256 nochmals aufgegriffen werden. Unerwähnt blieb bei ihm nämlich die Relativierung dieser Koranstelle durch Vers 257.[625] Schlussendlich wird von keinem der Reformer die Todesandrohung bei Apostasie (Abfall vom Glauben) grundsätzlich in Abrede gestellt, schon gar nicht bei aktivem Tun. Der Hinweis von Shaltut, bei Atheisten (auch Apostaten) das Blut nicht zu schonen, belegt dies.[626] Bei Tantawi war immerhin der Versuch einer Einschränkung feststellbar: Die Abwendung infolge einer Zwangseinwirkung sollte ohne Folgen bleiben. Als Ergebnis ist dennoch festzuhalten, dass alle aufgezeigten Varianten in ihrer Fortschreibung des Koran dem Grundsatz der Religionsfreiheit fundamental widersprechen.

Als problematisch erweist sich auch die Behandlung des Gleichheitsgedankens. Der Grundsatz der *Gleichheit* wird als vollumfänglich gewährleistet angesehen, weil der Islam keinen Unterschied nach

625 Eine vergleichbare Problematik ergibt sich in Sure 5/48, die durch 5/51 relativiert wird. Das dort angesprochene Wetteifern um den besten Weg ist nicht ergebnisoffen, weil der Koran beansprucht, abschließend den rechten Weg klar gemacht zu haben (2/256). Der Hinweis Tantawis vermag daher nur dann einzuleuchten, wenn man ihn so versteht, dass es innerhalb der islamischen Religion (Daseinsordnung) keinen Zwang gibt, weil alles in göttlicher Weisheit geregelt wurde und der menschliche Verstand dies erkennen kann. Der Zwang *zu* einer Religion wird durch die Sure nicht ausgeschlossen.

626 Auf die unterschiedlichen Begründungen für die „Freigabe des Blutes" im Fall der Apostasie (vgl. bei A. Th. Khoury, Islam-Lexikon A-Z, S. 18 ff.) kommt es in diesem Zusammenhang nicht an.

Geschlecht, Hautfarbe oder sozialen Gruppen mache (Shaltut). Auf die unterschiedliche Rechtsstellung von Männern und Frauen im Koran wird nicht eingegangen. Nicht erörtert wird zudem die Unterscheidung nach Glaubenszugehörigkeit im Hinblick auf die anderen Buchreligionen, andere Glaubensformen oder Atheisten sowohl vor Gott als auch auf Erden. Deren Ungleichbehandlung zeigt sich deutlich im Dhimmi-Status, bei der Partnerwahl, im öffentlichen Bereich oder bei den bürgerlichen Gleichheitsrechten. Der Begriff der Gleichheit gründet daher ebenso wie der Freiheitsbegriff – unausgesprochen – auf einem anderen Vorverständnis.

Kurz zusammengefasst lässt sich feststellen, dass auch das über 200 Jahre währende Nebeneinander von muslimischer und europäisch-westlicher Welt nicht dazu geführt hat, das Regelwerk des von Muhammad Offenbarten in Frage zu stellen. Der Anspruch bleibt ungeschmälert: Gottes Wort ist verbindlich und gilt.

Teil II

Religionsfreiheit und Menschenwürde

1. Zur Entwicklung des Religionsverständnisses im Grundgesetz

Die Gegenwart erklärt sich aus den
Geschehnissen der Vergangenheit.

1.1 Vorchristlicher Ausgangspunkt

Es war ein weiter Weg durch die Jahrhunderte bis hin zum säkularen Nebeneinander von Religion und Staat in der europäischen Gegenwart und zur individuellen Religionsfreiheit. Ein Weg, der ohne das Vordringen des Christentums in Europa nicht beschritten worden wäre.

Ursprünglich sind die Menschen in Europa im christlichen Sinne nicht gläubig gewesen. Ihre Götterwelten lebten jeweils in den Angehörigen und Herrschern von Stämmen und Völkern und bildeten auf diese Weise ein einigendes Band zwischen den Beteiligten. Herrschaft und Religion gehörten in der vorchristlichen Kulturwelt zusammen, ohne dass hieraus ein Dominanzanspruch vorgegeben gewesen wäre. Bei den Römern – wie auch zuvor bei den Griechen – stand die republikanische Staatsform neben der Verehrung der Götter. Ihr religiöser Kultus beschränkte sich auf formale Zeremonien und Opferhandlungen, verlangte aber von niemandem inneren Gehorsam oder Bekenntnisse hinsichtlich der eigenen Überzeugung.[627] Daran änderte sich auch unter den späteren römischen Kaisern zunächst nichts. Die Juden im römischen Reich hoben sich durch ihre Religion hiervon zwar ab, wurden jedoch toleriert. Obgleich ihr exklusiver, monotheistischer Glaube keine weiteren Götter neben dem ihren duldete und daher jede Teilnahme am römischen Staatskultus verbot, wertete der römische Kaiser dies nur als regional begrenzten Volksglauben und nicht als grundsätzliche Gefahr für sich und seine Herrschaft.[628]

627 v. Campenhausen/de Wall, Staatskirchenrecht, S. 3.
628 v. Campenhausen/de Wall, ebendort.

1.2 Historische Eckpunkte des religiösen und politischen Dualismus im Heiligen Römischen Reich Deutscher Nation

Hingegen war das dem Judentum entwachsene Christentum an keine Volkszugehörigkeit gebunden. Es verlangte ebenfalls, dass man seinem Gott mehr gehorchen müsse als dem Kaiser, tat dies aber nicht als Teil eines Volksglaubens, sondern mit verallgemeinerndem Anspruch. Die Weigerung, die heidnische Staatsreligion anzuerkennen und am römischen Herrschaftskult teilzunehmen, ging einher mit der Weigerung, Ämter im Staat zu übernehmen und Kriegsdienst zu leisten.[629] Damit agierten seine Gläubigen im römischen Reich in zweierlei Hinsicht gegen die bislang gelebte Einheit von Göttern und Herrschaft: Nicht nur wurden die bisherigen Götter in Frage gestellt, vielmehr gefährdeten die Christen auch den Anspruch des Kaisers, ihm und seinen Gesetzen zu gehorchen. Konsequenterweise begann er, die Christen massiv zu verfolgen.

Aber selbst die umfangreichen staatlichen Hinrichtungen von Christen blieben gegen deren Katakombenbewegung im Ergebnis erfolglos. Im Jahr 311 n. Chr. erging im römischen Reich daher ein Toleranzedikt, mit dem die Verfolgung beendet und das Christentum zu einer erlaubten Religion erklärt wurde. Zwei Jahre später führte das Mailänder Abkommen zwischen den gleichzeitigen römischen Kaisern Konstantin I. und Licinius zur Religionsfreiheit im römischen Reich und zur Gleichstellung des Christentums mit anderen Religionen.[630]

---

629 K. Hesse, in: EvStL, Bd. 1, Sp. 1547; im frühen Christentum soll auch die endzeitige Heilserwartung im Vordergrund gestanden haben. Erst im 2. und 3. Jahrhundert sei es allmählich zum Bewusstsein einer eigenen politischen Sendung gekommen, A. Voigt, in: EvStL, Bd. 1, Sp. 1213.

630 v. Campenhausen/de Wall, Staatskirchenrecht, S. 4 f.; den Gedanken der Religionsfreiheit sprach es aus mit den Worten, "dass die Freiheit der Religion nicht versagt werden darf und dass es dem Willen und der Entscheidung eines jeden überlassen bleiben muss, wie er seinen Gottesdienst nach seinem Ermessen einrichten will", zit. nach R. Zipelius, Allgemeine Staatslehre, S. 139.

1.2.1 Der Weg zur römischen Staatskirche

Als prägende Kraft war jeweils Konstantin I. (Flavius Valerius Constantinus, 306-337) anzusehen. In ihm verband sich der heidnische Glaube an den sol invictus (unbesiegbaren Sonnengott) mit dem Christentum und Jesus als „Sonne der Gerechtigkeit“.[631] Er führte einen für ihn wichtigen militärischen Sieg im Jahr 312 auf den Beistand des Christengottes zurück und förderte fortan die heidnischen Kulte nicht mehr. Vielmehr schützte er nun die christliche Kirche und wehrte angenommene Irrlehren ab.[632]

Seit dem Jahr 324 Alleinherrscher, machte er von seiner kaiserlichen Synodalgewalt Gebrauch und berief 325 ein allgemeines Konzil in die Stadt Nicäa ein. Das Konzil legte sich auf einen dreifaltigen Gott fest, der in einem aus Gottvater, Sohn und Heiligem Geist besteht. Wesentlicher Teil war dabei die Aussage, dass Jesus aus dem Wesen Gottvaters entstanden sei. Er sei „wahrer Gott vom wahren Gott“, *gezeugt* und nicht aus dem Nichts geschaffen.[633] Der Abschluss dieser Entwicklung vollzog sich unter Kaiser Theodosius (379-394), der das nicäische Christentum im Jahr 380 zur Staatsreligion erklärte und ihm damit zur rechtlichen Alleinherrschaft verhalf.[634] Damit forderte er sowohl weltlich als auch im christlichen Glauben Gehorsam von seinen Untertanen, da dieser als Staatsreligion Teil des öffentlichen Rechts geworden war. Die Kaiser erließen fortan die für die Kirche geltenden Gesetze, beriefen Synoden und Konzilien ein und entschieden Glaubensfragen.

631 Der von ihm eingeführte „Sonnentag“ als Feier- und Ruhetag besteht als Sonntag fort.

632 K. Hesse, in: EvStL, Bd. 1, Sp. 1548.

633 Letzteres war innerhalb der damaligen Christen Ansicht der sog. Arianer, die vor allem in Ägypten und in Teilen des oströmischen Reiches Anhänger gefunden hatten. Die koranische Offenbarung entsprach dieser Ansicht: Jesus sei durch ein Wort Gottes entstanden.

634 v. Campenhausen/de Wall, a.a.O., S. 5.

Es begann das Zeitalter des Bündnisses von Thron und Altar bei zunächst gegebener Übermacht der weltlichen Herrschaft.[635]

Dieser elementar prägende Ausgangspunkt hob sich deutlich ab von der Situation Muhammads zur Zeit der koranischen Offenbarung. Der Gesandte und spätere Prophet erlangte Macht zuvörderst als Religionsführer. Die daraus entwickelte „staatliche Macht" leitete er aus den Gesetzen der Offenbarung ab, ebenso wie die privatrechtlichen und strafrechtlichen Bestimmungen. Gleiches galt für die Legitimität seiner Herrschaft. Der gesamte weltliche „Überbau" war somit integraler Bestandteil und Widerspiegelung der Offenbarung. Der im römischen Reich eingegangene Bund zwischen Macht und Religion zeichnete sich hingegen dadurch aus, dass der weltliche Machtapparat schon vorhanden war, als er die Religion inkorporierte. Seine Gesetzgebungsbefugnis speiste sich – wie die Gesetze selbst – aus weltlichen Quellen, anfänglich mit unbestimmtem göttlich-heidnischen, dann christlichem Hintergrund. Sie blieb im Ergebnis zunächst auch unhinterfragt, wenngleich der neue Glaube zunehmend zum sittlich-religiösen Orientierungsrahmen und zur Machtfrage wurde.

1.2.2 Institutioneller Dualismus als abendländische Besonderheit, Geburtsstunde der Säkularität

Ein wesentlicher Teilaspekt hierbei war, dass das Christentum die Selbständigkeit der Glaubensgemeinden sowie die darauf bezogenen Strukturen mit einbrachte. Daraus begründete sich das Selbstverständnis, eine von der weltlichen Macht unterschiedene, selbständige Größe zu sein.[636] Auch wenn die weltliche Macht in diesem strukturellen Nebeneinander zunächst überwog, konnten sich im Laufe der Zeit zwischen den beiden Institutionen Staat und Kirche doch Parallelstrukturen entwickeln. Das daraus erwachsende (später auch kriegerische) Kräfte-

---

635 v. Campenhausen/de Wall ebendort.
636 v. Campenhausen/de Wall a.a.O., S. 6.

messen zwischen beiden Institutionen zur Klärung des Verhältnisses zueinander lässt sich über Jahrhunderte hinweg als charakteristisch für das christliche Abendland ansehen. Wer beanspruchen konnte, das entscheidende letzte Wort haben zu dürfen, war von Kaiser Theodosius nicht festgelegt worden. Für den Herrscher der Staatskirche dürfte die Notwendigkeit dafür nach eigenem Selbstverständnis auch nicht bestanden haben, solange er sich im christlich-religiösen Rahmen bewegte. Vor diesem Hintergrund duldete die Kirche im weströmischen Reich zwar vorerst das Primat der weltlichen Macht, hielt aber an der Forderung ihrer Unabhängigkeit fest.[637]

Der Dualismus im Gegenüber von kaiserlicher und kirchlicher Gewalt und sein zunächst nur paralleler Charakter spiegelte sich in der sog. „Zwei-Schwerter-Lehre von Papst Gelasius I. (492-96) wieder. Sie besagte, dass die Welt durch zwei Gewalten regiert werde, die Autorität der Kirche und die Herrschaft des Kaisers.[638] Ein wichtiger Eckpunkt für die Position der Kirche war, dass es Papst[639] Leo dem Großen (440-61) bereits von der Lehre her gelungen war, den Papst als Nachfolger Petri in der Funktion des Stellvertreter Christi auf Erden zu definieren. Damit ließ sich allein für den römischen Bischof der Anspruch

637 v. Campenhausen/de Wall ebendort.

638 v. Campenhausen/de Wall ebendort; gemessen am Endzweck des menschlichen Lebens wurde der Kirche allerdings das größere Gewicht zuerkannt, K. Schäferdiek, in: EvStL, Bd. 1, Sp. 1468.

639 Die Bezeichnung Papst leitet sich vom lateinischen papa (Vater) ab. Nach der Überlieferung des Matthäus-Evangeliums soll Jesus seine Kirche dem Ersten seiner Apostel, Petrus, anvertraut haben. Petrus wurde als Stellvertreter Christi auf Erden angesehen und erster Bischof von Rom. Da er dort im Jahr 64 wohl den Märtyrertod starb, kam der römischen Kirche schon früh eine besondere Autorität zu (A.E. Hierold, in: EvStL, Bd. 2, Sp. 2405). Die um das Jahr 180 entstandene Bischofsliste gilt allerdings als fiktiv (K. Schäferdiek, EvStL, Bd. 2, Sp. 2400). Die Bezeichnung „Papa" (Papst) wird erstmals vom vormaligen Bischof Siricius (384-99) verwendet. Seit Papst Gregor VII. (1073-85) ist diese Bezeichnung dem Bischof von Rom vorbehalten (A.E. Hierold, in: EvStL, Bd. 2, Sp.2403, 2404). Der Papst gilt als Oberhaupt der röm.-katholischen Kirche und führt den Titel „Stellvertreter Christi auf Erden". Rückblickend gilt für die katholische Kirche Petrus als erster Papst.

verbinden, das Amt des Papstes innehaben zu dürfen. Für diese Sicht konnte er 445 im Rahmen der weströmischen Kirche die staatliche Anerkennung erwirken.[640] Eine zweite wichtige Entscheidung bestand darin, dass der Papst unter fränkischen Schutz genommen wurde.[641] Papst Stephan II erhielt vom fränkischen König Pippin III. (714-768) Land als Grundlage für den späteren Kirchenstaat geschenkt und legitimierte im Gegenzuge 754 dessen (streitigen) Herrschaftsanspruch als fränkischer König. Als dessen Sohn und Nachfolger Karl der Große 800 von Papst Leo III. zum römischen Kaiser gesalbt wurde, war ein Verhältnis gegenseitiger Abhängigkeit auf höchster Ebene offenkundig, ebenso aber auch eine deutlich gestärkte Position des Papstes.

Die Kirche hatte nicht nachgelassen, mehr Unabhängigkeit von der weltlichen Macht anzustreben. In der Praxis hatte sich unter den fränkischen, sächsischen und salischen Herrschern des Mittelalters eine zunehmende Vermischung weltlicher und geistiger Aufgaben sowie ein kompliziertes politisches Herrschaftsgefüge entwickelt. Die Frage, wer beanspruchen konnte, das entscheidende letzte Wort haben zu dürfen, wurde dadurch zunehmend aktueller. Im sog. Investiturstreit[642] zwischen Papst Gregor VII. und König Heinrich IV. (der die Kaiserkrone anstrebte und dessen erniedrigender Gang auf die Burg Canossa (1177) in Erinnerung blieb) kam die Kirche ihrem Bestreben, die geistliche Gewalt der weltlichen überzuordnen, ein deutliches Stück näher. Der päpstliche Bann gegen den König wegen eigenmächtiger Personalentscheidungen schwächte dessen Position erheblich und hatte viele Zugeständnisse an Papst und Kirche zur Folge.

---

640 Zur Vorrangstellung des Bischofs von Rom und zum Erfolg Leo d.Gr. vgl. bei K. Schäferdiek, in: EvStL, Bd. 2, Sp. 2400, 2401.

641 K. Schäferdiek, in: EvStL, Bd. 2, Sp. 2401.

642 In diesem Streit (1073-1122) zwischen Kaiser und Papst ging es um das alleinige Recht zur Amtseinsetzung von Bischöfen und Äbten, die auch weltliche Aufgaben innehatten, also um das Maß herrschaftlicher Verfügungsrechte. Päpstlicherseits verband sich der Anspruch auf Vorrangigkeit mit der darüber hinaus gehenden Annahme, berechtigt zu sein, auch weltliche Herrscher ihres Amtes entheben zu dürfen und deren Vasallen vom Treueamt befreien zu können, vgl. bei K. Schäferdiek, in: EvStL, Bd. 1, Sp. 1469, 1470.

Losgelöst vom machtpolitischen Hin und Her hatte sich im Zuge der argumentativen Untersetzung des kirchlichen Anspruchs nach mehr Unabhängigkeit ein Gedanke entwickelt, der als grundlegender Auslöser für die spätere Säkularisierung angesehen werden kann. Zwar sahen sich Kaiser und Papst zunächst gemeinsam verpflichtet, im Reich der Christenheit das Reich Gottes auf Erden zu verwirklichen. In dieser so empfundenen religiös-politischen Einheitswelt versuchte die Kirche gleichwohl, sich dem kaiserlichen Einfluss zu entziehen. Ihre Theologie beanspruchte deshalb die alleinige Zuständigkeit für alles Geistliche, Sakrale und Heilige. Der Kaiser und zugleich die politische Ordnung wurden in diese sakrale Ordnung nicht mit einbezogen, sondern aus ihr entlassen und damit „säkularisiert".[643] Das bedeutete in diesem Sinne den „Entzug oder die Entlassung einer Sache, eines Territoriums oder einer Institution aus kirchlich-geistlicher Observanz und Herrschaft".[644] Was gegen den Kaiser gedacht war, enthielt durch die prinzipielle Unterscheidung in „geistlich" und „weltlich" zwar einerseits die Begründung dafür, dass der Papst berechtigt war, der Kaiserkrönung zur Legitimität zu verhelfen. Andererseits war die weltliche Macht aber gleichzeitig – unabhängig von der Frage der Vorherrschaft – als etwas eigenständiges anerkannt worden.[645] Dadurch erwuchs ihr die Möglichkeit – oder sogar die Notwendigkeit – über eine gesonderte Legitimierung nachdenken zu können oder zu müssen.[646]

Genau dieser – von der Religion ausgehende – Entwicklungsimpuls hin zu einem säkularen Nebeneinander von Religion und weltlicher Herrschaft ist im Islam bislang ausgeblieben. Seine Offenbarung ließ und lässt dafür ebenso wie die Tradition Muhammads und seiner Nachfolger auch keinen Raum. Bereits aus dieser unterschiedlichen Ausgangslage erklärt sich, warum der Gedanke der Säkularisation im Islam bis heute so wenig Zustimmung erfährt.

643 E.-W. Böckenförde, Der säkularisierte Staat, S. 49.
644 Hermann Lübbe, zit. nach E.-W. Böckenförde a.a.O., S. 45.
645 E.-W. Böckenförde a.a.O., S. 51.
646 E.-W. Böckenförde a.a.O., S. 49 f.

Der Kampf um die Vorherrschaft im Reich ging allerdings unberührt von der prinzipiellen Anerkennung des weltlichen Machtbereichs weiter. In der Zwei-Schwerter-Lehre ergaben sich neue Akzente. Papst Bonifaz VIII. (1294-1303) erklärte in der unmittelbar gegen den französischen König gerichteten Bulle „Unam Sanctam“ (1302), beide Schwerter seien der Kirche verliehen worden, das geistliche gehöre der Kirche, das weltliche sei vom Papst dem weltlichen Herrscher zum Gebrauch für die Kirche zu verleihen. Als Stellvertreter des einzig souveränen Gottes auf Erden sah sich der Papst zugleich als Träger der Vollgewalt über Kirche und Welt. Die Kaiserkrone wurde letztlich als päpstliches Lehen verstanden.[647] Machtpolitisch durchsetzen konnte die Kirche diese weitgehende Position allerdings zu keinem Zeitpunkt.[648] Vielmehr blieb es bis zum Zeitalter der souveränen Nationalstaaten im Großen und Ganzen bei einem in Varianten unentschiedenen Neben- und Miteinander, bei dem man sich in der politischen Praxis arrangierte.[649]

1.2.3 Von der religiösen Koexistenz zur neuzeitlichen Staatskirche

Obgleich die Religion weiterhin alle Lebensbereiche geistig prägte, so leitete doch erst die Reformationsbewegung wieder eine deutliche

647 P. Dagtoglou, in: EvStL, Bd. 2. Sp. 3155; K. Schäferdiek a.a.O., Sp. 1470; H. Kreß, in: EvStL, Bd. 1, Sp.1793

648 v. Campenhausen/de Wall, Staatskirchenrecht, S. 7 f.; Bonifaz VIII scheiterte damit bereits in diesem konkreten Streit, womit die päpstliche Position deutlich geschwächt wurde, K. Aland, in: EvStL, Bd. 2, Sp. 2857.

649 v. Campenhausen/de Wall a.a.O., S. 9; die Institution Papst beharrte zwar auf ihrem Anspruch, nahm aber die seit Kaiser Karl V. (1346-78) behauptete Autonomie der Kaiserwahl politisch hin. Gleiches galt hinsichtlich der vom Kaiser wahrgenommenen Rechte. Es blieb nur noch bei der päpstlichen Krönung des durch die Wahl legitimierten Kaisers, K. Schäferdiek a.a.O., Sp. 1472.

Gewichtsverlagerung zwischen weltlicher und kirchlicher Macht ein.[650] Der päpstliche Machtanspruch wurde im deutschsprachigen Raum nun auch innerkirchlich in Frage gestellt. Gleiches galt hinsichtlich der Vermischung kirchlicher und weltlicher Ordnungsstrukturen. Vom Grundgedanken her ging es nun um die Entpolitisierung des Evangeliums und die Entklerikalisierung der Welt, woraus sich die sog. „Zwei-Reiche-Lehre" entwickelte. Damit fasste die protestantische Theologie Aussagen Martin Luthers über das Verhältnis von Gottes Reich zur Welt, der Evangelien zum Gesetz und der Kirche zum Staat sowie der Pflichtenstellung des Menschen in diesem Bezugsgeflecht zusammen.[651] Weltliches und göttliches Regiment seien zwar durch denselben Gott gebunden, hätten aber untereinander getrennte Aufträge wahrzunehmen. Folglich seien auch die jeweiligen Handlungsbezüge der Menschen getrennt zu ordnen und zu bewerten.[652] Damit ließ sich von protestantischer Seite ebenfalls auf die Unabhängigkeit der Kirche vom weltlichen Einfluss dringen.[653] Darüber hinaus war es aber auch möglich, den säkularen Staat zu begründen[654] und theologisch akzeptabel erscheinen zu lassen.[655]

Mit dem „auf ewig" angelegten Augsburger Reichs- und Religionsfrieden von 1555 entstand im deutschsprachigen Raum eine konfessionelle und rechtlich abgesicherte Koexistenzordnung, die auch den 30-jährigen Krieg überdauerte und die bis 1806 galt. Die Regelung wurde als das wichtigste Verfassungsgesetz des alten Kaiserreiches

650 In England und Frankreich führte sie zu einer weitgehenden Ausschaltung des päpstlichen Anspruchs auf Legitimierung der königlichen Gewalt, v. Campenhausen/de Wall, a.a.O., S. 10.

651 Hierzu M. Honecker, in: EvStL, Bd. 2, Sp. 4112, 4113; M. Heckel, in: EvStL, Bd. 2, Sp.2840 ff.

652 M. Honecker, a.a.O. 2, Sp. 4116, 4117; M. Heckel, a.a.O., Sp. 2844.

653 v. Campenhausen/de Wall a.a.O., S. 10.

654 Hierzu M. Honecker, a.a.O., Sp. 4122; M. Heckel a.a.O., Sp. 2840; Luther sei allerdings nicht als Urheber des Säkularitätsgedankens anzusehen, ders., a.a.O., Sp. 2848.

655 Schlussfolgerung aus den Darlegungen von M. Heckel, in: EvStL, Bd. 2, Sp. 2849.

angesehen[656] und beanspruchte aufhebenden Verfassungsrang gegenüber allem früheren und späteren kirchlichem wie weltlichem Recht.[657] Mit ihr gelang zum einen der Reichserhalt ungeachtet der Akzeptanz der Parität zweier unterschiedlicher Glaubenskonfessionen. Zum anderen übertrug die Regelung den reichsbezogenen Landfrieden ausdrücklich auch auf die Angehörigen der Augsburger Konfession.[658] Damit durften diese nicht mehr als Ketzer verfolgt werden. Der Religionsfrieden gewährte den Augsburger und römisch-katholischen Reichsständen (Fürsten, reichsfreie Städte) die Sicherung ihrer äußeren Existenz und die geistige Entfaltungsfreiheit. Ihnen wurden ihr Kirchenwesen, ihre persönliche Rechtsstellung, ihre Güter und Herrschaftsrechte gegen tatsächliche Beeinträchtigungen aus religiösen Gründen garantiert. Damit war auch der Konfessionswechsel in beide Richtungen ohne Einbußen gesichert.[659] Den Landesherren wurde zudem die Freiheit zuerkannt, auf ihrem jeweiligen Gebiet die Religion ihrer Untertanen zu bestimmen (gemäß dem Grundsatz „cuius regio – eius religio"). Untertanen, die dies für sich nicht nachvollziehen mochten, wurde mit ihren Familien unter Mitnahme ihres Eigentums die Auswanderung gestattet, beides ein erster Anfang zur Anerkennung des Rechts auf individuelle Religionsfreiheit.[660]

Gleichwohl standen Mitteleuropa noch jahrzehntelange Kriegsphasen bevor. Aufgabe der weltlichen Macht war es geworden, die Ketzer und Häretiker zu bestrafen und den Glaubensirrtum zu unterdrücken. Hinzu kamen verschiedene politische Interessen großer europäischer

656 M. Heckel a.a.O., Bd. 1, Sp. 111, 112; v. Campenhausen/de Wall, Staatskirchenrecht, S. 11.

657 M. Heckel, in: Ev. Staatslexikon, Bd. 1, Sp. 113.

658 Auf dem Reichstag zu Augsburg 1530 hatten die lutherischen Reichsstände ihr grundlegendes Bekenntnis zur christlichen Religion dargelegt. Zur Augsburger Konfession zählten 1555 auch die „Reformierten". K. Aland, in: Ev. Staatslexikon, Bd. 2, Sp. 2891. Alle anderen blieben ausgeschlossen, M. Heckel a.a.O., Sp. 111.

659 M. Heckel a.a.O., Sp. 111; v. Campenhausen/de Wall a.a.O., S. 12.

660 v. Campenhausen/de Wall a.a.O., S. 12; M. Heckel a.a.O., Sp. 112, 117.

Staaten. Erst der Westfälische Frieden von Münster und Osnabrück[661] beendete 1648 den 30-jährigen Krieg, der wegen seiner großflächigen Verwüstungen und enormen Bevölkerungsverluste im deutschsprachigen Siedlungsraum als Urkatastrophe des Heiligen Römischen Reiches Deutscher Nation in der frühen Neuzeit angesehen werden kann. Damit endete die „Kampfzeit des konfessionellen Zeitalters".[662] Der Westfälische Frieden enthielt völkerrechtliche Regelungen ebenso wie solche zur Religionsverfassung und zum staatsrechtlichen Innenleben des Deutschen Kaiserreichs. In den Religionsartikeln wurde der Augsburger Religionsfrieden in seinen Grundzügen bestätigt. Es blieb bei der Parität und Legitimität beider Bekenntnisse und der gleichberechtigten Stellung der Reformierten (Calvinisten) als Teil der evangelischen Religionspartei. Die Frage nach der „Wahrheit" der jeweiligen konfessionellen Überzeugung wurde als Konsequenz des Durchlittenen offengelassen.[663]

Modifiziert wurde allerdings der Grundsatz „cuius regio – eius religio". Indem der Friedensvertrag auf die Art und Weise der Religionsausübung im Jahr 1624 abstellte, schützte er die Bevölkerung vor den Konsequenzen zwischenzeitlicher Veränderungen und den sich daraus evtl. ergebenden staatlichen Bekehrungszwängen. Konfessionell vom Stichjahr abweichend orientierte Einwohner sollten – beschränkt auf ihre häusliche Religionsausübung – nachsichtig geduldet (toleriert) werden, soweit sie nicht von ihrem weiterhin bestehenden Recht auf Auswanderung Gebrauch machen wollten.[664] Dies war eine weitere grundlegende Weichenstellung für die nächste Stufe der sich später entwickelnden säkularen Glaubensfreiheit und staatlichen Neutralität.

---

661 In Osnabrück verhandelten die Delegierten des Kaisers, Schwedens und der Mehrzahl der protestantischen Reichsstände, in Münster diejenigen Frankreichs, des Kaisers und der übrigen Beteiligten. Es waren die meisten Länder Europas vertreten, K. Schlaich, in EvStL, Bd. 2, Sp. 3970.

662 K. Schlaich a.a.O., Sp. 3970.

663 K. Schlaich a.a.O., Sp. 3971; andere Konfessionen wurden weiterhin nicht mit einbezogen, blieben also ohne rechtlichen Schutz.

664 K. Schlaich a.a.O., Sp. 3971; einschränkende Ausnahmen galten in den kaiserlichen österreichischen Erblanden, Sp. 3972.

Im Übrigen hielt der Westfälische Frieden formal an der bislang gelebten Idee einer Einheit von Glauben und Recht sowie Reich und Kirche fest. Sein Regelwerk ließ ihn ungeachtet dessen jedoch zur Wendemarke im Zerfallsprozess der von Kaiser und Papst getragenen Vorstellung eines christlichen europäischen Herrschaftsverbundes werden[665] – nicht nur, weil die Niederlande und die Schweiz aus dem Reichsverbund entlassen wurden. Schweden und Frankreich setzten zum Zwecke der Schwächung der kaiserlichen Reichsgewalt größere Freiheiten und Rechte zugunsten der territorialen Reichsstände durch. Außenpolitisch bedeutete dies, den Kaiser bei Bündnis-, Kriegs- und Friedensschlüssen an Entscheidungen des Reichstages zu binden[666], was ihn als Akteur deutlich lähmte. Die erweiterte Autonomie der Reichsstände setzte nach innen zusätzliche föderale Akzente und begünstigte den sich entwickelnden Gedanken der Souveränität auch bei den kleineren territorialen Akteuren.

Die aus der gelebten Souveränität abgeleiteten Befugnisse reichten jedenfalls aus, noch verbliebene konfessionelle Spannungen zu neutralisieren. Im Rahmen ihrer Souveränität stellten sich die monarchischen Herrscher über die Religion mit ihrer jeweiligen Wahrheit. Sie sorgten damit für eine befriedete Ordnung, Ruhe und Sicherheit für ihre Untertanen.[667] Damit einher ging der Ausbau weltlicher Macht zu Lasten kirchlicher Instanzen. In den evangelischen Territorien entfiel die universale päpstliche Kirchenverfassung ganz. In Brandenburg-Preußen kam es zu einem landesherrlichen Kirchenregiment. In den evangelischen und katholischen Reichsteilen beanspruchten die Regenten Hoheitsrechte gegenüber der Kirche nicht mehr auf der Grundlage des Augsburger Religionsfriedens oder wegen ihrer Sorgeverpflichtung für eine hinreichende Kirchenausstattung (cura religionis), sondern schlicht aufgrund ihrer Souveränität.[668]

665 K. Schlaich a.a.O., Sp. 3973.
666 K. Schlaich a.a.O., Sp. 3972.
667 E.-W. Böckenförde a.a.O., S. 56.
668 v. Campenhausen/de Wall, Staatskirchenrecht, S. 20 f.

Mit deren siegreicher Durchsetzung kam das Staatskirchentum[669] wieder zu einer sehr weit reichenden Entfaltung.[670] Allerdings hatte es mit Hilfe der Souveränität eine andere Legitimitätsgrundlage erhalten als das frühere. Es diente primär nun nicht mehr der Durchsetzung einer religiösen Wahrheit. Im Ergebnis ging man zwar weiter davon aus, dass in einem Staat nur eine Religion (Konfession) bestehen könne. Gleichwohl war diese der Machtsicherung der Monarchie dienende Entscheidung jetzt nicht mehr religiös, sondern – auf Frieden und Sicherheit im Staat bezogen – politisch begründet.[671] Besonders ausgeprägt war dies in Bayern unter Kurfürst Maximilian III. Joseph (1745-77) und in Österreich unter Kaiserin Maria Theresia (1740-80) bzw. unter Kaiser Joseph II. (1780-90).[672] Die Machtfülle in der Person des Landesherrn erinnerte insofern an die Zeit des Römerkaisers Theodosius. Die von Gott abgeleitete Legitimation dieser Ordnung erschien den Beteiligten bis zum Ende des 18. Jhdts. selbstverständlich und unbezweifelt.[673]

Durch das Reichsgesetz des Reichsdeputationshauptschluss (RDHS) vom 25. Februar 1803 ergab sich zu Lasten der Kirchen ein weiterer bedeutsamer Einschnitt. Anlass für dieses Gesetz war die Eroberung des deutschen linken Rheinufers durch französische Truppen und die Abtretung der damit verbundenen Territorien an Frankreich (1801). Das führte im RDHS zur Entschädigung der größeren Reichsfürsten durch den Zugriff auf die kleineren reichsunmittelbaren Herrschaften und auf das katholische Reichskirchengut.[674] Beides wurde

669 Darunter wird hier verstanden, dass seitens der weltlichen Herrschaft eine Religion oder Konfession durch geltendes Recht zur offiziell Vorherrschenden bestimmt und machtmäßig dominiert wird.

670 v. Campenhausen/de Wall a.a.O., S. 19, sprechen von „voller Herrschaft“.

671 E.-W. Böckenförde a.a.O., S. 60.

672 v. Campenhausen/de Wall a.a.O., S. 25.

673 v. Campenhausen/de Wall a.a.O., S. 17.

674 Betroffen waren 112 rechtsrheinische Reichsstände, darunter sämtliche reichsunmittelbaren geistlichen Fürstentümer, Bistümer, Abteien, Klöster, Stifte und Orden mit ca. 3,16 Mio. Einwohnern, v. Campenhausen/de Wall a.a.O., S. 23.

nun Teil anderer Staaten,[675] die Rechtsnachfolger auch des kirchlichen Entschädigungsgutes wurden, soweit es von den besitzstandswahrenden Regelungen des RDHS nicht ausgenommen worden war.[676] Inhaltlich war damit verbunden, dass die Regentenfunktion in den bisher geistlichen Fürstentümern nun in weltliche Hände überging und das kirchliche Vermögen verweltlicht wurde.[677] Das bedeutete zugleich eine institutionelle und funktionale Entkirchlichung in weiten Teilen des gesellschaftlichen Lebens. Infolge des umfassenden staatlichen Zugriffs auf kirchliches Vermögen und des damit verbundenen Übergangs kirchlicher Herrschaftsbefugnisse auf den weltlichen Landesherrn verschoben sich die tatsächlichen Machtverhältnisse weiterhin zu Lasten der Kirche. Insoweit begann eine neue Phase im Verhältnis von Staat und Kirche.[678] Hinzu kommend auch deshalb, weil der Komplex des Staatskirchenrechts mit dem Ende des Hl. Römischen Reiches Deutscher Nation 1806 in die Kompetenz der verbliebenen Territorialstaaten fiel.[679]

Die mit dem RDHS einhergehende weitere konfessionelle Durchmischung in der Bevölkerung trug mit dazu bei, über die im Augsburger Religionsfrieden benannten drei Konfessionen hinaus eine uneingeschränkte Religionsfreiheit durchzusetzen. Für den Staat hatte dies gleichzeitig zur Folge, sich mehr als bisher konfessionsübergreifend orientieren zu müssen. Einer eigenen Antwort auf die Frage nach einer religiösen bzw. konfessionellen Wahrheit hatte er sich zu enthalten.[680]

---

675 Im Vergleich zu den erlittenen Gebietsverlusten erhielten Bayern, Preußen und Württemberg ein Mehrfaches an Entschädigung zurück.

676 S. Grundmann, EvStL, Bd. 2, Sp. 3033 f.

677 H. E. Tödt, EvStL, Bd. 2, Sp. 3037, 3038.

678 S. Grundmann, ebendort; H. E. Tödt, EvStL, Bd. 2, Sp. 3037, 3038.

679 v. Campenhausen/de Wall, Staatskirchenrecht, S. 26; daran hat sich bis in die Gegenwart nichts geändert. Als Landesrecht gelten daher Garantien für die Kirchen aus dem RDHS über Art. 140 GG i.V.m. Art. 138 WRV immer noch, bspw. die Pflicht des Staates, zum Erhalt von Kirchengebäuden beizutragen, W. Hofmann, EvStL, Bd. 2, Sp. 3434.

680 v. Campenhausen/de Wall a.a.O., S. 27. Sie sehen die ersten Anfänge einer herrschaftlichen Neutralität in konfessionellen Angelegenheiten bereits im

Der RDHS verstärkte damit einen Prozess der Relativierung des Religiösen im Staatlichen, der wachsenden Verweltlichung vieler Lebensbereiche (Säkularisierung) und schließlich der Trennung der religiösen von der weltlichen Sphäre. Katalysator dieses Prozesses waren allerdings auch gedankliche Entwicklungen im 18. Jahrhundert, die bis heute prägend sind.

1.2.3.1 Aufklärung

Auslöser hierfür waren natur- und geisteswissenschaftliche Neuerungen, die sich parallel zu den Veränderungen im machtpolitischen Gefüge der zentraleuropäischen Akteure vollzogen. Die hierauf aufbauende geistige Weiterentwicklung wurde im deutschsprachigen Raum später unter dem Begriff der Aufklärung zusammengefasst.[681] Auch wenn ihre Anfänge bereits etwas früher erkennbar waren, wird die Aufklärung als epochale Erscheinung dem 18. Jhdt. zugeordnet.[682] Sie stellte sich als wirkmächtige geistige und gesellschaftliche Reformbewegung dar, die den mittel- und westeuropäischen Raum sowie den neuen

---

Augsburger Religionsfrieden angelegt. Diese Entwicklung setzte sich mit dem Ende des 30-jährigen Krieges fort, a.a.O., S. 13 f.

681 In England und Frankreich vermochte sich dieser Begriff nicht durchzusetzen. Das englische Wort „Enlightenment" steht nicht für Aufklärung, sondern im Verb für erhellen oder erleuchten. Es wurde überwiegend in religiösem Zusammenhang oder als Epochenbeschreibung verwendet, W. Schneiders, Das Zeitalter der Aufklärung, S. 49 f. Im Französischen gibt es gar kein Wort für Aufklärung. Hier heißt die Epoche „Das Jahrhundert der Erkenntnisse" (ders. a.a.O., S. 82) oder der Erleuchtung (lumières), J. Saltzwedel, Die Aufklärung, S. 18. In Deutschland wurde der Begriff zum Ende des 18. Jhdts. als Epochenbegriff verstanden (Zeitalter der Aufklärung), nachdem es zu Beginn um die Aufklärung des Verstandes gegangen war, W. Schneiders a.a.O., S. 7.

682 K. Scholder/ J. Wallmann, EvStL Bd. I, Sp. 105; W. Schneiders, Das Zeitalter der Aufklärung, S. 7.

Siedlungsraum der Europäer in Nordamerika prägte.[683] Sie enthielt zugleich die geistige Fundierung für den Säkularisierungsprozess.[684]

Vorbereitende Impulse waren von den Naturwissenschaften ausgegangen. Seit dem 16. Jhdt. hatten sie eine eigenständige geistige Bedeutung erlangt und waren im 17. Jhdt. zu einer Sphäre des Denkens geworden, die weitestgehend ohne Theologie auskam.[685] Offenbar waren Wissen und Wahrheit also unabhängig von der Offenbarung möglich.[686] Daraus konnten neue Denkansätze nun auch in anderen Bereichen entstehen, nicht zuletzt als kritische Reflexion auf die religiösen Kriege des 17. Jhdts.[687]

---

683 W. Schneiders, Das Zeitalter der Aufklärung, S. 116.

684 S. Grundmann, EvStL, Bd. 2, Sp. 3033; M. Heckel, EvStL, Bd. 1, Sp. 113.

685 W. Schneiders a.a.O., S. 9. Bspw. entwickelte Isaac Newton (1642-1727) in England mathematisch begründete Prinzipien der Naturlehre. Er schuf nicht nur das Spiegelteleskop, sondern begründete auch die Theorie der Schwerkraft mit dem Gravitationsgesetz. Von ihm stammen zahlreiche Arbeiten aus dem Bereich der Naturwissenschaften. Bereits im 16. Jhdt. hatte der Mathematiker, Astronom und Kartograph Nikolaus Kopernikus (1473-1543) das seinerzeitige Weltbild revolutioniert, als er herausfand, dass sich die Erde um die eigene Achse und im Übrigen, wie andere Planeten auch, um die Sonne dreht. Das wiederum prägte maßgebend das Denken von Galileo Galilei und Johannes Kepler bei ihren Arbeiten in der 1. Hälfte des 17. Jhdts. Ersterer begründete Methoden für die Erlangung naturwissenschaftlicher Erkenntnisse und konnte belegen, dass Kopernikus recht hatte. Kepler entdeckte Gesetzmäßigkeiten im Sonnensystem und widmete sich der Optik. Beide waren Mathematiker, Physiker sowie Astronomen und widmeten sich als Philosophen auch der Bedeutung der Natur.

686 J. Saltzwedel, Die Aufklärung, S. 12.

687 Solche Kriege hatte es auch in England und Frankreich gegeben. In *England* kam es 1534 unter Heinrich VIII zur Loslösung von der röm.-katholischen Kirche und zur Gründung der anglikanischen Kirche, die unter Elisabeth I. (1533-1603) zur anerkannten Staatskirche wurde, W. Schneiders a.a.O., S. 21 f. Damit waren die Religions- und Machtkämpfe mit den katholischen Kräften aber noch nicht beendet. Erst mit der „Glorious Revolution" von 1688/89 endete die 150 Jahre anhaltende Phase der Religions- und Bürgerkriege auf der Insel. Der vom Parlament eingesetzte König war Calvinist und stärkte mit der „Bill of Rights" den dortigen Parlamentarismus. Zudem verfügte er eine begrenzte Toleranz in religiösen Angelegenheiten

„Aufklärung ist der Ausgang des Menschen aus seiner selbst verschuldeten Unmündigkeit". Mit diesem berühmten Ausspruch beantwortete der große Philosoph der Aufklärung in Preußen, Immanuel Kant (1724-1804), die in einem Berliner Aufklärungsforum 1783 gestellte Frage, was Aufklärung denn sei.[688] Dieser Satz korrespondierte mit einem anderen prägenden Ausspruch jener Zeit: „sapere aude!" Habe den Mut, dich deines eigenen Verstandes zu bedienen und eigene Schlussfolgerungen zu ziehen. Beides mag die Hinwendung und Begeisterung so vieler Aufklärungsphilosophen zu den und für die Naturwissenschaften erklären. So hatte sich bspw. Voltaire,[689] einer der bedeutsamsten und bekanntesten französischen Aufklärer, bei einem Aufenthalt in England für Newtons

---

(W. Schneiders a.a.O., S. 22). Abweichende protestantische Glaubensrichtungen wurden uneingeschränkt toleriert, Katholiken aber von führenden Staatsämtern ausgeschlossen. Um 1700 war der militante Glaubenseifer so gut wie erloschen. Die Regelungen waren auf eine weitgehende Akzeptanz gestoßen, die dazu führte, dass im 18. Jhdt. in England kein grundsätzlicher Reform- oder Revolutionsbedarf entstand, W. Schneiders a.a.O., S. 22 f, 48. Die Ausgangslage *Frankreichs* war dadurch geprägt, dass die Ausbreitung des Calvinismus in Teilen des Landes zu blutigen Auseinandersetzungen mit den Katholiken geführt hatte. Nachdem der Anführer der Reformierten (Calvinisten) aus dem Hause Bourbon die französische Königskrone geerbt hatte, trat er zum Zwecke des inneren Landesfriedens und zur Absicherung seiner eigenen Machtposition vier Jahre später (1593) zum Katholizismus über. Mit dem Edikt von Nantes (1598) sicherte er den französischen Protestanten die freie Religionsausübung zu. Als dieses 1685 aufgehoben wurde, war es mit der Duldung der Calvinisten (Hugenotten) vorbei. Sie wurden nun blutig unterdrückt und vertrieben. Für Ludwig XIV, den Sonnenkönig, galt das Prinzip „ein Glaube, ein Gesetz, ein König", sein religiös fundierter Absolutismus war ausschließlich katholisch fixiert, W. Schneiders a.a.O., S. 52 f. Die Aufklärung in Frankreich hatte damit zwei Gegner, die Kirche und den König. Ihre Radikalisierung führte hier zur Revolution.

688 Das Zitat findet sich bei W. Schneiders, Das Zeitalter der Aufklärung, S. 7; die „Berlinische Monatsschrift", in der die Frage stand, war eines der wichtigsten intellektuellen Diskursforen der damaligen Zeit, A. Košenia in: J. Saltzwedel, Die Aufklärung, S. 218; W. Schneiders a.a.O., S. 100, 112.

689 So nannte sich der Franzose François-Marie Arouet (1694-1778) selbst.

Mechanik begeistern können.[690] Durch die Naturwissenschaften gelangte man zu immer neuen Erkenntnissen und Wissensständen. Deren Denkweise und Methode, vor allem die Entdeckung der Naturgesetze, wurde für das damalige menschliche Streben nach Erkenntnis als schlechthin vorbildlich angesehen.[691]

Auch die Frage, wie man zu diesen Erkenntnissen gelangen könne, war Gegenstand der Wissenschaft geworden. Grundlegendes hatte in England John Locke (1632–1704) mit seiner Erkenntnistheorie entwickelt, wonach Quelle aller Erkenntnis allein die äußere und innere Sinneswahrnehmung, mathematische und moralische Gesetze seien, letztere nach dem Maßstab der Vernunft.[692] Dieser Ansatz wurde auch von anderen wie etwa Voltaire aufgegriffen. Bereits zuvor, in der 1. Hälfte des 17. Jhdts., hatte der französische Philosoph René Descartes (1596-1650) den Zweifel als methodisches Prinzip für das Erlangen neuer Erkenntnisse angesehen, ein Gedanke, der sich später auch bei Lessing fand.[693] Dieser Grundgedanke blieb die bewegende Kraft in allen Themenfeldern der Aufklärung, auch im Bereich der Auseinandersetzung zwischen Vernunft und Offenbarung.[694]

1.2.3.1.1 Religion, Vernunft, Naturrecht, allgemeine Freiheitsrechte

Neben ihrem Einsatz für die Religionsfreiheit strebte die Aufklärung danach, die Freiheit des Einzelnen auch generell zu begründen sowie die Legitimität der Herrschaft – das Gottesgnadentum – zu hinterfragen, in Abrede zu stellen und zu ersetzen.

---

690 W. Schneiders a.a.O., S. 61.

691 E. Forsthoff, EvStL, Bd. I, Sp. 1127.

692 W. Schneiders Das Zeitalter der Aufklärung, S. 26 f. zu Lockes Essay „Concerning Human Understanding" (1690). Die Vernunft als Maßstab wurde erst in der 4. Auflage (1700) herausgearbeitet.

693 C.-F. Berghahn in: J. Saltzwedel, Die Aufklärung, S. 173.

694 K. Scholder/ J. Wallmann, EvStL Bd. I, Sp. 106.

Den Zeitumständen entsprechend, gehörte anfänglich die Religion zu den bevorzugten Themen der Aufklärung. Sie war daher zunächst und nicht zufällig protestantisch geprägt.[695] Anfänge einer frühen Phase hatte es sowohl im deutschsprachigen Raum als auch in England, Frankreich und den Niederlanden gegeben, letztere, weil sie seit der 2. Hälfte des 17. Jhdts. durch ein hohes Maß an Toleranz zu einem Zufluchtsort für viele in Ungnade gefallene und verfolgte Denker aus den Reihen der Protestanten (u. a. Hugenotten) geworden waren.[696] Es ging darum, das Wissen loszulösen von der Bibel, den Dogmen und allen schriftlichen Überlieferungen. Angestrebt wurde ein ausschließlich vernunftbasierter Diskurs. Einigkeit bestand in der Ablehnung von Aberglauben, Vorurteilen und (religiösem) Fanatismus. Die Religion sollte sich eher an Erkenntnissen der Vernunft als an kirchlichen Dogmen orientieren.[697]

Dieses Ansinnen fand im Naturrecht die passende Basis. Die Natur mit ihren Gesetzmäßigkeiten wurde als neue Grundlage für Wahrheitsfindung und Vernunft erkannt. Naturrecht galt als Vernunftrecht.[698] Aus der Natur des Menschen ergaben sich die Normen für das menschliche Zusammenleben und auch seine Rechte. Wie ein Meister-Uhrmacher habe Gott die Welt so perfekt erschaffen, dass er fortan nicht mehr einzugreifen brauchte, erklärte um 1700 Gottfried W. Leibnitz (1646-1716).[699] Nun galt es also, das Uhrwerk zu erforschen und vernünftig zu deuten. Die daraus abgeleitete Rationalität wurde zur Richtschnur des Denkens. Es galt, hierbei den Verstand und vor allem die Vernunft als eigenständige (autonome) Erkenntnisquelle zu nutzen.[700]

---

695 W. Schneiders a.a.O., S. 96.

696 Die Niederlande wurden so auch ein Zentrum für Naturwissenschaftler sowie für Zeitschriften und den Buchdruck, K. Scholder/ J. Wallmann a.a.O., Sp. 106; W. Schneiders a.a.O., S. 122.

697 W. Schneiders a.a.O., S. 8, 10; J. Saltzwedel, Die Aufklärung, S. 12.

698 E. Wölfel, EvStL Bd. II, Sp. 2224; J. Saltzwedel a.a.O., S. 12.

699 J. Saltzwedel, Die Aufklärung, S. 38.

700 K. Scholder/ J. Wallmann a.a.O., Sp. 105.

England, John Locke

Zu den Gründungsvätern der Naturrechtslehre gehörte der zu den frühen Aufklärern gezählte Niederländer und Calvinist Hugo Grotius (1583-1645), dessen Werk später auch John Locke beeinflusste. Beide forderten in religiösen Dingen Toleranz, wie diese überhaupt einen Schlüsselbegriff der Aufklärung darstellte.[701] In der ersten Hälfte des 17. Jhdts hatte Herbert v. Cherbury (1583-1648) in England den Entwurf einer natürlichen und vernünftigen Religion entwickelt, der mit seiner naturrechtlichen Ethik zum nachgeahmten Vorbild der kontinentalen Aufklärung vor allem in Frankreich wurde.[702] Locke – und später auch Rousseau[703] – griff den Gedanken der natürlichen Religion auf. Für ihn entsprang eine solche Religion der wahren Vernunft, wobei er unter Christentum nur noch den Glauben an einen von Gott gesandten moralischen Lehrer und Gesetzgeber verstand.[704] Die von ihm angestoßene Diskussion führte in Teilen dazu, nur noch an einen Gott

701 K. Scholder/ J. Wallmann a.a.O., Sp. 106; Locke verfasste mehrere Briefe über Toleranz, in denen er zum Ausdruck brachte, dass Religion Privatsache sei und alle Religionen (jedenfalls grundsätzlich) geduldet werden sollten, W. Schneiders a.a.O., S. 27; der hugenottische Frühaufklärer Pierre Bayle forderte, dass auch Juden, Muslime und Heiden Anspruch auf Duldung hätten, Chr. Gunkel in: J. Saltzwedel, Die Aufklärung, S. 35.

702 W. Schneiders a.a.O., S. 24; K. Scholder/ J. Wallmann a.a.O., Sp. 106; natürliche Religion bedeute nach Cherbury, die Existenz Gottes anzuerkennen, ihn zu verehren, tugendsam zu leben, Fehler zu bereuen und an ein ausgleichendes Gericht nach dem Tod zu glauben, J. Saltzwedel, Die Aufklärung, S. 38.

703 Dessen „Émile“ enthielt den Entwurf einer natürlichen Religion, der sich dem Deismus zuordnen lässt (G. Schischkoff, Philosophisches Wörterbuch). Gemeint war eine wahre, einfache menschliche Religion, die ohne Tempel und Altäre auskommt und sich vollkommen auf die innerliche Verehrung des höchsten Gottes und der ewigen sittlichen Pflichten beschränkt. Diese war verbunden mit einer deutlichen Kritik an allen Religionen, die auf einer Offenbarung basieren, weshalb das Buch 1762 verboten wurde und gegen Rousseau ein Haftbefehl erging.

704 W. Schneiders, Das Zeitalter der Aufklärung, S. 28.

im Allgemeinen zu glauben, der in das Leben der Menschen weder persönlich noch durch Wunder eingreift (Deismus).[705] Darüber hinaus verstärkte sie die Forderung nach einem Anspruch auf Glaubensfreiheit. Locke selbst trat in diesem Zusammenhang für eine Trennung von Staat und Kirche ein.[706]

Aber auch die Idee der allgemeinen Freiheitsrechte fand in John Locke ihren naturrechtlich-philosophischen Interpreten. In seinem Essay „Two Treaties of Government" (Zwei Abhandlungen über die Regierung) von 1689 ging er – wie Thomas Hobbes (1588-1679) – von der Annahme eines Naturzustandes der Menschen in völliger Freiheit und Gleichheit aus. Damit nahm er Entwicklungen aus der Zeit der Religionskämpfe Cromwells auf, Freiheitsrechte, die ursprünglich der Beilegung von Konflikten zwischen König und adeligen Vasallen gedient hatten, nun als allgemeine Rechte und Freiheiten für jedermann anzusehen.[707] Diese Rechte, die von jedermann beansprucht werden konnten, seien zudem unveräußerlich.[708] Damit waren sie auf den Staat im Rahmen eines Gesellschaftsvertrages auch nicht mehr übertragbar.[709] Die Staatsgewalt umfasse nur die Gesamtheit der Befugnisse, die der von Natur aus freie Mensch dem Staat (der Gemeinschaft) übertragen könne, damit die Staatsgewalt ihn schütze.[710]

Die Annahme vom Gesellschaftsvertrag wirkte sich zudem auf die Legitimation der Herrschaft aus, denn der Vertrag trat nun an die Stelle des bisher legitimierenden Gottesgnadentums.[711] Für Hobbes war mit diesem Vertrag die souveräne Herrschergewalt im Staat von den Menschen auf einen Repräsentanten übertragen worden. Er habe damit die

705 W. Schneiders a.a.O., S. 29.

706 W. Schneiders a.a.O., S. 27 f.

707 A. Voigt, EvStL, Bd.1, Sp.1214 f.; Oliver Cromwell führte Bürgerkriege von 1642-49. Er regierte von 1653-58.

708 Die Unveräußerlichkeit und Unantastbarkeit der Menschenrechte stand bei Locke im Mittelpunkt seines Denkens, R. Zippelius, EvStL, Bd. 1, Sp. 1221.

709 R. Zippelius, Allgemeine Staatslehre, § 33 I, S. 348 f.

710 R. Zippelius, EvStL, Bd. 1, Sp. 1221.

711 P. Dagtoglou, EvStL, Bd. 2, Sp. 3157.

Befugnis, das Naturrecht verbindlich auszulegen und durch Gesetz einzuschränken, da die Autorität und nicht die Wahrheit das Gesetz schaffe. Auch habe er das verbindliche göttliche Gesetz festzustellen und auszulegen.[712] Locke folgte zwar der Idee des Gesellschaftsvertrages, löste den Herrscher aber von der Verbindlichkeit des göttlichen Gesetzes und unterwarf ihn dem Naturrecht. Zudem fand sich in den „Two Treaties" der Gedanke, dass das Volk selbst Inhaber der höchsten Gewalt sei und fortwirkend bleibe, mit der Folge, dass dieses als befugt angesehen wurde, einen Herrscher auswählen und einen Tyrannen auch absetzen zu können.[713] Aus der Vertragslehre zur Legitimation von Herrschaft und Staat ließ sich schließlich auch der Anspruch auf Nichteinmischung des Staates in den religiösen Bereich ableiten[714], sozusagen als Vorbehalt zum Vertrag. Der Anspruch auf Religionsfreiheit erhielt so neben der naturrechtlichen auch eine gesellschafts-vertragliche Begründung.

Frankreich, Charles-L. de Montesquieu, J.-J. Rousseau

Die Entwicklung in Frankreich war dem Vorgenannten in vielerlei Hinsicht nachgebildet. Zu Beginn des 18. Jhdts. vollzog sich eine kulturelle Liberalisierung, die in Paris zu einer literatur- und kunstsüchtigen Salongesellschaft und zu einer Öffnung für englische Einflüsse führte.[715] Man begeisterte sich ebenfalls für (auch französische) technische Erfindungen und Entdeckungen. Mit der Hinwendung zu den Natur-

712 P. Dagtoglou, ebendort; Leibnitz kritisierte dieses Staatsverständnis mit dem Bemerken, es sei nur in einem Staat möglich, dessen König zugleich Gott sei, ders., ebendort.

713 R. Zippelius, Allgemeine Staatslehre, § 9 III, S. 67; P. Dagtoglou a.a.O., Sp. 3158.

714 R. Zippelius, Allgemeine Staatslehre, § 32 I, S. 336, § 32 II, S. 337.

715 W. Schneiders, Das Zeitalter der Aufklärung, S. 53 ff. Auch Voltaire und Montesquieu als zentrale Impulsgeber der französischen Aufklärung hatten sich in England inspirieren lassen.

wissenschaften ließ sich Modernität demonstrieren.[716] Forderungen nach religiöser Toleranz wurden zunächst vor allem von calvinistischer Seite aus gestellt.[717] Sympathie fanden auch deistische Vorstellungen.[718]

Neben Voltaire war es vor allem Charles-Louis de Montesquieu (1689–1755), der mit seiner Lehre von der Gewaltenteilung einen französischen Beitrag zur Aufklärung schuf, der sich, bis heute, internationaler Beachtung erfreut. Während eines Aufenthalts in England hatte er sich mit den Werken Lockes beschäftigt, die diesen Gedanken im Ansatz[719] ebenfalls enthielten und von der englischen Verfassung beeindruckt gezeigt.[720] Für Montesquieu war die Dreiteilung der staatlichen Macht in eine Legislative, Exekutive und Judikative auf verschiedene, voneinander unabhängige Träger die einzig mögliche und richtige Regelung, um dem menschlichen Streben nach absoluter Macht wirksam begegnen zu können.[721] Zwar war er ein Befürworter der aufgeklärten Monarchie, wendete sich aber mit diesem Ansatz ganz bewusst gegen den monarchischen Absolutismus des 17. und 18. Jhdts. in Frankreich und den Mystizismus des Gottesgnadentums.[722] Montesquieu ging es dabei nicht nur um ein wertfreies funktionell-strukturelles Miteinander der drei Gewalten, sondern um eine institutionelle Absicherung (Garantie) der individuellen Freiheit,[723] die aus seiner

---

716 W. Schneiders a.a.O., S. 55.

717 So von Seiten des philosophischen Schriftstellers Pierre Bayle (1647-1906), W. Schneiders a.a.O., S. 57.

718 Vgl. W. Schneiders a.a.O., S. 62 f. zu Voltaire und Pierre Louis Moreau de Maupertuis, der seit 1746 Präsident der Preußischen Akademie der Wissenschaften in Berlin war.

719 W. Schneiders a.a.O., S. 27 f.; P. Dagtoglou, EvStL, Bd. 2, Sp. 3158; Locke unterschied in seinen Two Treatise of Government allerdings nur zwischen zwei Gewalten, der Legislative und der ihr unterworfenen Exekutive, die die von der Legislative geschaffenen Gesetze auszuführen habe. Die Judikative als eigenständige Gewalt kam bei Locke noch nicht vor. E. Forsthoff, EvStL, Bd. 1, Sp. 1128.

720 W. Schneiders a.a.O., S. 60.

721 E. Forsthoff, EvStL, Bd. 1, Sp. 1129.

722 W. Besson, EvStL, Bd. 2, Sp. 2560.

723 W. Besson, EvStL, Bd. 2, Sp. 2560, W. Schneiders a.a.O., S. 60.

Sicht jedem Menschen naturrechtlich zugesprochen und von zentraler Bedeutung war.[724]

Kontinental bedeutsam für das Weitere (bspw. die Französische Revolution) wurde aber auch Jean-Jacques Rousseau (1712-78) mit seinem Werk *Vom Gesellschaftsvertrag oder Prinzipien des Staatsrechtes (Du Contract Social Ou Principes Du Droit Politique)*. Der Staat wurde als Idee einer sich selbst so definierenden Gemeinschaft verstanden, die durch einen Gesellschaftsvertrag eine institutionell verkörperte Gesamtperson schafft. Diese Institution sei die Staatsgewalt, die durch den contract und das ihm innewohnende, höchsteigene Gestaltungsrecht der Gemeinschaft legitimiert werde. Dafür verwendete Rousseau den Begriff der Volkssouveränität, die er als Prinzip für unteilbar und nur dieser Gemeinschaft zustehend ansah.[725] Die souveräne Staatsgewalt, die in der Ausübung des Allgemeinen Willens (volonté générale) bestehe, könne demzufolge ebenso wenig übertragen werden, wie der Allgemeine Wille. Damit war die souveräne Staatsgewalt keine gottgewollt legitimierte Institution mehr, sondern sie ergab sich aus dem contract und der Volkssouveränität.[726]

Ein weiterer bedeutsamer Inhalt des Gesellschaftsvertrages betraf Grenzen der persönlichen Freiheit. Erklärungen des Gemeinwillens jenseits dieses Vertrages erfolgten nach Rousseau durch Gesetz der Mehrheit, das auch die Minderheit verpflichtete. Die damit verbundene Beeinträchtigung der natürlichen persönlichen Freiheit der Vertreter der Minderheit löste er mit der Annahme auf, diese hätten bereits im Rahmen des Gesellschaftsvertrages in alle Gesetze eingewilligt, die dem Gemeinwillen[727] entsprächen. Als Garantie gegen eine absolutistische Wahrnehmung der Souveränität sah Rousseau die Allgemeinheit der Gesetze an, denen auch der Herrscher unterworfen blieb. Zudem

---

724 E. Forsthoff a.a.O., Sp. 1129.

725 P. Dagtoglou, EvStL, Bd. 2, Sp. 3158.

726 R. Zippelius, Allgemeine Staatslehre, § 9 III, S. 67; § 17 III, S. 137, 139 ff. Für diesen war das vernunftbezogen ermittelte Gemeininteresse maßgebend, nicht die Zustimmung aller.

dürften Gesetze die „allgemeinen Konventionen“ nicht überschreiten, soweit dies in deren Rahmen nicht durch den Allgemeinen Willen gerechtfertigt sei.[728]

Deutscher Sprachraum

Dem Denken der deutschen Aufklärer war nicht zuletzt durch die Zwei-Reiche-Lehre Luthers aber auch Calvins der Boden bereitet worden. Deren theologische Grundsicht übertrug der Vernunft die Verantwortung für die Welt. Der Christ konnte auf der Basis vernünftiger Einsichten seine Indienstnahme für die Weltgestaltung nun als Anweisung Gottes zur Mitgestaltung der Welt verstehen. Diese Mitwirkung diente nicht seinem Heil im Jenseits sondern dem Wohl seiner Mitmenschen in der Welt.[729] Sowohl Luther als auch Calvin betonten dabei den wesentlichen Unterschied zwischen dem geistlichen Reich Christi auf der einen und der weltlichen Ordnung auf der anderen Seite, zwischen der Freiheit eines Christenmenschen durch die Gnade seiner Religion und der politischen Freiheit in der Welt.[730] So wenig, wie es der weltlichen Herrschaft erlaubt sein sollte, sich auf das geistliche Regiment zu erstrecken, sollte gleiches in umgekehrter Richtung gelten.[731] Im Ergebnis wurde dem Weltlichen mit seinem Handeln nach Vernunftkriterien damit ein eigenständiger Platz in der Heilsgeschichte zugewiesen.[732] Die Ähnlichkeiten mit dem Denken der Theologen während des machtpolitisch geprägten Investiturstreits führten nun unter anderen Rahmenbedingungen zu Freiräumen für das

728 P. Dagtoglou a.a.O., Sp. 3158 f.

729 M. Honecker, EvStL, Bd. 2, Sp. 4116.

730 M. Honecker a.a.O., Sp. 4117; M. Heckel, EvStL, Bd. 2, Sp. 2844 f. Die Erlösung des Menschen erfolgt dabei sola gratia, allein durch die Gnade Gottes.

731 M. Heckel a.a.O., Sp. 2847.

732 D. Pirson, EvStL, Bd. 2, Sp. 3609, der diesen Gedanken allerdings nur auf die weltliche Obrigkeit bezieht.

weltbezogene Denken, die zunächst von den Philosophen der Aufklärung und später von den weltlichen Herrschern genutzt werden konnten. Säkularität fand ihre moderne, zeitlich angepasste Untersetzung.

Anders als die französischen, waren die deutschen Aufklärer im Regelfall allerdings keine freien philosophischen Schriftsteller, sondern meist fromme, treue und abwägende Staatsbedienstete[733], die Rücksicht auf die verbliebene konfessionelle Ausgangssituation zu nehmen hatten. Die Offenheit für Themen der Aufklärung war daher ungleich verteilt. Auch führte die Kleinteiligkeit der deutschen Herrschaftsgebiete[734] zu Beschränkungen beim Entstehen intellektuell anspruchsvoller geistiger Zentren. Gleichwohl erfolgten aus dem deutschsprachigen Raum ungeachtet dieser Ausgangsbedingungen bemerkenswerte Beiträge zur Aufklärung und hinsichtlich ihrer Umsetzung.

Christian Wolff (1679-1754) lehrte, dass alle Menschen von Natur aus gleich und frei und im Besitz angeborener Menschenrechte seien. An das natürliche Recht auf Freiheit und Gleichheit sei auch der Gesetzgeber gebunden.[735] Dies entsprach im Ergebnis der Sicht von Locke. Im Bereich der religionsbezogenen Themen fielen die deutschen Beiträge dadurch auf, Neues, Verstand und Vernunft zwar in den Vordergrund zu stellen, dies aber in versöhnlicher Weise zur religiös bislang gewohnten Sicht. Gottfried W. Leibnitz (1646-1716) sah die Vernunft als von Gott gegeben an.[736] Ihm wurde nachgesagt, mit seinen Versuchen einer Vermittlung zwischen Vernunft und Offenbarung die radikale Emanzipation der Vernunft von letzterer behindert zu haben.[737] Christian Thomasius (1655-1728) beschäftigte sich zwar intensiv mit der Naturrechtslehre und der Sicht, dass es von Natur aus gültige und übergesetzliche Normen einschließlich damit verbundener Rechte gebe, blieb aber dabei, in Gott den Urheber des Naturrechts

733 W. Schneiders a.a.O., S. 90.

734 Es gab nach dem Westfälischen Frieden noch mehr als 300 Fürstentümer und freie Reichsstädte.

735 R. Zippelius, Allgemeine Staatslehre, § 33 I, S. 348.

736 J. Saltzwedel, Die Aufklärung, S. 39.

737 K. Scholder/ J. Wallmann, EvStL Bd. I, Sp. 107.

zu sehen.[738] Gotthold E. Lessing (1729-81) bemühte sich ebenfalls, Offenbarung und Vernunft zusammenzubringen.[739] Es bestand unter Theologen und Aufklärern in Deutschland mithin weitgehende Einigkeit in der Annahme, zwischen Vernunft und Offenbarung keinen grundsätzlichen Widerspruch anzunehmen.[740] Dies machte es möglich, die Akzeptanz der Theologen für die zunehmende Bedeutung der Vernunft bei der Lösung von Streitfragen beizubehalten. Religiöse Probleme spielten zwar noch lange eine große Rolle, konnten aber durch ein „vernünftiges“ Christentum abgeklärt werden. In diesem blieb Gott ungeachtet sonstiger Akzentuierungen bei der Naturerfahrung und bei den Tugenden der letzte Bezugspunkt und das durch Vernunft Festgestellte Ausdruck göttlicher Weisheit.[741]

Innerhalb dieses Rahmens eröffneten die Vernunfterwägungen Freiräume bei der Beantwortung streitiger theologischer Fragen, ohne dass diese abschließend beantwortet werden mussten. Dazu zählte bspw. die von Calvin angestoßene Frage, ob das Schicksal des einzelnen Menschen für die Ewigkeit vorherbestimmt sei oder nicht. Auch die Frage eines freien menschlichen Willens gegenüber dieser göttlichen Vorherbestimmung, die nicht nur von Martin Luther vehement verneint worden war,[742] ließ sich als Aspekt für die ewige Seligkeit jetzt abkoppeln vom sonstigen naturrechtlichen Freiheitsstatus des Menschen und seinem angenommenen Recht auf Freiheit im irdischen Leben.

---

738 W. Schneiders, Das Zeitalter der Aufklärung, S. 92.

739 Er blieb dabei allerdings spekulativ. Die Offenbarungswahrheiten würden sich letztlich als Wahrheiten der Vernunft erweisen. Nach dem Alten und Neuen Testament sei noch ein drittes „ewiges Evangelium“ zu erwarten, das die endgültige Vernunftreligion enthalten werde, W. Schneiders a.a.O., S. 110. Welche Vorstellung Lessing mit dem 3. Evangelium verband, muss hier offenbleiben. Vor dem Hintergrund seiner Ringparabel in „Nathan der Weise“ ist davon auszugehen, dass ihm die muslimische Religion bekannt war.

740 W. Schneiders a.a.O., S. 87.

741 W. Schneiders a.a.O., S. 101 f.

742 Calvin ging im Rahmen seiner Prädestinationslehre von den zwei Gruppen der Erwählten und der Verworfenen aus, für die man von Gott vorherbestimmt sei. Beide Fragen sind auch im Bereich des Islam bedeutsam gewesen.

Erkennbar wurde dies bspw. bei Immanuel Kant, für den der Mensch zwar zur Freiheit bestimmt war, aber nur im Bereich des sinnlich Wahrnehmbaren,[743] womit das Jenseitige offenbleiben konnte. Von der Religion abgekoppelt, ließ sich der Vernunftgedanke für das Diesseitige so ohne Weiteres aufgreifen. Die politische Willensbildung des einzelnen Staatsbürgers sollte ihre Wurzeln in dessen vernunftgeleiteten Gewissensentscheidungen haben.[744] Das staatliche Handeln sollte sich nach allgemeinen Gesetzen vollziehen, was Kant als Gebot der Vernunft und der Gleichbehandlung ansah. Mit anderen Worten, sein Vernunftkriterium für die Richtigkeit einer Verhaltensrichtlinie war, dass sie Geltung für alle gleichermaßen beanspruchen konnte.[745] Mit Hilfe dieses methodischen Ansatzes definierte er auch ein Kernelement der Würde eines jeden Menschen: „Der Mensch kann von keinem Menschen ... bloß als Mittel, sondern muss jederzeit zugleich als Zweck gebraucht werden und darin besteht eben seine Würde (die Persönlichkeit), dadurch er sich über alle anderen Weltwesen, die nicht Menschen sind und doch gebraucht werden können, mithin über alle Sachen erhebt."[746] Daraus ergab sich für das Verhalten: "Handle so, dass du die Menschheit sowohl in deiner Person als in der Person eines jeden anderen, jederzeit zugleich als Zweck, niemals als bloßes Mittel brauchst."[747]

743 W. Schneiders a.a.O., S. 108.

744 R. Zippelius, Allgemeine Staatslehre, § 17 III 3, S. 141.

745 R. Zippelius a.a.O., S. 310.

746 E. Kant, Metaphysik der Sitten (1797), Tugendlehre, § 38, zit. nach Chr. Starck in: v. Mangoldt/Klein/Starck, GG Kommentar Art. 1, Rn. 6.

747 E. Kant, Metaphysk der Sitten (1785), zitiert nach Chr. Starck a.a.O., Art. 1, Rn. 17; der Ansatz Kant's fand sich später in der sog. Objektformel des BVerfG wieder, vgl. unten 2.1, S. 140.

1.2.3.1.2 Umsetzungen

Auf die Freiheiten im irdischen Leben konzentrierte sich die praktische politische Umsetzung des erlangten Kenntnisstandes. Ohne den Ballast der kontinentaleuropäischen Geschichte und eher in der Tradition des englischen Freiheitsdenkens stehend, wurden die naturrechtlich abgeleiteten allgemeinen Freiheitsrechte für Menschen zuerst in der Bill of Rights of Virginia vom 12. Juni 1776, also in Nordamerika zu Papier gebracht. Dort hieß es in Artikel 1: "Alle Menschen sind von Natur aus gleichermaßen frei und unabhängig und besitzen gewisse angeborene Rechte." Neben dem so fixierten Recht auf Freiheit wurde in Artikel 16 auch das Recht auf freie Religionsausübung benannt. Deren Regelungen ergänzten 1791 inhaltlich die Unabhängigkeitserklärung der Vereinigten Staaten von Amerika vom 4. Juli 1776, die maßgebend von dem aus Virginia stammenden späteren Präsidenten Thomas Jefferson verfasst worden waren.[748] Dieser hatte in Paris zudem die Nationalversammlung zu ihrer Erklärung der Menschen- und Bürgerrechte vom August 1789 inspiriert, deren Artikel 1 die Aussage enthielt, dass die Menschen frei und gleich an Rechten geboren werden und es bleiben. Auch hier kam die Garantie der Bekenntnisfreiheit hinzu (Art. 10).[749]

In Deutschland war es der größte Flächenstaat nördlich der Alpen, der naturrechtliche Regelungen erstmals gesetzlich fasste und dies über die Forderungen nach religiöser Duldung und Toleranz deutlich hinaus gehend. Preußen war unter König Friedrich II. (der Große) offen

748 R. Zippelius, Allgemeine Staatslehre, § 32 III, S. 339 f.; die amerikanische Bundesverfassung von 1787 enthielt solche Regelungen noch nicht. Erst 1791 wurden vom Kongress 10 Zusatzartikel als Bill of Rights ratifiziert, die auch Individualrechte enthielten. Der zugrunde liegende Beschluss stammte vom 25. September 1789.

749 R. Zippelius a.a.O., § 32 IV, S. 340; Jefferson vertrat die USA in Paris seinerzeit diplomatisch. Sein Erstentwurf wurde von seinem Freund Marquis de Lafayette in die Nationalversammlung eingebracht, D. Pieper in: J. Saltzwedel, Die Aufklärung, S. 159 f.

gewesen für die Aufnahme hugenottischer Flüchtlinge aus Frankreich[750] und für dortige Vertreter der Aufklärung, darunter Voltaire.[751] Insofern hatte das Licht der Aufklärung hier heller geleuchtet als anderswo. Seine religiös tolerante Haltung zeigte sich in dem Ausspruch, dass jeder nach seiner Façon selig werden solle.[752] Die von ihm 1780 in Auftrag gegebene systematische Zusammenfassung sämtlicher Rechtssätze seines Staates in einem einheitlichen Gesetz wurde 1792, also sechs Jahre nach seinem Tod, als Allgemeines Gesetzbuch für die Preußischen Staaten fertiggestellt. Auf naturrechtlicher Grundlage aufbauend enthielt es auch bisherige Rechtselemente.[753] Im 11. Titel des 2. Teils war in § 1 geregelt: Der Glaube und der innere Gottesdienst können kein Gegenstand von Zwangsgesetzen sein. § 2: Jedem Einwohner muss eine vollkommene Glaubens- und Gewissensfreiheit gestattet werden. Dies ähnelte dem früheren Verständnis der Kaiser Konstantin I. und Licinius im Mailänder Abkommen und schuf eine Vorgabe, hinter der die späteren Verfassungsentwürfe für Deutschland nicht zurückgeblieben sind.

Andere traditionelle Freiheitsrechte, die sich – wie in England – im Gefolge historischer Entwicklungen recht früh als Individualrechte ausformen ließen, waren im deutschsprachigen Raum – mit Ausnahme der Konfessionsfreiheit – nur von sektoralem oder zeitlich deutlich

---

750 In jungen Jahren hatte Friedrich einen hugenottischen Erzieher, der sein Interesse an französischer Kultur gefördert hatte. Mit 24 Jahren begann er seinen 42 Jahre währenden Briefwechsel mit Voltaire, U. Klußmann in: J. Saltzwedel, Die Aufklärung, S. 74.

751 Hinzu kamen Maupertuis (s. Fn. 77) sowie der unreligiöse Militärarzt Julien Offray de La Mettrie, den Friedrich II als „Vorleser“ einstellte, W. Schneiders a.a.O., S. 63; A. Wassermann in: J. Saltzwedel, Die Aufklärung, S. 147.

752 U. Klußmann in: J. Saltzwedel a.a.O., S. 78.

753 Kurz: Preußisches Allgemeines Gesetzbuch. Es trat wegen einiger Änderungen infolge der Französischen Revolution erst unter seinem Nachfolger Friedrich Wilhelm II. am 1.6.1794 in Kraft. Es war eines der frühesten umfassenden Gesetzeswerke auf dem Kontinent. Vgl. Hierzu H. Böttcher, EvStL, Bd. 1, Sp. 1970-1972.

verzögertem Interesse. Beanspruchte Freiheit ließ sich vor allem als etwas ausmachen, was sich gegen fremde Herrschaft richtete. Im Regelfall ging es nur um die Abwehr von Begehrlichkeiten gleichgestellter Fürsten oder um Privilegien gegenüber einem König oder Kaiser. Selten waren es kollektiv wahrgenommene Rechte wie etwa in den Bauernkriegen, im Kampf der freien Dithmarscher Bauern gegenüber dem Holsteiner Adel oder im Kampf größerer Städte um ihre Reichsfreiheit, was Gehorsamspflicht nur gegenüber dem (fernen) Kaiser bedeutete. Wem es in solchen Städten gelang, das Bürgerrecht zu erhalten („Stadtluft macht frei"), der konnte sich anderen Herrschaftsansprüchen entziehen.

Das bedeutete allerdings noch nicht, frei für etwas zu sein. Der mittelalterliche Mensch war ein Standeswesen, er erhielt Rang und Recht durch den Platz, den er in festgefügten Ordnungen einnahm, als Gefolgsmann, Lehnsmann, Stadtbürger (in den dortigen Zünften), Handwerksgesell o. a. Daraus erwuchsen Verpflichtungen, Verhaltensregeln und Schutzmechanismen.[754] Hinzu kamen religiös begründete Pflichtvorstellungen gegenüber der Herrschaft[755] und Gottesfurcht sowie eine landesväterliche Fürsorge gegenüber den Untertanen, die den Komplex von Freiheitsrechten lange Zeit nicht vorrangig erscheinen ließen.[756]

Eine zunehmende Änderung trat erst während des 19. Jhdts. ein, wobei zunächst keine abstrakten Individualrechte im Vordergrund standen, sondern das Ziel, die napoleonische Fremdherrschaft wieder loszuwerden. Hinzu kam das Bestreben, die deutsche Kleinstaaterei zu überwinden.[757] Gleichwohl kamen die hierzu feststellbaren Ereignisse dem Politikverständnis der deutschen Aufklärer entgegen, die

---

754 A. Voigt, EvStL, Bd. 1, Sp. 1213.

755 Im Römerbrief des Apostel Paulus heißt es hierzu: „Jeder leiste den Trägern der staatlichen Gewalt den schuldigen Gehorsam. Denn es gibt keine staatliche Gewalt, die nicht von Gott stammt, jede ist von Gott eingesetzt ... Deshalb ist es notwendig, Gehorsam zu leisten, nicht allein aus Furcht vor der Strafe, sondern vor allem um des Gewissens willen."

756 A. Voigt, EvStL, Bd. 1, Sp. 1213.

757 A. Voigt a.a.O., Sp. 1217.

Umsetzung erkannter Prinzipien der „Staatsklugheit" der Fürsten zu überlassen.[758] Zu diesen Prinzipien hatte Immanuel Kant an der Universität Königsberg die Freiheit des Menschen und das Recht auf privates Eigentum gezählt. Die in Preußen veranlassten Reformvorhaben enthielten hierzu Freiheiten für zahlreiche Menschen. Mit dem Oktoberedikt von 1807 wurden die zu den Adelsgütern gehörigen erbuntertänigen Bauern aus ihren gutsherrlichen Bindungen und der Leibeigenschaft befreit.[759] Sie wurden damit freie, nur dem König untertänige Staatsbürger. Das Edikt erlaubte es zudem allen Einwohnern des Landes, Grundeigentum zu erwerben, was dem Bürgertum bislang im Rahmen der preußischen Ständeordnung untersagt war. Des Weiteren galt nun für alle das Recht der freien Berufswahl. 1810 wurde die Gewerbefreiheit ermöglicht und das Zunftwesen aufgelöst. Im Rahmen einer umfassenden Heeresreform wurde das Adelsprivileg im Offiziersrang beseitigt, so dass auch Bürgerliche nun Offizier werden konnten.

Die mit Erfolg beendeten Freiheitskriege gegen das napoleonische Frankreich, eine Vielzahl von Reformen, das Aufkommen bürgerlich-liberaler und auch sozialer Bewegungen infolge gesellschaftlicher und wirtschaftlicher Veränderungen wirkten sich auch im Bereich der Politik aus.[760] Insbesondere bürgerlich-liberale Kräfte strebten Verfassungen an, in denen sich die Freiheitsideale der Aufklärung und das Ziel eines größeren Deutschlands widerspiegeln sollten. Im Mai 1848

---

758 W. Schneiders, Das Zeitalter der Aufklärung, S. 114.

759 Das „Edikt den erleichterten Besitz und den freien Gebrauch des Grundeigentums sowie die persönlichen Verhältnisse der Landbewohner betreffend" vom 9. Okt. 1807 galt zu Beginn nur für die ostelbischen Landesteile. Es verhalf vorerst nur zur persönlichen Freiheit. Die schwierige Aufgabe der Grundübertragung und Entschädigung wurde erst mit einem Edikt vom 14. Sept. 1811 „die Regulierung der gutsherrlichen und bäuerlichen Verhältnisse betreffend" eingeleitet.

760 1815 war ein „Deutscher Bund" entstanden, dem 37 souveräne Fürstentümer und 4 freie Städte angehörten. Oberste Instanz war ein „Bundestag" unter Führung Österreichs.

nahm in der Frankfurter Paulskirche eine Nationalversammlung[761] ihre Tätigkeit für die Erarbeitung einer „Verfassung des Deutschen Reiches" auf. Sie enthielt erstmals einen Katalog individueller Grundrechte, der aus einer im Dezember 1848 verabschiedeten Erklärung „der Grundrechte des deutschen Volkes" in den Verfassungsentwurf übernommen worden war. Damit begann deren verfassungsrechtliche Geschichte in Deutschland.[762] Als Recht benannt wurde die Freizügigkeit im Reichsgebiet, die Gleichheit aller Deutschen vor dem Gesetz unter Aufhebung aller Standesvorrechte, die Freiheit der Person, der Habeas-Corpus-Grundsatz[763], die Unverletzlichkeit der Wohnung, die Gewährleistung des Briefgeheimnisses, die Freiheit der Meinungsäußerung, Glaubens- und Gewissensfreiheit, die Freiheit der Religionsausübung, Freiheit von Wissenschaft und Lehre, die Freiheit der Berufswahl und der Ausbildungsstätte, die Versammlungsfreiheit, die Garantie des Eigentums sowie die Gewährleistung des gesetzlichen Richters.[764]

Die Arbeiten am Entwurf wurden im März 1849 vollendet. Als Verfassung erlangte der Text dennoch keine Verbindlichkeit, weil er nicht die erforderliche Zustimmung insbesondere der größeren deutschen Staaten erhielt. Ursächlich hierfür waren ungeklärte Fragen zur klein- oder großdeutschen Lösung sowie die Ablehnung der deutschen Kaiserkrone seitens des preußischen Königs.[765] Die Nationalversammlung unterfiel daraufhin der fortschreitenden Auflösung. Der Grundrechtskatalog fand sich auch in der preußischen Verfassung vom Dezember 1849/Januar 1850 und der deutschen Reichsverfassung vom April 1871 nicht wieder, letzteres mit der Begründung, entsprechende

761 Mit Zustimmung des Bundestages war ein Vorparlament zusammengetreten, das deren Einberufung in Frankfurt am Main beschlossen hatte.

762 R. Zippelius, Allgemeine Staatslehre, § 32 V, S. 342 f.

763 Gemeint ist das Recht auf Prüfung der Rechtmäßigkeit einer Verhaftung durch ein Gericht. In England musste nach der Habeas-Corpus-Akte von 1679 jeder Gefangene binnen drei Tagen persönlich dem Lordkanzler vorgeführt werden, vgl. R. Zippelius, Allgemeine Staatslehre, § 32 II, S. 338.

764 R. Zippelius a.a.O., § 32 V, S. 343.

765 R. Zippelius a.a.O., S. 343 leitet daraus die fehlende Rechtswirksamkeit ab.

Regelungen fänden sich bereits in einfachen Gesetzen oder Verfassungen einzelner Länder und wären mithin bereits Gemeingut geworden. Erst die Weimarer Reichsverfassung vom August 1919 setzte erstmals für alle deutschen Staatsbürger einen Katalog von Grundrechten in Kraft, der in zeitlich angepasster Form auf den Entwurf von 1849 zurückgriff.[766]

1.2.3.2 Säkularisierung

Die Eigenständigkeit, die der weltlichen Herrschaft von der Kirche theologisch bereits im Investiturstreit des Mittelalters zugewiesen worden war, blieb zwar im Hintergrund, doch gleichwohl wurde sie nicht wieder rückgängig gemacht. Sie wurde so zur Basis für die weitere Entwicklung des herrschaftlichen Selbstverständnisses bis hin zum souveränen Staat. Die Freiheit von der Kirche ermöglichte es diesem, auf Distanz zu ihr zu gehen und eine neutrale Haltung in religiös-weltanschaulichen Fragen einzunehmen. Seit der Französischen Revolution wuchs der Staat in das Selbstverständnis hinein, eine Herrschaftsorganisation zur Sicherung der natürlichen bzw. vorstaatlichen Rechte und Freiheiten des einzelnen zu sein. Er galt nicht mehr als göttliche Stiftung und stand nicht mehr im Dienst einer religiösen Wahrheit. Vielmehr vermochte er seine Legitimation aus den Entscheidungen freier und selbstbestimmter Einzelpersönlichkeiten herzuleiten.[767]

Die Aufklärung verhalf dazu, die geistige Ableitung menschlicher Herrschaft sowie ihre Legitimation im souveränen Staat von Gott zu lösen und damit auch inhaltlich zu verweltlichen. Der von der Kirche der Herrschaft zugewiesene Platz außerhalb des Sakralen wurde neu bestimmt. Gleiches galt für Fragen der Ethik, der Moral und der Herleitung der irdischen wie kosmischen Existenzgrundlagen. Die Naturgesetze konnten noch mit einem göttlichen Bezug (im deistischen oder

766 R. Zippelius, Allgemeine Staatslehre, § 32 V, S. 343.
767 E.-W. Böckenförde, Der säkularisierte Staat, S. 64.

christlichen Sinne) versehen werden, sie mussten es aber nicht mehr. Insofern untersetzte die Aufklärung geistig das säkulare Rechts- und Verfassungsverständnis der europäisch-amerikanisch geprägten Staatenwelt aus dem 20. Jahrhundert.[768]

Kirchlicherseits war auf Reformation und Aufklärung mit der Entwicklung der „Zwei-Reiche-Lehre" reagiert worden. Sie ermöglichte es der Kirche, ihren Frieden mit dem verbliebenen Platz in der nichtstaatlichen Gesellschaft zu machen. Der Marginalisierung des Christentums und seiner Bedeutung konnte sie aus dieser Position heraus allerdings nur begrenzt entgegenwirken. Die Grundlagen der Aufklärung sowie der durch sie begünstigte Individualismus behielten im Sinne eines umfassenden kultur- und geistesgeschichtlichen Prozesses ihre Wirkmacht.[769] Dies trug mit dazu bei, dass die Sorge um das Seelenheil nach dem Tod geringer wurde. Auch die Gesellschaft verweltlichte.

Die stark rückläufigen Mitgliederzahlen in den örtlichen Kirchengemeinden der Gegenwart sind gleichzeitig Ausdruck eines schleichenden Bedeutungsverlustes der christlichen Kirchen und einer Entkirchlichung des gesellschaftlichen Lebens. Dessen Säkularisierung führt aktuell nun nicht mehr zur Übertragung von Kirchengut in öffentliche Hände,[770] sondern zu einer Entwidmung von Sakralbauten zugunsten privater Umnutzungen.[771] Diese Entwicklung wird Vielerorts als ein mächtiger Trend moderner Industriegesellschaften erlebt. Verbunden ist dies mit einem Funktionsverlust der Gottesdienste und kirchlicher Handlungen, einer Geltungsschwäche christlicher Frömmigkeit und

768 M. Heckel, EvStL, Bd. 1, Sp. 113.

769 H.E. Tödt a.a.O., Sp. 3038 datiert den Beginn dieses Prozesses auf das 19. Jhdt.

770 Während der Verhandlungen zum Westfälischen Frieden lag ein Schwerpunkt darin, das Kirchengut sowie das kirchliche Vermögen in den Bereich der weltlichen Herrschaft zu überführen. Mit dem RDHS kam die Überführung der geistlichen Regentenfunktion in weltliche Hände hinzu, H. E. Tödt EvStL, Bd. 2, Sp. 3037, 3038.

771 In den Niederlanden hat der Verfasser Weiternutzungen für Arztpraxen oder Gaststätten feststellen können.

Sprache, ihrer Verhaltensmuster sowie mit Schwierigkeiten bei der Vermittlung der christlichen Botschaft.[772]

Zutreffend ist der Hinweis ergangen, der christliche Glaube lasse sich nicht säkularisieren. Von seinem Glauben an die Offenbarung abgelöst – und damit vom Glauben an den dreifaltigen Gott, hätte er seinen Wesenskern verloren.[773] Gegenwärtig muss die Frage offen bleiben, ob und inwieweit die Erkenntnislage der Aufklärung in einer säkularen Welt überhaupt wieder eine Revitalisierung christlicher Gläubigkeit ermöglichen würde. Ungeachtet dessen bleibt von Interesse, ob der Islam in eine vergleichbare Situation geraten könnte.

1.2.3.3 Exkurs: Über die Wahrscheinlichkeit einer Aufklärung und Säkularisierung innerhalb des Islam

Redlicherweise ist darauf hinzuweisen, dass der Erwartung, der Islam könne noch eine ähnliche Entwicklung vor sich haben wie das Christentum vor, während und nach der Aufklärung, immer auch der Vorwurf einer eurozentristischen Weltsicht anhaftet. Dass dem so sein könnte, müsste oder werde, ist nämlich eine bislang durch nichts belegbare Annahme. Zwar können beide Religionen – wie auch das Judentum – auf ihre gemeinsamen abrahamitischen Wurzeln verweisen. Damit verbinden sich aber nicht ohne weiteres vergleichbare Entwicklungspotentiale.

Es ist in diesem Zusammenhang bedeutsam, dass der Koran kein irgendwie geartetes Kompendium von Erzählungen enthält, sondern gemäß der Offenbarung durch Muhammad die Wiedergabe von Gottes unmittelbarem Wort. Jedes Wort gibt also Gott höchstselbst wieder, eine Annahme, die bei der Bibel entfällt. Damit werden dem menschlichen Denken im Islam seitens der höchsten Instanz Grenzen auferlegt, die im Christentum fehlen und dort Freiräume zulassen. Die Offen-

772 H. E. Tödt a.a.O., Sp. 3044.

773 Er wäre dann kein Glaube mehr, H. E. Tödt a.a.O., Sp. 3044.

barung des Koran wird hingegen als vollständig und letztgültige Fassung der Urschrift im Verborgenen aufgefasst.[774] Jenseits davon beginnt der Irrtum. Der verbindliche Bezug auf die arabische Sprache führt dazu, dass sich Auslegungen am Bedeutungsspektrum arabischer Worte zu orientieren haben, was deren Exklusivität verstärkt. An dieser Stelle anzusetzen, um neue Wege beschreiten zu können, hat Halaf Allāh versucht[775], allerdings ohne mehrheitsfähig zu werden. Im Gegenschluss führt dies dazu, über den jetzigen Zeitpunkt hinaus davon ausgehen zu müssen, dass Interpretationsspielräume zu wesentlichen Fragen als extrem begrenzt anzusehen sind.

Dessen ungeachtet steht der Gedanke im Raum, auch der Islam solle endlich eine Phase der Aufklärung durchlaufen.[776] Andere formulieren vorsichtiger, es könne und müsse darum gehen, bestehende Vorschriften den Verhältnissen von Raum und Zeit entsprechend neu zu interpretieren.[777] Welche Erwartungen sich damit verbinden, soll an dieser Stelle nicht näher untersucht werden. Gleichwohl erscheint eine Untersuchung dahingehend lohnenswert, ob für einen solchen Prozess, auf der Grundlage des bisher Ausgeführten überhaupt, entsprechende Rahmenbedingungen bestehen. Insbesondere wäre von Interesse, ob das Verständnis zentraler Begriffe und Annahmen der europäischen Aufklärung belastbare Berührungspunkte mit dem zentralen Gegenüber innerhalb des Islam aufweist. Dazu soll mit auf die Aussagen von Theologen und Denkern der letzten zwei Jahrhunderte zurückgegriffen werden, die im Teil I dieses Buches Erwähnung fanden.

Die in Stein gemeißelt erscheinende inhaltliche Übereinstimmung der Wahrheit mit dem, was dem Koran zu entnehmen ist, steht in diametralem Gegensatz zum Wahrheitsverständnis der europäischen Aufklärung. Deren Verständnis kennt keine absolute Wahrheit und setzt dem Zweifel grundsätzlich keine Grenzen. Der Zweifel gilt vielmehr

774 Vgl. Teil I, 3.2, S. 43 f.

775 Vgl. Teil I, 4.4.1, S. 168 und 4.4.2.1, S. 170 f.

776 J. Saltzwedel, Die Aufklärung, S. 17.

777 M. Rohe, Das islamische Recht, S. 168; sowohl der Koran selbst als auch der sog. Konsens setzen dem allerdings deutliche Grenzen.

als Grundlage neuer Erkenntnisse.[778] Das Aufbegehren gegen den religiösen Dogmatismus gehört zum Wesenskern der Aufklärung. „Sapere aude“ (Habe den Mut, dich deines eigenen Verstandes zu bedienen) ist ergebnisoffen und geht von keiner vorgegebenen Wahrheit aus. Das wäre mit dem Koran unvereinbar. An Gottes Wort – und damit an der Wahrheit – hat es keinen Zweifel zu geben. Das dem Koran innewohnende Religionsverständnis lässt folglich eine Art „Zwei-Reiche-Lehre“ als ausgeschlossen erscheinen. Diese Lehre ist aber ein späterer Türöffner gewesen, den Menschen aus Sicht der christlichen Lehre einen erlaubten weltlichen Gestaltungsspielraum zuzubilligen, der Wissenschaft und Aufklärung einschließt. Die Bemühungen ar-Raziq‘s, den Bereich des Politischen von der Religion zu trennen,[779] blieben offenbar eher ein Einzelunterfangen, über das die Zeit hinwegging, ebenso wie über das politische System Atatürks in der Türkei. Ähnliche Versuche von M. Allah[780] dürften entsprechend einzuordnen sein, zumal es für die praktische Handhabung weitgehend unmöglich sein wird, herauszubekommen, welche Äußerungen Muhammads in seiner Eigenschaft als Herrscher und welche ihm als Prophet und Gesandter zuzuordnen sind.

Von zentraler Bedeutung ist ferner das Religionsverständnis des Islam und die Folgewirkung des damit verbundenen Wahrheitsbegriffs. Diesseits und Jenseits als einheitliche Wirkungsstätte des permanenten göttlichen Wirkens zu begreifen, führt dazu, den Staat nicht als außerhalb der Religion stehend betrachten zu können. Koran und Scharia gehen vielmehr von einer prinzipiellen Deckungsgleichheit von religiöser und politischer Ordnung aus.[781] Es wird daher keine Akzeptanz dafür zu erwarten sein, dass sich der Staat eigener Aussagen zur religiösen Wahrheit enthält. Das Prinzip staatlicher Neutralität und Säkularität

778 Vgl. Teil II, 1.2.3.1, S. 206.

779 Vgl. Teil I, 4.2.1, S. 149 ff.

780 Vgl. Teil 1, 4.4.1, S. 168 und 4.4.2.1, S. 170 f.

781 A. Uhle: Die Integration des Islam in das Staatskirchenrecht der Gegenwart, in: Heinig/Walter, Staatskirchenrecht oder Religionsverfassungsrecht, S. 327 m.w.N.

bleibt ihm notwendigerweise fremd.[782] Das Schlagwort der Einheit von Religion und Staat bedeutet zwar nicht, dass der Staat auch stets von Religionsführern zu lenken ist, aber er hat die göttlichen Gesetze in der Ausformung der Scharia zu beachten. Denn diese sind zugleich Teil der offenbarten Wahrheit. Befolgt er sie nicht, kann er Adressat der muslimischen Anstrengung werden, die Reinheit des Glaubens in seiner Gesamtheit zu gewährleisten. Auch der einzelne Mensch bleibt im Diesseits allen göttlichen Gesetzen unterworfen. Seine Gläubigkeit erweist sich im Gehorsam diesen gegenüber. Bei Abweichungen hat er nicht nur im Jenseits Strafen zu befürchten, sondern bis hin zur existentiellen Art auch in dieser Welt.

Belastbare Berührungspunkte ergeben sich auf den ersten Blick bei der Bewertung des Verstandes. Auf ihn wird im Koran immer wieder Bezug genommen.[783] Bei Muhammad ‚Abduh, einem maßgeblichen Vertreter der modernen islamischen Theologie, rückt der Verstand in eine zentrale Position, die den Islam zu einer Religion des Verstandes und der Rationalität macht. Zur Religion gehöre (nur), was man mit Hilfe des Verstandes zu glauben vermöge.[784] Betont wird der angenommene Gleichklang mit der Rationalität des naturwissenschaftlichen Denkens und dessen Methode, durch genaues Beobachten und Forschen zu neuen Erkenntnissen zu gelangen. So könne man sich auch das Wissen von der (göttlichen) Rede erschließen, also der Offenbarung. Und genau das sei die Aufgabe des menschlichen Verstandes.[785]

Die genannte Annahme darf indes nicht darüber hinwegtäuschen, dass der verwendete Begriff des Wissens einen auf den Islam fokussierten Rahmen erhält.[786] Wissen ist dadurch nichts Autonomes mehr, das

782 A. Uhle a.a.O., S. 328.

783 Vgl. Teil I, 3.3.4.2, S. 86 f.

784 Vgl. Teil I, 4.1.2, S. 143.

785 Vgl. Teil I, 3.3.4.2, S. 86 f.; politisch war der Verstand für ‚Abduh auch dazu da, hierdurch zu den eigenen Quellen zurückzufinden, vgl. unter 4.1.2, S. 142, 145.

786 Nur darauf bezogen meint Abduh, der Verstand sei von allen Fesseln befreit worden, vgl. Teil I, 4.1.2, S. 143 f.

sich der Mensch erschließen oder das er eigenständig neu begründen kann. Es leitet sich vielmehr ab aus der Offenbarung und dem dort angesprochenen göttlichen Wirken, auch wenn dieses bislang ggf. noch unerkannt war. Gott, von dem alles stammt, lehrte Adam schon am Anfang alle (sinnbildlich gemeinten) Namen. Wissen ist damit identisch mit der Kenntnis über die Wahrheit der islamischen Lebensordnung in allen Details.[787] Das wirkt sich auch auf die Ableitung der Naturgesetze aus. Diese Gesetze, die man durch sorgfältiges Beobachten entdecken und erforschen kann, erhalten durch das Wissen vom Offenbarten nun den Charakter einer göttlichen Gewohnheit, also einer Regelmäßigkeit des göttlichen Wirkens.[788] Sie werden folglich zwingend nicht als autonome Erkenntnisquelle der Natur angesehen, denn auch diese hat ja Gott erschaffen. Letzteres entspricht einer Sicht, die im Ergebnis auch von Teilen der europäischen Aufklärung vertreten wurde. Dabei wirkte allerdings vor allem eine deistische Orientierung im Sinne einer „natürlichen Religion“ erleichternd, die ohne strenge religiöse Dogmen auskam und damit eine Brücke hin zum traditionellen Christentum bildete.

Bei der Suche nach dem Wissen hat der Verstand aber auch die von Gott gezogenen Grenzen zu erkennen und zu beachten. Dessen Festlegungen darf der Mensch weder ergänzen, noch ändern oder verwerfen.[789] Wissenschaft ist folglich nur im Rahmen des göttlich Vorgegebenen frei. Da der Koran die biologische Geschlechtlichkeit nicht in Frage stellt, werden Gender-Lehrstühle in muslimischen Staaten wohl nicht zu erwarten sein. Je mehr die Wissenschaft aber in Grenzbereiche vorstößt, bspw. im Bereich der Genetik oder der künstlichen Intelligenz, umso heikler dürften Fragen der ethischen Vertretbarkeit aus Sicht der Religion werden, soweit diese nicht bereits im Vorwege Zurückhaltung auslöst.

---

787 Vgl. Teil I, 3.3.4.2, S. 85 ff.

788 Vgl. Teil I, 3.3.4.2, S. 88; Tahtawi (vgl. Teil I, 4.1.1, S. 134) weist darauf hin, der Schöpfer habe das für alle geltende Naturrecht selbst geschrieben.

789 Vgl. Teil I, 1.3, S. 26 und 3.3.4.2, S. 87 f.

Noch grundlegendere Probleme hat der Islam mit der Vernunft. Anders als beim Verstand taucht dieser Begriff im Koran nicht auf. Historische Versuche der Schule der Mu'taziliten, die Vernunft religiös im Wege der Auslegung zu legitimieren,[790] fanden im sunnitischen Islam keine mehrheitliche Zustimmung.[791] Dahinter mag die Sorge gestanden haben, dann als fehlgeleitet zu gelten und außerhalb der koranischen Ordnung zu stehen. Dem Menschen zuzubilligen, was nur Gott beanspruchen kann, wäre als Beigesellung zu verstehen gewesen. Denn die Vernunft setzt beim Menschen die Legitimation und Fähigkeit voraus, aus erkannten Zusammenhängen eigene Schlussfolgerungen zu entwickeln und deren Bedeutung zu erkennen. Damit wäre die Gefahr verbunden gewesen, sich das Recht zu nehmen, nach erfolgter Abwägung eigene Prinzipien und Regeln aufzustellen, auch solche, die den Koran in Frage stellen könnten.[792]

Dieser Prägestempel der Aufklärung, auch jenseits religiöser Dogmen zu vernünftigen Prinzipien und Regeln gelangen zu können, ist dem Islam bis in die Gegenwart hinein fremd geblieben. Wo von Vernunft gesprochen wird, bleibt unscharf, was darunter verstanden wird und unbeantwortet, ob sie sich religiös begründen lässt. Bei al-Afghani erfolgt die Verwendung des Begriffs eher funktional. Kritisch wendete er sich gegen einen „Kult der Vernunft", der dazu beigetragen habe, Frankreich zu entchristlichen. Andererseits hielt er es für vernünftig, gemeinsame Werte und Interessen zwischen Muslimen und Nichtmuslimen im antikolonialen Kampf zu erkennen.[793] Die Vernunft ergebe sich zwar nicht aus der Offenbarung, soweit sie zu ihr aber nicht im Widerspruch stehe, könnten auch die Muslime davon Gebrauch machen. Mehrheitsfähig war diese Sicht trotzdem nicht,[794] denn sie löste den eigentlichen Widerspruch zur Allmacht Gottes nicht auf. Auch die

790 Vgl. Teil I, 3.3.4.2, S. 87 f.

791 Vgl. Teil I, 3.3.4.2, S. 88 f.

792 Ablehnend daher Halaf Allah: Der Mensch könne nicht erlauben, was Gott nicht zugelassen hat, vgl. Teil I, 4.4.2.1, S. 170 f.

793 Vgl. Teil I, 4.1.2, S. 139.

794 Vgl. Teil I, 4.1.2, S. 140.

Hinweise bei S. Tantawi und Ch. Allah führen zu keinem anderen Ergebnis. Zwar schließt Tantawi die Vernunft als eigenständige Erkenntnisquelle nicht ausdrücklich aus, bleibt aber mit seiner Beschränkung auf den „rechten Gebrauch" im Nebel, wo es interessant hätte werden können. Auch sein Satz, dass der mündige und vernünftige Mensch einfach muslimisch sei,[795] löst nicht das Problem.

Halaf Allah stellt zwar fest, Dogmen hinsichtlich der Gottesverehrung hätten unangetastet zu bleiben. Da der Mensch nicht erlauben könne, was Gott nicht zugelassen habe, sei nur erlaubt, was mit dem Koran belegt werden könne. Die Zuordnung der Vernunft lässt er aber offen, weil sie im Koran keine Erwähnung findet. Jenseits der Gottesverehrung soll hingegen alles erlaubt sein, was Koran und Sunna nicht ausdrücklich verboten haben. Auch hier fehlt bei ihm die Zuordnung[796], so dass die Frage nach dem Stellenwert der Vernunft ungeklärt bleibt. Soweit erkennbar, sind die übrigen Gelehrten auf dieses Thema wohl wegen der bereits angesprochenen Gefahren nicht eingegangen.

Hinsichtlich der individuellen Freiheitsrechte lässt der Umgang der Theologen und politischen Denker der islamischen Reformzeit nichts erkennen, was auf einen bevorstehenden Wandel schließen ließe. Im Kern ergeben sich keine anderen Bewertungen als in den Jahrhunderten zuvor. Es bleibt wenig Raum für Idschtihad, wenn dessen Grenzen in einem bereits früher gefundenen Konsens liegen, wie bei Rida[797] und Tantawi[798] ausgeführt, und Gottes Wort im Übrigen Gehorsam verlangt. Nicht ein einziger aus dem vorgenannten Personenkreis hat versucht, sich dem Menschenbild der Aufklärung zu nähern. Keiner von ihnen stellte das Menschenbild des Koran in Frage, es war eher Gegenteiliges festzustellen.[799]

795 Vgl. Teil I, 4.4.2.1, S. 170.

796 Ebendort.

797 Vgl. Teil I, 4.2.2, S. 153.

798 Vgl. Teil I, 4.4.2.1, S. 170.

799 Vgl. ebendort zu Tahtawi: 4.1.1, S. 133-136; zu Abduh: 4.1.2, S. 143-146; zu Rida: 4.2.2, S. 151-156; zu Banna: 4.3.1, S. 157 ff.; zu Shaltut: 4.4.2.3, S. 174 f.; zu Tantawi: 2.4.2.3, S. 175; zu al-Ibrahimi: 4.4.2.3, S. 175 f.

Ungeachtet dessen ist der Freiheitsgedanke als solcher während der Zeit europäischer Dominanz natürlich von Belang gewesen. Freiheit gehöre zum Wesen der Araber, hat schon Tahtawi betont und die Freiheit von Fremdherrschaft gemeint.[800] Alle Reformer sind in diesem Sinne engagiert gewesen. Ihre Bestrebungen, den Islam zu revitalisieren, dient mit dem Ziel, die europäische Dominanz abzuschütteln. Ibrahimi fordert in Algerien (!) sogar Freiheit und Unabhängigkeit des Islam vom Staat, weil sich dieser zusammen mit den Franzosen aus seiner Sicht gegen den Islam gewandt und ihn nicht geschützt hat.[801] Das Freiheitsverständnis des Islam wird mit den Worten wiedergegeben, der Mensch müsse sich nur Gott unterwerfen und sei ansonsten frei. Wo man sich anderen menschlichen Machthabern zu unterwerfen habe, beuge man sich nur der Stärke und Macht des Schwertes[802] (was es ggf. zu überwinden galt und gilt).

Gleichwohl verbindet sich mit diesem Ansatz noch keine Hinwendung zum Freiheitsverständnis der Aufklärung. Denn die Vorgabe des Koran, der Mensch sei Gott unterworfen, ist nicht als unverbindlich zu verstehen. Vielmehr unterfällt er damit dem Gehorsamsanspruch von Koran und Scharia als Teilen der göttlichen Lebensordnung. Individualrechte für ein selbstgestaltetes Leben sehen diese nicht vor. Der Mensch ist dazu bestimmt, Gott und Muhammad zu dienen und ihnen zu gehorchen.[803] Er hat nicht das Recht, diesen Rahmen ungestraft zu verlassen. Daraus zieht Maududi den Schluss, der Mensch habe gegenüber Gott (und seinem Regelwerk) nicht die geringsten Rechte, es sei denn, sie seien im Koran gewährt worden.[804] Das Freiheitsverständnis der Aufklärung gehört nicht dazu. Wenn die Reformer dazu schweigen oder sogar dagegen opponieren, handeln sie also nur folgerichtig.

Wie sich dies am Beispiel der Religionsfreiheit auswirkt, soll im Folgenden aufgezeigt werden. Die Frage der Religionsfreiheit wurde

800 Vgl. ebendort 4.1.1, S. 134.
801 Vgl. ebendort 4.4.2.2, S. 172 f.
802 Al-Raziq, Teil I, 4.2.1, S. 150.
803 Vgl. ebendort 3.3.4.1, S. 83.
804 Maududi, Teil I, 4.3.2, S. 162 f.

in Europa deshalb bedeutsam, weil es unterschiedliche Antworten auf die Frage nach der religiösen Wahrheit gab. Dies betraf weite Teile der Bevölkerung und der politisch Mächtigen, so dass der Konflikt großflächig einer Entscheidung zustrebte. In der politischen Praxis und der geistigen Aufbereitung erhielt der Toleranzgedanke eine zunehmende Bedeutung. Bei denjenigen, die tiefer fragten, bildete die Religionsfreiheit den Ausgangspunkt dafür, auch grundlegend über andere Freiheiten der Menschen und ihre Begründung nachzudenken.

Eine vergleichbare Ausgangslage ist im islamischen Siedlungsraum nur teilweise feststellbar. Machtpolitische Entscheidungsbedarfe sind eher regional geprägt (bspw. im Irak) und wurzeln nicht im Koran, sondern haben andere Gründe.[805] Die Regelungen des Koran zum Miteinander der Angehörigen der Buchreligionen, zum Verhältnis zu den Heiden im weitesten Sinne sowie zur Bedeutung, dem Islam anzugehören, sind im Wesentlichen streitfrei. Daraus erwächst kein Bedarfspotential im Bereich der Muslime, über die Frage der Religionsfreiheit neu nachzudenken, zumal Gottes unmittelbares Wort im Koran sowie das daraus abgeleitete Regelwerk der Scharia dem entgegensteht.[806] Dieses Regelwerk bleibt im Kreis der genannten Reformer daher unhinterfragt. Das gilt für die fehlende religiöse Toleranz gegenüber Polytheisten und Heiden ebenso wie für die nur bedingte Toleranz gegenüber den geduldeten Anhängern der anderen Buchreligionen. Gleiches ist hinsichtlich der Vorschriften zur Partnerwahl bei Eheschließungen festzustellen sowie zur Annahme einer Höherwertigkeit des Islam.[807]

Die Regierungswechsel in einer Anzahl von Mittelmeerstaaten im Zuge des sog. Arabischen Frühlings (beginnend 2010) mögen mit dem Freiheitsverständnis im Islam übereingestimmt haben. Im Gefolge dieses Prozesses aber eine Hinwendung zu „europäischen Werten" zu

805 Das Zerwürfnis zwischen Sunniten und Schiiten und die daraus erwachsenen gewaltsamen Aktionen haben ihre wesentliche Ursache im Streit über die Legitimität in der Nachfolge des Propheten Muhammad.

806 Zur Höherwertigkeit des Islam vgl. unter Teil I, 3.3.3.1, S. 56-59; zur religiösen Toleranz unter 3.3.5.1, S. 111-115.

807 Vgl. im Teil I im Abschnitt 4.4.2.3, S. 174-177 sowie unter 4.5, S. 179 ff.

erwarten, gehört zu den Grundirrtümern „des Westens“ infolge seiner unzureichenden Einschätzung des Islam. Für einen solchen Frühling fehlt es an den Voraussetzungen zu allem, was die europäische Aufklärung ausgemacht hat.[808]

Eine den europäischen Verhältnissen vergleichbare Aufklärung im Islam dürfte daher bereits im Ansatz eher unwahrscheinlich sein. Eine zeitgemäße Interpretation von Vorschriften kommt über die Grenzen im Prinzipiellen nicht hinweg. Das bedeutet aber auch, dass sich die muslimische Gläubigkeit innerhalb der eigenen Gemeinschaft nachhaltig gegen säkulare Vorstellungen wenden wird, mag sie nach Außen oberflächlich betrachtet auch passiv erscheinen.

1.2.4 Staatskirchenrechtliche Entwicklungen in Deutschland im 19. Jahrhundert bis zur Weimarer Reichsverfassung

Während in der amerikanischen Verfassung und der französischen allgemeinen Menschenrechtserklärung die Trennung von Staat und Kirche bereits erfolgt war,[809] ließ Gleichlautendes im deutschen Sprachraum noch auf sich warten. Die in § 147 der „Verfassung des Deutschen Reiches“ vom 28. März 1849 vorgesehene Regelung „Es besteht fernerhin keine Staatskirche“ teilte das Gesamtschicksal der Verfassung. Gleiches galt für die vorangegangenen Sätze dieser Bestimmung. Dazu zählte die interessante Aussage, dass jede Religionsgesellschaft den allgemeinen Staatsgesetzen unterworfen bleiben sollte. Zudem wies der Text ihnen

808 Zu konstitutionellen Aspekten vgl. Teil I unter 4.5, S. 181 ff.

809 Die amerikanische Verfassung von 1787 (in Kraft getreten am 23. Mai 1788) enthielt keinen Gottesbezug. Deren erster Zusatzartikel von 1791 (vgl. Fn. 748) gab dem Kongress vor, kein Gesetz zu erlassen, das die Einführung einer Religion zum Gegenstand hat oder die Ausübung einer Religion beschränkt. Art. 10 der Erklärung der Menschen- und Bürgerrechte der französischen Nationalversammlung von 1789 legte die Bekenntnisfreiheit der Menschen fest. Dies bedeutete das Ende der katholischen Staatskirche.

die Vorgabe zu, ihre Angelegenheiten selbständig zu ordnen und zu verwalten.[810] Mit dem Scheitern der Paulskirchenverfassung schien sich im Hinblick auf das Bisherige vordergründig also wenig verändert zu haben.

Gleichwohl gelang es beiden großen Konfessionskirchen im 19. Jhdt., wieder ein beachtliches Maß an Autonomie gegenüber der staatlichen Macht zurückzuerlangen. In Art. 15 der Verfassungsurkunde für den Preußischen Staat vom 31. Januar 1850 fand sich im ersten Satz die soeben erwähnte Regelung wieder, dass die evangelische und die römisch-katholische Kirche, so wie jede andere Religionsgesellschaft ihre Angelegenheiten selbständig ordnet und verwaltet. Das war eine bedeutsame Weichenstellung in Richtung einer künftigen Trennung von Staat und Kirche. Zudem war der evangelischen Kirche durch das 1850 in Preußen geschaffene Amt des Oberkirchenrates als oberste zentrale Behörde innerhalb der sonstigen Staatsverwaltung eine größere organisatorische Selbständigkeit zuerkannt worden. Zwar enthielt die Verfassungsurkunde zu Lasten des Königs als Oberhaupt der Landeskirche noch keine Abkehr von der Staatskirchenregelung, der Erlass sowie der Ausbau des evangelischen Kirchenverfassungsrechts führte aber zu Lasten des Kirchenoberhauptes zu einer Machtbeschneidung.[811] Obgleich die ev. Kirche dem Staat durch die Person des Monarchen als Kirchenoberhaupt rechtlich bis 1918 weiterhin verbunden blieb, so war das Band im Rahmen der feststellbaren Entkernung des Staatskirchentums doch deutlich lockerer geworden.

Eine ähnliche Verselbständigung war im Bereich der römisch-katholischen Kirche erfolgt, die im 19. Jhdt. eine innere Erneuerung durchlaufen hatte. Nachdem ihr Preußen mehr Freiheiten eingeräumt hatte, als andere katholische Staaten, wusste sie das für sich im Weiteren zu nutzen. Gleiches galt im Hinblick auf bürgerliche und politische

---

810 Hierzu der Wortlaut von § 147: Jede Religionsgesellschaft ordnet und verwaltet ihre Angelegenheiten selbständig, bleibt aber den allgemeinen Staatsgesetzen unterworfen. Keine Religionsgesellschaft genießt vor anderen Vorrechte durch den Staat.

811 A. v. Campenhausen/ H. de Wall, Staatskirchenrecht, 4. Auflage, S. 29.

Freiheitsrechte, die infolge der Aufklärung seitens der Kirche an geeigneter Stelle ebenfalls mit Erfolg geltend gemacht werden konnten.[812]

Aus alledem ergaben sich spürbare Fliehkräfte zugunsten einer Trennung von staatlicher und kirchlicher Verwaltung.[813] Nach Abdankung des deutschen Kaisers und der Fürsten in den Ländern des Reiches endete 1918 die Bipolarität von Thron und Altar, die das Gebiet des Heiligen Römischen Reiches Deutscher Nation weit mehr als tausend Jahre geprägt hatte. Diese epochale Bedeutung verbindet sich mit ihrem formalen Schlusspunkt in Art. 137 der Weimarer Reichsverfassung vom 11. August 1919 und dessen wenigen Worten in Absatz 1: „Es besteht keine Staatskirche."[814]

Die Trennung der politischen von der religiösen Sphäre wurde als eine der „großen zivilisatorischen Leistungen des modernen Verfassungsstaates" angesehen.[815] Art. 137 WRV enthielt folglich die Selbstbeschränkung des Staates auf das Säkulare (Weltliche), also auf die politische Verantwortung für das weltlich verstandene Gemeinwohl.[816] Anders als im Mittelalter ging die Initiative hierzu nun vom Staat selbst aus. Diese Trennung ermöglichte es ihm, seine in Grundzügen bereits eingenommene neutrale Haltung in religiös-weltanschaulichen Fragen weiterzuentwickeln. Statuiert wurde von der WRV demzufolge die Unabhängigkeit der öffentlichen Ämter und der staatsbürgerlichen Rechte vom religiösen Bekenntnis. Niemand wurde verpflichtet, seine religiöse Überzeugung zu offenbaren oder durfte zu einer kirchlichen Handlung, Feierlichkeit oder zur Teilnahme an religiösen Übungen

812 A. v. Campenhausen/ H. de Wall a.a.O., S. 27 f.

813 Für A. v. Campenhausen/ H. de Wall a.a.O., S. 29, 30 war dieser Prozess sowohl organisatorisch als auch institutionell bis zur Jahrhundertwende abgeschlossen.

814 A. v. Campenhausen/ H. de Wall, Staatskirchenrecht, 4. Auflage, S. 32.

815 W. Schmitt Glaeser, BayVBL 1995, 577 (578). Bedeutsam war allerdings, dass die Kirche dazu den Anstoß gab.

816 St. Muckel, Berliner Kommentar zum GG, S. 29, Rn 15; A. v. Campenhausen/ H. de Wall, Staatskirchenrecht, S. 90. Dazu zählte die Verfassung, Gesetzgebung und Gewährleistung der Sicherheit, des Eigentums sowie des inneren und äußeren Friedens.

gezwungen werden. Gleiches galt für die Benutzung einer religiösen Eidesform (Art. 136 Abs. 1-4 WRV).

Parallel dazu stellte der Staat auch alle Religionsgesellschaften gleich und eröffnete damit selbst den kleineren die Möglichkeit, die gleiche öffentlich-rechtliche Stellung wie die großen Kirchen einzunehmen (Art. 137 Abs. 5, 7 WRV). Ihre Ämter konnten sie ohne staatliche Mitwirkung oder die der bürgerlichen Gemeinden verleihen (Art. 137 Abs. 3 WRV). Der Staat garantierte ihnen des Weiteren ihr innerkirchliches Recht auf Selbstbestimmung in allen eigenen Angelegenheiten. Der genannte Absatz 3 schloss jeden staatlichen Eingriff in Lehre, selbstbestimmte Ordnung und Verwaltung sowie in andere kirchliche Betätigungen im Bereich der eigenen Angelegenheiten aus.[817]

Die in Deutschland einsetzende Entwicklung hin zu konsequenter Säkularität erfährt parallel eine wachsende Herauslösung des Einzelnen aus traditionellen Bindungen. Individuelle Freiheitsrechte finden ihre verfassungsrechtlich begründete Verankerung nun in der Würde des Einzelnen als zentralem Wert des Grundgesetzes. Dies gilt auch für die Religionsfreiheit.

817 A. v. Campenhausen/ H. de Wall a.a.O., S. 32, 92.

2. Menschenwürde und Religionsfreiheit im Grundgesetz

2.1 Zur Zentralität der individuellen Menschenwürde gemäß Art.1 Abs. 1 GG

Am diffusen Anfang mag die Empfindung des Menschen gestanden haben, dass man ihn nicht gleichgestellt mit einem Tier zu bewerten und zu behandeln hat. Die Idee der Menschenwürde in der uns bekannten Gestalt hat ihre inhaltlichen

Wurzeln jedoch in der europäischen Kultur, aus der heraus sie entstand. Als prägende Quellen lassen sich das Christentum, der Humanismus, die Aufklärung sowie die Französische Revolution ausmachen. Ferner weitere Kräfte in Auseinandersetzung mit dem Christentum und den Großkirchen sowie die Betonung der Vernunftbegabung des Menschen.[818] Die auch im Christentum schöpfungsgeschichtlich enthaltene Gottesebenbildlichkeit des Menschen ermöglichte den Gedanken einer angeborenen, unverfügbaren Würde, aus der sich eine fundamentale Gleichheit im Achtungs- und Geltungsanspruch ableiten ließ.[819]

Die Menschenwürde ist im geschaffenen deutschen Verfassungsrecht begrifflich verankert. Zudem wird sie mit dem Grundsatz der Unantastbarkeit verbunden.[820] Beides ist relativ neu.[821] Anders als noch in der WRV wird diese Würde vom Grundgesetz – bedingt durch die totalitären Strömungen des 20. Jhdts. und insbesondere durch die historischen Einschnitte des Nationalsozialismus sowie des 2.Weltkrieges[822] – als zentrales Konstitutionsprinzip und als oberster

818 Chr. Starck in v. Mangoldt/Klein/Starck, Grundgesetz Art. 1, Rn. 3 ff.

819 Di Fabio in Dürig/Herzog/Scholz, GG, Bd. 1, Art. 1 Rn. 28.

820 Artikel 1 Absatz 1 GG hat folgenden Wortlaut: Die Würde des Menschen ist unantastbar. Sie zu achten und zu schützen, ist Verpflichtung aller staatlichen Gewalt.

821 Hinweise zum Vorausgegangenen finden sich bei Chr. Starck a.a.O., Rn. 2.

822 Chr. Starck a.a.O. Rn. 2, 17.

(höchster) Wert in der freiheitlich-demokratischen Grundordnung angesehen. Letztere versteht sich auch im Übrigen als wertgebunden.[823] Dies durchdringt alle Bestimmungen des Grundgesetzes,[824] die in der Würde des Menschen ihren Ausgangspunkt finden.[825] Zu ihnen zählt – neben den Grundrechten – bspw. Art. 102 GG, der die Todesstrafe in Deutschland abgeschafft hat. Als höchster Wert fixiert, soll das Menschenleben nicht mehr der Dispositionsbefugnis des Staates unterfallen.[826] Die garantierte und unantastbare Menschenwürde in Art. 1 Abs. 1 GG ist bereits „unmittelbar geltendes Recht".[827]

Als angetastet gilt sie bereits im Falle einer intellektuellen Vorbereitung späterer Menschenvernichtung, indem bspw. zum Hass gegen Teile der Bevölkerung aufgestachelt wird. Gleiches gilt, wenn zu Gewalt- oder Willkürmaßnahmen gegen sie aufgerufen wird.[828] Wäre die gemeinsame Schnittmenge zwischen diesen Fallgruppen erweiterungsfähig um die Gruppe der durch eine Religion legitimierten Tötung Ungläubiger (als intellektuellen Vorgang), so ergäbe sich bereits aus der Existenz der Kategorie des strafwürdigen Ungläubigen Anhaltspunkte dafür, dass die Würde des Gattungswesen Mensch hierdurch angetastet wäre.

Die Einordnung als Konstitutionsprinzip führt dazu, dass sogar der verfassungsändernde Gesetzgeber nach Art. 79 Abs. 3 GG daran gehindert ist, Änderungen vorzunehmen, durch die der in Art. 1 niedergelegte Grundsatz der Unantastbarkeit der Menschenwürde berührt wird. Damit soll verhindert werden, dass die geltende Verfassungsordnung in ihrer Substanz durch verfassungsändernde Gesetze beseitigt

823 BVerfGE 5, 85 (204); 6, 32 (41); 32, 98 (108); 45,187 (227); 109, 279 (311 f); 117, 71 (89).

824 BVerfGE 30, 1 (39).

825 BVerfGE 144, 20 (206, Rn 538).

826 BVerfGE 18, 112 (117); aus dem Grundgedanken der Gleichwertigkeit von Tat und Strafe hatte Kant die Todesstrafe als Vergeltung noch gerechtfertigt, Chr. Starck in v. Mangoldt/Klein/Starck, GG, Art. 102 Rn. 48, Fn. 166.

Chr. Starck a.a.O., Art. 1, Rn 27.

828 Chr. Starck a.a.O., Art. 1, Rn. 108.

und zur nachträglichen Legalisierung eines totalitären Regimes missbraucht werden kann.[829] Im Ergebnis wird der Würdegarantie damit ein Absolutheitsanspruch zuerkannt.[830]

Das Grundgesetz nimmt das christlich geprägte Bild vom Menschen und seiner Würde auf. Für sein Bild von der Weltordnung verbindet es sich mit der Annahme menschlicher Autonomie[831], also dem Selbstzweck des Menschen mit eigenem Wert und dem Recht auf Selbstbestimmung.[832] Anders als bei der römischen Dignitas, soziologischen oder religiösen Ableitungen anderer Art[833] ist der Würdebegriff des Grundgesetzes von Leistungen unabhängig.[834] Seine aus Eigenwert und Selbstbestimmungsrecht ebenfalls abgeleitete Freiheit, sein Schicksal eigenverantwortlich gestalten zu können,[835] gilt als gemeinschaftsbildender Wert[836] und wird durch einzelne Grundrechtsartikel gesondert geschützt. Aus der Garantie der Menschenwürde und der Grundrechte für jeden folgt die elementare Gleichheit aller vor dem Gesetz[837] und zugleich das Gebot der Gemeinverträglichkeit der Freiheitsausübung.

Mit der Rechtsprechung des Bundesverfassungsgerichts ist der Ausgangspunkt dieses Komplexes so wiederzugeben, dass der einzelne Mensch in einem Spannungsverhältnis zwischen seiner individuellen Freiheit und einer Gemeinschaft lebt, auf die er bezogen und an die er gebunden ist, ohne hierdurch aber seinen Eigenwert zu verlieren.

---

829 BVerfGE 30, 1 (24).

830 Di Fabio a.a.O., Art. 4 Rn. 36.

831 K.-E. Hain in: v. Mangoldt/Klein/Starck, Grundgesetz, Art. 79, Rn. 59, 60.

832 Chr. Starck a.a.O. Art. 1, Rn. 11; die vom GG verfasste Ordnung geht vom Eigenwert und der Würde des Menschen aus, BVerfGE 123, 267 (341). Laut der Entscheidung des BVerfG zum NPD-Verbotsverfahren vom 17.1.2017 umfasst die garantierte Menschenwürde insbesondere die Wahrung der personalen Individualität, Identität und Integrität sowie die elementare Rechtsgleichheit, BVerfGE 144, 20 (206, Rn. 539).

833 Vgl. hierzu Teil I, 3.3.4.5, S. 108 ff.

834 Chr. Starck a.a.O., Rn. 9.

835 BVerfGE 45, 187 (227).

836 BVerfGE 32, 98 (106).

837 BVerfGE 123, 267 (341); 144, 20 (S. 206, Rn. 539).

Er muss sich hinsichtlich seiner Freiheit zwar die Schranken gefallen lassen, die der Gesetzgeber vorgesehen hat,[838] wird im Übrigen aber als eigenverantwortliche Persönlichkeit angesehen, die den Anspruch hat, sich innerhalb der sozialen Gemeinschaft frei entfalten zu können.[839] Hierzu gehören auch Ausdrucksformen der Sexualität.[840]

Der mit der Menschenwürde verbundene soziale Wert- und Achtungsanspruch verbietet es, den Menschen zum „bloßen Objekt" im Staat zu machen. Er muss immer Zweck seiner selbst bleiben.[841] Dabei kann die „Objektformel" lediglich die Richtung andeuten. Es muss hinzukommen, dass er einer Behandlung ausgesetzt wird, die seine Subjektqualität prinzipiell in Frage stellt oder dass eine willkürliche Missachtung der Menschenwürde vorliegt. Es hängt alles von der Festlegung im konkreten Fall ab, unter welchen Umständen sie verletzt sein kann.[842] Die Prüfungsschwerpunkte hierzu verlagerten sich im Laufe der Jahre.[843]

Aus der jüngeren Zeit sind für die vorliegende Untersuchung zwei Aspekte von Interesse. Zum einen wird seitens des höchsten deutschen Gerichts nicht nur auf die Würde des konkreten Individuums abgestellt, sondern die Würde des Gattungswesen Mensch mit einbezogen.[844] Die Tendenz, Gruppen von Menschen als menschenunwert erscheinen zu lassen, schließe die Vorstellung mit ein, der Einzelne sei als ein bloßes Objekt verfügbar, mit dem nach Belieben verfahren

838 BVerfGE 30, 1 (20).

839 BVerfGE 32, 98 (107); bereits das KPD-Urteil vom 17. 8. 1956, BVerfGE 5, 85 (204) hatte den Menschen als eine Persönlichkeit bezeichnet, die mit der Fähigkeit zur eigenverantwortlichen Lebensgestaltung begabt sei. In BVerfGE 117, 71 (89) heißt es hierzu, der Mensch sei ein geistig-sittliches Wesen, darauf angelegt, sich in Freiheit selbst zu bestimmen und zu entfalten (unter Bezug auf BVerfGE 45, 187 (227)].

840 BVerfGE 109, 279 (313), 119, 1 (29 f).

841 BVerfGE 5, 85 (204); 27, 1 (6); 45, 187 (228); 115, 118 (153).

842 BVerfGE 30, 1 (25, 26); 87, 209 (228); 109, 279 (312 f); 117, 71 (89 m.w.N.); Chr. Starck a.a.O., Rn. 14.

843 Hierzu ausführlicher BVerfGE 109, 279 (312).

844 BVerfGE 87, 209 (228) – Gruselfilmentscheidung.

werden könne. Auch eine nur fiktive Annahme in einem Videospiel könne das Gebot der Achtung der Menschenwürde verletzen, weil sie einer allgemeinen Verrohung Vorschub leiste, den Respekt vor der Würde des Mitmenschen vermindern könne und so die Gefahr konkreter Verletzungen dieses Rechtsguts erhöhe.[845] In einer anderen Entscheidung wurde angesprochen, dass Gefahrenpotential für die Menschenwürde auch von einer Religion ausgehen kann, wenn sie eine unbedingte Unterordnung der Person verlangt. Dies würde eine Missachtung der Würde darstellen, die jedem Menschen um seiner selbst willen und seines menschlichen Eigenwertes[846] zukommt. Eine konkrete Benennung des Islam unterblieb hierbei allerdings.

2.2 Religionsfreiheit als Ausfluss der Menschenwürde

Ohne die in den einzelnen Grundrechten garantierten Freiheiten ist nach der Konzeption des Grundgesetzes ein Leben in menschlicher Würde nicht möglich.[847] Dazu zählt insbesondere auch die Freiheitsverbürgung des Art. 4 GG. Diese erfordert allerdings einen religions-neutralen Staat, der sie zulässt. Das ist nach der grundgesetzlichen Ordnung der Fall. Nach ihr kann das Recht auf freie Religionsausübung auch nicht verwirkt werden.[848]

845 BVerfGE 87, 209 (228, 229; die Darstellung auf S. 228 entspricht derjenigen in BVerfGE 96, 375 (399)). Das BVerwG (DöV 2002, 479 (481) hat diese Rechtsprechung in seiner Laserdrome-Entscheidung aufgegriffen. Auch spielerische Gewaltakte gegen Menschen seien geeignet, das Gebot zur Achtung der Menschenwürde zu verletzen. Im Revisionsverfahren dagegen wurde die Ansicht des BVerwG vom EuGH am 14.10.2004 bestätigt (Rs C-36/02) und die Revision vom BVerwG mit Urteil vom 13.12.2006 abgewiesen (6 C 1706).

846 BVerfGE 144, 20 (207, Rn. 540; das Gericht spricht hier von „Personseins“).

847 BVerfGE 50, 290 (338).

848 BVerfGE 24, 236 (246).

Die Freiheit, etwas zu glauben oder nicht zu glauben (letzteres ist die sog. negative Glaubensfreiheit) bezieht sich nach traditionellem abendländischem Verständnis zuvörderst auf den religiösen Glauben. Dieser zeichnet sich durch ein existentielles Verständnis von der Welt sowie vom Sinn menschlichen Lebens aus. Wer in diesem Sinne glaubt, hält etwas selbst dann für wahr, wenn es mit Vernunfterwägungen oder eigenen Erfahrungen ganz oder teilweise nicht nachvollzogen werden kann. Dies gilt insbesondere dort, wo sich der Glaube auf Vorstellungen außerhalb der wahrnehmbaren Welt stützt und somit transzendentale Bezüge aufweist.[849] Oder anders ausgedrückt: Religiöser Glaube verschafft dem Menschen unter Einbeziehung einer ihn überschreitenden transzendentalen Wirklichkeit Gewissheit über bestimmte Aussagen zum Weltganzen sowie zur Herkunft und zum Ziel menschlichen Lebens.[850] Bei den drei abrahamitischen Offenbarungsreligionen bezieht sich die Gewissheit („Wahrheit") auf das von Gott jeweils Offenbarte. Glaube in diesem Sinne ist die Übereinstimmung mit den Grundsätzen einer Religion.[851]

Die Glaubensfreiheit steht in einem elementaren Konnex zur Menschenwürde. [852] Als religiöses Existenzminimum[853] gehört sie zum Schutzbereich des Art. 4 Abs. 1 GG. Zu den verfassungsrechtlich relevanten Glaubensüberzeugungen werden aber nicht nur solche gezählt, die auf imperativen göttlichen Glaubenssätzen beruhen, sondern auch andere religiöse Überzeugungen. Hierbei gesteht die Rechtsprechung des Bundesverfassungsgerichts subjektiven Vorstellungen einen erheblichen Spielraum zu. Geschützt sind auch solche religiösen Überzeugungen des Menschen, die für eine konkrete Lebenssituation zwar nicht zwingend eine entsprechende religiöse Reaktion erfordern, die er aber selbst für das beste und adäquate Mittel hält, um diese Situation

849 Di Fabio in Dürig/Herzog/Scholz, GG, Bd. 1, Art. 4 Rn. 61, 62; Chr. Starck in v. Mangoldt/Klein/Starck, GG, Art. 4 Rn. 10; S. Muckel in Friauf/Höfling, BK zum GG, Art. 4 Rn. 12.

850 BVerfGE 90, 112 (115).

851 Chr. Starck a.a.O., Art. 4 Rn. 66.

852 Di Fabio a.a.O., Art. 4 Rn. 32.

853 BVerfGE 76, 143 (159).

nach eigener Glaubenshaltung bewältigen zu können.[854] Auch Außenseiter und Sektierer können sich mit ihrer subjektiven Glaubensüberzeugung so auf das geschützte Entfaltungsrecht ihrer Persönlichkeit berufen.[855] Gleiches käme Abspaltungen oder Strömungen innerhalb von Glaubensgemeinschaften zu Gute. Im Streitfall entscheidet zwar nicht allein das Selbstverständnis des Gläubigen darüber, ob von einer zu schützenden religiösen Glaubenshaltung auszugehen ist, sondern staatliche Organe haben darüber mitzubefinden. Die Beachtung des Neutralitätsgebots[856] setzt der staatlichen Bestimmungsmacht nach derzeitigem Verständnis allerdings Grenzen und wird sich auf Plausibilitätsprüfungen beschränken müssen.[857] Auch Nachweise aus authentischen Quellen könnten verlangt werden.[858]

Im Ergebnis gewährt die Glaubensfreiheit dem Einzelnen im Bereich seiner eigenen Lebenswelt (forum internum) einen von staatlichen Eingriffen freien Rechtsraum, in dem er sich die Lebensform geben kann, die seinen Überzeugungen entspricht.[859]

Mit der gleichen Norm schützt das Grundgesetz auch die Bekenntnisfreiheit. Sie ist wie die Glaubensfreiheit ein Grundrecht natürlicher Personen, das Jedermann unabhängig von seiner Staatsangehörigkeit zukommt.[860] Beide Rechte sind unverletzlich. Die Bekenntnisfreiheit umfasst das Recht, seinen Glauben zu bekennen, indem man – in welcher Weise auch immer – nach außen in die Welt hineinwirkt oder indem man schweigt (sog. negative Bekenntnisfreiheit).[861]

Dem historischen Vorlauf entsprechend wird die Religionsfreiheit als besonders hervorgehobenes Grundrecht verstanden. Davon

---

854 BVerfGE 32, 98 (106 f).
855 BVerfGE 33, 23 (29); BVerwGE 112, 227 (231).
856 Dazu unter 5.2.3.
857 BVerfGE 83, 341 (353); 61, 152 (160); vgl. auch Teil II, Rn. 1147.
858 Chr. Starck a.a.O., Art. 4 Rn. 37.
859 BVerfGE 32, 98 (106); Chr. Starck a.a.O., Art. 4 Rn. 34, 36; S. Muckel a.a.O., Art. 4 Rn. 20.
860 Di Fabio a.a.O., Art. 4 Rn. 52, 53.
861 BVerfGE 12, 1 (4); 24, 236 (248); 41, 29 (49); Di Fabio a.a.O., Art. 4 Rn. 69; Chr. Starck a.a.O., Art. 4 Rn. 36; S. Muckel a.a.O., Art. 4 Rn. 24 und 27.

mit umfasst ist die zu gewährleistende Religionsausübung. Da auch derjenige, der seine Religion ausübt, sich zu ihr bekennt, haben sich abschließende Kriterien zur Abgrenzung zwischen Bekenntnis und Ausübung im „forum externum“ nicht finden lassen. Bundesverfassungsgericht und herrschende Lehre sehen Art. 4 Abs. 1 und 2 GG daher als einheitliches Grundrecht an.[862]

Zur Religionsausübung zählen bspw. kultische Handlungen und Gebräuche (Gottesdienste, Gebete, Sakramente, Kollekten, Prozessionen, (Kirchen-) Fahnen, Glockengeläut, religiöse Feiern) aber ebenso die religiöse Erziehung, der Austritt aus einer Gemeinschaft oder der Religionswechsel, also das Recht, sich von seinem bisherigen Glauben loszusagen und sich einem anderen zuzuwenden.[863] Darüber hinaus ist wegen seiner engen Beziehung zur Menschenwürde gerichtlicherseits eine sehr weite Auslegung vorgegeben worden.[864] Die Religionsausübung des Einzelnen umfasst dadurch dessen Recht, sein gesamtes Verhalten an den Lehren seines Glaubens (wie er ihn versteht) auszurichten und seiner Überzeugung gemäß zu handeln,[865] selbst wenn dies nicht auf imperativen göttlichen Glaubenssätzen beruht bzw. nicht zwingend so vorgegeben ist. Anderenfalls könne sich das Grundrecht der Glaubensfreiheit nicht voll entfalten.[866] Die schon angesprochene Subjektivierung erstreckt sich also auch auf Handlungen bei der Religionsausübung. Die Abgrenzung, ob eine Handlung an religiöse Überzeugungen anknüpft (und damit Bekenntnischarakter hat) oder ob sie nur der Sitte oder Pflege kulturell gewachsener Bestimmungen dient, ergibt sich dabei ebenfalls aus dem subjektiven Verständnis des einzelnen und seinem diesbezüglichen Vortrag.[867]

862 BVerfGE 24, 236 (245); 83, 341 (353); 125, 39 (79); Di Fabio a.a.O., Art. 4 Rn. 41, 42; S. Muckel a.a.O., Art. 4 Rn. 5.

863 BVerfGE 24, 236 (245, 246).

864 BVerfGE 35, 366 (376); 24, 236 (246).

865 BVerfGE 33, 23 (28); 41, 29 (49); 83, 341 (353).

866 BVerfGE 32, 98 (106, 107).

867 A. Uhle in: H.-M. Heinig, Chr. Walter, Staatskirchenrecht oder Religionsverfassungsrecht, S. 306, 307.

Da öffnet sich ein weites Feld... Angesichts der aktuellen Entwicklungen in Deutschland wird die Rechtsprechung zukünftig nicht umhinkommen, deutlich machen zu müssen, dass das Gebot der Gemeinverträglichkeit der Freiheitsausübung auch für die Religionsausübung als Teil der Religionsfreiheit gilt.

3. Problembereiche des Islam mit dem Grundgesetz

Der sich so nennende "Zentralrat der Muslime in Deutschland" (ZMD) verabschiedete 2002 als Grundsatzerklärung eine „Islamische Charta". Sie gilt der Beziehung der Muslime in Deutschland zum Staat und der Gesellschaft. In der Charta bekennen sich die vom ZMD vertretenen Muslime[868] zum Grundgesetz. Zudem wollen sie eine zeitgenössische Interpretation der islamischen Quellen fördern. Der Koran fordere immer wieder dazu auf, von seiner „Vernunft" Gebrauch zu machen (Pkt. 15). Sie weisen darauf hin, vom islamischen Recht verpflichtet zu sein, sich in der Diaspora „grundsätzlich" an die lokale Rechtsordnung zu halten (Pkt. 10) und „akzeptieren" das Recht, die Religion zu wechseln, eine andere oder keine zu haben (Pkt. 11). Es bestehe kein Widerspruch zwischen der islamischen Lehre und dem „Kernbestand der Menschenrechte" (Pkt. 13). Sie würden den „vom Koran anerkannten religiösen Pluralismus" anerkennen (Pkt. 14). Integration werde befürwortet unter „Wahrung der islamischen Identität" (Pkt. 19).

Was sich zunächst überraschend liest, bleibt indes nicht frei von Auslassungen und Zweideutigkeiten. Das Wort der Vernunft kommt in den hier verwendeten deutschen Koran-Übersetzungen nicht vor (anders als das Wort Verstand) und wird auch von den islamischen Reformern nur gestreift. Sich nur grundsätzlich an die „lokale" Rechtsordnung halten zu wollen, lässt eine Vielzahl von Hintertürchen offen und meidet die Auseinandersetzung mit den Verfassungsprinzipien des Grundgesetzes. Etwas zu akzeptieren, kann auch bedeuten, etwas (momentan) hinzunehmen, was man nicht ändern kann. Zudem sind die beiden letztgenannten Punkte auch deshalb nachdenkenswert, weil die Wahrung der islamischen Identität ebenfalls betont und der Universalitätsanspruch der Scharia unerwähnt bleibt. Was unter den Kernbestand

868 Aus den Reaktionen von in Deutschland lebenden Muslimen auf dem Internetportal des ZMD ergab sich offenbar keine allgemeine Akzeptanz zur beschlossenen Positionierung. Teilweise gab es heftige Ablehnung, vgl. bei L. Wick, Islam und Verfassungsstaat, S. 132.

der westlichen Menschenrechte fällt, bleibt ebenfalls offen. Der Problemhintergrund soll im Weiteren vertieft werden.

3.1 Zum Religionsverständnis des Islam und seinen Auswirkungen

Der Islam unterfällt mit seinen Elementen in vielerlei Hinsicht dem, was vom BVerfG definitorisch einer Religion zugrunde gelegt wird. Damit entspricht er den anderen Offenbarungsreligionen: Es handelt sich um einen Glauben, der das Transzendente (die Welt des Verborgenen) umfasst und in diesem das Göttliche in Gestalt eines Schöpfergottes verankert hat. Die Welt ist Gottes Schöpfung und in ihr findet der Mensch seine Glaubensgewissheit zur Herkunft und zum Ziel des menschlichen Lebens. Daneben stehen kultische Handlungen und Gebräuche, die religiöse Erziehung und die Ausrichtung des eigenen Lebens an den Lehren seines Glaubens.

Gleichwohl enthält diese Religion bedeutsame Elemente, die sie von anderen unterscheidet und die vor dem Hintergrund der grundgesetzlichen Ordnung Anlass zu weiteren Überlegungen geben. Dazu zählt zunächst die allgemeine Religionsfreiheit selbst. Angesichts der islamischen Einheitsvorstellung von religiöser und politischer Ordnung ist für eine solche allgemeine Freiheit kein Platz. Dem Menschen, der als Nachkomme Adams gemäß der fitra-Lehre nur aufgrund widriger Einflüsse in seinem Umfeld keinen Zugang zum Islam gefunden hat, wird lediglich die Möglichkeit zuerkannt, wieder zum Islam zurückzufinden, also zu ihm zu konvertieren.[869] Denn derjenige, der Verstand und das Wissen des Koran hat, wird sich diesem wieder zuwenden. Er weiß aus dessen Offenbarung, dass ihm spätestens am Tage des Gerichts ansonsten eine ewige Strafe drohen würde.

---

869 P. Antes, Ethik und Politik im Islam, in: P. Antes u. a., Der Islam, Religion-Ethik-Politik, S. 85.

Diese Entscheidung kann man dann allerdings kaum als „Freiheit" ansehen, eher als Einsicht in das Notwendige (vgl. Teil I unter 3.3.4.3.2). Den Juden und Christen ihre (Buch-)Religion zuzugestehen, weil sie sich auf denselben Gott bezieht, ist ebenfalls kein Akt der Religionsfreiheit, sondern nur eine theologisch begründete Privilegierung, die überdies Polytheisten, Atheisten und anderen Ungläubigen versagt bleibt.[870] Erstere erhalten durch die Scharia als immerhin tolerierte „Schutzbefohlene" einen Status minderen Rechts, letzteren droht eine latente Rechtlosigkeit, auch wenn sich ihr Status in der Praxis inzwischen dem Status der Schutzbefohlenen angleichen mag. Ist das der vom Koran anerkannte religiöse Pluralismus, den der ZMD ansprach? Dem Freiheitsverständnis des Grundgesetzes, seinem Begriff der Religionsfreiheit sowie dem Kern der Menschenwürde entspricht dies alles nicht.[871]

Gleiches gilt für die Bewertung der negativen Religionsfreiheit im Koran, also den Austritt des Einzelnen aus dem Islam. Die Offenbarung enthält kein Recht hierzu, im Gegenteil.[872] Noch immer führen deren religiöse Gebote zur Abkehr von Heuchlern und Leuten, die sich offen vom Islam abwenden. Indem sie dies tun, verlassen sie Gottes beste Gemeinschaft und wechseln die Seiten hin zur Ungläubigkeit. Sie müssen wegen der Vorgaben des Koran unter Muslimen daher mit sozialer Ächtung, Ausgrenzung und Nachteilen aller Art rechnen, bis hin – insbesondere bei prominenter Stellung – zu Gefahren für Leib und Leben.

Die genannte Toleranz gegenüber Anhängern der anderen Buchreligionen ist überdies mit einer besonderen Labilität behaftet. Den Juden begegnet der Islam mit einer ausgeprägten Distanz. Sie stünden ihm am feindlichsten gegenüber und seien von Gott verflucht

870 A. Uhle a.a.O., S. 328, 329.

871 Vgl. Teil II, 3.3; Chr. Starck in: v. Mangoldt/Klein/Starck, GG, Art. 4 Rn. 31; auch v. Campenhausen/de Wall weisen darauf hin, dass der Islam die Religionsfreiheit nach dem Verständnis des Grundgesetzes nicht kenne, Staatskirchenrecht, S. 84.

872 P. Antes a.a.O., S. 85.

worden.[873] Dies führt zu einer großen und latent aufrecht erhaltenen Abneigung, die sich durch den gesamten Offenbarungstext zieht. Dieser Aspekt ist zugleich die Grundlage für das, was sich mit dem Begriff des Antisemitismus verbindet. Die kolonial angelegte und durch die Gründung des Staates Israel ausgelöste politische Entwicklung im Nahen Osten hat dem muslimischen Antisemitismus zudem die Anlage einer anhaltenden, besonderen Aggressivität verschafft. Im Rahmen einer verfassungsrechtlichen Gesamtschau kann sie nicht unberücksichtigt bleiben.

Im Weiteren besteht das Problematische zwar nicht schon darin, dass sich der Islam im alleinigen Besitz der Glaubenswahrheit wähnt (das ist schließlich bei allen Offenbarungsreligionen der Fall), wohl aber darin, dass er sich dabei auf Gottes unmittelbares Wort und nicht nur auf Erzählungen beruft. Das erzeugt Unverrückbarkeit und erschwert den religiösen Dialog mit anderen Religionen. Gott persönlich bringt zum Ausdruck, Zuwiderhandlungen auf dem gebahnten Weg bestraft zu haben und weiter bestrafen zu wollen – entweder selbst oder durch seine Gläubigen. Zu den Glaubensgewissheiten zählt daher, ihn stets fürchten zu müssen. Die von Muhammad verkündigte Offenbarung ist insoweit zeitlos zu verstehen. Ein diesseitiges Leben in ständiger Furcht vor Strafe führen zu müssen, ist mit dem Freiheits- und Würdeverständnis des Grundgesetzes allerdings nur schwer in Übereinstimmung zu bringen.

Aus dem Koran ergibt sich das Wissen der frohen Botschaft, unter bestimmten Voraussetzungen, zu denen die koranische Rechtleitung zählt, nach dem Tod ins Paradies gelangen zu können. Diese Botschaft richtet sich allerdings nur an die Gläubigen, nicht an die Sünder und Ungläubigen.[874] Nur wer Muslim ist oder als Angehöriger einer anderen Buchreligion entsprechend glaubt, dem wird mit der Offenbarung unmittelbar die Gewissheit vermittelt, der besten Gemeinschaft auf der Welt anzugehören und die alleinige Wahrheit beanspruchen

873 Vgl. Teil I, 3.3.3.2.2.
874 Vgl. hierzu im Teil I, 2.3, S. 35.

zu können. Andere Religionen würden von Gott als Ersatz nicht angenommen werden.[875] Dies vermag ein Gemeinschaftsbewusstsein elitärer Exklusivität zu vermitteln. Nur die Muslime seien berechtigt, zu gebieten, was recht ist (und) zu verbieten, was verwerflich ist. Verstärkt wird dies durch wiederholte Hinweise auf die Zuordnung des Koran zum Ungeschaffenen und die wohlverwahrte Tafel im Verborgenen sowie Muhammads Eigenschaft als Siegel der Propheten.[876]

Indes hat auch dieses Selbstverständnis seine Schattenseite. Denn es führt dazu, im Verhältnis zu einem nicht als ebenbürtig empfundenen Umfeld gerne unter sich bleiben zu wollen und den anderen tendenziell misstrauisch und intolerant gegenüberzustehen. Solange und wo die Ungläubigen noch stärker sind, lässt man sie weitmöglich ins Leere laufen. Die nach wie vor gelebte Vitalität des islamischen Glaubens wird auf absehbare Zeit auch nicht vermuten lassen, dass sich dies im Zuge einer Entwicklung wandeln könnte, wie sie das Christentum vor und nach der Aufklärung durchlebt hat. Denn Katholizismus und Protestantismus hatten mit ihrem jeweiligen einstigen Selbstverständnis durchaus vergleichbare Züge aufzuweisen. Dafür fehlt es beim Islam jedoch an entsprechenden Voraussetzungen.

Eine besondere Bedeutung kommt in diesem Zusammenhang dem Propheten Muhammad zu. Auch seinen Geboten, die er im Namen Gottes oder aufgrund seiner Nähe zu ihm aussprach, ist zu folgen. Auch ihm war und ist zu gehorchen.[877] Ihn in Frage zu stellen, widerspräche dem täglichen Glaubensbekenntnis aller Muslime und würde als Angriff auf den Islam gewertet, gegen den man sich – in welcher Form auch immer – wehren dürfte.[878]

Die Existenz der Ungläubigen führt im Weiteren dazu, dass diese aus Sicht der Offenbarung eine Bedrohung gegenüber dem Islam darstellen, sowohl bei kriegerischen Aktionen als auch dann, wenn sie Muslime von

875 Vgl. Teil I, 3.3.3.1.

876 Vgl. Teil I, 2.5 und 3.2.

877 Vgl. Teil I, 2.2.4 sowie 3.3.4.1.

878 Mit teils drastischen Folgen, wie die Anschläge in Paris 2015 auf Charlie Hebdo und am Bataclan-Theater zeigten.

ihrem Glauben abzubringen versuchen. Letzteres wiege als schwereres Vergehen, als sie zu töten (2/191, 217).[879] Folge ist, dass die Erlaubnis für einen Krieg mit ihnen zwar unter einem formalen Vorbehalt steht und ggf. zurückstehen muss, der Krieg selbst aber als legitim angesehen wird. Gleiches gilt – ohne formale Voraussetzungen – hinsichtlich des Tötens ungläubiger Menschen außerhalb der muslimischen Gemeinschaft, soweit sich nicht Regelungen anderer Art aus einem Schutzbefohlenen-Status ergeben. So kann das Töten von Menschen bspw. im Rahmen eines persönlichen Dschihads als durch den Koran legitimiert angesehen werden.[880] Man weiß nicht, wer auf diese Mittel wann zurückgreift, gleichwohl können sich die dazu berufen Fühlenden als religiös berechtigt verstehen. Auch wenn es hierzu ablehnende Stimmen gibt, so können sie doch keine Verbindlichkeit für den Islam beanspruchen, da es keine innerislamischen Instanzen für die Festlegung von Verbindlichkeiten zu Glaubensaussagen gibt. Selbst hohe Repräsentanten der al-Azhar Universität in Kairo hielten sich im Ergebnis insoweit zurück.[881]

Bedeutsam ist darüber hinaus der aus dem Koran abgeleitete Anspruch des Islam, das gesamte irdische Leben an den Normen der Lebensordnung des Koran ausrichten zu dürfen. Es gibt für ihn keine Trennung von Religion und Welt bzw. Staat.[882] Dieser aus der Offenbarung abgeleitete Anspruch hat erhebliche Auswirkungen auf die verfassungsmäßige Ordnung der bundesdeutschen Staatlichkeit, auf die im Weiteren näher eingegangen wird. An dieser Stelle soll nur der Hinweis wiederholt werden, dass der Religionsbegriff des Islam vom eigenen Verständnis her und losgelöst von der Durchsetzbarkeit die Berechtigung umfasst, auch das staatliche Leben als integralen Teil der genannten Lebensordnung anzusehen und daraus Vorgaben abzuleiten. Von daher wäre ein religions-neutraler bzw. säkularer Staat aus Sicht des Islam nicht zu erwarten, eher ein Staat mit Staatsreligion.

879 Siehe auch unter Teil I, 3.3.3.3.

880 Vgl. Teil I, 3.3.3.3.3.

881 So bspw. deren Großscheich Sayyid Tantawi, vgl. im Teil I, 4.4.1.

882 So im Ergebnis auch v. Campenhausen/de Will, Staatskirchenrecht, S. 84.

3.2 Normhierarchie und Schlussfolgerungen

Seit der Französischen Revolution setzte sich im europäisch geprägten Rechtskreis der Gedanke der Volkssouveränität durch. Die Völker lösten die monarchischen Herrscher als Träger der Souveränität ab, soweit dies im Zuge von Staatsneugründungen nicht entbehrlich wurde. Sie erstritten dabei nach langen Auseinandersetzungen zugleich das Recht, sich selbst eine Verfassung geben zu können, die das Regelwerk zwischen dem Staat und seinen Bürgern, deren Freiheitsrechte, für den Staatsaufbau sowie die Kompetenzen der Staatsorgane vorgab. Die Verfassung wurde die höchste Rechtsnorm innerhalb der säkular gewordenen Staaten. Herrschaft legitimierte sich nun nicht mehr von Gott her, sondern (mehrheitlich) aus der Verfassung heraus. Das kennzeichnete auch die Weimarer Reichsverfassung und das Grundgesetz der Bundesrepublik Deutschland.

Das islamische Staatsverständnis hat unter europäisch–amerikanischem Einfluss zwar formal Elemente der europäischen Staatsstruktur übernommen, von der Staatsphilosophie her steht es jedoch nicht in deren Tradition. Diese steht vielmehr in der mehr als 1400 Jahre währenden Hingabe an Gott sowie seine Worte und Imperative, die sich aus dem Koran und der Scharia ergeben.[883] Wie in allen drei abrahamitischen Offenbarungsreligionen gilt Gott zwar als zeitlos, ewig, allwissend und allmächtig, im Koran erfährt er jedoch inhaltlich durch die Tafel (Schrift) im Verborgenen und die verwendete arabische Schrift (Sprache)[884] seine kompromissloseste monotheistische Absicherung und Bestimmungsmacht. Als „Herr des gewaltigen Throns" verdeutlicht er mit der offenbarten Allmacht sein Gestaltungsmonopol für alle Bereiche des Diesseitigen – und nicht nur für das Jenseits. Die von ihm vorgegebene normative Rechtleitung des „gebahnten Weges" (der Scharia)[885] darf vom menschlichen Verstand weder ergründet,

883 Vgl. Teil I, 1.1, 1.2, S. 19 f., 21 ff.
884 Vgl. Teil I, 2.3, S. 34; 3.2, S. 43 f.
885 Vgl. Teil I, 1.3, S. 22.

geändert, ergänzt noch verworfen werden. Nachgeordnetes Recht darf dem göttlichen nicht entgegenstehen.[886] Mit dem Koran sei die Offenbarung vollständig und abschließend erfolgt. Menschenwerk berührt nicht Gottes Allmacht, auch auf der Erde hat er die höchste Macht.[887]

Vor diesem Hintergrund ist es nachvollziehbar, dass der sunnitische Theologe al-Maududi den auf Bodin zurückgehenden Begriff der Souveränität aufgriff, der seinerzeit den Allmachtsanspruch des französischen Königs Ludwig XIV wiedergeben sollte. Aus dem Koran ergebe sich, dass die höchste und absolute Gewalt im umfassenden Sinne nur Gott (Allah) zukomme. Wo Menschen ermächtigt würden, politische Gewalt auszuüben, sei dies nur eine treuhänderische Ermächtigung zur Wahrnehmung göttlichen Rechts. Diese abgeleitete Herrschaftsgewalt habe die Aufgabe, im Sinne des Islam zu wirken.[888] Das menschliche Konstrukt der (Volks-)Souveränität sei der göttlichen Souveränität nachgeordnet und schon begrifflich mit letzterer unvereinbar. „Legal sovereignty" im Sinne des europäisch-westlichen Verständnisses sei daher nur vorstellbar, wenn sie ihre Grenzen und Aufgabenstellungen im vorgegebenen göttlichen Gesetz fände.[889]

Man muss zugestehen, dass diese Aussage stimmig und konsequent mit Koran und Scharia übereinstimmt. Der Islam versteht sich auf dem gebahnten Weg als Gesetzesreligion. Das Grundregelwerk, das die säkular-westlichen Staaten mit ihrer Verfassung verbinden, verbindet er mit den göttlichen Vorgaben des Koran.[890] Aus diesen ergibt sich nach eigener Sicht die göttliche Ordnung der Welt. Er enthält zwar keine Vorgaben hinsichtlich der Staatsform oder der inneren Ordnung, aber verbindliche Regeln für die weltliche Umsetzung der Religion als ewig gültigem Recht. Die normativen Aussagen der Scharia enthalten göttliche Gesetzesbefehle aus dem Koran oder lassen sich auf solche zurück-

886 Vgl. Teil I, 1.3, S. 26.
887 Vgl. Teil I, 3.3.2, S. 44, 53; Akzeptanz durch Adam: 3.3.3.1, S. 57.
888 Vgl. Teil I, 4.3.2, S. 163.
889 Vgl. Teil I, 4.3.2, S. 164.
890 Als Beispiel bei selbst reformorientierten Theologen vgl. bei Shaltut im Teil I, 4.4.2.2, S. 173 f. und unter 4.5, S. 183.

führen. Der Anspruch der Scharia auf Gehorsam und Befolgung war stets ein prägender Teil des öffentlichen islamischen Gesellschaftslebens. Selbst wenn die Umsetzung defizitär blieb, also nicht immer der reinen Lehre entsprach, änderte dies nichts am Anspruch selbst. Alle im Koran enthaltenen Befehle und Anweisungen werden als unmittelbar von Gott stammend angesehen. Die Lehre von der Mutter der Schrift im Verborgenen als Teil des ungeschaffenen Seins verstärkt deren Unverrückbarkeit ebenso, wie die Abfassung der Offenbarung in arabischer Schrift historisch-kritische Exegesen erschwert.[891]

Al-Maududi kam auf der Grundlage seines Wissens über den Koran zu dem Schluss, dass es ein religiös begründbares Recht auf demokratische Selbstbestimmung aufgrund fehlender Aussagen im Koran nicht gebe.[892] Auch wenn vereinzelt darauf hingewiesen wurde, dass es in Koran und Scharia keine Festlegung auf ein bestimmtes politischen System gegeben habe,[893] ändert dies nichts an seinem zutreffenden Hinweis, dass ein individuelles Recht auf Selbstbestimmung im privaten oder öffentlichen Bereich nirgends verankert ist und auch konsensual nicht angenommen wird.

Die Konsequenzen aus den im Koran fundierten Gedanken Maududi's zur Souveränität sind ebenfalls ernüchternd. Sie werden auch nicht relativiert durch das Freiheitsverständnis des Islam, weil sich dieses nicht auf eine Freiheit für weltlich selbst Gewolltes oder Bestimmtes bezieht,[894] sondern nur auf die Freiheit von Fremdherrschaft.[895] Zutreffend ist daher festgestellt worden, dass die Annahme der alleinigen Souveränität Gottes allen gängigen Demokratiekonzepten diametral entgegensteht.[896]

891 Teil I, 3.2, S. 43 ff.; Teil II, 1.2.3.3, S. 224; T. Nagel, Was ist der Islam, S. 134.

892 Teil I, 4.3.2, S. 165; Hinweise auf demokratische Elemente im Koran (Beratungsprinzip) widersprechen dem auch aus Sicht anderer nicht, vgl. Teil I, 4.5, S. 184.

893 Vgl. bei al-Raziq, Teil I, 4.2.1, S. 149 f. und Ch. Allah, Teil I, 4.4.2.4, S. 176 f.

894 Vgl. bei Tahtawi Teil I, 4.1.1, S. 134 und zu ar-Raziq unter 4.2.1, S. 150.

895 Vgl. Teil I, 4.1.1, S. 134; 4.2.1, S. 150; auch Teil II, 1.2.3.3, S. 230.

896 M. Rohe, Das islamische Recht, S. 245.

Indes sind die angesprochenen Schlussfolgerungen mit dieser Feststellung noch nicht zu Ende gedacht. Wenn Gott als allmächtigem Souverän mit seiner Kompetenz-Kompetenz und seinen Gestaltungsvorgaben das wesentliche Wort zuerkannt wird, so delegitimiert dies zwangsläufig alles andere dort, wo es vom Koran und den darauf aufbauenden Vorgaben der Scharia abweicht. Der muslimische Glauben wird den göttlichen Befehl dann stets über den eines nur menschlichen Gesetzes stellen.

Es ist darauf hingewiesen worden, viele Muslime in der Diaspora der westlichen Staaten würden das dortige Recht „respektieren".[897] Wirklich weiter hilft das aber nicht. Muslime werden ihr Verhalten eher an dem ausrichten, was in ihrer Heiligen Schrift als Gottes unmittelbares Wort nachlesbar ist. Im Konfliktfall werden sie sich in den mehrheitlich (noch) nicht muslimisch dominierten Staaten in eine abwartende, passive Haltung zurückziehen. Nach Sure 4/59 bestehen Pflichten zur loyalen Befolgung nur gegenüber Gott, seinem Gesandten und denjenigen unter den Muslimen (!), die zu befehlen haben (die zuständig sind). Gegenüber dem weltlichen Recht eines solchen Staates wird Loyalität nur insoweit zu erwarten sein, wie dies mit der Scharia vereinbar erscheint.[898] Alles andere ließe eine göttliche Strafe befürchten. Möglicherweise wäre auch mit Zugeständnissen nach dem Taqiyya-Prinzip zu rechnen, einer Form der erlaubten Täuschung Ungläubiger im Falle von deren Überlegenheit.[899] Zudem wird man

897 M. Rohe, Das islamische Recht-Eine Einführung, S. 11. Diese Formulierung verschleiert, ob sie es denn auch befolgen. Etwas zu respektieren kann auch heißen, es nur als vertretbar anzusehen, es nur duldend hinzunehmen.

898 Zum Problem der Loyalität vor dem Hintergrund der „Islamischen Charta" des Zentralrates der Muslime in Deutschland von 2002 vgl. bei T. Nagel, Was ist der Islam, S. 590; zur Tendenz, das religiöse Gesetz über das weltliche zu stellen, J. Wagner, Richter ohne Gesetz, S. 81. Auf die „Islamische Charta" ist in diesem Teil unter 3. näher eingegangen worden.

899 Abgeleitet wird dieses Prinzip aus dem Koran. Den wahren Glauben darf erlaubt verheimlichen, wer durch äußere Umstände zur Abweichung von diesem (also zum Unglauben) gezwungen wird. Er hat keine Strafe Gottes zu erwarten (16/106). Es wird auch als zulässig angesehen, sich entgegen

versuchen, eigene Lebensvorstellungen – bspw. zum Tragen bestimmter (auch symbolischer) Kleidungsstücke – im nicht muslimischen Umfeld durchzusetzen.

Im Ergebnis spricht viel dafür, dass Muslime mehrheitlich daran festhalten werden, dass die göttlichen Gesetze die maßgebenden sind. Alle ihre großen Rechtsschulen (mit Ausnahme der hanafitischen) betonen die Pflicht der Muslime, auch in der Diaspora vorrangig das islamische Recht zu befolgen.[900] Die hanafitische Rechtsschule hält immerhin dazu an, dies jedenfalls – soweit es geht – untereinander zu tun.[901] Daraus lässt sich ableiten, dass die muslimische Seite bestrebt sein wird, im eigenen Umfeld parallele Strukturen aufzubauen, auf die ausgewichen werden kann und die es ermöglichen, die rechtlichen Vorgaben der Ungläubigen zu unterlaufen.[902] Wo es die eigene Dominanz bereits gestattet, wird im Alltagsleben angestrebt werden, die eigenen Vorstellungen von „halal" (erlaubt) und „haram" (verboten) durchzusetzen. Im Falle anwachsender muslimischer Parallelgesellschaften ist daher von einem größer werdenden Konfliktpotential auszugehen. Im Kern wird dieses nicht lösbar sein, denn dem Grundgesetz, das sich aus der – islamisch so gesehenen – nur nachrangigen Volkssouveränität ableitet, wird im Vergleich zum Koran ebenfalls nur eine nachrangige

---

Gottes Gebot Ungläubige zu Freunden zu nehmen, wenn man sie ansonsten fürchten muss (3/28). Darüber hinaus können Muslime bei Auseinandersetzungen allgemein davon ausgehen, dass Gott im Ränkeschmieden (auf der richtigen Seite) schneller ist und es besser kann (8/30; 10/21; 27/50, 51) – durch wen auch immer. Ein Beispiel für Taqiyya bot der Großimam und Rektor der al-Azhar Hochschule am 15.3.2016 im Deutschen Bundestag zur Stellung der Frau im Islam. Die Stellung der Frau habe nichts mit der Religion zu tun, sondern mit der kulturellen Tradition. Der Koran habe der Frau so viele Rechte gegeben, wie dem Mann. Die Ehe sei im Islam ein religiöser Vertrag. Die Frau diene dem Mann, weil sie ihn liebe, nicht weil er das Recht dazu habe. Vgl. Teil I, Fn. 2 und zur Stellung der Frau Teil I unter 3.3.4.4.2.

900 U. Matyssek, Zum Problem der Trennung von Religion und Politik im Islam, in: S. Muckel, Der Islam im öffentlichen Recht, S. 184.

901 U. Matyssek a.a.O., S. 165.

902 Hierzu näher unter Teil II, 3.7.

Bedeutung zuerkannt. Aus Sicht des muslimischen Glaubens stehen im Konfliktfall die göttlichen vor den weltlichen Gesetzen. Lösbar erscheint dieser Konflikt – sollte er sich nicht aus der Verfassung heraus lösen lassen – nur im Wege der Machtfrage.

3.3 Die Menschenwürde nach Art. 1 GG und das islamische Gegenstück

Es ist bereits an anderer Stelle[903] ausgeführt worden, dass die Menschenwürde in der deutschen Verfassung als höchster und zentraler Wert gilt. Die Garantie der unantastbaren Menschenwürde erhält durch Art. 79 Abs. 3 GG praktisch einen absoluten Charakter.

Diese Bedeutung des festgelegten Konstitutionsprinzips relativiert sich aus islamischer Sicht erheblich. Maßgeblich hierfür ist zunächst der Umstand der Nachrangigkeit menschlicher Gesetze gegenüber dem Regelwerk von Koran und Scharia. Nur Allah wäre demgemäß aufgrund seiner souveränen Allmacht zu einer anders lautenden Vorgabe berechtigt gewesen. Entsprechendes sucht man indes vergebens.

Gleiches gilt auch hinsichtlich der Bedeutung des Würdegedankens. Zwar lässt sich aus den Umständen des Schöpfungsaktes ableiten, dass jeder Mensch in Nachfolge Adams über die diesem „innewohnende Würde" ebenfalls verfügt. Das verleiht den Menschen eine Sonderstellung gegenüber anderen Geschöpfen. Diese kann auch als unveränderlich und unveräußerlich verstanden werden.[904] Der eingehauchte göttliche Geist, und dass Gott ihn alle Namen lehrte, unterschied ihn fortan von allen anderen Kreaturen.

Eine Übereinstimmung mit dem grundgesetzlichen Verständnis von Würde, die für jeden Menschen gleich ist, ergibt sich daraus gleichwohl nicht. Denn es bleibt nicht beim aufgezeigten Ausgangspunkt. So fehlen dem Koran Aussagen, aus denen sich schließen lässt, dass

903 Vgl. Teil II, 2.1, S. 237.
904 Teil I, 3.3.4.5, S. 107 f.

auch Ungläubigen eine den Muslimen gleichwertige Würde beigemessen wird. Die Vorgabe Gottes für den Menschen, auf der Erde „kein Unheil anzurichten", erhält dabei ihren Schwerpunkt im Glauben und im Gehorsam gegenüber dem, was die islamische Daseinsordnung verlangt. Unheil geht daher vor allem von den Ungläubigen aus. Dabei wird zum Ausdruck gebracht, dass Gott Ungläubige verabscheut, sie verflucht und sich an ihnen rächen will. Auch erlauben Formen von Ungläubigkeit keine Vergebung.[905]

Schon die Kategorie des „strafwürdigen Ungläubigen" tastet die Würde des Menschen an (vgl. unter II 2.1). Ebenso die daran anknüpfende Umsetzung. Die Strafe im Diesseits erfolgt durch die Gläubigen, wenn sie die Ungläubigen bekämpfen oder durch anderes göttliches Wirken. Das Offenbarte ist in seiner Gesamtheit geeignet, bei muslimischen Lesern – vor allem in deren Phase der Sozialisierung – den Eindruck hervorzurufen, dass Tod und Höllenfeuer für Ungläubige eine selbstverständliche Normalität darstellen. Polytheisten und andere Heiden sind gegenüber den Muslimen schlicht rechtlos.[906] Über sie kommen Tod und Verderben, entweder durch Gott selbst oder mittels der gläubigen Menschen, deren Fluch sie unterfallen und die das Töten solcher Ungläubigen als göttlich legitimiert ansehen können.[907] Gleiches gilt für jene, die sich abwenden oder die Daseinsordnung bekämpfen. Sie werden bestraft und erniedrigt. Im zuletzt genannten Fall gibt es dann niemanden (also auch nicht auf Erden), der ihnen Ehre erweisen würde.[908] Im Ergebnis erübrigt sich hier der Würdegedanken. Juden und Christen erhalten als Vertreter anderer Buchreligionen zwar

905 Vgl. Teil I, 3.3.2, S. 55.

906 M. Rohe, Das islamische Recht, S. 153; U. Matyssek, Zum Problem der Trennung von Religion und Politik im Islam a.a.O., S. 168. Matyssek deutet an gleicher Stelle zwar an, dass heute eine Angleichung an die Gruppe der Schriftbesitzer erfolge, der Umfang bleibt aber offen. Aus dem Koran ergeben sich solche Hinweise nicht. Zur Thematik vgl. im Teil I zu 3.3.4.1 bis 3.3.4.

907 Teil I, 3.3.2, S. 55 f.; 3.3.3.3, S. 69 ff.; 3.3.3.3.1, S. 72 ff.; 3.3.3.3.5, S. 80 f. sowie die Abschnitte zu Sure 9, S. 74 ff.

908 Teil I, 3.3.4.5, S. 109.

den Status von Schutzbefohlenen eingeräumt,[909] im Kern ändert dies aber nichts daran, dass sie im Regelfall ebenfalls nicht als Inhaber einer für alle gleichen Menschenwürde angesehen werden. Ein rechtlich abgewerteter Status oder eine demütigende Ungleichbehandlung von Gruppen[910] ist mit der Menschenwürde im Verständnis von Art. 1 GG aber als unvereinbar angesehen worden.[911]

Der Koran verbietet das Töten von Menschen auch in anderer Hinsicht nicht generell. Als legitim gilt – unter einzuhaltenden Voraussetzungen – bspw. das Töten von Apostaten. Mit dem Menschenwürdebegriff des Grundgesetzes, wie er jenseits von Kriegszeiten durch das Bundesverfassungsgericht konkretisiert wurde, sind die geschilderten Sichtweisen schlicht unvereinbar. Zwar könnten in Deutschland einzelne solcher Taten bestraft werden, das darf aber nicht davon ablenken, dass die Motivationsgrundlage für ein solches Handeln religiös weiter besteht und vermittelt wird. Gott sorgt dafür, dass der Ungläubige gegen einen Besseren ausgetauscht wird, es auf ihn folglich gar nicht ankommt.[912] Der Einzelne aber auch die Gruppe der Ungläubigen als solche werden auf diesem Wege innerhalb der Religion zum bloßen Objekt. Alle diese Glaubensaussagen sind nicht strafbar. In Auswertung der Gruselfilmentscheidung des Bundesverfassungsgerichts und seiner übrigen Entscheidungen zum hiesigen Thema sowie der Laserdrome-Entscheidung des Bundesverwaltungsgerichts[913]widersprechen sie jedoch dem Gebot der Menschenwürde. Für das Gesamtergebnis ist dieser Befund entsprechend zu würdigen, zumal es sich vorliegend nicht nur um fiktive Darstellungen handelt, sondern um göttlich Offenbartes.

Darüber hinaus wird die Würde vom Koran – anders als im Grundgesetz – leistungsbezogen durch den Gedanken der Würdigkeit ergänzt. Diese ergibt sich zunächst aus dem Aspekt der Glaubenstreue (Rechtleitung). Dabei verfügt der Muslim generell über eine höhere Würde

---

909 Teil I, 3.3.4.4.1, S. 96 ff.

910 Zu den „umarschen Bedingungen“ vgl. unter Teil I, 3.3.4.4.1, S. 97.

911 BVerfGE 144, 20 (207, Rn. 541).

912 Zur sog. Objekttheorie vgl. unter Teil II, 3.3.

913 Vgl. oben Teil II zu Fn. 844 und 845.

als der Ungläubige.[914] Darüber hinaus offenbart der Koran, dass die Menschen von Gott einst nach dem eingestuft werden, was sie auf Erden getan haben.[915] Hier kommt das zu verlesende Sündenregister der Hüterengel zum Zuge. Darüber hinaus schwingt die „dignitas“ mit, der man – je nach dem – auch vollständig verlustig gehen kann. Laut Koran unterfallen dieser Kategorie auch jene, die gegen Gottes Verbot „Abscheuliches“ begehen. Homosexuelle Handlungen fallen darunter.[916]

Zudem fehlen in Koran und Scharia weitere inhaltliche Elemente des im GG enthaltenen Würdebegriffs. Der Mensch wird hier nicht als frei geborener Selbstzweck verstanden. Er erscheint nicht als eigenverantwortlich mit dem Anspruch auf freie Entfaltung seiner Persönlichkeit, die nur die Schranken des (weltlichen) Gesetzgebers zu beachten hat.[917] Vielmehr weist ihm die Offenbarung die Aufgabe zu, Gott zu dienen. Zu diesem Zweck sei er geschaffen worden. Zu dienen heißt, der Daseinsordnung (Religion) nachzukommen. Wiedergegeben wird ein engmaschiges Abhängigkeits- und Unterordnungsverhältnis zwischen Mensch und Gott. Dem Menschen kommt die Pflicht zu, den Worten Gottes und Muhammads zu gehorchen. Er hat dem im Koran offenbarten Willen Gottes treu ergeben zu sein. Er soll Gott stets fürchten und unterliegt der fortwährenden Überprüfung seiner Gottestreue und Glaubensfestigkeit. Denn es gehört zu seinen Pflichten, fromm zu sein. In geeigneter Weise kommt die Pflicht zum Dschihad hinzu.[918] Aus alledem ergibt sich, dass der Koran dem Einzelnen bereits die Möglichkeit nimmt, die freie Entfaltung seiner Persönlichkeit oder eine autonome und selbstverantwortete Lebensgestaltung anzustreben. Er sieht für den Menschen Rechte dieser Art in der Offenbarung schlicht nicht vor. Bereits seine vorgelagerte Entscheidungsfreiheit wird nur in den

---

914 A. Uhle, Die Integration des Islam in das Staatskirchenrecht der Gegenwart, in: Heinig/Walter, Staatskirchenrecht oder Religionsverfassungsrecht, S. 330; vgl. auch Teil I, 3.3.4.5, S. 109 f.

915 Teil I, 3.3.4.4, S. 95.

916 Teil I, 3.3.4.4.3, S. 106.

917 Zum Würdebegriff im GG vgl. Teil II, 2.1, S. 237 ff.

918 Hierzu Teil I, 3.3.4, S. 81 und 3.3.4.1, S. 84.

engen Grenzen der überprüften Gottestreue anzunehmen sein, sofern sie nicht gänzlich abgelehnt wird (hierzu im Teil I, 3.3.4.3.1 und 3.3.4.3.2)

Aufgrund des fehlenden Selbstzwecks erscheint der Mensch innerhalb dieser Religion als „bloßes Objekt". Apostaten werden auf Erden durch andere ersetzt (5/54).[919] Die Würde des Menschen und auch von Gruppen dieser Gattung besteht aus der Sicht des Grundgesetzes unabhängig von der religiösen Rechtleitung. Das in der islamischen Lebensordnung vorgegebene Wertegerüst für alle Menschen basiert hingegen auf einer glaubensbezogenen Ungleichheit, die eine gleiche Würde gerade nicht enthält. Vielmehr lässt sich sowohl in der Religion als auch in deren Umsetzung nachweisen, dass Gruppen von Menschen aus dem Bereich der Ungläubigen als lebensunwert bewertet werden. Gott straft sie durch Naturkatastrophen, den Untergang von Städten und Völkern oder durch die Kriege der Gläubigen. Menschen, die nicht gläubig sind, werden ausgetauscht oder getötet. Sie werden damit als Objekte erkennbar, auf die es nicht ankommt.[920] Dabei handelt es sich nicht nur um vergangenheitsbezogene Erzählungen, sondern um zeitlose Darstellungen von Gottes Wort im Koran.

Die Begründung, mit der das Bundesverfassungsgericht bereits bei einem Videospiel das Gebot der Achtung der Menschenwürde als verletzt ansah,[921] könnte sich vorliegend daher auf den Islam übertragen lassen. Gerechtfertigt wäre das, weil der Islam beansprucht, auch den staatlichen Bereich gestalten zu können. Gruppen von Menschen ihre Daseinsberechtigung abzusprechen, umfasst nach Auffassung des Gerichts auch die Vorstellung vom Einzelnen, dass er ein bloßes Objekt sei, mit dem man nach Belieben verfahren könne. Diese Sicht ließe sich als vorsichtiger Ansatz werten, den bislang auf frühere Staatstotalitarismen bezogenen Anwendungsbereich der Objektformel auf gegenwärtige Gefährnisse zu erweitern. Garantiert wäre dies indes nicht.

---

919 Vgl. Teil II, 2.1, S. 240 und die dortigen Hinweise zur Rechtsprechung des BVerfG.

920 Teil I, 2.3, S. 34 f.; 3.3.3.2, S. 60; 3.3.3.3, S. 71, 73 und 3.3.4.4, S. 95.

921 Zur Argumentation vgl. Teil II, 2.1, S. 240 f.

Zudem verlangt der Islam die vorbehaltlose Hinwendung der ganzen Persönlichkeit zu Gott und die vollständige Unterwerfung unter seinen Willen, wie er im Koran und der Scharia zum Ausdruck kommt. Selbst wenn man dies als eine individuelle Umsetzung des Anspruchs auf freie Entfaltung der eigenen Persönlichkeit ansähe, so würde sich aus dieser persönlichen Entscheidung noch nicht der allgemeine Selbstzweck des Menschen ableiten, der unabhängig von Erwartungen Dritter, Pflichtenerfüllungen oder anderer Aufgaben ist. Das Bundesverfassungsgericht hat insoweit zu Recht auf das Gefahrenpotential für die Menschenwürde hingewiesen, das von einer Religion ausgehen kann, die die unbedingte Unterordnung der Person verlangt. Es hat in letzterem eine Missachtung des Wertes gesehen, der jedem Menschen um seiner selbst willen zukommt.[922] Der Hinweis, es taste die Menschenwürde an, wenn man als grundsätzlich unfrei und einer höheren Instanz unterworfen angesehen werde,[923] ist hinsichtlich seiner Konsequenzen für die Ausübung einer Religion noch als offen anzusehen.

Im Verständnis des Grundgesetzes kommt der Menschenwürde sowie der Freiheit ein gemeinschaftsbildender Wert zu.[924] Durch sein anderes Würde- und Freiheitsverständnis entzieht sich der Islam diesen gemeinschaftsbildenden Werten innerhalb seiner Parallelwelt.

3.4 Islam und Menschenrechte

Das deutsche Volk bekennt sich als Verfassungsgeber in Art. 1 Abs. 2 GG mit einem „darum“ zu den unverletzlichen und unveräußerlichen Menschenrechten [925], weil die Würde des Menschen aus seiner Sicht

922 Teil II, 2.1, S. 240 f.

923 BVerfGE 144, 20 (207, Rn. 540).

924 BVerfGE 32, 98 (106); vgl. Teil II, Fn. 836.

925 Die „Allgemeine Erklärung der Menschenrechte“ vom 10. 12. 1948 enthält Regelungen für ein an diesen Rechten ausgerichtetes Verhältnis von Staat und Individuum. Die Erklärung wurde von 48 Staaten bei acht Enthaltungen

unantastbar, zu achten und zu schützen ist. Die Menschenrechte gelten, als auf das engste mit der Menschenwürdegarantie verknüpft. Sie wurzeln in ihr und sichern sie gleichzeitig ab.[926] Zwar steht die Unverletzlichkeit unter dem Vorbehalt der Gemeinverträglichkeit, weil diese aber ebenso zum Begriff der überlieferten Menschenrechte gehört, wird darin keine Verletzung gesehen.[927] Die Unveräußerlichkeit wird nicht beeinträchtigt, wenn auf ein Menschenrecht freiwillig verzichtet wird, solange der Betreffende den Verzicht für die Zukunft wieder beenden kann. Soweit die Menschenwürdegarantie reicht, werden auch Religionsgesellschaften und andere menschliche Gemeinschaften daran als gebunden angesehen.[928]

Zugleich wird die Verfassung durch das Bekenntnis in Art. 1 Abs. 2 GG in die naturrechtlich geprägte, europäische Tradition der Idee vorstaatlicher Rechte gestellt: Die Menschenrechte sind demnach von keiner staatlichen Gewalt verliehen, gewährt oder entziehbar. Vielmehr ist es die Aufgabe des Staates, die Freiheit des Einzelnen – den Menschenrechten entsprechend – durch Grundrechte und organisatorisch mit

(darunter Saudi-Arabien) verabschiedet. Völkerrechtlich bindend war sie nicht. Die „Europäische Konvention zum Schutz der Menschenrechte und Grundfreiheiten (Europäische Menschenrechtskonvention) vom 04. 11. 1950 ist partikulares Völkerrecht der Unterzeichnerstaaten (ursprünglich 12, jetzt 47 Ratifizierungen) und gilt in Deutschland als einfaches Bundesgesetz. Völkerrechtliche Geltung hat auch der „Internationale Pakt über bürgerliche und politische Rechte“ vom 19.12.1966. Er trat am 23.03.1976 in Kraft. Sein Art. 18 garantiert die Religionsfreiheit. Die BR Deutschland, die dem Pakt beigetreten ist, verpflichtete sich damit, der vorhandenen muslimischen Minderheit das Recht auf freie Religionsausübung zu gewähren.

926 Chr. Starck in: v. Mangoldt/Klein/Starck, Grundgesetz Art. 1 Rn. 124 m.w.N.; Chr. Enders in: Friauf/Höfling, Berliner Kommentar zum Grundgesetz, Art. 1 Rn. 24 erkennt ihnen insofern einen „dienenden Charakter“ zu.

927 Chr. Starck a.a.O., Art. 1, Rn. 134.

928 Ders. a.a.O., Art. 1, Rn. 135; das Apostatenproblem wird dadurch allerdings nicht gelöst, weil der Islam zwar eine Religion, aber keine Religionsgemeinschaft ist. Für Muslime steht das Gotteswort zudem über dem menschlichen Gesetz, soweit dieses nicht schariakonform ist.

Hilfe von Institutionen zu sichern.[929] Mit deren erfolgter verfassungsrechtlichen Umsetzung wird gleichzeitig der nach Art. 1 Abs. 1 GG garantierten Würde des Menschen Rechnung getragen. Ohne die in den Einzelgrundrechten verbürgten Freiheiten ist nach der Konzeption des Grundgesetzes ein Leben in menschlicher Würde nicht möglich.[930] Zu den individuellen Freiheiten in Verbindung mit der Menschenwürde gehört auch das Recht auf freie sexuelle Orientierung.

Das dem Koran zu entnehmende Menschenbild gelangt im Vergleich nur ansatzweise zu einer kompatiblen Leitidee. Zwar ergibt sich aus ihm ebenfalls eine natürliche und vorstaatliche Bestimmung des Menschen, diese besteht allerdings nicht aus individuellen Freiheitsrechten. Gemäß der Offenbarung wird der Mensch nicht frei geboren, sondern in Nachfolge von Adam quasi als Muslim.[931] Die fitra-Erkenntnis von der muslimischen Urnatur des Menschen bestimmt den Islam bis in die Gegenwart.[932] Als Muslim wird ihm die Aufgabe schon in die Wiege gelegt, bis zu seinem Tod Gott als Herrn anzuerkennen, ihn zu preisen, ihm zu dienen und zu gehorchen.[933] Die damit verbundene Pflichtenordnung ist dem Koran an vielen Stellen zu entnehmen, nicht dagegen, dass individuelle Rechte für ein freies und selbstbestimmtes

---

929 Chr. Starck a.a.O., Art. 1 Rn 127 f.

930 BVerfGE 50, 290 (338).

931 Art. 1 der Kairoer Erklärung über Menschenrechte im Islam der Organization of Islamic Cooperation (OIC) vom 5. August 1990 nimmt das in seinem Wortlaut auf, wonach „alle Menschen eine Familie (bilden), deren Mitglieder durch die Unterwerfung unter Gott vereint sind und alle von Adam abstammen". Die 56 Mitgliedsstaaten der OIC beanspruchen, den Islam zu repräsentieren. Zum Inhalt der Aussage vgl. auch Teil I, 3.3.3.1.

932 Art. 10 derselben Erklärung besagt: „Der Islam ist die Religion der *reinen Wesensart*. Es ist verboten, ... Druck auf einen Menschen auszuüben, um ihn zu einer anderen Religion oder zum Atheismus zu bekehren."

933 Vgl. Teil I, 3.3.4.1; die Gehorsamspflicht wurde auf Muhammad ausgedehnt.

Leben eingeräumt werden.[934] In der Scharia wird diese grundlegende Weichenstellung vertieft.

Aber bereits dem Koran ist eine demzufolge deutlich andere Akzentuierung des Würdebegriffs zu entnehmen, auf die bereits an anderer Stelle eingegangen wurde.[935] Die gleiche Würde aller Menschen besteht nur im Zeitpunkt der Geburt. Die Vollwertigkeit des Einzelnen und dessen Würde ergeben sich dann erst aus seinen irdischen Taten, der verstandesmäßigen Erschließung des Koran und aus dem Maß der sich daraus ergebenden Rechtgläubigkeit.[936] Rechte bestehen nur, soweit sie Koran und Scharia einräumen.[937] Für das Verhältnis zwischen Mann und Frau bedeutet dies bspw., dass für ihr Handeln ungleiche Rechte und Rollenbilder maßgebend sind. Das gilt bis heute und wird bei passender Gelegenheit dann auch zum Ausdruck gebracht. So stellt Art. 5 der Kairoer Erklärung über Menschenrechte im Islam zwar das jedem von beiden zustehende Recht zu heiraten heraus. Es wird auch betont, dass sie von diesem Recht durch keinerlei Einschränkungen aufgrund der Rasse,

---

934 Art. 1 der Kairoer Erklärung formuliert daher in Satz 2: „Alle Menschen sind gleich an Würde, Pflichten und Verantwortung." U. Matyssek, Zum Problem der Trennung von Religion und Politik im Islam, in: Muckel a.a.O. S. 188 verweist auf die verbreitete Ansicht in der islamischen Welt, Menschenrechte seien mit dem Islam nicht vereinbar. Statt auf Rechte (die von Gott kommen müssten) werde auf Pflichten verwiesen. Im Ergebnis auch T. Nagel, Was ist der Islam, S. 425. B. Tibi, Fundamentalismus, S. 43 und 46 führt aus, individuelle Menschenrechte hätten in der islamischen Welt keine allgemeingültige Akzeptanz. U. Steinbach, Die Stellung des Islam, in: W. Ende/U. Steinbach, Der Islam in der Gegenwart, S. 218 kommt zu dem Ergebnis, die Idee eines Individuums mit „natürlichen" Rechten gegenüber dem Staat sei dem Islam fremd.

935 Vgl. Teil I, 3.3.4.5 und Teil II, 3.3.

936 Art. 1 lit. b) der Kairoer Erklärung: Gott liebt die am meisten, „die den übrigen Untertanen am meisten nützen. Niemand ist den anderen überlegen, außer an Frömmigkeit oder guten Taten".

937 Präambel Absatz 4 der Kairoer Erklärung: „...die grundlegenden Rechte und Freiheiten im Islam (sind) ein integraler Bestandteil der islamischen Religion." Sie sind „verbindliche Gebote Gottes" aus „Gottes offenbarter Schrift", die „durch seinen letzten Propheten überbracht" wurden.

Hautfarbe oder Nationalität abgehalten werden dürfen. Die glaubensbezogenen Vorgaben des Koran zur Ehe mit Ungläubigen oder zur Zahl der erlaubten Ehepartner bleiben jedoch unangetastet und unerwähnt.[938]

Auch in anderen Zusammenhängen wird dem Menschenrechtsverständnis des Grundgesetzes nicht genügt. Bis hinein in die Gegenwart wird das Leben für die sog. Schutzbefohlenen zwar unter Schutz gestellt, mit der Ableitung des Lebensschutzes im Grundgesetz ist dies gleichwohl unvereinbar. Gleiches gilt hinsichtlich der Regelungen zu gleichgeschlechtlichen Ehen, die aus Sicht des Islam nicht anerkannt werden, sowie zur Ächtung und Strafbarkeit der Homosexualität. Hinzu kommt das Verständnis von Religionsfreiheit bis hin zur Apostatenproblematik sowie gewisse strafrechtliche Bestimmungen der Scharia.[939] Das Menschenrechtsverständnis der Offenbarung stimmt mit dem in Art. 1 Abs. 2 des Grundgesetzes somit in Kernbereichen nicht überein.[940]

3.5 Das Verhältnis zu anderen individuellen Grundrechten

Neben der Menschenwürde stehen die Freiheitsrechte des Menschen im Mittelpunkt der deutschen Verfassung. Das entspricht dem abendländischen Menschenbild und der Tradition der Aufklärung. Um

938 Vgl. hierzu im Teil I, 3.3.3.2.4; Art. 6 der Kairoer Erklärung besagt daher lediglich, dass die Frau dem Mann an Würde gleich sei und nicht, dass beide die gleiche Würde haben. Damit kann das Maß an Würde bei der Frau offen bleiben. Die Formulierung berücksichtigt zugleich die unterschiedlichen Rechte und Rollenbilder, Teil I, 3.3.4.4.2.

939 M. Rohe, Das islamische Recht – Eine Einführung, S. 84; Rohe verweist auf neuere Erklärungen der Arabischen Liga von 1994 und ihre Fortschreibung von 2004, die ebenso Scharia-Vorbehalte aufwiesen, a.a.O., S. 85.

940 A. Uhle, Die Integration des Islam in das Staatskirchenrecht der Gegenwart, in: Heinig/Walter, Staatskirchenrecht oder Religionsverfassungsrecht, S. 328 verweist noch allgemeiner darauf, dass der Islam Menschenrechte nach abendländischem Verständnis nicht kennt.

dieser Würde willen ist dem Einzelnen in Art. 2 Abs. 1 GG eine möglichst weitgehende Entfaltung seiner Persönlichkeit garantiert worden[941], soweit er nicht die Rechte anderer verletzt oder gegen die verfassungsmäßige Ordnung verstößt.[942]

Als „unbenanntes“ Freiheitsrecht enthält und gewährleistet Art. 2 Abs. 1 das in Verbindung mit Art. 1 Abs. 1 GG abgeleitete und vom BVerfG anerkannte allgemeine Persönlichkeitsrecht. Seine Aufgabe ist es, die engere persönliche Lebenssphäre des Menschen und ihre Grundbedingungen abzusichern, die sich durch andere Freiheitsrechte nicht abschließend erfassen lassen.[943] Im Ansatz unbegrenzt ist darüber hinaus das Recht auf freie Entfaltung der Persönlichkeit aus Art. 2 Abs. 1, woraus sich eine allgemeine Freiheitsgarantie ergibt. In ihr konkretisiert sich auch die allgemeine Handlungsfreiheit, die alles menschliche Handeln und Verhalten mit umfasst, einschließlich der Ausdrucksformen der Sexualität.[944]

Von dieser Vorschrift wird nicht erfasst, was bereits in anderen Grundrechten speziell geregelt ist. Das gilt bspw. für den Schutz der Religionsfreiheit nach Art. 4 GG und der Meinungsfreiheit nach Art. 5 GG, so dass einschränkende Vorgaben innerhalb des Art. 2 Abs. 1 (sog. Schrankenregelungen) im Rahmen der genannten speziellen Grundrechte nicht angewendet werden dürfen.[945] Nicht erfasst wird auch, was unter keinem rechtlichen Gesichtspunkt eine grundrechtlich geschützte Vorrangstellung gegenüber Rechten anderer oder gegenüber Gemeinschaftsbelangen in Anspruch nehmen kann, wie es bspw. bei strafbaren Handlungen der Fall ist. Die Gemeinschaftsbelange ergeben

941 BVerfGE 5, 85 (204).

942 Chr. Starck a.a.O., Art. 2, Rn. 33 benennt diese Einschränkung als „menschenrechtliches Urgestein“.

943 BVerfGE 54, 148 (153).

944 Chr. Starck a.a.O., Art. 2, Rn 13 m.w.N. und 18; zu den Ausdrucksformen der Sexualität: BVerfGE 109, 279 (313).

945 Zu Art. 4: BVerfGE 52, 223 (246); zu Art. 5: BVerfGE 27, 71 (88), seither ständige Rechtsprechung.

sich aus den von der Verfassung geschützten Gemeinwohlgütern im Rahmen der „verfassungsmäßigen Ordnung“.[946]

Der Würdeschutz des Menschen setzt als Voraussetzung zugleich den Schutz seiner physischen Existenz voraus.[947] Art. 2 Abs. 2 GG enthält demgemäß Freiheitsverbürgungen in Gestalt des Rechts auf Leben und körperliche Unversehrtheit. Diese Rechte hatten keine Vorgänger in früheren Grundrechtsproklamationen. Ihre Verankerung im Grundgesetz ist als Reaktion auf wissenschaftsbezogene Forderungen nach „Freigabe der Vernichtung lebensunwerten Lebens“ in den zwanziger Jahren des letzten Jahrhunderts und auf politische Exzesse der totalitären Regime dieser Zeit zu verstehen.[948] Hinzu kam das Recht auf Freiheit der Person (bspw. vor ungerechtfertigten Verhaftungen, Festnahmen u. ä. aus dem Bereich des sog. habeas-corpus-Rechts). Absatz 2 ist im Verhältnis zu Art. 2 Abs.1 und dem hier verankerten Allgemeinen Persönlichkeitsrecht die speziellere Regelung, soweit es um das Recht auf Leben und körperliche Unversehrtheit geht. Eingriffe in diese Rechte dürfen nur im überwiegenden Allgemeininteresse durch Gesetz und unter strikter Wahrung der Verhältnismäßigkeit erfolgen.[949] Grausame Strafen und solche, die grob unangemessen zu Tat und Schuld sind, verstoßen gegen die Menschenwürdegarantie.[950]

Die im Koran angelegte Ausgangspositionierung des Islam zu individuellen Freiheitsrechten ist bereits im Abschnitt zu den Menschenrechten dargelegt worden. Sie steht auch dem zu Art. 2 ausgeführten diametral entgegen. Gott zeigt sich den Menschen mit einer fürsorglichen Haltung aber auch mit strafender Bevormundung. Weil er allmächtig ist, haben die Menschen ihm gegenüber keine Rechte. Dies würde eine Gleichsetzung bedeuten. Ihre jeweilige Existenz ist kein

946 Darunter versteht das BVerfG die verfassungsmäßige Rechtsordnung, BVerfGE 6, 32 Ls.3; 113, 88 (103).

947 BVerfGE 39, 1 (41); 88, 203 (252).

948 Chr. Starck a.a.O., Art. 2, Rn. 189.

949 Chr. Starck a.a.O., Art. 2, Rn. 58 und 252.

950 BVerfGE 50, 125 (133 m.w.N.); 45, 187 (228); BGH St 24, 173 (175); Chr. Starck a.a.O., Art. 1, Rn. 51.

Selbstzweck. Ihre Aufgabe besteht vielmehr darin, Gott allein zu dienen, in vielfältiger Weise Pflichten zu erfüllen und zu gehorchen.[951] Das Verbot, abscheuliche Handlungen vorzunehmen, worunter auch die Homosexualität fällt, ist nur ein Beispiel für eingeschränkte Handlungsfreiheiten.[952]

Nur Gott und sonst niemanden unterworfen zu sein (12/40), kann zwar als Anhaltspunkt dafür interpretiert werden, ansonsten frei zu sein, wie das im Kreis islamischer Reformer erfolgte.[953] Das Recht auf Freiheit und Selbstbestimmung im Falle von machtpolitischer Unterdrückung oder politischer Bevormundung aber bereits als Beleg für ein Recht auf individuelle Freiheit anzusehen, hieße, den Koran überstrapazieren zu wollen. Zu solchen Rechten in der Daseinsordnung enthält der Koran keine Hinweise. Der Mensch wird, wie bereits dargelegt, nicht frei geboren. Er wird nicht als Selbstzweck verstanden und verfügt über keine Option für ein freies, selbstbestimmtes Leben.

Am Beispiel der Frauenrolle lässt sich das exemplarisch aufzeigen, wobei rechtliche Ungleichheiten im Status unter dem Gleichheitsgebot des Art. 3 GG zu würdigen wären. Mit dem allgemeinen Persönlichkeitsrecht garantiert das Grundgesetz ein allgemeines Recht auf freie Entfaltung der Persönlichkeit im Rahmen des Artikel 2 GG. Wie im Abschnitt 3.3.4.4.2 des Teil I bereits ausgeführt, begrenzt der Koran ein solches „Recht" bereits mit der Gehorsamspflicht der Ehefrau gegenüber ihrem Mann. Sie hat auch im Hinblick auf die Art des Sich-Kleidens begrenzende Vorgaben des Koran zu beachten. Dies gilt ebenso für intime oder freundschaftliche Beziehungen ins ungläubige Lebensumfeld sowie eigenständige Gesellschaftskontakte oder sportliche Betätigungen, sowohl ehelich wie außerehelich, um die Ehrbarkeitsgebote des Koran nicht in Frage zu stellen. Die hier enthaltene Fixierung auf den häuslichen

951 Die Kairoer Erklärung über Menschenrechte im Islam betont in Art. 1 neben der Würde vor allem die Pflichten sowie die Verantwortung der Menschen. Grundlegende und Allgemeine Freiheitsrechte im Sinne des Art. 2 GG werden nicht benannt.

952 Vgl. Teil II, Fn. 916.

953 Vgl. bei al-Tahtawi, Teil I, 4.1.1 und ar-Raziq, Teil I, 4.2.1.

Bereich steht der freien Persönlichkeitsentfaltung ganz allgemein entgegen.

Die im Koran vorgegebenen Pflichten gegenüber Gott und der Offenbarung gelten bis ans Lebensende.[954] Selbst, wenn ein Beitritt zum Islam aus freien Stücken erfolgen sollte, gäbe es eine Ausstiegsoption nur unter Androhung einer „gewaltigen Strafe". Die vom Einzelnen einzuhaltenden Pflichten sind teilweise sogar Gemeinschaftspflichten, wie bspw. im Dschihad. Dafür wird der einzelne Muslim als Teil „der besten Gemeinschaft", als Teil eines „Umma-Kollektivs"[955] betrachtet, dessen Aufgabe es ist, sich gegenüber anderen zu behaupten und durchzusetzen. Das mag der Grund dafür gewesen sein, den Menschen im Islam als Teil eines Kollektivs zu begreifen[956] und nicht als Individuum.

Auch das Recht auf Leben und körperliche Unversehrtheit wird im Koran anders bewertet als vom Grundgesetz. Ein umfassender Schutz des menschlichen Lebens und der körperlichen Unversehrtheit als Voraussetzung für die Menschenwürde ergibt sich weder aus dem Würdeverständnis noch aus anderen Teilen der koranischen Offenbarung. Das Leben gilt vielmehr als von Gott gegeben. Im Rahmen seiner Vorgaben steht es auch zur Disposition.[957] Solange Gott dem Menschen das Leben gewährt, muss es (allerdings nur) gemäß der Scharia geschützt werden.[958] Das ist die Quintessenz dessen, was sich aus der Offenbarung hierzu ergibt. Insbesondere diejenigen, die mit dem Koran als ungläubig angesehen werden können, müssen grundsätzlich davon ausgehen, dass auf ihr Leben aus religiösen Gründen wenig Rücksicht genommen wird. Gleiches gilt für Homosexuelle und Apostaten.

954 Hierzu Teil I, 3.3.4.3.2.

955 B. Tibi in: Cicero 6/2016, S. 117, abrufbar unter https://www.bassamtibi.de (Warum ich kapituliere.).

956 B. Tibi, Fundamentalismus im Islam, S. 46.

957 Art. 2 lit. b) der Kairoer Erklärung über Menschenrechte im Islam führt hierzu zunächst aus, das Leben sei ein Geschenk Gottes und das Recht auf Leben werde jedem Menschen garantiert. Verboten wird, einem anderen das Leben zu nehmen, außer, wenn die Scharia es verlangt. Darüber hinaus gibt es Gestattungen und Forderungen im Koran selbst.

958 Darauf verweist auch Art. 2 lit. c) der Kairoer Erklärung.

Hinzu kommen weitere Erlaubnisse oder sogar Aufforderungen zum Töten von Menschen[959] sowie Körperstrafen in der Scharia, die in grober Weise gegen die körperliche Unversehrtheit gerichtet sind.[960] Für das verfassungsrechtliche Verbot der Todesstrafe in Deutschland (Art. 102 GG) wäre im Koran keine Verankerung zu finden.

Anschläge im Zusammenhang mit den sog. Muhammad-Karikaturen sowie die Bedeutung des Wissens im Koran geben Veranlassung, auch auf Art. 5 GG einzugehen. Dessen Absatz 1 benennt Kommunikationsgrundrechte, die alle auf die Meinungsvielfalt in der Gesellschaft abzielen.[961] Den Schutz der als Jedermannsrecht bezeichneten Meinungsfreiheit sichert Absatz 1. Von dieser Norm mit umfasst sind auch satirische Meinungsäußerungen, wobei es das Wesen von Satire ist, mit Übertreibungen, Verzerrungen oder Verfremdungen zu arbeiten.[962] Bei der Abwägung widerstreitender Interessen ist das mit zu beachten.[963] Dieses Grundrecht findet nämlich seine Schranken nur in den Vorschriften der allgemeinen Gesetze sowie weiterer gesetzlicher Bestimmungen.[964]

Absatz 3 normiert die Kunst- und Wissenschaftsfreiheit als Spezialregelung im Verhältnis zu Absatz 1.[965] Auch die Kunst kann sich des Stilmittels der Satire bedienen. Ein Schrankenvorbehalt besteht für Kunst und Wissenschaft nicht, so dass nur kollidierendes Verfassungsrecht einschränkend wirken kann. Die Kunstfreiheit kann somit bspw. aus dem Grundrecht der Religionsfreiheit Einschränkungen

959 Hierzu Teil I, 3.3.4.5.

960 Auspeitschen, Abtrennen von Gliedteilen.

961 Chr. Starck/A. L. Paulus in: v. Mangoldt/Klein/Starck, Grundgesetz, Art. 5, Rn. 61.

962 Chr. Grabenwarter in: Dürig/Herzog/Scholz, GG, Art. 5, Rn. 506. Erwähnt wird hier auch die Schutzpflicht des Staates, wenn Satire-Zeitschriften und ihre Mitarbeiter von bestimmten Gruppen der Bevölkerung bedroht werden.

963 BVerfGE 86, 1 (11).

964 Art. 5 Absatz 2 benennt insoweit den Schutz der Jugend und das Recht der persönlichen Ehre.

965 Chr. Starck/A. L. Paulus a.a.O., Art. 5, Rn. 77.

erfahren.[966] Sollte sich mit einem Kunstwerk zugleich eine Meinungsäußerung verbinden, wäre diese möglicherweise strafrechtlich zu würdigen. Beschimpfungen eines Glaubensbekenntnisses können auch von einem Kunstwerk ausgehen und gegen § 166 Abs. 1 des Strafgesetzbuches verstoßen. Dieser Vorschrift geht es darum, das inhaltliche Beschimpfen eines religiösen Bekenntnisses anderer in der Öffentlichkeit dann unter Strafe zu stellen, wenn es geeignet ist, den öffentlichen Frieden zu stören. Die Vorschrift hat also das Ziel, religiöses Empfinden der Menschen vor groben Verletzungen zu schützen, ohne dass die künstlerische Beschäftigung mit heiklen Themen damit ganz unterbleiben muss.[967] Das Zeigen von Muhammad-Karikaturen verstößt nach der bisherigen Rechtsprechung in Deutschland nicht gegen § 166 Abs. 1 StGB und Art. 4 GG.

Soweit es um Wissenschaftsfreiheit geht, enthält Absatz 3 zwar eine allgemeine Verpflichtung zur Verfassungstreue. Daneben gibt es aber keine ausdrücklichen Gesetzesvorbehalte, sondern nur verfassungsimmanente Beschränkungen.[968] Hinsichtlich des Forschungsspektrums gibt es keine grundlegenden verfassungsrechtlichen Ausschlüsse. Vielmehr führt der Schutzauftrag des Staates zugunsten einer freien Wissenschaft dazu, Freiräume für eine „ungestörte" und freie Wissenschaft zu schaffen, zu erhalten und funktional abzusichern.[969] Mittels einer notwendigen Fächerpluralität hat der Gesetzgeber für eine Ordnung zu sorgen, in der sich eine freie Forschung und Lehre entfalten kann.[970]

Die islamische Religion lässt Konfliktpotentiale mit der Meinungs-, Kunst- und Wissenschaftsfreiheit erkennen. Am augenfälligsten wurde dies in der jüngeren Vergangenheit am Beispiel von Bildverboten und des sog. Karikaturenstreits. Aus dem Koran selbst ergibt sich allerdings

---

966 Chr. Starck/A. L. Paulus a.a.O., Art. 5, Rn. 457 und 460; auch Grabenwarter weist darauf hin, dass die Kunstfreiheit nicht schrankenlos gewährleistet ist, a.a.O., Art. 5, Rn. 150.

967 Chr. Starck/A. L. Paulus a.a.O., Art. 5, Rn. 460.

968 BVerfGE 126, 1 (24), 141, 143 (169).

969 Chr. Grabenwarter a.a.O., Art. 5 Rn. 200, 201.

970 Chr. Grabenwarter a.a.O., Art. 5 Rn. 228 und 212.

kein ausdrückliches Bilderverbot. Ableiten lässt es sich lediglich aus Sure 59/24, wonach Gott allein der Schöpfer, Erschaffer und Gestalter sei sowie aus der Ablehnung der Götzenanbetung und ihren dabei verwendeten Bildnissen.[971] Indes hat sich im sunnitischen Islam eine auf Hadithsammlungen zurückgehende Interpretation durchgesetzt, wonach das Abbilden von Lebewesen verboten sei. Beachtet worden ist dieses Verbot so gut wie ausnahmslos in der sakralen Kunst.[972] Es sind zwar Bildnisse sogar mit Muhammad im Bereich anderer islamischen Kunstbereiche aus dem 13., 14. und 16. Jhdt. bekannt. Aus der Hadith-Literatur ergibt sich gleichwohl eine religiöse Abneigung gegenüber bildlichen Darstellungen, die Gott verflucht und verboten haben soll.[973] Die Diskussion hierzu begann in den letzten Jahrzehnten des 7. Jhdts. und war in den 720er-Jahren entschieden.[974] In weiten Teilen der islamischen Welt bestimmt das Verbot, Muhammad oder andere Propheten abzubilden, die Praxis und würde das grundgesetzliche Verständnis von Kunstfreiheit beschränken, käme es hier zur Anwendung.

Noch bedeutsamer wird dieser Aspekt, soweit es um anlassbezogene Karikaturen geht, die aus der Sicht von Muslimen nicht nur das Bildverbot verletzen, sondern als islamfeindlich, beleidigend und den Islam verächtlich machend empfunden werden. Deren Reaktionen sowohl in der islamischen Welt als auch in europäischen Staaten sind aus gegebener Veranlassung erheblich gewesen.[975] Mit den Pariser Ereignissen von

971 Die Ablehnung der Götzenanbetung ergibt sich bspw. aus Sure 6/74. Sure 5/90 benennt Götzensteine als Greuel und Satans Werk. Die Suren dürften sich damit vorrangig gegen die Götzenanbetung wenden, zur Thematik auch:

972 R. Paret, Die Entstehungszeit des islamischen Bilderverbots, in: Kunst des Orients, Band XI, Heft 1 (1976), S. 158-181, Franz Steiner Verlag, S. 158.

973 R. Paret a.a.O., S. 173, 174.

974 R. Paret a.a.O., S. 177.

975 Die im September 2005 in der dänischen liberal-konservativen Zeitung Jyllands-Posten veröffentlichten 12 Karikaturen unter dem Beitrag „Das Gesicht Muhammads" löste massive Proteste im islamischen Ausland aus und stürzte Dänemark in eine außenpolitische Krise. Der dänische Zeichner Kurt Westergaard benötigte daraufhin ständigen Polizeischutz. Die

2015 war zugleich eine Grenze markiert, deren Überschreiten Muslime offenbar mit dem Gefühl der Berechtigung versieht, den Islam im Rahmen des sog. Kleinen Dschihad mit Waffengewalt verteidigen zu dürfen. Anfängliche Trotzreaktionen unter Verweis auf die Presse- und Meinungsfreiheit wichen deshalb einer Verzichtshaltung im Sinne des Vermeidens unnötiger Provokationen und der sich daraus ergebenden Konsequenzen. Aber auch losgelöst vom Karikaturenstreit ist davon auszugehen, dass ein islamkonformes Verständnis von Art. 5 Abs. 1 GG den Verzicht von Äußerungen verlangt, die als Beleidigung des Propheten aufzufassen sind. Zudem weisen Buchveröffentlichungen mit „falschem" Inhalt, wie bspw. die „Satanischen Verse" von Salman Rushdie oder ein kritisches politisches Engagement darauf hin, dass der Meinungsfreiheit im Sinne ihres verfassungsrechtlich abgesicherten Rahmens engere religionsbasierte Grenzen mit erheblichen Auswirkungen für die Betroffenen entgegenstehen.[976]

Der Wissensbegriff bezieht sich aus Sicht der islamischen Religion auf den Koran und wird durch ihn konkretisiert. Da die Offenbarung für sich beansprucht, eine vollständige Lebensordnung für das Diesseits zu enthalten (eine Religion, an der nichts fehlt), ist sie durch Muhammad (das Siegel der Propheten) darauf angelegt, auch im Bereich der Geisteswissenschaften (insbesondere der Theologie, der Rechtswissenschaften und der Philosophie) die Gestaltungs- und

---

Muhammad-Karikaturen in der Pariser Satirezeitschrift Charlie Hebdo im März 2015 hatte die Ermordung großer Teile der Redaktion und weitere Anschläge in Frankreich zur Folge.

976 Beispielhaft erwähnt sei die niederländisch-amerikanische Frauenrechtlerin somalischer Herkunft Ayaan Hirsi Ali, die zeitweise Mitglied in der 2. Kammer des niederländischen Parlaments war. Sie sah ihren Schutz durch den niederländischen Staat nicht gewährleistet, lebte mit wechselndem Wohnsitz und emigrierte in die USA. Die pakistanisch-österreichische Menschenrechtsaktivistin Sabatina James (ein Pseudonym), die ihrer Zwangsheirat entfloh und nach eigenen Angaben 2001 vom Islam zum Katholizismus konvertierte, musste nach Morddrohungen aus ihrer Familie und von „islamistischer" Seite zeitweise untertauchen und Leibwächter in Anspruch nehmen. Quelle jeweils: Wikipedia.

Deutungshoheit für sich beanspruchen zu können. Das würde dem gesamten Entwicklungsverlauf der europäischen Geistesgeschichte widersprechen.

3.6 Islam und Art. 3 GG

Der allgemeine Gleichheitssatz nach Art. 3 GG stellt ein eigenständiges Grundrecht dar.[977] Gemäß seinem Regelungsgehalt sind alle Menschen vor dem Gesetz gleich. Zuvor festgelegte Einstufungen nach Unterschiedlichkeit bestehen folglich nicht. Alle Staatsgewalten sind an die Beachtung dieses Verfassungsgrundrechts gebunden.[978] Als elementares Gerechtigkeitspostulat gehört der Grundsatz der Rechtsgleichheit – ebenso wie das Willkürverbot – zum Menschenwürdekern des GG, der gemäß Art. 79 Abs. 3 GG auch gegenüber dem Gesetzgeber geschützt ist.[979] Diese Gleichheit in der Praxis zu garantieren, gehört zu den Kernaufgaben des demokratischen Verfassungsstaates.

Damit ist dem Gesetzgeber allerdings nicht jede Differenzierung verwehrt. Nach ständiger Rechtsprechung des BVerfG gebietet der Gleichheitssatz nämlich gleichzeitig, „Gleiches gleich (und) Ungleiches seiner Eigenart entsprechend verschieden zu behandeln".[980] Auf Gruppen bezogen stellte das Gericht fest, dass der Gleichheitssatz erst verletzt sei, wenn eine Gruppe von Normadressaten im Vergleich zu einer anderen anders behandelt wird, obwohl zwischen beiden keine die Ungleichbehandlung rechtfertigenden Unterschiede bestehen.[981]

977 F. Wollenschläger in v. Mangoldt/Klein/Starck, GG, Art. 3 Rn. 73.

978 F. Wollenschläger a.a.O., Rn. 40; auf die Einbindung auch des Gesetzgebers wurde bereits in der BVerfGE 1, 14 (Ls. 18) hingewiesen).

979 BVerfGE 84, 90 (121).

980 BVerfGE 112, 74 (86); 110, 141 (167). Der Ls 18 der BVerfGE 1, 14 lautete bereits: „Er verbietet, dass wesentlich Gleiches ungleich behandelt wird, nicht dagegen, dass wesentlich Ungleiches entsprechend der bestehenden Ungleichheit ungleich behandelt wird."

981 BVerfGE 112, 74 (86); 129, 49 (69).

Aus alledem folgt als Hauptanliegen von Artikel 3 Abs. 1 GG, ungerechtfertigte unterschiedliche Behandlungen von Gruppen und Personen zu verhindern.[982] Zu letzteren erklärt Absatz 2 dieser Vorschrift demnach Mann und Frau auch als gleichberechtigt, wobei sich dort seit 1994 (als klarstellende Erweiterung) der an den Staat gerichtete Auftrag ergibt, die tatsächliche Durchsetzung der Gleichberechtigung von Frauen und Männern zu fördern und auf die Beseitigung bestehender Nachteile hinzuwirken. Artikel 3 Absatz 3 GG verlangt, dass niemand wegen seines Geschlechts, ... seines Glaubens, seiner religiösen und politischen Anschauungen benachteiligt oder bevorzugt werden darf. Beide zuletzt genannten Vorschriften wenden sich damit gegen jede Form der Diskriminierung.

Wenngleich der allgemeine Gleichheitssatz alle Staatsgewalt bindet, so entfaltet er doch noch keine unmittelbare Bindewirkung hinsichtlich privater Dritter.[983] Auch das Gleichstellungsgebot des Absatz 2 verpflichtet Private nur im Rahmen gesonderter gesetzlicher Regelungen. Da der Islam die Sphäre des Staatlich-Politischen aber als integralen Bestandteil seines Wirkens versteht, erscheint es gleichwohl angebracht, die Aussagen der koranischen Offenbarung sowie der Scharia zur Gleichheit nicht nur als religiöse Privatangelegenheit zu verstehen, sondern sie der verfassungsrechtlichen Sicht des Grundgesetzes gegenüberzustellen.

Bezüglich des Geschlechts und des Glaubens hat der Islam in diesem Zusammenhang offenkundig Probleme. Bereits die Gleichheit der Menschen vor Gott existiert nur dergestalt, dass diese sich am Tage des Gerichts alle vor ihm einzufinden, zu verantworten und seine Entscheidung zum jenseitigen Leben zu erwarten haben. Soweit es sich um Ungläubige im weitesten Sinne handelt, lässt die Offenbarung am Inhalt der Entscheidung keinen Zweifel aufkommen: Auf sie wartet das (ewige) Höllenfeuer.[984] Die Gläubigen, also die Muslime, werden von

---

982 BVerfGE 88, 87 (96).

983 Wollenschläger a.a.O., Rn. 59, 62.

984 Vgl. hierzu im Teil I unter 3.3.1, S. 48 ff. und 3.3.4.4., S. 95.

Gott hingegen nach ihren Taten und vor allem nach ihrer Rechtleitung auf Erden beurteilt.

Die auf das Jenseits bezogene Trennlinie zwischen Ungläubigen und Gläubigen spiegelt sich für das Diesseits in Koran und Scharia vergleichbar wider. Vor diesem Gesetz sind die Menschen ebenfalls nicht gleich, sondern nur die Muslime. Für den öffentlichen Bereich lässt bereits der Koran erkennen, warum nur sie als vollberechtigte Mitglieder staatlicher Gemeinschaften in Betracht kommen. Maßgebend sind zunächst dessen wiederholte Warnungen, sich die Ungläubigen nicht zu Freunden zu nehmen und zu Vertrauten zu machen, um nicht die Zugehörigkeit zur Gemeinschaft der Gläubigen zu verlieren.[985] Darin liegt die Vorgabe, möglichst unter sich zu bleiben. In der Praxis kann dies in muslimischen Mehrheitsgesellschaften zu den immer noch anwendbaren umarschen Bedingungen[986] führen. Ergänzend ergibt sich daraus – von der Warte der religiösen Höherwertigkeit – die Einstufung von Juden und Christen als unliebsam tolerierte Vertreter der anderen Buchreligionen, die so weit wie möglich im Rahmen des sog. Schutzbefohlenen-Status auf Abstand gehalten werden. Dieser gewährt ihnen zwar einen gewissen Basisrechtsschutz, ihre Möglichkeiten der religiösen Entfaltung in der Öffentlichkeit sind jedoch deutlich eingeschränkt. Gleiches gilt hinsichtlich der Mitwirkungsbefugnisse im Bereich der öffentlichen Verwaltung, wobei deren Umfang situationsbezogen und abhängig vom Maß herrschaftlicher Toleranz unterschiedlich ausfallen kann.[987] Die Ungläubigen jenseits der Buchreligionen verfügen innerhalb der muslimischen Gemeinschaften im Rahmen der Scharia über keine festgelegten Rechte[988] und ansonsten nur im Kriegsvölkerrecht.

Zur Rechtsauffassung des Bundesverfassungsgerichts zur gruppenbezogenen Verletzung des Gleichheitsgrundsatzes lässt sich folglich feststellen, dass sich das islamische Recht über weite Teile dadurch

985 Suren 3/28, 118; 4/144; 5/51, 57; 60/1.

986 Hierzu Teil I, 3.3.4.4.1, S. 97.

987 Vgl. Teil I zu 3.3.4.4.1, S. 99.

988 Vgl. im Teil I unter 3.3.4.4, S. 96.

auszeichnet, dass nicht alle Menschen auf einer gleichen Ausgangsbasis stehen, sondern hier generell zwischen Gläubigen und Ungläubigen unterschieden wird. Das, was nach den Regeln des Grundgesetzes keine Ungleichbehandlung gestatten würde (der Glaube), führt im Islam zum gegenteiligen Ergebnis und ist nach der Scharia eine systemimmanente Selbstverständlichkeit.

Auch die Beziehungen zwischen Mann und Frau entspricht nicht der Gleichheit im Sinne des Grundgesetzes. Zwar sind beide Geschöpfe Gottes. Der sich aus Sure 4/34 und anderen Stellen im Koran (bspw. 2/228) göttlich vorgegebene Stellenwert der Frau und das damit verbundene Rollenverständnis führen innerhalb der Scharia aber zu vielerlei Ungleichbehandlungen, bspw. im Familien- und Erbrecht und zusätzlich im Straf- und Prozessrecht.[989] Das darin erkennbare Über- und Unterordnungsverhältnis, das eine eigentumsähnliche Stellung der (Ehe-) Frau zur Folge hat, steht im elementaren Widerspruch zur Gleichberechtigung der Geschlechter gemäß Art. 3 GG und zum Selbstbestimmungsrecht der Frau.[990]

Mit Ungleichbehandlungen haben auch jene zu rechnen, die „Abscheuliches" tun, also bspw. Homosexuelle und Apostaten. Insbesodere letztere rücken in eine Position, bereits vor dem Gesetz der Scharia nicht mehr gleich zu sein.[991]

Alle Ungleichbehandlungen können beanspruchen, göttlich vorgegeben zu sein. Innerhalb der Normhierarchie des Islam machen sie damit den Vorrang vor staatlichem (Verfassungs-) Recht geltend. Auf die vom GG erlaubten Differenzierungen zwischen Gleichem und Ungleichem können sich die Ungleichbehandlungen innerhalb der Scharia nicht abstützen, denn erstere mindern nicht die Rechtsqualität des Einzelnen oder machen ihn gar rechtlos. Sie berühren auch nicht den Kern der Menschenwürde.

989 Zu allem Teil I unter 3.3.4.4.2, S. 100 ff. Auf die ungleichen Geschlechterrechte wurde auch im Teil II unter 3.6 eingegangen.

990 M. Rohe, Das islamische Recht, S. 354; J. Wagner, Richter ohne Gesetz, S. 27.

991 Vgl. Teil I, 3.3.5.2, S. 115 ff.

3.7 Islam und Art. 20 GG

Das Grundgesetz legt die verfassungsmäßige Ordnung im Bund und den Ländern auf die Grundsätze eines u. a. demokratischen Rechtsstaates fest. Im formellen Sinne basiert die Rechtsstaatlichkeit auf dem Gedanken des Vorranges der Verfassung, der Gewaltenteilung, des Willkürverbots sowie der Beachtung der Verhältnismäßigkeit staatlichen Handelns. Sie gründet sich ferner auf dem Gebot der Gesetzmäßigkeit der Verwaltung und des Rechtsschutzes durch unabhängige Gerichte. Das Rechtsstaatsprinzip gehört damit zum Identitätskern des GG.[992] Inhaltlich verfolgt der Rechtsstaat das Ziel, die Menschenwürde und die individuellen Freiheiten zu schützen.[993]

Demokratie wird als Verfassungsprinzip verstanden, aus dem sich Ziel und Struktur des Staates ableiten. Der Demokratie liegt die Idee der „freien Selbstbestimmung aller"[994] und das Leitbild der politischen Selbstbestimmung gleichberechtigter Bürger zugrunde.[995] Sind die Menschen prinzipiell in gleicher Weise als frei und selbstbestimmend anzusehen, können grundsätzlich nur sie selbst als Freie und Gleiche befugt sein, die Herrschaft über sich selbst zu tragen und auszuüben.[996] Demokratie wird auf diesem Wege letztlich als in der Menschenwürde verwurzelt angesehen.[997]

Aus dem Demokratieprinzip folgt, dass alle Staatsgewalt vom Volk auszugehen hat. Das meint nicht nur die verfassungsgebende Gewalt,[998] sondern umschließt auch die im Grundgesetz aufgeführten verfassten Gewalten. Nur diese Vorgabe des Art. 20 Abs. 2 Satz 1 GG verleiht der Staatsgewalt nach deutschem Verfassungsverständnis die erforderliche

992 K.-P. Sommermann in: v. Mangoldt/Klein/Starck, Grundgesetz, Art.20 Rn. 239, 240.

993 K.-P. Sommermann a.a.O., Rn. 207.

994 BVerfGE 44, 125 (142).

995 K.-P. Sommermann a.a.O., Rn. 82.

996 K.-E. Hain in: v. Mangoldt/Klein/Starck, Grundgesetz, Art. 79, Rn. 75.

997 BVerfGE 132, 195 (169); 142, 123 (190).

998 D. Murswiek, Die verfassungsgebende Gewalt, S. 203 f.

Legitimation. Sämtliches Staatshandeln muss folglich unmittelbar oder mittelbar auf das Volk zurückzuführen sein. Das Grundgesetz gibt dafür gewaltenteilend die Institutionen und Organe der Gesetzgebung, der vollziehenden Gewalt und der Rechtsprechung vor. Hierbei handelt es sich um strukturelle Vorgaben des Volkes als Verfassungsgeber[999], die durch den Gesetzgeber nicht änderbar sind. In diesem Rahmen hat der Staat das Monopol auf Ausübung herrschaftlicher „Gewalt". Mit dieser sog. Staatsgewalt ist folglich er allein berechtigt, im Rahmen seiner gesetzlich festgelegten Kompetenzen amtlich mit Entscheidungscharakter zu handeln.[1000]

Aus dem Gewaltmonopol des Staates, zu dem auch das Strafmonopol gehört, ergibt sich gleichzeitig ein entsprechendes Gewaltverbot für Privatpersonen, solange die Handlungsbefugnis nicht staatlich übertragen wurde. Personell bedeutet dies, dass jeder Amtswalter innerhalb der jeweiligen Staatsgewalt durch eine ununterbrochene Legitimationskette mit dem Volk verbunden sein muss.[1001] Inhaltlich hat sein Handeln auf Parlamentsgesetzen oder dem auf deren Grundlage erlassenem sonstigen Recht zu beruhen. Gleiches gilt für aufsichtsrechtliche Weisungen. Eine Rückbindung der Exekutive an den Volkswillen erfolgt im Übrigen durch deren Verantwortlichkeit gegenüber dem Parlament. Die Parlamente und ihre Ausschüsse können hierzu die Anwesenheit jedes Mitglieds der jeweiligen Regierung verlangen. Aus den normierten Zuständigkeiten folgt die Legitimation des Handelns. Ein Handeln im demokratischen Sinne ist nicht denkbar, wenn die inhaltliche oder personelle Komponente fehlt.[1002]

Aus dem bereits dargelegten Menschenbild des Grundgesetzes folgt in Verbindung mit dem Demokratieprinzip, dass extern vorgegebene

---

999 Französisch auch als „pouvoir constituant" bezeichnet, dazu in diesem Teil unter 5.1.

1000 BVerfGE 136, 194 (261); Das Gewaltmonopol des Staates ist als Teil der freiheilich-demokratischen Grundordnung anzusehen, BVerfGE 144, 20 (210, Rn. 547).

1001 BVerfGE 47, 253 (275); 139, 194 (225).

1002 K.-P. Sommermann a.a.O., Rn. 170.

Beschränkungen außerhalb des beide tragenden Ideengerüstes stehen. Da die islamische Offenbarung solche Beschränkungen aber aufweist, sollen die sich daraus ergebenden Unverträglichkeiten im Folgenden näher ausgeleuchtet werden.

Der Gedanke, etwas neben Gott als souverän anzusehen, ist dem Koran fremd. Da er nur von Gott abgeleitete Macht anzuerkennen vermag, gibt es bereits begrifflich einen nicht auflösbaren Widerspruch zur demokratischen Volkssouveränität,[1003] die als eine Suspendierung der Herrschaft Gottes anzusehen wäre. Dieser Widerspruch konkretisiert sich am Beispiel des Demokratieverständnisses. Die „freie Selbstbestimmung aller" stößt ebenso wie das Leitbild „der politischen Selbstbestimmung gleichberechtigter Bürger" an die in der Scharia gezogenen Grenzen der angenommenen Ungleichheit von Gläubigen und Ungläubigen.

Wenngleich Spielräume im Rahmen der politischen und organisatorischen Gestaltung eines Staatswesens durch Vertreter des Reformislam eingeräumt werden, bleibt die Frage, was und wie entschieden werden könne, letztlich aber im Unklaren oder wird unter Schariavorbehalt gestellt. Der im Koran enthaltene Hinweis auf das beratende Gremium der Schura vermag lediglich einen formalen Anknüpfungspunkt für einen parlamentsähnlichen Prozess abzugeben. Ein Beleg für die von Gott gewollte Verankerung des Demokratieprinzips ergibt sich daraus indes nicht. Diesem Gremium fehlt im Koran nicht nur die benötigte Entscheidungsbefugnis, sondern auch der Anspruch, dass sich die Herrschaft (die Regierung) an die Ergebnisse der Beratung zu halten hätte. Zudem ergibt sich im Zusammenhang mit der Schura kein inhaltlich freies Selbstbefassungsrecht, sondern nur eine Beratungskompetenz in den Grenzen von Koran und Scharia. Das ist durchaus folgerichtig. Denn der Koran verlangt den menschlichen Entscheidungen ab, dass sie die höherrangigen göttlichen Gesetze beachten. Mit einem demokratischen Meinungsbildungsprozess im Sinne des Grundgesetzes wäre eine solche Rahmenvorgabe unvereinbar. Gleiches würde

1003 Näheres im Teil II unter 3.2 (Normhierarchie).

hinsichtlich der gesetzgeberischen Gestaltungsfreiheit gelten, die dann ebenfalls unter dem Vorbehalt der Scharia stünde.[1004] Für das Demokratieverständnis des Grundgesetzes wäre unter islamischen Vorzeichen folglich kein Raum.[1005]

3.7.1 Gewalt- und Strafmonopol

Exemplarisch lässt sich die Konfliktträchtigkeit anhand von Schwierigkeiten mit der Akzeptanz des Gewalt- und Strafmonopols innerhalb des deutschen Staates durch Muslime veranschaulichen. Die Idee des Gewaltmonopols besagt, dass die Angehörigen eines Gemeinwesens darauf verzichten, Gewalt untereinander auszuüben oder vermeintliche Rechte und Ansprüche durch eigenen Zwang durchzusetzen. Sie überlassen dies vielmehr dem Staat. Die Friedlichkeit im Miteinander ist auch eine wichtige Voraussetzung dafür, die Rechtsgleichheit garantieren zu können. Um Rechtssicherheit zu garantieren, bleibt auch Anderes der Regelungsbefugnis des Staates vorbehalten, so bspw. das Personenstandswesen sowie das Familienrecht. Das Strafmonopol verlangt, dass sich Strafen allein aus demokratisch beschlossenen Gesetzen ergeben. Zur Ermittlung von Straftaten sind ausschließlich die dafür gesetzlich zuständigen Strafverfolgungsbehörden befugt. Der Grundsatz „keine Strafe ohne Schuld“ (nulla poena sine culpa) hat im Grundgesetz Verfassungsrang.[1006] Die Urteilsfindung obliegt ausschließlich der dafür vorgesehenen Gerichtsbarkeit. Mit dem Gebot der

1004 Auch wenn institutionalisierte „Wächterräte“ in islamischen Staaten (Iran) bislang die Ausnahme sind, so gibt es doch vergleichbare Einrichtungen in Ägypten, Pakistan, Syrien und anderen Staaten, vgl. hierzu D. Zacharias, Islamisches Recht und Rechtsverständnis, in: S. Muckel, Der Islam im öffentlichen Recht, S. 112 ff.

1005 U. Matyssek, Zum Problem der Trennung von Religion und Politik im Islam, in: S. Muckel, Der Islam im öffentlichen Recht, S. 171 Rz. 83, sieht Islam und westliche Demokratie als miteinander unvereinbar an

1006 BVerfGE 87, 209 (228 m.w.N.).

Menschenwürde sind grausame, unmenschliche und erniedrigende Strafen unvereinbar.[1007]

Das aus dem Koran abgeleitete exklusive Selbstverständnis von sich selbst und dem Islam[1008] führt zur nachhaltigen Tendenz, möglichst unter sich zu bleiben und die Lebenswelt der Ungläubigen zu meiden, soweit diese nicht den eigenen Interessen nutzt. Erleichtert wird diese Einstellung durch die seit vielen Jahren wachsende Einwanderung von Muslimen nach Deutschland. Innerhalb der seit den 90er-Jahren anwachsenden und sich verfestigenden muslimischen Parallelgesellschaften[1009] (insbesondere, aber nicht nur in den größeren Städten) wird zunehmend auch ein eigenes kulturell-religiöses Wertesystem lebbar und gelebt. Islamische Organisationen sind anhaltend bestrebt, Freiräume für ein scharia-konformes Leben zu schaffen.[1010] Zusammen genommen hat dies Auswirkungen auf die Bildung privater Vertrauens- und Freundschaftsbeziehungen sowie das Heiratsverhalten.[1011]

Hinzu kommt der Aspekt, insbesondere die Freitagsmoscheen als politische Räume und nicht nur als Gebetshäuser nutzen zu können, um die eigene Identität zu bewahren und vor Erscheinungen der ungläubigen Umwelt zu schützen. Sie eignen sich, das Selbstwertgefühl zu stärken und politische Botschaften zum Bestandteil „des Tages der

---

1007 BVerfGE 45, 187 (228 m.w.N.).

1008 Vgl. hierzu Teil I, 3.3.3.1, S. 56 ff., 59.

1009 J. Wagner, Richter ohne Gesetz, S. 78.

1010 VS-Bericht des Bundes aus dem Jahr 2012, S. 295. In diesem Sinne wirkt bspw. die Islamische Gemeinschaft Milli Görus in Deutschland e.V. (IGMG) und die Islamische Gemeinschaft Deutschland e.V. (IGD).

1011 Zum koranischen Ausgangspunkt vgl. Teil I unter 3.3.3.2.4, S. 65 ff. Laut einer Studie aus dem Jahr 2009 von Brettfeld/Wetzels über Muslimisches Leben in Deutschland (S. 339) wählten nur 4 % der Muslime einen Partner ohne Migrationshintergrund (zit. nach J. Wagner, Richter ohne Gesetz, S. 84), wobei ungeklärt blieb, welcher Anteil von diesen wegen der Heiratsverbote des Koran vorher zum Islam konvertieren mussten (hierzu Teil I, 3.3.3.2.4, S. 67 f.)

Versammlung" werden zu lassen.[1012] Deren in Teilen inhaltliche Ausrichtung durch außerstaatliche Behörden (Diyanet als Religionsbehörde der Türkei[1013]) sollte in diesem Zusammenhang nicht unbeachtet bleiben. Die Freitagsmoscheen können mit ihren Nebeneinrichtungen (wie andere Moscheen auch) durchaus als machtorientierte Ersatzinstitutionen und Keimzellen einer Selbstverwaltung in kulturellen und sozialen Angelegenheiten betrachtet werden. Aufgrund der Sprachbarrieren wären es Räume für sich – auch unterhalb des Radars deutscher Sicherheitsbehörden, selbst dann, wenn sich diese für solche Moscheen interessieren sollten.

Der genannte Ausgangspunkt wirkt sich aber auch auf die Einstellung gegenüber Vertretern und Einrichtungen der „ungläubigen" Staatsgewalt aus. Diese sollen über Muslime möglichst wenig Gewalt haben. Das führt einerseits zu einem auch religiös-kulturell motivierten respektlosen Verhalten gegenüber der Polizei.[1014] Es führt darüber hinaus aber auch zu Bestrebungen, die deutschen Behörden sowie die Gerichtsbarkeit insbesondere im Bereich der Strafjustiz durch Parallelstrukturen, die an der Scharia orientiert sind und durch boykottierendes Verhalten zu unterlaufen bzw. zu umgehen.[1015] Mit Blick auf Koran und Scharia können viele Muslime darauf bestehen, ihre eigene Rechtsordnung zu haben, die – wie oftmals in den Herkunftsländern – ohne staatliche Dominanz auskommt.[1016] So wird ein erheblicher Anteil der muslimischen Ehen in Deutschland bspw. nur religiös durch Imame geschlossen, was dazu führt, deutsche Heiratsverbote für Minderjährige sowie das Verbot der Vielehe umgehen zu können.[1017]

1012 Zur Bedeutung des Freitagsgottesdienstes vgl. im Teil I, 3.3.6, S. 118 ff.

1013 Hierzu Teil I, 3.3.6.1, S. 121.

1014 Anschaulich die Schilderungen einer Polizistin aus der Praxis: Tania Kambouri, Deutschland im Blaulicht, S. 49 ff.

1015 Ausführlich dazu J. Wagner, Die Macht der Moschee, S. 166 ff.

1016 J. Wagner, Richter ohne Gesetz, S. 58.

1017 J. Wagner, Die Macht der Moschee, S. 171. Nach einer von ihm benannten Studie waren 53 % der nur religiös Getrauten jünger als 18 Jahre.

Um Sonderentwicklungen im Strafrecht verstehen zu können, ist es erforderlich, die besondere Bedeutung des Ehrempfindens, der Familie und des schariatischen Strafrechts näher anzusprechen.

Im deutschen Recht umfasst der Ehrbegriff einen sozialen Geltungsanspruch, der durch die Rufschädigung einer Person mittels der Behauptung unwahrer Tatsachen, schmähender Wertungen oder Darstellungen beeinträchtigt werden kann.[1018] In Sure 49/11, die sich gegen Verspottungen, Beleidigungen und üble Nachrede wendet, klingen Aspekte der Ehre an, die auch im deutschen Recht bedeutsam sind, wobei sich die Bezüge hierzulande wahrscheinlich vor allem aus der charakterlichen Integrität sowie der sachbezogenen Wertschätzung von Leistung und Verdienst ergeben dürften. Das gelebte islamische Begriffsverständnis geht darüber aber hinaus. Zunächst findet die Ehrbarkeit ihren Bezugsrahmen vor allem in der muslimischen Gemeinschaft.[1019] Die Kultur der Ehre[1020] unter Muslimen basiert mit darauf, dass sich die Achtung einer Person im öffentlichen Umfeld an der Einhaltung der religiös tradierten Werte und Rollen festmacht. Geachtet wird, wer dafür sorgt, dass die Mitglieder seiner Familie dies ebenfalls tun, weshalb in der Rückkopplung die Familienehre von besonderer Bedeutung ist. Darüber hinaus steht die Ehre in der gelebten Werteskala vieler Muslime an oberster Stelle, noch über Leben, Gesundheit, Freiheit und Vermögen. Bei Töchtern macht sie sich an der sexuellen Reinheit (Keuschheit) fest[1021], bei Ehefrauen am ehrbaren Verhalten. Wird die Ehre verletzt, können Strafen weitreichend sein und selbst sog. „Ehrenmorde" umfassen. Die Familienehre steht nach Auffassung Vieler über dem deutschen Gesetz.[1022]

1018 Chr. Starck in v. Mangoldt/Klein/Starck, GG Art. 2, Rn. 171.

1019 Ähnlich T. Nagel, Was ist der Islam, S. 603.

1020 Beispielsbezogen bei T. Kambouri a.a.O., S. 80 ff.; die Bedeutsamkeit der Ehre folgt bspw. auch aus der hervorgehobenen Stellung in Art. 4 der Kairoer Erklärung über Menschenrechte im Islam, wo es heißt, dass „jeder Mensch das Recht auf die Unverletzlichkeit und den Schutz seines guten Rufs und seiner Ehre ...(hat)".

1021 J. Wagner, Richter ohne Gesetz, S. 24 f.

1022 J. Wagner, Die Macht der Moschee, S. 162, T. Kambouri a.a.O., S, 41.

Die Familie stellt sich als Verbund gegenseitiger Solidarität und Unterstützung dar und wird vom Beziehungsgefüge weitergefasst verstanden als herkömmlich in Deutschland. Interne Probleme werden vorrangig in ihrem Rahmen behandelt. Großfamilien können ggf. mehrere hundert Mitglieder umfassen. Hier kommt den Familienältesten eine wichtige Funktion zu. Nach außen hin ist die Familie Schutzverband gegenüber anderen, auf den man sich verlassen kann. Für Konflikte innerhalb von und mit anderen Familien enthält die Scharia Regelungsmechanismen, die in Teilen davon ausgehen, dass kein strafbares Tun vorliegt, in anderen Teilen von Prinzipien, die dem deutschen Rechtsstaat fremd sind.

3.7.2 Friedensrichter

Ausgangspunkt von Konflikten können nicht nur Sachverhalte sein, bei denen es um angenommene oder tatsächliche Ehrverletzungen geht, sondern auch solche, die mit Vermögensdelikten, Streitigkeiten zwischen Familien oder mit Revierkämpfen zusammenhängen. Handlungen ergehen hier häufig – wie in den Herkunftsbereichen – nach dem Prinzip der Selbstjustiz. Erscheinungsformen sind Zwangsheiraten, Haftbefehle, Erpressungen, Raub, Bedrohungen, Entführungen, Körperverletzungen aller Art durch Messer oder Schüsse, Blutrache und die schon genannten Ehrenmorde.[1023] Während es in der deutschen Strafjustiz um die Klärung von Sachverhalten, Gründen der Rechtfertigung und Schuldfragen zur Bewältigung begangenen Unrechts geht, bezweckt das islamische Recht (unabhängig von solchen Aspekten) die Bewältigung entstandener Konflikte und die Herstellung von Rechtsfrieden[1024], soweit die Scharia dafür Spielräume eröffnet. Ist

1023 J. Wagner, Richter ohne Gesetz, S. 49 ff., 52 ff. Der „Haftbefehl" bedeutet das Abrasieren der Haare und das private Einsperren des Betroffenen bis zum Wohlverhalten, a.a.O., S. 50.

1024 J. Wagner, Richter ohne Gesetz, S. 58.

dies der Fall, geht es um Schlichtung, Strafverzicht und Wiedergutmachung, nicht um Schuld. Die meisten Grundgedanken hierfür finden sich im Koran wieder.[1025] Der deutsche Verfassungsgrundsatz „keine Strafe ohne Schuld“ findet hier keine Anwendung.

Bei ernsthaften Zerwürfnissen zwischen Ehepartnern eröffnet Sure 4/35 bspw. die Möglichkeit, in solchen Fällen durch Schlichter vermitteln zu lassen. Mit Blick auf die unterschiedliche Rollenverteilung zwischen Mann und Frau bevorzugen Muslime Streitschlichter aus den eigenen Reihen, zumal häusliche Gewalt gegen Frauen wegen Sure 4/34 nicht als Straftat verstanden wird und Sure 7/33 in ganz allgemeiner Form zum Ausdruck bringt, dass man in berechtigter Weise gewalttätig sein darf. Schlichter können zudem über das gesamte Spektrum der Kriminalität zum Zuge kommen, es sei denn, die Art des Delikts lässt Spielräume im Strafmaß nicht zu.[1026] Im Falle von Tötungs- oder Körperverletzungsdelikten sind aber Spielräume vorhanden.[1027] Hier würde auf der Basis des Vergeltungsprinzips nach Sure 2/178 zwar zunächst Blutrache zu erwarten sein. Diese kann aber unter der Voraussetzung abgewendet werden, dass das Opfer oder seine Familie (und sei es nur aus pragmatischen Gründen) dem Täter die Tat gegen Zahlung eines sog. Blutgeldes verzeiht. Die Wiedergutmachung ist ein

1025 J. Wagner, Die Macht der Moschee, S. 167, ders., Richter ohne Gesetz, S. 58.

1026 Letzteres wäre bei sog. Hadd-Strafen der Fall, etwa bei Apostasie, unerlaubtem Geschlechtsverkehr oder Diebstahl, vgl. bei J. Wagner, Richter ohne Gesetz, S. 20, Fn. 18.

1027 Anlass sind bspw. Messerstiche oder Schüsse in Beine oder Füße zur Warnung oder Strafe bei Revierkämpfen, J. Wagner, Richter ohne Gesetz, S. 52. Hier kommen sog. qisas-Strafen als besondere Strafart der Scharia zur Anwendung, die Spielraum für Wiedergutmachung eröffnen, ders. a.a.O., S. 20 und Fn. 18. Hinzu kommt noch die Strafart der ta'zīr-Strafen, die vom Richter als Züchtigungs- oder Besserungsstrafen ggf. auch ohne Rechtsgrundlage nach eigenem Ermessen bis hin zur Todesstrafe verhängt werden können, vgl. Fn. 18 und J. Reissner, Die innerislamische Diskussion zur modernen Wirtschafts- und Sozialordnung, in: W. Ende/U. Steinbach, Der Islam in der Gegenwart, S. 209 f. Zu den anderen Strafarten: ders. a.a.O., S. 204 ff.

bedeutsamer Gedanke im islamischen Strafrecht.[1028] Sie wird in Schlichtungsgesprächen ausgehandelt.[1029]

Die Streitschlichter, auch Friedensrichter genannt, sind Privatleute, die mit den streitenden Parteien verbindliche Festlegungen in der Tradition der Scharia vereinbaren, soweit diese dem islamischen Kulturkreis entstammen. Ihr Erfolg basiert auf Ansehen und Macht. In Betracht kommen Familienälteste, Imame und – vor allem bei Tötungs- und Gewaltdelikten – Clanchefs, letztere oftmals türkischer oder libanesischer Herkunft.[1030] Über eine Legitimation des deutschen Staates für ihr Tun verfügen sie ausnahmslos nicht.

Die auffällige Besonderheit bei Schlichtungen nach Gewaltdelikten besteht darin, dass sie fast immer vor dem Hintergrund und parallel zu bereits eingeleiteten staatlichen Strafverfahren stattfinden. Der Rückzug auf die eigene Rechtsordnung („Wir regeln das unter uns."[1031]) bedeutet hier allerdings gleichzeitig, Schlichtung als Privatsache zu betrachten und sie durch eine Mauer des Schweigens vom staatlichen Verfahren abzuschirmen.[1032] Das wesentliche Ziel der Schlichtung besteht nämlich nicht nur darin, eine weitere Blutrache zu vermeiden und wirtschaftliche Interessen zu schützen, sondern bezweckt vor allem, den Rechtsfrieden zwischen Täter und Opfer unter Ausschaltung der staatlichen Strafjustiz und Polizei herzustellen. Im Ergebnis führt das zu einer massiven Beeinflussung der laufenden Verfahren vor den deutschen Gerichten über das dort praktizierte Aussageverhalten. Sobald man sich einig geworden ist, werden Anzeigen zurückgenommen, bagatellisieren Täter, Opfer und Zeugen ihre Aussagen oder leiden unter Gedächtnisverlust. Hinzu kommen Schweigen, Hinweise auf das Aussageverweigerungsrecht und eine ausbleibende Kooperation mit den Strafermittlungsbehörden.[1033] Diese

---

1028 M. Rohe, Das islamische Recht, S. 138 f.

1029 J. Wagner, Richter ohne Gesetz, S. 21.

1030 J. Wagner, Richter ohne Gesetz, S. 29.

1031 J. Wagner, Die Macht der Moschee, S. 166.

1032 J. Wagner, Richter ohne Gesetz, S. 135.

1033 J. Wagner, Richter ohne Gesetz, S. 136 ff.; ders., Die Macht der Moschee, S. 169.

werden bewusst im Unklaren gelassen, mit der häufigen Folge, dass bereits die Erhebung der Anklage scheitert oder die Verfahren mit milden Strafen oder Freisprüchen enden.[1034]

Mit dem Vorgenannten gefährdet die Paralleljustiz den deutschen Rechtsstaat nicht nur durch die Verleitung zu Fehlurteilen, sie schafft auch ungleiches Recht durch demokratisch nicht legitimierte Privatleute und Einrichtungen und delegitimiert damit nachhaltig und zunehmend das Gewalt- und Strafmonopol des Staates. Wo sich Polizei und Justiz zurückziehen, wird dies von Bürgern außerhalb der Parallelwelt als wachsende Bedrohung empfunden.[1035] Die Grundlagen hierfür mögen in vorislamischen Traditionen eingewanderter Muslime liegen, sie haben ihre Wurzeln aber fortwährend ebenso im Islam, dessen Offenbarung mit diesen Traditionen zusammenpasst. Kernaufgabe des deutschen Verfassungsstaates ist es, die Rechtsgleichheit zu garantieren. Diese erodiert indes zunehmend angesichts der schariatisch geprägten Nebenjustiz. Beeinträchtigt wird die Rechtsgleichheit im Übrigen auch dort, wo die mit dem Gewaltmonopol verbundene Friedlichkeit der autochthonen Bevölkerung auf ein gewaltbereites Rechtsempfinden stößt, das religiös mitgeprägt ist. Hier treffen ungleiche Welten aufeinander. Den Staat trifft die Pflicht, im Interesse der autochthonen Bevölkerung für Ordnung zu sorgen und seine Gesetze durchzusetzen.

1034 J. Wagner, Richter ohne Gesetz, S. 53 und 58.
1035 J. Wagner, Die Macht der Moschee, S. 163.

4. Schattenboxen

4.1 Islamismus

Die europäischen Staaten und auch Deutschland verzeichnen seit vielen Jahren einen wachsenden muslimischen Bevölkerungsanteil. Die Flüchtlingsbewegung der Jahre 2015/16 entstammte vorwiegend muslimischen Staaten und umfasste weit über 1,5 Millionen Menschen. Durch den anhaltenden Familiennachzug und eine weitere Einwanderungswelle der Jahre 2022/23 – wiederum hauptsächlich aus ebensolchen Staaten, sieht man von den ukrainischen Kriegsflüchtlingen ab – haben die muslimischen Parallelwelten hierzulande einen erneuten massiven Zuwachs erfahren.

Mit der anwachsenden Zahl der Muslime hat sich die Sicherheitslage in den europäischen Staaten gewandelt. Seit 2010 wurden mehrere europäische Staaten durch aufsehenerregende Anschläge in Madrid, London, Brüssel, Paris, Nizza und weiteren Städten mit teilweise dreistelligen Opferzahlen sowie in Berlin erschüttert. Hinzu kamen in Frankreich und Italien zahlreiche Anschläge auf Kirchen sowie auf christliche Geistliche (oftmals mit Todesfolge). In Deutschland mehren sich ebenfalls seit Jahren Anschläge auf Einzelpersonen im offenen Straßenraum oder in Zügen durch muslimische sog. Einzeltäter. Sie werden häufig als psychisch verwirrt geschildert, was ihre Schuld vermindern oder beseitigen kann. Inzwischen geben die überregionalen öffentlichen Medien nur noch spektakuläre Ereignisse wieder. Es zeigen sich schleichende Gewöhnungseffekte. Unabhängig davon leitete der Generalbundesanwalt im Jahr 2022 in 236 Fällen Ermittlungsverfahren wegen mutmaßlichen islamistischen Terrors ein.[1036]

1036 Antwort des PSt Benjamin Strasser (MdB) vom 6.2.2023 auf die Schriftliche Frage von MdB Martin Hess, Bundestagsdrucksache 20/5615 lfd. Nr. 114. Die Straftaten betrafen zwar insbesondere Auslandstaten im Zusammenhang mit den Taliban und dem „Islamischen Staat", machten aber auch das Gefährdungspotential der hier anwesenden mutmaßlichen Täter deutlich.

Seit den 90er-Jahren des letzten Jahrhunderts gibt es hierzulande vermehrt unterschiedliche Deutungsversuche hinsichtlich dieses Phänomens, zumal beteiligte Attentäter selbst beim Anschlag auf das Welthandelszentrum in New York im September 2001 aus Deutschland kamen.[1037] Den Deutungsversuchen liegt zwar die gemeinsame Erkenntnis zu Grunde, dass die Attentäter dem Kreis der Muslime entstammen, gleichwohl geht es aber darum, deutlich zu machen, dass man dies vom Islam trennen müsse. Daher zielen solche Ansätze darauf ab, die Religion des Islam von politisch motivierten Aktionen zu unterscheiden. Zahlreiche Analysen identifizieren infolgedessen Sonderströmungen in Gestalt von Salafisten[1038], Wahhabisten[1039], Fundamentalisten oder Islamisten, aus deren Reihen sich dann Terroristen oder andere Einzeltäter entwickeln.

Stellvertretend für andere Forscher bezeichnet der 1944 in Syrien geborene sunnitische Politikwissenschaftler Bassam Tibi den Fundamentalismus als eine religiös begründete politische Ideologie. Islamismus sei die islamische Spielart eines weltweit feststellbaren religiösen Fundamentalismus.[1040] Inhaltlich beinhalte der Islamismus, die

---

1037 Der Ägypter Muhammad Atta studierte in Hamburg. Ihn und seinen Freundeskreis einte der Antisemitismus sowie die Abneigung gegenüber Amerika und der westlichen Lebensart.

1038 Dieser Begriff bezieht sich auf jene, die sich in Anlehnung an al-Afghani und Abduh auf die Zeit der vier rechtgeleiteten Kalifen nach Muhammad und die medinensische Urgemeinde beziehen und einem reinen, ursprünglichen Islam anhängen. Zum Wahhabismus gibt es große Ähnlichkeiten.

1039 Das Wahabitentum ist eine orthodox-islamische Glaubensströmung des sunnitischen Islam, die der hanbalitischen Rechtsschule folgt und die sich vor allem auf der arabischen Halbinsel entwickeln konnte. Die Wahabiten sind nach ihrem Gründer Muhammad ibn ‚Abd al Wahhab benannt, der im 18. Jhdt. lebte. Sie verstehen sich als einzige authentische Glaubensvertretung im Islam. Vgl. auch Teil I, 4.2.2 Schlussabsatz. Zum Wahhabismus auch: Rudolph Peters, Erneuerungsbewegungen im Islam, in: W. Ende/U. Steinbach, Der Islam in der Gegenwart, S. 95.

1040 B. Tibi, Fundamentalismus im Islam, S. XVI, 2. Gleichzeitig wird darauf verwiesen, dass sich religiöser Fundamentalismus in vielen Religionen und nicht nur der islamischen zeige. Auf entsprechende Ansätze in der

weltweite Anwendung der Scharia anzustreben. Religion und Politik bzw. Religion und Staat würden als Einheit angesehen, die westliche Zivilisation und ihre Werte, die Demokratie sowie der säkulare Nationalstaat abgelehnt.[1041] Mit seiner religiösen Weltanschauung wolle dieser Fundamentalismus die göttliche Lebensordnung auf die Bereiche Staat und Politik übertragen.[1042] Diese Ideologie sei vom Islam als Weltreligion zu unterscheiden.[1043]

Die Verfassungsschutzbehörden in Deutschland verfolgen eine vergleichbare Argumentation. Das Bundesamt für Verfassungsschutz (BfV) sieht im Islamismus eine politische Ideologie, die einen universalen Herrschaftsanspruch erhebt und mitunter Gewaltanwendung legitimiert, um islamisch definierte Ziele zu erreichen. Der Islamismus beginne dort, wo religiöse islamische Gebote und Normen (aus der Scharia) als verbindliche politische Handlungsweisen gedeutet würden.[1044] Unter Berufung auf den Islam ziele er auf die teilweise oder vollständige Abschaffung der freiheitlichen demokratischen Grundordnung Deutschlands ab. Er basiere auf der Überzeugung, dass der Islam nicht nur eine persönlich-private Angelegenheit sei, sondern auch das gesellschaftliche Leben und die politische Ordnung zumindest teilweise regele. Er postuliere die Existenz einer gottgewollten und daher „wahren" und absoluten Ordnung, die über den menschengemachten Ordnungen stehe. Als wesentliches ideologisches Element wird außerdem der Antisemitismus ausgemacht. Der Islamismus würde im Widerspruch zu den im Grundgesetz verankerten Grundsätzen der Volkssouveränität, der Trennung von Staat und Religion, der freien Meinungsäußerung und der allgemeinen Gleichberechtigung

---

Religionssoziologie verweist auch R. Koopmans, Das verfallene Haus des Islam, S. 34 und 46.

1041 Ders. a.a.O., S. 6, 9, 10, 19.

1042 Ders. a.a.O., S. 11.

1043 Ders. a.a.O., S. 2; so auch U. Matyssek, Zum Problem der Trennung von Religion und Politik im Islam, in: S. Muckel, Der Islam im öffentlichen Recht, S. 198.

1044 BfV-Bericht 2012, S. 5, zit. aus St. Goertz, Islamischer Terrorismus, S. 11.

stehen.[1045] Aus Sicht des niedersächsischen LfV zeichnet sich der Islamismus dadurch aus, dass er Gesellschaften anstrebe, die durch die Rechtsordnung der Scharia organisiert seien. Islamisten verstünden sie als von Gott verordnete Rechtsordnung für Staat und Gesellschaft und würden die inhaltliche Deutungshoheit über religiöse Begriffe und Konzepte beanspruchen, die allen Muslimen zu eigen seien und würden diese politisieren.[1046]

Die deutschen Verfassungsschutzbehörden verstehen unter Islamismus daher ebenfalls eine vom Islam zu unterscheidende Form des politischen Extremismus.[1047] BfV und einige Landesämter betonten demzufolge in ihren jährlichen Berichten, dass der Islam als Religion einschließlich seiner Ausübung vom Verfassungsschutz nicht beobachtet werde.[1048]

Der Soziologe Ruud Koopmans bevorzugt an Stelle der Begriffe „politischer Islam" oder „Islamismus" die Begrifflichkeit des „islamischen religiösen Fundamentalismus".[1049] Da er versucht, den Islam von einer empirisch feststellbaren Glaubenspraxis zu bewerten (und nicht vom Koran selbst), kommt er zu dem Schluss, dass der Fundamentalismus kein universeller und unentrinnbarer Teil der Glaubensüberzeugung der Muslime sei.[1050] Allerdings zeichnen sich für ihn fundamentalistische Glaubensüberzeugungen bereits dadurch aus, dass die

---

1045 BfV-Bericht 2021, S. 176; zum Antisemitismus auch a.a.O., S. 179.

1046 Nds. Verfassungsschutz, zit. nach St. Goertz a.a.O., S. 13; auf ähnliche Kriterien wie die deutschen Verfassungsschutzbehörden greift ein Aufsatz von Armin Pfahl-Traugber zurück: Absolutsetzung des Islam als Lebens- und Staatsordnung, Gottes- statt Volkssouveränität als Legitimationsbasis, Ganzheitliche Durchdringung und Steuerung der Gesellschaft, Frontstellung gegen den demokratischen Verfassungsstaat, Fanatismus und Gewaltbereitschaft als Potential. Islamismus – Was ist das überhaupt? Definition – Merkmale – Zuordnungen, in: Veröffentlichung der Bundeszentrale für politische Bildung (bpp) vom 9.9.2011, S. 4.

1047 BfV-Bericht 2012, S. 5, zit. nach St. Goertz a.a.O., S. 12; BfV 2021, S. 176.

1048 St. Goertz a.a.O., S. 12.

1049 R. Koopmans, Das verfallene Haus des Islam, S. 34 f.

1050 R. Koopmans, a.a.O., S. 47, 49.

Menschen an eine wörtliche Auslegung der Schrift glauben.[1051] Daraus erwächst eine weitgehende Deckungsgleichheit mit der gedanklichen Ableitung des Islamismus.

Eine Wortschöpfung mit dem Anhängsel „...-ismus" erfolgt in den Geisteswissenschaften immer dann, wenn eine besondere Eigenschaft in Bezug auf das Basiswort ausgedrückt werden soll, hier: Die politische Ausrichtung / Ideologie des Islam. Sollte diese Eigenschaft im Basiswort (Islam) bereits angelegt sein, würde es sich um eine Tautologie (Bezeichnung desselben Sachverhalts mit einem sinngleichen Ausdruck) handeln, das Basiswort wäre dann bereits ausreichend. Es spricht viel dafür, dass dies bezüglich des Wortes Islamismus (im Sinne von Fundamentalismus) der Fall ist.

Der weltweite Geltungsanspruch des Islam ist bereits in der Offenbarung angelegt. Alle Menschen sollten entsprechend ihrer Urnatur erkennen, dass Gott (Allah) der alleinige Gott und der Islam die einzig wahre Religion ist. Hierauf wird im Koran mehrfach hingewiesen, ebenso, dass Gott und Muhammad zu gehorchen sei. Die Umma ist gleichzeitiger Ausdruck dieses Anspruchs. Der muslimischen Gemeinschaft wurde von Gott die gesetzgeberische Befugnis zugesprochen, „zu gebieten, was Recht ist und zu verbieten, was verwerflich ist" (3/110). Einen auf den privaten Bereich beschränkten Geltungsanspruch hatte der Islam zu keinem Zeitpunkt.[1052]

Der Islam ist auch von Anbeginn politisch gewesen. Das war der Grund dafür, dass Muhammad von Mekka nach Medina „auswandern" (flüchten) musste. Wie im Teil I dargelegt, hätten seine religiösen Botschaften eine weitgehende Veränderung der dortigen gesellschaftlichen Abläufe und Verhältnisse zur Folge gehabt und beanspruchten das auch, wogegen sich die Mekkaner wehrten. Später war die religiöse Botschaft des Islam mit (politischen) Machtansprüchen verbunden, die militärisch durchgesetzt werden mussten, was Anlass zahlreicher Feldzüge nicht nur auf der arabischen Halbinsel war. Es ist folglich nichts

1051 R. Koopmans, a.a.O., S. 46.

1052 Vgl. Teil I unter 1.3 sowie zu Teil II, Fn. 885.

neues, religiöse Gebote und Normen mit politischen, auch verbindlichen Handlungsweisen in Verbindung zu bringen. Eines gesonderten „Islamismus" oder der Definition seines Beginns bedarf es dazu nicht.

Die „Souveränität Gottes" ergibt sich im Koran aus seiner offenbarten absoluten Allmacht, nur dass der spätere französische Begriff der Souveränität noch unbekannt war. Al-Maududi füllte mit seiner Begriffsübertragung folglich nur französischen Wein in schon vorhandene Schläuche. Die generelle Ablehnung menschengemachter Gesetze ist damit allerdings noch nicht verbunden gewesen. Vielmehr gilt als dogmatischer Ausgangspunkt nur das Erfordernis von deren Übereinstimmung mit dem göttlichen Gesetz der Scharia. Problematisch wurde es deshalb immer dann, wenn diese Übereinstimmung nicht bestand. Der latente Widerstand in der islamischen Welt gegen westliche Verfassungsentwürfe hatte hier seine Ursache. Der Widerspruch zur geltenden deutschen Verfassungsrechtslage ist somit kein neues Problem infolge „islamistischer" Auffassungen, sondern folgt bereits aus der Bedeutung des Koran und der Scharia. Gleiches gilt für den als islamistisch angesehenen Absolutheitsanspruch des Islam. Dieser ergibt sich – wie im Teil I dargelegt – ebenfalls bereits aus dem islamischen Recht und hatte gegenüber Juden und Christen den gemäß der Scharia beschränkten Duldungsstatus als Schutzbefohlene zur Folge, für andere die Rechtlosigkeit. Der Islam sieht sich mit der Offenbarung als beste Gemeinschaft und anderen Religionen überlegen an.[1053] Die Abneigung gegenüber den Juden aus „enttäuschter Liebe" gehört zu den Anfängen seiner Religion.

Unbestritten ist die gegenwartsbezogene Ablehnung der Menschenrechte, der westlichen Werte und der freiheitlich demokratischen Grundordnung der BR Deutschland ein zu würdigendes Problem. Die Ablehnung der Menschen- und der individuellen Freiheitsrechte wurzelt aber auch hier bereits im Koran selbst. Das göttliche Recht erkennt das Naturrecht als selbstständige und unabhängige Rechtsquelle nicht an. Im Übrigen darf nicht übersehen werden, dass der Islam infolge der

---

1053 Hierzu unter Teil I, 3.3.3.1 und 3.3.3.2.4. Er sieht sich mit dem Anspruch versehen, zu gebieten, was recht und zu verbieten, was verwerflich ist.

politischen Gestaltungsansprüche der europäischen Kolonialmächte im muslimischen Raum seine eigene Haltung hierzu entwickeln musste. Diese war – auch religiös begründet – naturgemäß antiwestlich und -antieuropäisch. Die freiheitlich-demokratische Grundordnung wird mit den erlebten säkularen kolonial-westlichen Verfassungen in Verbindung gebracht und ist deshalb Bestandteil dieser Ablehnung. Diesen Zusammenhang sollten zukünftige Bewertungen mit bedenken.

Die Islamismus-Debatte lenkt daher vom Wesentlichen ab und gelangt zu einem unzutreffenden Gesamtergebnis bei der Würdigung des Islam. Islamismus würde sich substanziell nur dann vom Islam unterscheiden, wenn man letzteren umdeutet. Auf der Suche nach einem individuellen „Euro-Islam" bestand der entsprechende Ansatz von Bassam Tibi darin, die Religionsfreiheit für einen Islam einzuräumen, der sich auf die fünf Säulen des islamischen Glaubens bezieht und darüber hinaus gehende Bestandteile, wie den Dschihad und anderes aus der Scharia, nicht zum islamischen Glauben zählt.[1054] Politik und Religion sollten im Rahmen einer Privatisierung des Glaubens getrennt, die säkulare Demokratie als Werteorientierung für ein Gemeinwesen islamisch akzeptiert werden. Toleranz im Sinne der europäischen Aufklärung sollte an Stelle der Duldung von Juden und Christen als Dhimmis und untergeordnete Gläubige treten, der islamische Anspruch auf religiöse Vorherrschaft der Muslime aufgegeben werden. Scharia, Dschihad und die schriftgläubige Fixierung der Muslime auf den Koran stünden der Integration und einem Euro-Islam im Wege.[1055] Dieser Sichtweise stand und steht die Offenbarung allerdings entgegen.[1056] Inzwischen ist Tibi von seinen Vorstellungen aus anderen Gründen auch selbst wieder abgerückt.[1057]

1054 B. Tibi in: Cicero 6/2016, S. 115.

1055 B. Tibi a.a.O., S. 117; zur Scharia: ders., Fundamentalismus im Islam, S. 31.

1056 So die Suren 2/106; 17/86 und 16/39, 101, wonach nur Gott seine eigenen Vorschriften aufheben, verbessern oder verändern kann.

1057 Angesichts der unkontrollierten Zuwanderung aus den islamischen Staaten in den Jahren 2015/16 und 2022/23 und ihrer Zusammensetzung geht Tibi vom Scheitern seiner Idee aus, Cicero 6/2016, S. 117.

Der Erwartung eines europäischen Islam ist aus Sicht des Rektors der al-Azhar-Hochschule und Großimam Ahmad Muhammad al-Tayyeb ebenfalls widersprochen worden. In einem Diskussionsgespräch führte er am 15.3.2016 im Deutschen Bundestag sinngemäß aus, dass es nur eine einzige Botschaft des Islam gebe. Alles, was von Gott stamme, sei zeitlich unbegrenzt gültig, klar und einfach. Die Religion könne weltweit praktiziert werden. Man dürfe sie aber nicht über ihre Vertreter definieren. Die Variante eines europäischen Islam werde es somit nicht geben.[1058]

4.2 Delegitimierung

Deutschland versteht seine freiheitlich-demokratische Staatsordnung zugleich als wehrhafte Demokratie. Historisch nachvollziehbar, konzentrierte sich dieses Selbstverständnis zunächst auf die seinerzeit selbst durchlittene totalitäre Ordnung oder auf noch in Konfrontation befindliche andere Staaten. Gefahren für die Demokratie wurden der Sphäre der politischen Parteien als Gestaltungsmittel zugeordnet. Art. 21 Abs. 2 GG enthält daher die Möglichkeit, Parteien unter bestimmten Voraussetzungen durch das Bundesverfassungsgericht als verfassungswidrig verbieten zu können. Damit soll den Risiken begegnet werden können, die von einer Partei mit verfassungsfeindlicher Tendenz ausgehen.[1059] Geschützt werden sollen hierdurch jene zentralen Grundprinzipien, die für den freiheitlichen Verfassungsstaat schlechthin unentbehrlich sind.[1060] Der wesentliche Ausgangspunkt wird in diesem Zusammenhang in der Würde des Menschen[1061] und dem hieraus abgeleiteten Demokratieprinzip gesehen.[1062] Dieses Prinzip wird als konstitutiver Teil der freiheitlich-demokratischen Grund-

1058 al-Tayyeb, vgl. Teil I, Fn. 2.
1059 Zum NPD-Verbotsverfahren: BVerfGE 144, 20 Ls. 1.
1060 BVerfGE 144, 20 Ls. 3.
1061 BVerfGE 144, 20 (206, Rn. 538).
1062 BVerfGE 144, 20 (208, Rn. 542).

ordnung betrachtet, die auf der Idee der freien Selbstbestimmung der Bürger beruht. Der Grundsatz der Volkssouveränität erfordere, dass alle Akte der Ausübung von Staatsgewalt auf den Willen des Volkes zurückzuführen sind.[1063]

Damit schrieb das BVerfG sein KPD-Urteil vom 17.8.1956 fort.[1064] Dort führte es aus: Im Gegensatz zur angestrebten Ordnung der KPD sei die Würde des Menschen in der freiheitlichen Demokratie der oberste Wert. Der Mensch sei eine mit der Fähigkeit zu einer eigenverantwortlichen Lebensgestaltung begabte Persönlichkeit. Sein Verhalten und Denken könne durch seine Klassenlage nicht eindeutig determiniert sein. Um seiner Würde willen müsse ihm eine möglichst weitgehende Entfaltung seiner Persönlichkeit gesichert werden. Dazu müsse seine geistige Freiheit gewährleistet sein. Menschenwürde und Freiheit komme jedem Menschen zu. Das Prinzip der Gleichbehandlung aller sei für die freiheitliche Demokratie ein selbstverständliches Postulat. Da die KPD nach Feststellung des Gerichts die Verwirklichung eines Staatsbildes anstrebte, das mit der freiheitlich-demokratischen Grundordnung als nicht zu vereinbaren sei, wurde sie verboten.

Um den beschriebenen Schutz zu gewährleisten, eröffnet das Grundgesetz neben dem Parteiverbot nach Art. 21 Abs. 2 noch die Möglichkeit, unter den Voraussetzungen des Art. 9 Abs. 2 GG Vereine und Gesellschaften verbieten zu können. Hiervon ist seitens der zuständigen deutschen Sicherheitsbehörden auch immer wieder Gebrauch gemacht worden. Diese Verbote beschränken sich allerdings auf die im Grundgesetz angesprochenen Parteien und Vereinigungen. Letztere können zwar einen religiösen Hintergrund haben, sie werden aber nicht wegen dieses Hintergrundes verboten, sondern aufgrund ihrer so definierten politischen Ideologie. Die Quelle dieser Ideologie, also hier der Islam selbst, bleibt unberührt.

1063 BVerfGE 144, 20 (209, Rn. 545).

1064 BVerfGE 5, 85 (204 f); Mit Urteil vom 23.10.1952 (BVerfGE 2, 1) war zuvor bereits die Sozialistische Reichspartei (SRP) verboten worden.

Ungeachtet dessen haben sich die Zeiten und politischen Akzentuierungen innerhalb des Staates und seiner Gesellschaft inzwischen weiterentwickelt. Neues ist hinzugekommen. Zwar gibt es im Parteiengefüge nach wie vor links- und rechtsextreme Kleinstparteien, deren Ziele, Programmatik und Verhalten ihrer Anhänger Zweifel an ihrer Verfassungsmäßigkeit auslösen kann. Die grundgesetzliche Ordnung mitsamt ihren Institutionen kann mittlerweile aber auf eine über siebzigjährige Festigung und Tradition zurückblicken, die frühere Gefahren mit einer anderen Gewichtung versehen. Mit dem gescheiterten NPD-Verbotsverfahren ist deutlich geworden, dass die Verhältnismäßigkeit eines Verbots nicht losgelöst vom faktischen Gefahrenpotential zu bewerten ist. Es wird eine hinreichende Wirkungschance verlangt, die ein Erreichen der verfassungsfeindlichen Ziele nicht völlig aussichtslos erscheinen lässt.[1065] Dem Gericht fehlte es dafür an gewichtigen konkreten Anhaltspunkten. Der politische Extremismus aus totalitär geprägten Zeiten hat seine ehemals befürchtete Attraktivität für breitere Kreise der Bevölkerung offenbar verloren und sich überlebt. Dazu dürfte die Wehrhaftigkeit der Demokratie beigetragen haben.

Seit geraumer Zeit werden Problemschwerpunkte nun eher dort festgemacht, wo Defizite in der inneren und äußeren Sicherheit thematisiert werden. Die so empfundene oder tatsächliche Hilflosigkeit von Politik und Verwaltung bei der Lösung aktueller Probleme wird mit einer behaupteten Unfähigkeit handelnder Akteure in Verbindung gebracht. Die genannten Probleme ergeben sich aus Aspekten der Demographie, der Zuwanderung und ihrer Konsequenzen, aus Naturkatastrophen, Klima-, Energie- oder Umweltgefahren, dem Leben von der Substanz in vielen Bereichen der Infrastruktur oder aus getroffenen Entscheidungen im Feld des Gesundheitsschutzes. Die Kritik der Bevölkerung, deren unterschiedliches Protestverhalten sowie eine wahrgenommene Abwendung von den etablierten Eliten im politisch-medialen Komplex haben dazu geführt, dass die Verfassungsschutzbehörden im April 2021 ihrer Tätigkeit den neuen Phänomenbereich

1065 BVerfGE 144, 20 (225, Rn. 586).

„Verfassungsschutzrelevante Delegitimierung des Staates" hinzugefügt haben. Eine ausdrückliche gesetzliche Regelung hierfür besteht nicht.

Diese neue Kategorie, die vor dem Hintergrund der umfangreichen Proteste gegen die Corona-Maßnahmen entwickelt wurde, soll die bisherigen Extremismusbereiche ergänzen und beschäftigt sich mit Akteuren, die aus behördlicher Sicht darauf abzielen, wesentliche Verfassungsgrundsätze außer Geltung zu setzen oder die Funktionsfähigkeit des Staates oder seiner Einrichtungen erheblich zu beeinträchtigen. Dies wird dann damit begründet, dass die Institutionen von Legislative, Exekutive und Judikative verächtlich gemacht werden, ihnen öffentlich die Legitimität abgesprochen wird und sie von Akteuren des Protests zum Ignorieren behördlicher oder gerichtlicher Anordnungen und Entscheidungen aufgerufen werden. Dies erfolge meist nicht dadurch, dass die Demokratie als solche unmittelbar in Frage gestellt werde, sondern dass demokratisch legitimierte Repräsentanten sowie Institutionen des Staates und ihre Entscheidungen verächtlich gemacht und gegen sie agitiert werde. Dies stehe im Widerspruch zu elementaren Verfassungsgrundsätzen wie dem Demokratie- und Rechtsstaatsprinzip. Daher würden sie unabhängig von der Zuordnungsfähigkeit zu bislang bekannten extremistischen Phänomenbereichen beobachtet.[1066] Bislang setzt sich der betroffene Personenkreis recht unterschiedlich zusammen. Er reicht von der diffusen Szene der Reichsbürger bis hinein in die Protestbewegung gegen die staatlichen Corona-Maßnahmen oder die unkontrollierte Zuwanderung.

Es kann hier offenbleiben, ab wann berechtigte Kritik am Befähigungsprofil heutiger institutioneller Entscheidungsträger oder an deren konkreten Entscheidungen einen Anfangsverdacht hinsichtlich der aufgezeigten Delegitimierungskriterien auslöst. Ferner soll offenbleiben, ob die Arbeit des Verfassungsschutzes mit der erforderlichen Begriffsklarheit einhergeht.[1067] Gleiches gilt schließlich hinsichtlich

---

1066 BfV-Bericht 2021, S. 112 f.

1067 Zur berechtigten Kritik hieran: Mathias Brodkorb, Gesinnungspolizei im Rechtsstaat? zu Klampen! 2024.

der Frage, wo die Grenzlinien zur grundsätzlich statthaften politischen Kritik und Meinungsfreiheit verlaufen.

Von Interesse erscheint allerdings die Frage nach den Konsequenzen der Verwendung des neuen Beobachtungskriteriums im Zusammenhang mit dem Thema dieses Buches. Dem neuen Phänomenbereich werden bislang Überschneidungen vor allem mit dem Rechtsextremismus attestiert, wo die Quellenlage durch Informanten umfänglich sein dürfte. Der Ausländerbereich scheint hingegen bislang nicht im Focus zu stehen. Bei Ausländern oder Zugewanderten ohne oder mit inzwischen erlangter deutscher Staatsangehörigkeit ist der Zugang zu den erforderlichen Informationen auch als dürftig und eher schwierig einzuschätzen – nicht nur wegen des äußeren Erscheinungsbildes des Personals der Sicherheitsbehörden, sondern auch wegen der vorhandenen Sprachbarrieren. Mit einer gewissen Überraschung musste deshalb registriert werden, dass ca. 3500 Muslime meist jüngeren Alters in Hamburg solidarisch gegen eine Koran-Verbrennung im Januar 2023 in Stockholm demonstrierten.[1068] Auch die Selbstbeschränkung dieser Behörden im Bereich der Religionsausübung[1069] führt dazu, dass von deren weitgehender Unkenntnis auszugehen ist, wenn es um den wöchentlich in den Moscheen gepredigten Inhalt geht. Das betrifft aber hunderte von Imamen sowohl mit türkischer als auch arabischer Unterstützung sowie viele Initiativen in den sozialen Netzwerken.

Natürlich lässt sich die juristisch abwegige Ansicht sog. Reichsbürger und Selbstverwalter zum Fortbestand des Deutschen Reiches neben der BR Deutschland[1070] als gleichzeitige Bestrebung zur Delegitimierung

1068 Die Demonstration in HH-St. Georg am 04.02.2023 umfasste nach Angaben der Polizei ca. 3500 Muslime. Sie war von der vom dortigen Verfassungsschutz als „islamistisch“ eingestuften Initiative „Muslim Interaktiv“ organisiert worden und stand unter dem Motto: „Der Koran ist die Zukunft.“

1069 Vgl. unter Teil II, 4.1.

1070 Das BVerfG hatte das Völkerrechtssubjekt Bundesrepublik Deutschland zu Recht nicht als „Rechtsnachfolger“ sondern als identisch mit dem Deutschen Reich benannt, BVerfGE 36, 1 (15 f). Anlass für das Urteil vom 31.7.1973 war der Grundlagenvertrag mit der DDR.

der Bundesrepublik bewerten. Aber – unter dem Aspekt des Grundsatzes der Gleichbehandlung – wie wird mit einer vielgestaltigen Delegitimierung des Staates umgegangen, die in einer Religion angelegt ist und wöchentlich Millionen Muslime erreicht? Jenseits des Bereichs der organisierten Kriminalität oder „islamistischer" Einzelfälle fehlt es an vergleichbaren Aktionen wie im Bereich der sonstigen deutschen „Delegitimierer".

Was delegitimiert die freiheitlich-demokratische Grundordnung des Grundgesetzes derzeit grundlegender als die Religion des Islam? Dieser Prozess vollzieht sich im Gehörten, wo Gottes Allmacht über eine menschengemachte Verfassung und die Scharia über säkulare demokratische Gesetze gestellt werden, wo individuelle Freiheitsrechte kritisiert sowie in ihren Folgen für sündhaft gehalten und ablehnt werden. Wo ein anderes Verständnis von Menschenwürde vorhanden ist, das dem des Grundgesetzes nicht entspricht. Es vollzieht sich in der Praxis über die Bildung von Parallelwelten, über das Infragestellen des staatlichen Gewaltmonopols gegenüber der Polizei, den Ermittlungsbehörden und der Justiz, gegenüber den Personenstandsbehörden durch das Schließen von Kinder- und Vielehen, bei der Ungleichbehandlung der Frau sowie der überproportionalen Gewaltkriminalität gegenüber der als ungläubig bewerteten einheimischen Bevölkerung. Und es vollzieht sich zum großen Teil in fremder Sprache und im Verborgenen. Sollte letzteres ursächlich für die nur selektive Wahrnehmung von Gefahren sein, hilft ersatzweise allerdings eine Analyse des Koran. Auf ihm basiert das Gepredigte. Im Gewand einer Religion und unter dem Dach des Artikel 4 Grundgesetz wird Axt an die Wurzeln des freiheitlichen Verfassungsstaates gelegt.

Auf einen Konflikt dieser Art ist das Grundgesetz nicht eingestellt. Eine solche Gefahrenlage war aufgrund der damaligen Zusammensetzung des deutschen Volkes weder erkennbar noch vorhersehbar. Die Religionsfreiheit ist selbstverständlich gewesen vor dem Hintergrund der geschichtlichen Entwicklung Deutschlands und Europas, basiert sie doch auf einem durch die Aufklärung geformten Religions- und säkularen Staatsverständnis.[1071] Das Neue Testament steht dem Grundgesetz nicht entgegen, der Islam hingegen fordert es heraus: Was ist gewichtiger, die Religionsfreiheit, die den Schutz des Art. 4 GG auch auf den Islam erstreckt oder die Menschenwürdegarantie des Art. 1 Abs. 1 GG, die Freiheitsverbürgungen, das Demokratieprinzip mit dem Gedanken der Volkssouveränität, das Prinzip der Gleichheit, das Gewaltmonopol des Staates, die grundsätzlich unbedingte Loyalität gegenüber den säkularen Gesetzen des Staates? All dies ist im Koran entweder nicht verankert oder im Rahmen der Religionsausübung nicht abgesichert. Muss über Art. 4 GG erlaubt oder geduldet werden, was der Staat ansonsten als gegen die Verfassung gerichtet verurteilt und bekämpft? Warum gelangt der Verfassungsschutz zu völlig zutreffenden Bewertungen[1072], wenn es um „Islamisten" geht, ohne zu erkennen, dass deren Aussagen vom Islam nicht zu trennen sind? Das gilt ebenso im Hinblick auf den Antisemitismus.[1073]

1071 Dem entsprach die BVerfGE 12, 1 (4), die noch 1968 bestätigt (BVerfGE 24, 236 (246) und erst 1975 aufgegeben wurde, BVerfGE 41, 29 (50).

1072 BfV-Bericht 2021, S. 176.

1073 BfV-Bericht 2021, S. 179, 199.

5. Welchen Schutz bietet das Grundgesetz?

Wenngleich ein gegenwärtiger politischer Entscheidungszwang noch nicht zu bestehen scheint, so fragt sich doch, welche Schutzmöglichkeiten das Grundgesetz anbietet bzw., welche Vorkehrungen sich ins Auge fassen ließen.

5.1 Zur Reichweite der „Ewigkeitsklausel"

Verfassungsändernde Gesetze bedürfen im Bundestag der Zustimmung von zwei Drittel seiner Mitglieder und im Bundesrat von zwei Drittel der Stimmen. Solche Gesetze sind nur zulässig, soweit sie mit Art. 79 Abs. 3 GG vereinbar sind.[1074] Diese Verfassungsnorm erklärt Änderungsgesetze zum Grundgesetz für unzulässig, durch die (u. a.) die in den Art. 1 und 20 niedergelegten Grundsätze berührt werden. Damit sollte eine totalitäre Regelung vergleichbar mit dem sog. „Ermächtigungsgesetz"[1075] vom 24.3.1933 verhindert werden, die auf die Beseitigung verfassungsrechtlicher Kernbestandteile hinauslaufen würde.[1076] Zugleich folgt daraus ein Anschluss an die Tradition der vorstaatlichen Menschenrechte und an die Idee, dass dem Menschen Rechte zustehen, die ihm der Staat nicht nehmen darf. Dazu zählt der menschenrechtliche Kern aller Grundrechte.[1077]

Im Fokus dieser Regelung steht bewusst der in Art. 1 Abs. 1 GG verankerte Grundsatz der Menschenwürde sowie das in Art. 1 Abs. 2 enthaltene Bekenntnis zu den unverletzlichen und unveräußerlichen Menschenrechten als Grundlage jeder menschlichen Gemeinschaft, des Friedens und der Gerechtigkeit. Hinzu kommt, in Verbindung mit der in Art. 1 Abs. 3 enthaltenen Verweisung auf die nachfolgenden

1074 K.-E. Hain in: v. Mangoldt/Klein/Starck, Grundgesetz, Art. 79, Rn. 63.
1075 Der Titel des Gesetzes lautete „Gesetz zur Behebung der Not von Volk und Reich".
1076 BVerfGE 30, 1 (24).
1077 Chr. Starck a.a.O., Art. 1 Abs. 2, Rn. 132 und 133.

Grundrechte, dass deren Verbürgungen einer Einschränkung insoweit entzogen sind, als sie zur Aufrechterhaltung einer dem Art. 1 Abs. 1 und 2 entsprechenden Ordnung unverzichtbar sind. Hinsichtlich des Art. 3 GG gehört der Grundsatz der Rechtsgleichheit und das Willkürverbot zu den Dingen, deren Kern nicht berührt werden darf.[1078]

Neben der Bundesstaatlichkeit unterfällt der in Art. 20 GG angesprochene Grundsatz des demokratischen Prinzips einschließlich der Volkssouveränität, der Legitimation durch Wahlen sowie der Gewaltenteilung ebenfalls der Unveränderlichkeit. Als Souverän wird in Art. 20 Abs. 2 GG die verfasste Gemeinschaft der freien und gleichen Staatsbürger verstanden. Sie ist integraler Bestandteil des demokratischen Prinzips. Der Anspruch des Bürgers auf Demokratie würde hinfällig werden, wenn das Parlament Kernbestandteile politischer Selbstbestimmung aufgäbe und damit dem Bürger dauerhaft seine demokratischen Einflussmöglichkeiten entzöge.[1079] Darum besteht zwischen Wahlrecht und Staatsgewalt ein durch Art. 79 Abs. 3 geschützter unantastbarer Zusammenhang.[1080]

Die Formulierung, dass Grundsätze nicht berührt werden dürfen, verbietet nicht nur eine „prinzipielle Preisgabe“[1081] geschützter Grundentscheidungen der Verfassung, sondern geht darüber hinaus. Verboten sind bereits Änderungen der Verfassung, die mit dem normativen Gehalt eines unberührbaren Grundsatzes nicht vereinbar sind.[1082] Mit dem Grundsatz ist das prägende Wesentliche gemeint,[1083] das im Einzelfall zu ermitteln ist.

Art. 79 Abs. 3 GG richtet sich an den verfassungsändernden Gesetzgeber. Dessen Regelungsmöglichkeiten werden seitens des Verfassungsgebers unabänderbar beschränkt. Durch Absatz 3 können bestimmte Teile der Verfassung nicht geändert werden. Auch das

1078 BVerfGE 84, 90 (120, 121).
1079 BVerfGE 129, 124 (169 m.w.N.).
1080 BVerfGE 89, 155 (182); 123, 267 (330).
1081 BVerfGE 30, 1 (24).
1082 K.-E. Hain a.a.O., Art. 79, Rn. 32.
1083 K.-E. Hain a.a.O., Art. 79, Rn. 43.

Bundesverfassungsgericht dürfte sich über dessen Regelungen nicht hinwegsetzen. Insofern könnte der Eindruck entstehen, sich beruhigt zurücklehnen zu können. Dem ist aber nicht so. Denn der Regelung zur Unberührbarkeit ist nicht zu entnehmen, dass sie für ewig gilt. Aus dem Grundgesetz ergibt sich sogar das Gegenteil. Gemäß seinem Art. 146 verliert es seine Gültigkeit nämlich an dem Tage, an dem eine (andere) Verfassung in Kraft tritt, die vom deutschen Volk in freier Entscheidung beschlossen worden ist.

Diese Regelung lässt erkennen, dass das Grundgesetz die verfassungsgebende Gewalt (das deutsche Volk als pouvoir constituant) von der sich aus der Verfassung ergebenden gesetzgebenden Gewalt (dem Bundestag und Bundesrat als pouvoir constitué) unterscheidet.[1084] Bereits in seiner Präambel wird dies mit der Formulierung zum Ausdruck gebracht, dass sich „das deutsche Volk kraft seiner verfassungsgebenden Gewalt dieses Grundgesetz" gegeben hat. Die Bindung des verfassungsändernden Gesetzgebers an Art. 79 Abs. 3 entspringt also nicht dessen eigenem Willen, sondern den Vorgaben des deutschen Volkes als Verfassungsgeber und eigenständigem Rechtssubjekt.[1085] Mit anderen Worten: Der Bundestag kann diese Norm nicht ändern, das Staatsvolk als Verfassungsgeber aber schon.

Der durch den Einigungsvertrag zwischen der ehemaligen DDR und der BR Deutschland neu gefasste Art. 146 GG ermöglicht (wie die vorangegangene Fassung) eine legale Ersetzung des gegenwärtigen Grundgesetzes durch eine neue Verfassung. Auch wenn damit eine revolutionär durchgesetzte Ablösung nicht ausgeschlossen ist,[1086] so steht mit dieser Regelung des Grundgesetzes doch aus der Binnenperspektive eine normative Brücke für gänzlich Neues zur Verfügung. Die Ablösung der bisherigen Herrschaftsordnung erhält den Stempel gewahrter

---

1084 BVerfGE 5, 85 (131); D. Murswiek, Die verfassungsgebende Gewalt, S. 188, verweist dabei auf die Tradition der französischen Verfassung von Volkssouveränität, in die sich das Grundgesetz gestellt hat.

1085 K.-E. Hain a.a.O., Art. 79, Rn. 31.

1086 Vgl. hierzu D. Murswiek a.a.O., S. 144.

Legalität,[1087] auch wenn die neue Verfassung ansonsten an die bisherigen Inhalte des Grundgesetzes nicht gebunden ist.

Als Träger der verfassungsgebenden Gewalt hat das deutsche Volk die nicht entziehbare, weil naturrechtliche Befugnis, seine Verfassung den eigenen (ggf. neu definierten) Interessen gemäß auszugestalten. Zwar wird aus heutiger Sicht eine inhaltliche Kontinuität zwischen der alten und neuen Verfassung befürwortet,[1088] fiktiv gedacht könnte das zukünftige deutsche Volk aber auch eine neue Verfassung ohne die zentrale Bedeutung von Menschenwürde, Menschenrechten und ohne einen Art. 79 Abs. 3 bzw. einer vergleichbaren Regelung beschließen.[1089] Es gibt keine beweisbare naturrechtliche Norm, aus der sich eine rechtlich vorgegebene Selbstverpflichtung oder -beschränkung des Verfassungsgebens ableiten ließe. Die gestalterische Omnipotenz der verfassungsgebenden Gewalt ist durch Vorangegangenes nicht einzufangen.[1090]

Es wäre daher nicht auszuschließen, dass sich ein muslimisch geprägter neuer Verfassungsgeber entschließt, Festlegungen aus offenbartem religiösen Recht zu treffen, um auf diesem Wege der schariatischen Normhierarchie zu genügen. Er wäre daran durch entgegenstehende Rechtsprechung des BVerfG nicht gehindert, weil der Träger der verfassungsgebenden Gewalt kompetent bliebe, seine (auch überpositiven)

1087 BVerfGE 123, 267 (332 und 434); P. Unruh in: v. Mangoldt/Klein/Starck, Grundgesetz, Art. 146, Rn. 15 m.w.N.

1088 P. Unruh a.a.O., Art. 146, Rn. 11 ff.

1089 M. Rohe geht beim Grundgesetz zwar recht optimistisch vom Beibehalt seiner verfassungsfesten Grundsätze aus, gibt aber den richtigen Hinweis, dass auch hier die Grundsätze des islamischen Rechts zur Anwendung gelangen würden, wenn sich die Mehrheit der Menschen in dieser Gesellschaft dazu entschließt; Das Islamische Recht, S. 386.

1090 Indem das Grundgesetz die verfassungsgebende Gewalt des Volkes anerkennt, gibt es ihm auch die verbindliche Bestimmungsmacht darüber, welche Naturrechtssätze Teil der Verfassung werden sollen. Objektive Quellen anderer Art gibt es nicht (D. Murswiek a.a.O., S. 211 f, 223 ff.). Das Volk als Verfassungsgeber hat die Kompetenz, sich für jede beliebige Verfassung zu entscheiden, Murswiek a.a.O., S. 235; P. Unruh a.a.O., Art. 146, Rn. 7.

Kompetenzen mit verbindlicher Wirkung für die verfassten Gewalten selbst zu definieren.[1091]

Die formale Übereinstimmung zwischen dem Volk und den Regierenden wird durch das Staatsangehörigkeitsrecht hergestellt. Der Verfassungsbegriff des Volkes ergibt sich nach Art. 116 GG zuvörderst aus der deutschen Staatsangehörigkeit. Nur Deutsche im Sinne dieses Rechts gehören zum Staatsvolk als Inhaber der Staatsgewalt.[1092] Allerdings kann man in diese Zugehörigkeit nicht nur durch Abstammung oder Geburt, sondern auch durch Einbürgerung hineinwachsen. Dies ist aufgrund abgesenkter Anforderungen derzeit in großer Zahl der Fall. Im Hinblick auf die zunehmenden Abschiebungshemmnisse und immer geringer werdende Vorgaben und Anforderungen bei der Einbürgerung von Migranten wird allein zeitbedingt mit einer stark anwachsenden Zahl neuer deutscher Staatsbürger zu rechnen sein. Dies auch deshalb, weil inzwischen die bisherige Staatsbürgerschaft beibehalten werden kann. Der Erwerb der deutschen Staatsbürgerschaft verhindert im Regelfall Abschiebungen.

Unterstellt, die nachwachsenden Jahrgangszahlen im Bereich des bisher autochthonen Teils der deutschen Bevölkerung bleiben so gering wie derzeit und der Zuzug aus islamischen Ländern sowie dessen deutlich höhere Kinderzahl bleiben ebenfalls unverändert, dann ist der Zeitpunkt absehbar, ab wann allein aus demographischen Gründen der muslimische Anteil unter den deutschen Staatsbürgern irreversibel die Mehrheit bilden wird. Dieser „Kipppunkt" lässt sich errechnen. Auch ethnisch ausgerichtete Parteien, die in den Parlamenten ihre Ansprüche auf Mitgestaltung geltend machen werden, sind im Rahmen des derzeitigen Wahlsystems bereits zuvor ohne weiteres vorstellbar. Von daher eignet sich die verfassungsrechtliche Ausgangslage auf längere Sicht nicht, unbesorgt in die Zukunft blicken zu können, wenn einem der Status quo am Herzen liegt. Es ist nicht auszuschließen, dass sich ein Volk in anderer Zusammensetzung auch eine neue Verfassung zu

1091 D. Murswiek a.a.O., S. 138, 154, 181.
1092 BVerfGE 83, 37 (52); 83, 60 (71).

geben wünscht. Im Falle einer muslimischen Mehrheit spräche dafür – bei aller Vorsicht – die religiös festgelegte Allmacht Gottes, das daraus resultierende Problem mit der Volkssouveränität sowie ein anderes Verständnis von Menschenwürde und Religionsfreiheit. Hinzu käme die ablehnende Haltung gegenüber sonstigen individuellen Freiheiten sowie zur Gleichheit vor dem Gesetz.

5.2 Zur Schrankenthematik im Art. 4 GG

Die vom Wortlaut des Art. 4 GG unbeschränkte Religionsfreiheit sowie die sehr weitgehende Auslegung des Bundesverfassungsgerichts zugunsten eines subjektiven Religionsverständnisses (vgl. oben, S. 244) haben immer wieder Nachdenklichkeit hinsichtlich der sich daraus ergebenden Konsequenzen ausgelöst. Um die Berechtigung einschätzen zu können, soll im Folgenden auf die Frage der Beschränkbarkeit der Religionsfreiheit sowie die Rolle des Staates näher eingegangen werden.

Der frühen Rechtsprechung dieses Gerichts war der Versuch zu entnehmen, mit Hilfe ethischer Standards beim Religionsverständnis den Kreis der Grundrechtsträger enger zu ziehen, um den Missbrauch dieses Freiheitsrechts zu verhindern.[1093] Dazu wurde auf die Religionen des abendländischen Kulturkreises und deren Verständnis abgestellt. Anknüpfungspunkt dabei war die Religionsausübung (das forum externum). Das Grundgesetz habe nicht irgendwelche freien Glaubensbetätigungen schützen wollen, sondern nur diejenigen, die sich bei den heutigen Kulturvölkern auf dem Boden gewisser übereinstimmender sittlicher Grundanschauungen im Laufe der geschichtlichen Entwicklung herausgebildet hätten. Diese noch 1968 bestätigte Rechtsprechung[1094] wurde allerdings 1975 aufgegeben. Das Grundgesetz lege keinen ethischen Standard etwa nach den Maximen heutiger Kulturvölker fest. Sein ethischer Standard sei vielmehr die Offenheit

1093 BVerfGE 12, 1 (4).
1094 BVerfGE 24, 236 (246).

gegenüber dem Pluralismus weltanschaulich-religiöser Anschauungen. Dies entspreche dem Menschenbild des Grundgesetzes, das von der Würde des Einzelnen und der freien Entfaltung seiner Persönlichkeit in Selbstbestimmung bestimmt sei.[1095] Diese Sichtweise gilt bis heute unverändert fort.

In Teilen der Literatur sind noch aktuell Überlegungen zu finden, die ebenfalls auf Abgrenzungen hinauslaufen. Man könne nicht beliebige Handlungen als Ausfluss der Religion ansehen und unter den Schutz dieses Freiheitsrechts stellen.[1096] Geschützt seien Ausübungsmodalitäten nur dann, wenn sie mit den z. Zt. der Entstehung des Grundgesetzes praktizierten vergleichbar seien. Bei kultischen Menschenopfern oder -quälereien, Witwenverbrennungen, Aufforderungen zu Selbstmordattentaten durch Geistliche sowie religiösen Todesurteilen und darauf abzielenden Vollstreckungshandlungen sei das nicht der Fall. Dies widerspräche den historischen Maßstäben des im Grundgesetz verankertenen Verfassungsbegriffs der Religion. Der Begriff der Religionsausübung enthalte eine Gewährleistungsschranke, so dass man nicht auf die sonstigen Schrankenregelungen zurückgreifen müsse.[1097]

Andere sprechen sich für eine tatbestandliche Konturierung der bislang textlich offenen Ausübungsfreiheit von Religion aus, um zu verhindern, dass sich jemand den Vorgaben des objektiven Rechts entzieht, oder um zu klären, ob Versuche gerechtfertigt sind, von den Vorgaben des einfachen Rechts entbunden zu werden. Durch die Konturierung einer Gewährleistungsschranke ließe sich zudem erreichen, dass der Beseitigung der staatlichen Ordnung mit Hilfe eines Heiligen Krieges begegnet werden könnte, ebenso der Prügelstrafe in Koranschulen, der gewaltsamen Durchsetzung von Bekleidungsvorschriften und der Anwendung physischen Zwangs gegenüber austrittswilligen Mitgliedern. Außerhalb des Schutzbereichs von Art. 4 GG würde sich

1095 BVerfGE 41, 29 (50).
1096 Chr. Starck a.a.O., Art. 4 Rn. 33.
1097 Chr. Starck a.a.O., Art. 4 Rn. 61, 62.

auch bewegen, wer meine, Menschen aus religiösen Gründen töten oder – wie bspw. in christlichen Kirchengebäuden – aus ebensolchen Gründen Sachen beschädigen oder zerstören zu müssen.[1098]

Auch wenn die Festlegung des BVerfG zugunsten der Offenheit gegenüber dem Pluralismus weltanschaulich-religiöser Anschauungen zugrunde gelegt wird,[1099] so ließe sich den genannten kritischen Stimmen in der Literatur durchaus Rechnung tragen, wenn ein früherer Gedanke des Gerichts Gültigkeit behalten würde: Eine Religion werde missbraucht, wenn sie die Würde anderer verletzt. Einzelne könnten sich nicht auf die Glaubensfreiheit berufen, wenn sie die Schranke übertreten, die die allgemeine Wertordnung des Grundgesetzes errichtet hat.[1100] Diese Vorgabe wäre unabhängig vom „Kulturvölker-Aspekt" jederzeit verwendbar. In eine ähnliche Richtung zielte das Votum eines Bundesverfassungsrichters: Der Glaube des einzelnen falle nur dann unter den Schutz des Art. 4 GG, wenn er sich im Rahmen der Erhaltungsordnung des Staates bewege.[1101] Allerdings muss derzeit bezweifelt werden, ob das sehr subjektiv geprägte Religionsverständnis des Gerichts in seiner aktuellen Rechtsprechung (auch hinsichtlich der Ausübungsfreiheit) eine solche Grenzziehung zulässt. Ungeachtet dessen wären entsprechende denkbare Einzelfallentscheidungen nach der geltenden Verfassungsrechtslage auf eine Religion als solche abstrakt nicht übertragbar und ohne Auswirkungen.

5.2.1 Verfassungsrechtlicher Gesetzesvorbehalt

Die dargestellten Überlegungen innerhalb der juristischen Literatur sind vom Bundesverfassungsgericht bislang nicht aufgegriffen worden. Gleichwohl ist auch dieses Gericht auf die Schrankenthematik im

1098 S. Muckel a.a.O., Art. 4 Rn. 19.
1099 BVerfGE 41, 29 (50).
1100 BVerfGE 12, 1 (4).
1101 Fabian v. Schlabrendorff, Sondervotum in BVerfGE 33, 23 (41).

Rahmen des Art. 4 GG eingegangen. Selbst wenn der Wortlaut dies nicht wiedergebe, gelte es nicht schrankenlos.[1102] Allerdings hat sich das Gericht bislang nicht darauf verstanden, in Art. 136 der Weimarer Reichsverfassung (WRV) eine solche Schranke bereits als Gesetzesvorbehalt zu erblicken. Dieser Artikel ist im Zuge eines Verfassungskompromisses durch Art. 140 GG (wie auch die Art. 137-139 und 141 WRV) mit in das Grundgesetz aufgenommen worden, und zwar nicht als Recht minderen Ranges, sondern als gleichberechtigtes Verfassungsrecht. Alle Vorschriften zusammen bilden mit den Bestimmungen des Grundgesetzes ein organisches Ganzes.[1103] Das Verhältnis der Normen untereinander bestimmt sich aus dem Zusammenhang der grundgesetzlichen Ordnung selbst.[1104]

Art. 136 Abs. 1 WRV besagt, dass die bürgerlichen und staatsbürgerlichen Rechte und Pflichten durch die Ausübung der Religionsfreiheit weder bedingt (was so viel heißt, wie vorgegeben oder verursacht) noch beschränkt werden. Damit wird zum Ausdruck gebracht, dass deren Geltung unabhängig und unbeschränkt von der Religionsausübung besteht.[1105] Damit ließe sich dem übernommenen Art. 136 Abs. 1 WRV ein eindeutiger verfassungsrechtlicher Gesetzesvorbehalt für Art. 4 GG entnehmen.[1106] In einer jüngeren Entscheidung sah das Bundesverwaltungsgericht die Ausübung der Religionsfreiheit durch diese

---

1102 BVerfGE 32, 98 (107 und 108); 52, 223 (246).

1103 BVerfGE 53, 366 (LS und 400); Zum Verfassungskompromiss: BVerfGE 19, 206 (218).

1104 BVerfGE 19, 206 (218, 219).

1105 Vor diesem Hintergrund war die Übernahme des gleichbedeutenden Art. 135, S. 3 WRV in das GG entbehrlich geworden, was in der Entscheidung 19, 206 (219) offenbar anders interpretiert wurde. Art. 135 Satz 3 lautete: „Die allgemeinen Staatsgesetze bleiben hiervon (von der ungestörten Religionsausübung) unberührt." Darauf hatte schon G. Anschütz als früherer Kommentator der WRV hingewiesen, vgl. bei Chr. Starck a.a.O., Art. 4 Rn. 87, Fn. 263.

1106 Vgl. bei Chr. Starck a.a.O., Art. 4 Rn. 88: Die Fortgeltung des Art. 136 Abs. 1 WRV mache es verständlich, dass Art. 4 Abs.1 und 2 GG keine Schrankenregelung enthält.

Norm ebenfalls ausdrücklich unter einen staatsbürgerlichen Pflichtenvorbehalt gestellt.[1107] Dagegen hatte das höchste deutsche Gericht im Jahr 1972 noch ausgeführt, die Norm aus der WRV werde durch Art. 4 GG aufgrund der engen Beziehung zur Menschenwürde überlagert. Wegen der Bedeutung dieses Grundrechts bestehe keine Begrenzungsmöglichkeit durch den einfachen Gesetzgeber.[1108] Anwendbar sei die Regelung nur, soweit es um die Grundrechtsverletzung Dritter oder um ein Gemeinschaftsinteresse gehe, das mit Verfassungsrang ausgestattet sei. Art. 136 Abs. 1 WRV lasse dagegen offen, welche staatsbürgerlichen Pflichten gegenüber dem Recht auf Religionsfreiheit mit staatlichem Zwang durchgesetzt werden dürften.

Diese Argumentation überzeugt nicht. Art. 136 WRV ist selbst vollgültiges Verfassungsrecht. Zugleich ermöglichte er es, von einem Gesetzesvorbehalt in Art. 4 GG absehen zu können. Die Norm verankert das Gemeinschaftsinteresse an einer allgemeinen Pflicht zur Befolgung von Gesetzen als sozusagen erste Bürgerpflicht im Grundgesetz.[1109] Damit wird die Forderung des BVerfG nach einem solchen Interesse mit Verfassungsrang bereits erfüllt. Auch die Funktionsfähigkeit eines freiheitlich-demokratischen Rechtsstaats ist darauf angewiesen, dass das Gebot der Rechtstreue nicht erodiert, sondern eingehalten wird. Gleiches gilt für die Funktionsfähigkeit der Rechtspflege. Um welche staatsbürgerliche Pflicht es im Einzelnen geht und ob sich hiermit eine negative Auswirkung auf die Religionsfreiheit verbindet, ist erst anschließend zu prüfen.

In der Entscheidung des BVerfG ging es um die Beachtung einer glaubensneutralen Eidespflicht.[1110] Ob diese Pflicht hätte befolgt

---

1107 BVerwGE 122, 227 (231) vom 23. Nov. 2000.

1108 BVerfGE 33, 23 (31 und 32).

1109 S. Muckel a.a.O., Art. 4 Rn. 52 unter Verweis auf G. Anschütz in Fn. 307.

1110 Di Fabio hat sich hinter die Kritik im abweichenden Sondervotum zur BVerfGE 33, 23 (35 ff.) des Senatsmitglieds Dr. Fabian v. Schlabrendorff gestellt. Die Glaubensfreiheit, so Di Fabio, sei nicht als Hebel dafür gedacht, Bindungen des Rechts im Alltag außer Kraft zu setzen. Vgl. Di Fabio a.a.O., Art. 4, Rn. 39 f. Das gewährleistet der Vorbehalt des Art. 136 Abs. 1.

werden müssen, wäre im Zuge der Abwägung beider Grundrechtsnormen zu bewerten gewesen. Dabei erschiene es angemessen, von einer Vorrangstellung des Art. 4 GG nur dann auszugehen, wenn die Befolgungspflicht in der betreffenden Norm des einfachen Rechts zu objektiven und nicht nur zu subjektiv empfundenen Nachteilen bei der Religionsausübungsfreiheit führt. Letzteres hatte das BVerfG allerdings angenommen.

Die Freiheit der Religionsausübung als Teil der Menschenwürde ist mit anderen Verfassungsgütern in Einklang zu bringen. Mit dem der Verfassung immanenten Gesetzesvorbehalt des Art. 136 Abs. 1 WRV i.V.m. Art. 140 GG besteht deshalb im Regelfall die Möglichkeit, bestimmte Handlungen dem Schutz der Religionsfreiheit zu entziehen und bestehende Rechtspflichten, etwa im Verkehrsrecht, beim Bundesimmissionsschutzrecht, im Strafrecht[1111] oder bei der Zeugen- und Eidespflicht unbeschränkt zur Anwendung bringen zu können. Zusätzlich erscheint dies empfehlenswert im Hinblick auf das feststellbare Verhalten von Muslimen in Strafverfahren. Im Ergebnis muss es darum gehen, die Gemeinverträglichkeit der Religionsausübung sicherzustellen. Zugleich könnte insoweit den genannten mahnenden Stimmen in der Literatur entsprochen werden, ohne auf Grundrechtsverletzungen bei Dritten abstellen zu müssen.

1111 Die Kritik von Chr. Starck zur BVerfGE 32, 98 (Ls und 109) a.a.O. Art. 4, Rn. 44 und 98, mit Hilfe der Annahme einer „Ausstrahlungswirkung" des Art. 4 GG ein Strafurteil im Falle einer religiös motivierten Unterlassungstat aufzuheben, weist zu Recht auf die Gefahren hin, die damit dem innerstaatlichen Friedenszustand als Verfassungsgut drohen. Bei aktivem strafbewehrtem Handeln müsse das Strafrecht genügen.

5.2.2 Verfassungsimmanente Schranken

5.2.2.1 Allgemeines

Hinsichtlich des allgemeinen Rechts auf freie Persönlichkeitsentfaltung in Art. 2 Abs. 1 GG und in anderen Freiheitsrechten ist das Recht auf freie Glaubens- und religiöse Bekenntnisfreiheit aus Art. 4 Abs. 1 und 2 GG das speziellere Recht. Das bedeutet, dass eine „Schrankenleihe" aus anderen Grundrechten nicht in Betracht kommt. Ungeachtet der soeben erörterten Annahme eines Gesetzesvorbehalts anerkennt die bisherige Rechtsprechung des BVerfG eine Beschränkbarkeit des Rechts auf Religionsfreiheit nur, wenn sich eine solche aus der Verfassung selbst ergibt. Konflikte seien „nach Maßgabe der grundgesetzlichen Wertordnung und unter Berücksichtigung der Einheit des grundrechtlichen Wertsystems zu lösen".[1112]

Diese verfassungsimmanenten Schranken konkretisieren sich zum einen im Falle von kollidierenden Grundrechten Dritter.[1113] Die kollidierenden Interessen (bspw. im Schulbereich (Art. 7 GG), beim Bau von Moscheen (Art. 14 GG) oder im Falle des Karikaturenstreits (Art. 5 Abs. 3 GG)) sind dann durch Ausgleich und Zuordnung verfassungsrechtlicher Gesichtspunkte sowie des Gebots der Toleranz zum Ausgleich zu bringen.[1114] Zum anderen konkretisieren sie sich aus abstrakten Verfassungsgrundsätzen,[1115] so dass die Freiheitsverbürgung des Art. 4 Abs. 1 GG im Verständnis seiner Offenheit gegenüber dem Pluralismus weltanschaulich-religiöser Anschauungen[1116] mit der Menschenwürdegarantie, dem Gleichheitsgrundsatz und den Grundsätzen des Art. 20 GG in Ausgleich zu bringen ist. Dies vollzieht sich in Anwendung des Grundsatzes von der Einheit der Verfassung. Hinter

1112 BVerfGE 32, 98 (108).
1113 BVerfGE 41, 29 (50).
1114 Zur sog. „praktischen Konkordanz" vgl. BVerfGE 41, 29 (50), 91, 1 (21).
1115 BVerfGE 32, 98 (108); 52, 223 (246).
1116 BVerfGE 41, 29 (50).

allem steht der Gedanke, dass der innere Frieden im Staat eine gemeinverträgliche Ausübung der Religionsfreiheit voraussetzt.

5.2.2.2 Menschenwürde, Demokratieprinzip

Für den Islam sind aufgrund seiner Besonderheiten Grenzen denkbar, die von der freiheitlich-demokratischen Grundordnung gezogen werden. Sie finden sich hauptsächlich in Art. 1 Abs. 1 GG mit seiner garantierten Menschenwürde als höchstem Verfassungswert und Ausgangspunkt dieser Ordnung, im Bekenntnis zu den Menschenrechten und – aus beidem abgeleitet – in Art. 20 Abs. 1, 2 und 3 GG sowie in Art. 79 Abs. 3 GG.

Wie aufgezeigt, wird der Islam der inhaltlichen Ausgestaltung des Begriffs der Menschenwürde im Grundgesetz nicht gerecht. Er widerspricht ihm in vielerlei Hinsicht sogar sehr deutlich. Aufgrund seiner objektiven Wertentscheidung verpflichtet Art. 1 Abs. 1 GG zwar auch die hier lebenden Muslime. Dieser Umstand läuft allerdings ins Leere, weil sie durch Art. 4 GG die Freiheit haben, es anders sehen und leben zu dürfen. Da die freiheitlich-demokratische Grundordnung auch die Religionsfreiheit umfasst,[1117] ist eine Beschränkung durch außerhalb stehende objektive Wertentscheidungen nicht möglich, ohne einen verfassungsimmanenten Widerspruch zu erzeugen. Ein ähnliches Problem zeigt sich beim Bekenntnis zu den Menschenrechten.[1118] Selbst bei Parteiverboten nach Art. 21 Abs. 2 GG sanktioniert das BVerfG Ideen

1117 BVerfGE 137, 273 (303, Rn. 83).

1118 Um ein Beispiel zu bilden: Das Bekenntnis in Art. 1 Abs. 2 GG zu den unverletzlichen und unveräußerlichen Menschenrechten als Grundlage jeder menschlichen Gemeinschaft ist auch für solche innerstaatlichen Gemeinschaften als verpflichtend angesehen worden, die zwar keine öffentliche Gewalt ausüben, den Einzelnen aber in ähnlicher Absolutheit gegenüberstehen, ohne dass diesen ein Austritt gestattet ist. (Chr. Starck a.a.O., Art. 1, Rn. 138). Der Islam hat zu den Menschenrechten seine eigene Auffassung. Das Bekenntnis des GG ist ihm gegenüber aufgrund der Religionsfreiheit nicht durchsetzbar.

oder Überzeugungen nicht als solche. Die fehlende Anerkennung oder gar Ablehnung der obersten Prinzipien der genannten Grundordnung wird für ein Verbot daher als noch nicht ausreichend betrachtet.[1119]

Da sich der Islam als Gesetzesreligion versteht, ist es nur folgerichtig, dass er Gottes Gesetz und die Scharia in der Normhierarchie über das weltliche Recht stellt. Der im Grundgesetz – und somit weltlich – verankerten Kompetenz zur inhaltlich selbstbestimmten Ausgestaltung von Gesetzen steht er im Ansatz distanziert oder ablehnend gegenüber, solange die Scharia keine Beachtung findet. Auch wenn gegenwärtig noch offenbleiben muss, wie sich das in späterer Praxis auswirken könnte, delegitimiert er damit gleichwohl anhaltend die Kernbereiche des freiheitlich-demokratischen Staatsverständnisses und des Demokratieprinzips.

Aus diesem Zusammenhang ergibt sich, dass Art. 4 GG nicht nur unter dem Blickwinkel der Inanspruchnahme subjektiver Freiheitsrechte interpretiert werden darf. Vielmehr wäre die Norm auch unter dem Gesichtspunkt der durch das Grundgesetz geschaffenen Gesamtordnung zu bewerten. Selbst Art. 4 wohne eine Grenze inne, wo die Notwendigkeit beginne, dem Wohle des Gemeinwesens den Vorzug einzuräumen.[1120] Insoweit sind die politisch verwendbaren Aussagen des Islam von besonderer Bedeutung, weil sie nach islamischem Verständnis und als Ergebnis dieses Buches Teil der Religion sind. Politisch verwendbar ist, dass der Koran nur die Allmacht Gottes und keine Volkssouveränität kennt. Das individuelle Freiheitsverständnis des Islam hat mit demjenigen des Grundgesetzes im Wesentlichen nichts gemeinsam. Gleiches gilt hinsichtlich des Gleichheitsgedankens, insbesondere zur Geschlechtergleichheit, aber auch bezogen auf die Würde der Ungläubigen und das Verhältnis zu ihnen.

1119 BVerfGE 144, 20 (220, Rn. 573 f). Es muss noch etwas hinzukommen.
1120 Fabian v. Schlabrendorff, Sondervotum in BVerfGE 33, 23 (36).

5.2.2.3 Umsetzbarkeit

Doch trotz aller einleuchtender Argumentationen lässt sich das Ausgeführte für die Umsetzung in der Praxis nur bedingt verwerten. Selbst wenn immanente Schranken der Verfassung zu gewissen Beschränkungen führen können, so ändert sich wegen Art. 19 Abs. 2 GG nichts daran, dass ein Grundrecht in seinem Wesenskern unangetastet bleiben muss. Auch am Kern des Art. 4 GG führt folglich also kein Weg vorbei. Daraus folgt zugleich, dass den in Deutschland lebenden Muslimen, die aus dem grundgesetzlichen Verständnis von Menschenwürde abgeleitete Religionsfreiheit nicht vorenthalten werden kann. Der muslimische Glaube innerhalb des forum internum bleibt – so wie er ist – daher unberührt.

Nach Auffassung des BVerfG gehört die Freiheit der privaten und öffentlichen Religionsausübung grundsätzlich ebenfalls zur verbürgten Religionsfreiheit.[1121] Das schließt staatliche Handlungsmöglichkeiten weitestgehend aus. Bereits die Vorgabe, nur noch in deutscher Sprache zu predigen, dürfte aus Gründen der identitätsstiftenden Wirkung der Sprache auch für eine Religion gegen den Willen der Betroffenen nicht durchsetzbar sein. Soweit sich die Ausübung der Religion inhaltlich auf die sog. fünf Säulen der islamischen Frömmigkeit,[1122] die Speisevorschriften oder sonstige Kulthandlungen bezieht, wäre das in jedem Fall unproblematisch. Aber auch für die politisch verwendbaren und problembehafteten Teile kann im Ergebnis nichts anderes gelten. Eine Religion, zumal wenn sie auf Gottes unmittelbarem Wort beruht, ist nicht aufteilbar. Zudem sind die Auffassungen des Grundgesetzes für den Islam als Religion nicht verbindlich. Seine im Gegensatz zur Verfassung stehenden Teile lassen sich nicht verbieten, weil sie Bestandteil der Religion sind.

Mit Blick auf seine Gläubigen führen die vorhandenen Schranken innerhalb der Verfassung – zumal auf der Grundlage der Rechtsprechung des BVerfG – ebenfalls nur zu begrenzten Spielräumen. Solange

1121 BVerfGE 83, 341 (354).
1122 Vgl. Teil I, Fn. 209.

dieses Gericht den Gläubigen zubilligt, ihr gesamtes Verhalten an den Lehren ihres Glaubens auszurichten und ihrer Überzeugung gemäß zu handeln,[1123] lässt sich nicht ausschließen, dass dann auch alle Formen des Dschihad ausgeübt sowie die Vorgaben gegenüber Frauen, Homosexuellen, Apostaten und Ungläubigen befolgt werden. Dass im Zuge der sehr weit gehenden Auslegung von Art. 4 GG sogar die Entscheidung eines Strafgerichts aufgehoben wurde, ist bereits an anderer Stelle kritisiert worden.[1124]

5.2.3 Resümee zur Wirksamkeit immanenter Schranken

Ein angenommener Verfassungsvorbehalt aus Art. 140 GG in Verbindung mit Art. 136 Abs. 1 WRV mag sich – wenn er denn verfassungsgerichtlich anerkannt und vom unbegrenzten Subjektivismus befreit würde – im täglichen Gesetzesvollzug als hilfreich erweisen. Bliebe das BVerfG hierzu jedoch bei seiner Sichtweise, käme es entscheidend auf die Abwägung im Rahmen der grundrechtsimmanenten Schranken an.

Die Annahme, dass die Unantastbarkeit der Menschenwürde als höchster konstitutiver Wert des Grundgesetzes dazu führen könnte, Einschränkungen im Bereich der Religionsfreiheit vorzunehmen, läuft allerdings weitgehend ins Leere. Gleiches gilt im Ansatz auch hinsichtlich der freiheitlich-demokratischen Grundordnung. Beide schützen die Religionsfreiheit als integralen Bestandteil ihrer selbst, auch wenn die konkrete Religion – so beim Islam – ihren inhaltlichen Werten in wesentlichen Teilen nicht entspricht. Lediglich dort, wo es um individuelle Grundrechtskollisionen geht, wäre es vorstellbar, durch Herstellen praktischer Konkordanz zu Kompromissen und insofern auch zu Einschränkungen bei der Ausübung der grundsätzlich freien Religionsausübung gelangen zu können. Das Gebot der Gemeinverträglichkeit

1123 BVerfGE 33,23 (28); 41, 29 (49); 83, 341 (353).

1124 Vgl. Teil II zu Fn. 1111. Mit dieser Entscheidung verbindet sich eine Dammbruchgefahr auch für aktives Handeln.

würde dazu führen, dass jede Seite dann gewisse Abstriche hinnehmen müsste.

Bei der Abwägung zwischen kollidierenden allgemeinen Grundsätzen scheitert dieser Ansatz jedoch. Kompromisslösungen bei Menschenwürde, Menschen- und Freiheitsrechten, Volkssouveränität und Demokratieprinzip werden weder dem Anspruch des Islam noch dem des Grundgesetzes gerecht. Verbote im Namen der Werte des Grundgesetzes würden bereits an Art. 19 Abs. 1 der Verfassung scheitern. Im Falle des Islam bedeutet dies im Ergebnis, dass der Inhalt seiner ihm zugrunde liegenden Offenbarung im Zuge der Religionsausübung durch die wertbezogene Ordnung des Grundgesetzes präventiv nicht einschränkbar ist. Dies umso mehr, weil der Religionsausübung nach Auffassung des BVerfG durch eine extensive Auslegung Rechnung getragen werden muss.[1125] Damit stellt sich die Frage nach verbleibenden Schutzmöglichkeiten.

5.3 Schutzpflichten des Staates

5.3.1 Allgemeiner Rechtsrahmen

Alle staatliche Gewalt[1126] ist verpflichtet, die Würde des Menschen in Gestalt seines Eigenwertes und seiner Eigenständigkeit zu achten und zu schützen.[1127] Die Schutzpflicht basiert auf der Unantastbarkeit der Würde und wird vom Konstitutionsprinzip mit umfasst.[1128] Achtung

1125 BVerfGE 137, 273 (309, Rn. 100). In dieser Entscheidung wir auch ausgeführt, Art. 4 Abs. 1 und 2 enthalte ein umfassend zu verstehendes Grundrecht, S. 309, Rn. 98.

1126 BVerfGE 45, 187 (227); die staatliche Gewalt bezieht sich mithin auf die Legislative, Exekutive und Judikative.

1127 BVerfGE 30, 1 (40); 144, 20 (206, Rn. 538).

1128 Chr. Starck a.a.O., Art. 1, Rn. 27, 32; BVerfGE 6, 32 (36); 45, 187 (227); 117, 71 (89).

und Schutz stehen in Art. 1 Abs. 1 GG von Anbeginn gleichberechtigt nebeneinander.[1129]

Individuelle Freiheit und Menschenwürde sind eng miteinander verbunden. Alle Einzelgrundrechte garantieren mithin ein Kernelement der individuellen Freiheit, ohne die – nach der Konzeption des Grundgesetzes – ein Leben in menschlicher Würde nicht möglich ist. Als objektiv-rechtliche Wertentscheidung der Verfassung ist dieser jeweilige Kern in den einzelnen Grundrechten ebenfalls zu schützen, weil der Bürger darauf einen Anspruch hat.[1130] Der Schutz der Menschenwürde wirkt somit in alle weiteren Grundrechte hinein.[1131]

Da der einzelne Mensch zugleich Teil einer Generationengemeinschaft ist, ist beim erforderlichen Würdeschutz auch Rücksicht auf die Interessen zukünftiger Generationen zu nehmen. Die Schutzpflicht des Staates greift nicht erst dann ein, wenn Verletzungen bereits eingetreten sind, sondern hat auch die Zukunft mit einzubeziehen.[1132] Mit dem 1994 ins Grundgesetz eingefügten Art. 20 a, der den Staat zum Schutz der natürlichen Lebensgrundlagen verpflichtet, wird die Verantwortung für die zukünftigen Generationen ausdrücklich betont. Der gleiche Gedanke gilt aber auf dem Wege der Auslegung auch für den Würdeschutz in Art. 1 Abs. 1 GG und die Kernelemente individueller Freiheit in den einzelnen Grundrechten als Teilaspekt der menschlichen Würde.

Beim Schutz dieser Würde hat die Staatsgewalt indes nicht nur Zukünftiges mit einzubeziehen, sondern auch Gefahren, die dem einzelnen von anderen drohen. Bedeutsam ist in diesem Zusammenhang vor allem das menschliche Leben als Höchstwert der grundgesetzlichen Ordnung[1133] und Voraussetzung für seine Würde. Die Pflicht, jedes menschliche Leben zu schützen, enthält zugleich das Gebot, es vor

---

1129 Chr. Starck a.a.O., Art.1, Rn 37. Art. 1 sei daher nicht als subjektives Abwehrrecht gegen den Staat konstruiert worden.

1130 BVerfGE 50, 290 (338).

1131 In Art. 6 GG, der den Schutz von Ehe und Familie bereits unter den besonderen Schutz des Staates stellt, ergänzend.

1132 BVerfGE 121, 317 (356); 157, 30 (111, Rn. 146).

1133 BVerfGE 39, 1 (41, 42); 115, 118 (152).

Gefahren zu bewahren, die von anderen Menschen ausgehen,[1134] etwa in Gestalt von rechtswidrigen An- und Eingriffen.[1135] Daraus ist abgeleitet worden, dass die Staatsgewalt verpflichtet sei, die garantierte Menschenwürde auch im Verhältnis der Rechtsgenossen untereinander sicherzustellen. Indem sie Angriffen anderer entgegenzutreten hat, würde die Unantastbarkeit dieser Würde innerhalb der Gesellschaft erst die erforderliche Absicherung und ihr Schutz durch den Staat die notwendige Effektivität erhalten.[1136]

Die grundrechtlichen Schutzpflichten beziehen sich vor allem auf die Elementarbereiche Leben, Gesundheit und Freiheit der Bürger sowie die verfassungsrechtlich anerkannten Institutionen.[1137] Hinzu kommt der Schutz der Verfassung selbst, der im Grundgesetz vorgesehen ist, wenngleich er sich nach derzeitiger Rechtslage auf Gefahren beschränkt, die von Parteien und Vereinen ausgehen (Art. 21 Abs. 2 und Art. 9 Abs. 2). Gefahren können sich aber auch aus Religionen und deren Ausübung ergeben.

Nach den Ergebnissen der vorliegenden Untersuchung kämen als gefährdete Schutzgüter in Betracht: Die vom Grundgesetz definierte Würde des Menschen. Zu beachten ist dabei: Bereits dort, wo zum Hass gegen Teile der Bevölkerung aufgestachelt oder zu Gewalt- und Willkürmaßnahmen gegen sie aufgerufen wird, gilt deren Würde als angetastet.[1138] Geschützt wären weiter die Freiheit des Menschen unter verschiedenen Blickwinkeln, sein Leben mitsamt der körperlichen Unversehrtheit, das Demokratieprinzip sowie die Funktionsfähigkeit des Staates insbesondere im Bereich der Exekutive und Judikative. Hinzu kommt die staatliche Aufgabe, den öffentlichen Frieden und die Sicherheit der hier lebenden Menschen zu gewährleisten.

1134 BVerfGE 88, 203 (252).

1135 BVerfGE 115, 118 (152) unter Verweis auf BVerfGE 39, 1 (42).

1136 Chr. Starck a.a.O., Art. 1, Rn. 32, 40, 92 ff.

1137 Chr. Starck a.a.O., Art. 1, Rn. 193.

1138 Chr. Starck a.a.O., Art. 1, Rn. 108 bezieht diese Aussage auf die agierenden Einzelpersonen. Zur Rspr. des BVerfG vgl. unter Teil II 2.1, S. 240 f.

Der allgemeine Quellgrund für alle hier aufgeführten Gefahren liegt im Koran und der Scharia. Beide sind im Wesentlichen nicht änderbar, weil offenbart oder Ergebnis eines seit Urzeiten bestehenden oder jedenfalls Jahrhunderte währenden Konsenses.

Die allgemeinen Erwägungen zum Schutz von Rechtsgütern können indes nicht darüber hinwegtäuschen, dass nach der Rechtsauffassung des BVerfG im Bereich der Religionsausübung gegenwärtig kaum Anknüpfungspunkte erkennbar sind, mit deren Hilfe einzelne Aspekte dem Schutz des Art. 4 GG entzogen werden könnten. Der Koran wirkt in Deutschland im Wesentlichen bislang noch durch die gehörte oder gelesene Schrift. Strafrechtliche Gewalttaten werden bislang im Regelfall nicht der Religion zugeordnet oder als durch sie motiviert verstanden. Das gilt auch für Handlungen, mit denen die deutsche Rechtsordnung unterlaufen wird.

Gleichwohl könnten die genannten Erwägungen aber mittelbar von Nutzen sein. Für die freiheitlich-demokratische Grundordnung Deutschlands, die sich als wehrhaft versteht, könnte sich zunächst die Frage stellen, ob nicht unter den gegebenen Umständen Schutzmechanismen in Betracht gezogen werden müssten, die noch im nicht-religiösen Vorfeld angesiedelt sind. In Betracht käme ein solcher Ansatz bspw. in Gestalt von öffentlichen Aufklärungs- und Informationspflichten durch die zuständigen Behörden. Da aber auch deren Umsetzung auf den religiösen Bereich ausstrahlen könnte, sollten sie jedenfalls mit dem Neutralitätsgebot und dem Gleichheitsgrundsatz vereinbar sein, die der Staat zu beachten hat.

5.3.2 Neutralitätspflicht im säkularen Staat

5.3.2.1 Ausgangslage

Aus der verfassungsrechtlich garantierten Religionsfreiheit folgt, dass sich die Pflicht zur staatlichen Neutralität in religiösen Angelegenheiten weiterhin auf alle Religionen bezieht.[1139] Die zunehmende Multireligiösität der Bevölkerung als solche ändert daran nichts. Das entsprechende Bekenntnis des Staates gilt als Element der freiheitlich-demokratischen Grundordnung[1140] und als Grundlage des modernen freiheitlichen Staates in religiösen Angelegenheiten.[1141] Dabei wird Neutralität allerdings nicht als Gebot zur religiösen Indifferenz oder zu kritischer Distanz verstanden.[1142] Staatliches Desinteresse an Religion ist durch Art. 140 GG ausgeschlossen, eine freundschaftliche Zusammenarbeit gilt auf der Grundlage einer organisatorischen Entflechtung als erlaubt.[1143]

In konsequenter Fortführung der Weimarer Reichsverfassung geht das Grundgesetz davon aus, dass eine Trennung von Staat und Religion möglich ist.[1144] Diese Trennung basiert auf einer entsprechenden (und erfolgten) Selbstverpflichtung des Staates.[1145] Das bedeutet, dass er sich nachhaltig auf das Weltliche (Säkulare) beschränkt. Neutralität und Säkularität bilden deshalb eine zusammenhängende Einheit. Der Staat darf sich nach derzeitigem Verständnis um die religiösen

---

1139 Die Anfänge eines neutralen staatlichen Verhaltens bezogen sich dagegen auf die unterschiedlichen Konfessionen innerhalb der christlichen Religion als Reaktion auf langanhaltende Kriege und die konfessionelle Durchmischung der Bevölkerung im damaligen Deutschen Reich bei gleichzeitiger (nur) Tolerierung anderer Religionen, vgl. Teil II, 1.2.3; S. Muckel in Friauf/Höfling BK zum GG, Art. 4 Rn. 12.

1140 BVerfGE 27, 195 (201); 144, 20 (204, Rn. 533).

1141 Sie ergibt sich aus Art. 140 GG i.V.m. Art. 1 und 4, Art. 137 Abs. 1 WRV, Art. 4 Abs. 1 und 2 GG sowie anderen Normen, vgl. BVerfGE 137, 273 (304); zuvor bereits BVerfGE 19, 206 (216); 27, 195 (201).

1142 BVerfGE 137, 273 (304).

1143 Chr. Starck a.a.O., Art. 4, Rn. 8.

1144 S. Muckel a.a.O., Art. 4 Rn. 15.

1145 BVerfGE 93, 1 (22).

Bedürfnisse der ihm unterworfenen Menschen nicht mehr kümmern,[1146] den Glauben seiner Bürger und deren Verständnis des Glaubens nicht mehr bewerten und keine Bekenntnisse mehr privilegieren[1147] bzw. sich mit diesen identifizieren.[1148]

Diese Sichtweise des BVerfG führt in ihrer Konsequenz dazu, dass sich staatliche Eingriffe oder Maßnahmen nicht an den Glaubensaussagen als solche festmachen dürfen, sondern nur am tatsächlichen (weltlichen) Verhalten seiner Anhänger. Der Grundsatz der religiös weltanschaulichen Neutralität verwehrt es dem Staat, den Glauben und die Lehre einer Religionsgemeinschaft im Rahmen staatlicher Entscheidungen zu bewerten.[1149] Damit darf er auch die problematischen Glaubensaussagen des Koran derzeit nur zur Kenntnis nehmen. Wie hoch bedeutsam diese höchstrichterliche Vorgabe ist, lässt sich der verwaltungsgerichtlichen Rechtsprechung entnehmen. Eine an einen Muslim gerichtete Ausweisungsverfügung durfte sich nicht auf dessen Glauben stützen, Gottes Gebote gingen dem staatlichen Gesetz vor. Auch weitere religiöse Überzeugungen wurden als nicht bewertbar betrachtet, so bspw. zum Dschihad, zur Aufgabenstellung der Muslime oder zu Konsequenzen für die Ungläubigen. Maßgeblich sei ausschließlich das äußere tatsächliche, weltlich (im Sinne der Säkularität) zu beurteilende Verhalten der Akteure.[1150] Äußerungen solcher Art ließen sich nur dann als eine verfolgbare Gefährdung der freiheitlich-demokratischen

---

1146 Chr. Starck in v. Mangoldt/Klein/Starck, GG, Art. 4 Rn. 9.

1147 BVerfGE 12, 1 (4); 19, 206 (216); 104, 337 (354); 137, 273 (305, Rn. 88) bezieht das auch auf Glaube und Lehre als solche von Kirchen und Religionsgemeinschaften.

1148 Nachweise vgl. BVerfGE 137, 237 (305).

1149 BVerfGE 102, 370 (394) unter Verweis auf BVerfGE 19, 206 (216) und 93, 1 (17). In der Entscheidung ging es darum, ob ein Körperschaftsstatus zu versagen ist. Ob Glaube und Lehre einer Gemeinschaft, soweit sie sich nach außen manifestieren, Rückschlüsse auf das zu erwartende Verhalten der Gläubigen zulassen, wurde als Frage des Einzelfalls angesehen. Eine Klausel, die in der Praxis verpufft.

1150 OVG Koblenz, Urteil vom 8.10.2009, Az. 7 A 10165/09, Rn. 26; Fundstelle: openjur 2012, 136049.

Grundordnung ansehen, wenn sie auf einen konkreten Aufruf zum Handeln hinausliefen. Erst dann läge ein erforderliches kämpferisch-aggressives Gefahrenelement für die grundgesetzliche Ordnung vor.[1151]

Aus dem Neutralitätsgebot ergibt sich ferner, dass der Staat den religiösen Frieden nicht von sich aus gefährden darf. Als verwehrt gilt die Ausgrenzung Andersgläubiger.[1152] Auch die Unverwirkbarkeit der Religionsfreiheit[1153] gilt als Folge seiner Neutralität. Mit anderen Worten: Der Staat darf im Verhältnis der Religionen untereinander weder für noch gegen eine Religion Partei ergreifen.

Zudem ist ihm nach derzeitigem Verständnis die Befugnis versagt, von sich aus den Schutzbereich des Grundrechts bestimmen zu dürfen. Die Initiative hierfür wird vielmehr nur den Grundrechtsträgern zuerkannt.[1154] Nachfragen des Staates zur Plausibilität werden indes noch als zulässig und geboten angesehen.[1155] Als zulässig gilt auch, mit den bisherigen Kirchen wegen sachlicher Erfordernisse in wechselseitiger Zugewandtheit zusammen zu arbeiten.[1156] Zudem kann (und muss) der Staat die kulturell vermittelten und historisch verwurzelten Wertüberzeugungen und Einstellungen nicht abstreifen, auf denen der gesellschaftliche Zusammenhalt beruht.[1157]

Die genannten Rahmenvorgaben erklären sich aus den historischen Anfängen der staatlichen Neutralität und deren Weiterentwicklung. Die Neutralität des Staates ergibt sich als Konsequenz aus seiner Säkularität. Diese basierte auf der theologischen Weichenstellung, das Weltliche neben dem Kirchlichen als selbständige Sphäre zu akzeptieren. Der Staat konnte sich so von Glaubenswahrheiten lösen und diese zugunsten säkularer Ziele überlagern. Das Besondere an diesem Prozess

1151 OVG Koblenz a.a.O., Rn. 27.
1152 BVerfGE 93, 1 (16 f).
1153 S. Teil II, Fn 848.
1154 Di Fabio in Dürig/Herzog/Scholz GG, Bd. 1, Art. 4 Rn. 80; BVerfGE 108, 282 (299).
1155 Vgl. Teil II zu Fn. 857; Di Fabio a.a.O., Art. 4 Rn. 80.
1156 BVerfGE 42, 312 (330); 137, 273 (305).
1157 BVerfGE 93, 1 (22), Kruzifix-Urteil.

war, dass Staat und Kirchen im Laufe der Zeit ihren Weg zum Mit- und Nebeneinander gemeinsam fanden. Als wesentliche Voraussetzung dafür kann gelten, dass die unterschiedlichen Konfessionen und ihre jeweiligen Kirchen einen gewichtigen Aspekt teilten: Sie waren gemeinsam christliche Glaubensgemeinschaften. Das gesamte heutige Ordnungsgefüge zwischen Staat und Kirchen basiert auf dieser fundamentalen Gemeinsamkeit und ließ sich dementsprechend engmaschig und widerspruchsfrei ausformen. Von diesem Gefüge konnten später andere Gemeinschaften ohne größere Probleme profitieren, weil sie es nicht in Frage stellten. Beim Islam ist jedoch genau dies nicht so. Er hat den Staat nicht ins Säkulare entlassen, sondern beansprucht, dass dieser den Gesetzen der Religion entspricht. Damit stellt er sich in Deutschland selbst außerhalb eines gewachsenen Grundkonsenses, auf dem der gesellschaftliche Zusammenhalt beruht.

5.3.2.2 Modifikationsbedarfe

Indes soll die staatliche Neutralität gegenüber dem Islam deshalb nicht gleich grundlegend in Frage gestellt werden. Mit Blick auf die unterschiedlichen Religionen kann sich der Staat weiterhin daranhalten, keinen der Betroffenen zu benachteiligen, zu bevorzugen oder sich mit keinem zu identifizieren. Fragen der Lehre, der Religion oder des Selbstverständnisses der Glaubensaussagen dürfen ihn weiterhin grundsätzlich nichts angehen, wenn man darunter versteht, dass er keine Befugnis hat, eigene Glaubensstandpunkte zu formulieren.[1158]

Ungeachtet dessen darf und kann der Staat aber keiner Religion die Chance einräumen, unter Inanspruchnahme der Religionsfreiheit die auf Offenheit angelegte Ordnung des Staates von innen her aufzurollen.[1159] Der Islam hat sich bislang nachhaltig resistent dagegen gezeigt, eine säkulare staatliche Ordnung anzuerkennen. Der Staat ist von ihm

1158 BVerfGE 137, 273 (305 f, Rn. 89).

1159 E.-W. Böckenförde, Der säkularisierte Staat, S. 39.

seit über 1400 Jahren „theologisch“ nicht aus der religiösen Ordnung entlassen worden. Es sind auch keine Anhaltspunkte erkennbar, dass sich an dieser konsensualen Traditionslinie etwas ändern könnte. Wo die Mehrheitsverhältnisse zu Gunsten des Islam ausfallen, wird die staatliche Ordnung auch heute noch in unterschiedlicher Form unter Scharia-Vorbehalt gestellt.[1160] Es steht nicht zu erwarten, dass mit Blick auf die deutsche Verfassungsrechtslage eine Ausnahme gemacht werden würde.

Die Pflicht des Staates, die erforderlichen Voraussetzungen für seinen verfassten Selbsterhalt zu gewährleisten, ergibt sich aus dem besonderen Gefahrenpotential, dem er sich gegenübergestellt sieht. Das Besondere am Islam ist (und damit unterscheidet er sich von allen anderen Religionen), dass sich mit ihm ein Generalangriff auf die gesamte liberal-freiheitliche und demokratische Gesellschaftsordnung verbindet. Einer der gewichtigen Teilaspekte dieses Angriffs ist die Unvereinbarkeit der islamischen Religion mit der Menschenwürde als dem höchsten Wert der grundgesetzlichen Ordnung. Die Auswirkungen, die sich an der Kategorie der Ungläubigen festmachen, tasten nicht nur im Glauben deren Menschenwürde an, sondern stellen mit Blick auf die Glaubensausübung eine permanente Gefahr dar, die sich leider bereits vielfach konkretisiert hat und dies in Zukunft auch kann, ohne dass Abhilfe erkennbar ist.

Auch die Menschenrechte stehen im Islam unter Scharia-Vorbehalt. Sein Glaubensinhalt ist dem Bild freier und gleicher Menschen diametral entgegengesetzt, ebenso dem Postulat der freien Selbstbestimmung des Menschen und seinem grundgesetzlichen Recht der eigenverantwortlichen Lebensgestaltung für jedermann. Das Gleichheitsgebot des Artikel 3 GG findet sich im Islam nicht wieder, die Kunst- und Wissenschaftsfreiheit nur eingeschränkt. Das Demokratieprinzip sowie das der Volkssouveränität, das Straf- und Gewaltmonopol des Staates – alles wird vom Islam in Frage gestellt und seitens seiner Gläubigen

1160 Vgl. Teil II, Fn. 1004.

unterlaufen, da nach deren Auffassungen der Staat sich an religiösen Vorgaben zu orientieren hat. In den Parallelwelten stoßen die staatlichen Sanktionsmöglichkeiten schnell an so gut wie nicht überwindbare Grenzen.

Der Generalangriff beschränkt sich folglich nicht auf das Innenleben von Moscheen und die Privatsphäre der Gläubigen, sondern spiegelt sich im gesellschaftlichen Leben wider. Die bereits auf die Zahl von 10 Millionen zusteuernde Zahl muslimischer Gläubigen und deren lokale Konzentrationen führen zu wachsenden Problemlagen im Bereich der inneren Sicherheit und des gesellschaftlichen Zusammenlebens. Die zunehmende Messerkriminalität, die vor allem von Muslimen ausgeht und das beliebige Töten von Ungläubigen im Rahmen eines individuellen Dschihad (mit dem Ruf Allahu akbar) stehen dafür beispielhaft. Die entstandenen Ungleichgewichte in der Zusammensetzung der Bevölkerung verhindern bereits ansatzweise die Integration in die deutsche Wertewelt und Gesellschaft. Die dargelegten (vgl. Teil I, Ziff. 3.3.3.2.4) religiös vorgegebenen Isolationsneigungen kommen verstärkend hinzu.

Das Mit- und Nebeneinander von europäischer und islamischer Kultur im 19. und 20. Jhdt. hinterließ im muslimischen Kulturkreis nur eine oberflächliche Übernahme europäisch-institutioneller und verfassungsrechtlicher Prinzipien. Man war dort zwar an machtbezogenen Neuerungen interessiert, die religiös-kulturelle Prägeschicht für die Masse der Bevölkerung blieb dabei jedoch unberührt. Diese Beobachtung wiederholt sich unter anderen Bedingungen aktuell im Bereich der muslimischen Parallelwelten in Deutschland und Europa. Die insbesondere sozialen Vorteile sowie die Möglichkeiten einer geordneten öffentlichen Infrastruktur und eines besseren Lebensstandards werden genutzt, der religiös-kulturelle Hintergrund bleibt in der privaten Lebenswelt gleichwohl prägend. Integration stößt an religiöse Grenzen, die nicht zur Disposition stehen.

5.3.3 Informationspflichten

Es muss daher als berechtigt angesehen werden, die Öffentlichkeit seitens der zuständigen staatlichen Organe und Behörden anhaltend darüber zu informieren, dass der Islam ein anderes Verständnis von Menschenwürde aufweist als das Grundgesetz. Gleiches gilt im Hinblick auf andere dort enthaltene Freiheiten und Werte. Dabei ist von herausragender Bedeutung, dass die Religion des Islam Bestandteile enthält, deren tatsächliche Ausübung durch eine vorher nicht definierbare Zahl von Gläubigen dem Gebot der Gemeinverträglichkeit widersprechen. Das berührt nachhaltig die Interessenlage des derzeit übergroßen „ungläubigen" Teils des Staatsvolkes bezüglich seines Rechts auf Leben und körperliche Unversehrtheit. Und es berührt die darauf bezogene staatliche Schutzverpflichtung.

Zudem muss sich die Bevölkerung ein Bild davon machen können, welches Gefahrenpotential der Islam für die freiheitlich-demokratische Grundordnung und für den säkularen Staat enthält. Dazu gehören Informationen zu den politisch bedenklichen Teilen des Koran, aus denen sich ergibt, dass er mit den Grundprinzipien einer freiheitlich-demokratischen Grundordnung nicht übereinstimmt. Das gilt vor allem für das zentrale Prinzip dieser Ordnung, das Demokratieprinzip. Ergänzend wäre deutlich zu machen, dass der Islam eine wertebezogene Integration in die hiesige Gesellschaft nicht nur erschwert, sondern nicht erwarten lässt. Ggf. sind entsprechende ältere Erfahrungen aus dem benachbarten europäischen Ausland mit heranzuziehen.[1161] Belgien, Frankreich und Großbritannien sind der Entwicklung in Deutschland deutlich voraus.

Solche Glaubensaussagen und die dazu gehörende Religionsausübung gehen den Staat und das deutsche Staatsvolk deshalb etwas an, weil sie das Volk als Souverän sowie den Staat mit dessen Selbsterhaltungspflicht gegenüber dem Souverän berühren. Der Staat ist verpflichtet, die Grundsätze der wehrhaften Demokratie in Form der

1161 Insbesondere aus Belgien, Großbritannien, Frankreich und Schweden.

Aufklärung und Information nach gleichen Kriterien und Maßstäben wie im Falle anderer Staatsgefährdungen zur Anwendung zu bringen. Es ist an der Zeit, dass dies nicht nur im Hinblick auf „islamistische" Gruppierungen, sondern auch hinsichtlich deren religiöser Grundlage erfolgt. Darin würde sich ein Minimum seiner staatlicher Schutzpflicht konkretisieren. Die Pflicht zur staatlichen Neutralität wäre damit nicht unstatthaft verletzt.

Die Berechtigung zur Information (und vorangehender Beschäftigung damit) ist auch mit dem allgemeinen Gleichheitsgebot des Art. 3 Abs. 1 GG vereinbar. Zwar hat der Staat auf eine am Gleichheitsgebot orientierte Behandlung der verschiedenen Religionsgemeinschaften zu achten.[1162] Dieses Gebot verpflichtet dazu, wesentlich Gleiches gleich, aber auch wesentlich Ungleiches ungleich zu behandeln.[1163] Der Gleichheitssatz gilt nur dann als verletzt, wenn eine Glaubensgemeinschaft im Vergleich zu anderen anders behandelt wird, obwohl zwischen beiden keine Unterschiede von solcher Art und solchem Gewicht bestehen, dass sie die unterschiedliche Behandlung rechtfertigen könnte.[1164] Der Islam rechtfertigt die Ungleichbehandlung, weil er – im Gegensatz zu anderen und wie dargelegt – die freiheitlich-demokratische Grundordnung sowie Leben und Gesundheit von Nicht-Muslimen grundlegend delegitimiert. Bei sachlich gerechtfertigter Differenzierung darf der Staat auch ungleich behandeln,[1165] er muss es sogar, weil die Gleichbehandlung von wesentlich Ungleichem eine Verletzung des Gleichheitsgrundsatzes darstellt.[1166]

1162 BVerfGE 93, 1 (17).
1163 St. Rspr. BVerfGE 98, 365 (385); 129, 49 (68).
1164 BVerfGE 129, 49 (69).
1165 F. Wollenschläger in v. Mangoldt/Klein/Starck, GG, Art. 3 Rn. 66.
1166 BVerfGE 4, 144 (155); 103, 310 (318).

5.3.4 Weitere Umsetzungsmöglichkeiten

Da sich die Kluft im Wertverständnis zwischen dem säkular-freiheitlichen Staat und dem Islam im Zuge der Anwendung immanenter Verfassungsschranken nicht überbrücken lässt, muss es vor allem darum gehen, das aus der Anhängerschaft der Religion und ihrem Umfang erwachsende Problem für den Staat selbst und die politische Praxis im Bereich des beherrschbar Ungefährlichen zu halten. Ziel muss es sein, ungeachtet seiner Freiheitlichkeit und Offenheit Barrieren zu errichten, die die Anhänger des Islam daran hindern, direkt oder indirekt aus der Minderheitenposition herauszutreten[1167] oder unangemessene Dominanz zu beanspruchen.

Bei Letzterem stellt sich bspw. die Frage, in welchem Umfange der freiheitlich-säkulare Staat Machtansprüche einer Religion hinzunehmen hat, die ihn im Zuge der Religionsausübung anhaltend delegitimieren. Konkret wird dies bspw. bei der Größe beabsichtigter oder gebauter Moscheen, der Höhe von Minaretten oder dem akustisch verstärkten Gebetsruf in der Öffentlichkeit. Letzterer erfolgt zwar gesungen in arabischer Sprache, so dass ihn die einheimische autochthone Bevölkerung nicht versteht und ihn ggf. nur als lästig oder störend empfindet. Die Botschaft dieses Rufes, mitsamt dem darin zum Ausdruck gebrachten Machtanspruch, wird aber seitens der muslimischen Bevölkerung verstanden, die sich in ihrer evtl. Parallelwelt täglich bestärkt fühlen kann. Insofern ist der Gebetsruf mit dem neutralen kirchlichen Glockengeläut nicht vergleichbar, das auch zu anderen Anlässen als dem Gottesdienst zu hören ist. Es geht hier folglich nicht nur um baurechtliche Fragen oder um solche der Lärmimmission, sondern – vor dem Hintergrund des Inhalts der Offenbarung – um eine religiöse Ansage an den ungläubigen, säkularen Staat. Er enthält damit eine verfassungsrechtliche Dimension, die bislang nicht diskutiert wird, aber das Ergebnis beeinflussen könnte. Auch ein Weniger an Baudominanz einer Moschee, Minaretthöhe oder Gebetsruf ließe den Kern der

1167 E.-W. Böckenförde, Der säkularisierte Staat, S. 41.

Religionsausübung unberührt. Die Sensibilität für einen solchen gedanklichen Ansatz ist in den Behörden der Kommunen und Länder allerdings derzeit nicht erkennbar.

Ebenfalls unter diesem Gesichtspunkt sind Blockaden von öffentlichen Straßen und Plätzen durch das sog. „Kampfbeten" einer größeren Zahl von Muslimen zu bewerten. Das Bundesversammlungsgesetz und die Versammlungsgesetze der Länder (so vorhanden) schließen die Anwendbarkeit wesentlicher Teile des Versammlungsrechts bei Gottesdiensten unter freiem Himmel bzw. bei Prozessionen aus.[1168] Beim Zeigen von Stärke und Macht, mit dem im Rahmen überwiegend spontaner Aktionen die Überlegenheit und Dominanz des Islam gegenüber der säkularen Umgebung und ihren Behörden zum Ausdruck gebracht wird, kann unverhältnismäßigen Störungen daher mit den Mitteln des Polizeirechts begegnet werden, insbesondere, wenn ein aggressives oder Furcht einflößendes Verhalten feststellbar ist.

Auch darüber hinaus obliegt dem Staat auf Bundes- wie Landesebene die Aufgabe, mit dazu beizutragen, ernsthafte Vorstadien von Konflikten innerhalb der Gesellschaft frühzeitig zu erkennen und an ihrer Vermeidung mitzuwirken. Der bereits angesprochene Ansatz, wirksame Schutzmaßnahmen ins nichtreligiöse Vorfeld verlagern zu müssen, greift auch hier. Welche Vorkehrungen im Einzelnen erforderlich sein könnten, wird im Vorhinein und abschließend als nicht bestimmbar angesehen. Allgemein ist empfohlen worden, nicht zu sehr ins Detail zu gehen, sondern sich auf Wesentliches (Elementares) zu konzentrieren.[1169]

Ansätze für eine zukunftsorientierte Lösung der Problemlage sind vorstellbar, wenn Gefährdungen, die dieser Religion innewohnen, durch rechtzeitig eingeleitete Schutzmaßnahmen so gering wie möglich gehalten werden können.

1168 Im Versammlungsgesetz des Bundes ist entsprechendes in § 17 geregelt. Betroffen ist die Anmeldepflicht sowie das Aussprechen von Auflagen und Verboten.

1169 Chr. Starck a.a.O., Art. 1, Rn. 15.

5.3.4.1 Schule als Problemfeld

Als ein wesentliches Problemfeld lässt sich die Entwicklung im Bereich der Schulen ausmachen. Die Zusammensetzung der Schülerschaft nach Ethnie und Religionszugehörigkeit verschiebt sich in Deutschland dramatisch. Im Schuljahr 2022/23 hatten von 11,1 Mio. Schüler 1,6 Mio. Schüler keinen deutschen Pass. Ein weitaus größerer Anteil wies einen Migrationshintergrund auf. In Städten ist der Anteil der Schüler mit einem solchen Hintergrund höher als auf dem Land, in den westdeutschen Ländern ist er höher als in den östlichen. Die Zahl der Schulen mit einem Migrationsanteil höher als 50 Prozent betrug in Berlin 2018 bereits 44 %, in Hessen lag der Anteil der Schulen mit mehr als 35 Prozent Migrationsanteil 2023 bei 54 % aller öffentlichen Schulen. 53 % aller Hamburger Schüler hatten 2022 einen solchen Anteil, in Bayern waren es 2021 fast 30 % aller Schüler. In Nordrhein-Westfalen lag die Zahl der Grundschulen mit mehr als 50 Prozent Migrationsanteil 2023 bei 38 %. In Mecklenburg-Vorpommern hatten lediglich 0,3 Prozent aller öffentlichen Schulen (2 von 622) einen Anteil mit mehr als 50 % Migrationshintergrund.

Es liegt auf der Hand, dass die Vielsprachigkeit auf unterschiedlichem Leistungsniveau den Wissenstransfer und das Unterrichtsniveau in aller Regel enorm belastet. Es kommen aber weitere Erschwernisse hinzu. Nach Mitteilung des Präsidenten des Deutschen Lehrerverbandes vom 20. Mai 2024 gegenüber der Neuen Osnabrücker Zeitung besuchen mittlerweile mehr als 1 Mio. Schüler muslimischen Glaubens die deutschen Schulen. Er forderte daher eine flächendeckende Einführung des Islamunterrichts „im Sinne des Grundgesetzes“, um dem Bedarf staatlich beaufsichtigt nachkommen zu können. Es ist dabei von keiner vorübergehenden Bedarfslage auszugehen. Laut Mitteilung der Gesellschaft für Deutsche Sprache vom 7. Mai 2024 war der beliebteste Vorname bei neugeborenen Jungen im Jahr 2023 in Berlin, Bremen und Hamburg „Mohammed“. In Hessen und NRW kletterte er im selben Jahr auf Platz Zwei der Beliebtheitsskala. Deutschlandweit wurde er hingegen deutlich weniger vergeben, was die unterschiedlichen Siedlungsschwerpunkte bestätigt.

Eine Umfrage des Kriminologischen Forschungsinstituts Niedersachsen ergab laut dessen Mitteilung vom 22. April 2024 unter muslimischen Schülern der 9. Klasse einen Anteil von fast 68 Prozent hinsichtlich der Aussage, dass die Regeln des Koran den Befragten wichtiger seien als die Gesetze in Deutschland. Das bestätigt die Analyseergebnisse an anderer Stelle dieses Buches. Im Januar desselben Jahres wurden Fälle aus NRW (Essen und Neuss) bekannt, wonach „islamistisch" orientierte Jugendliche an ihren Schulen eine Art „Scharia-Polizei" organisiert hätten, die das Verhalten ihrer Mitschüler nach „halal" und „haram" regeln wollten, also den Vorgaben der Scharia für erlaubt und verboten.

Losgelöst davon sind deutschlandweit längst Fälle bekannt, in denen „ungläubige" Mitschüler von mehrheitlich muslimischen „gemobbt" werden, ihnen Geld für Wohlverhalten abgepresst wird, Schläge oder Schlimmeres angedroht werden und ein Klima der Angst erzeugt wird. Letzteres sorgt dafür, dass die betroffenen Eltern davon nur wenig erfahren und Lehrkräfte froh sind, wenn sie davon nichts erfahren, weil das Klima der Angst sie ebenfalls längst miterfasst hat. Dabei zeigt sich, dass sich muslimische Schüler ungeachtet ihrer unterschiedlichen Nationalität miteinander solidarisieren, wenn es gegen die „Ungläubigen" geht. Je höher ihr Anteil, desto schwieriger für die anderen, bis hin zu wachsendem Druck, deren Glauben anzunehmen, um Ruhe zu haben.

5.3.4.2 Gewaltkriminalität

Wie sich aus der Berichterstattung der Medien ergibt, vergrößert sich anhaltend das Gefahrenpotential für die einheimische Bevölkerung durch alle denkbaren Formen der Gewaltkriminalität, die von muslimischen Einwanderern ausgeht. Vergewaltigungen, Messer[1170]- und Bandenkriminalität zählen mit zu den auffälligen Erscheinungen. Der Messerangriff eines afghanischen Einzeltäters am 31. Mai 2024 in Mannheim auf einen Informationsstand von Islam-Kritikern mit fünf teils Schwerverletzten und einem Toten erregte – wie schon andere Fälle zuvor – deutschlandweites Aufsehen. Im Jahr 2022 wurden ca. 8000 lebensgefährliche Messerattacken in Deutschland registriert, 2023 waren es ca. 9000. Die Zahl allgemeiner Messerangriffe liegt bei etwa 40-50 pro Tag. Hinzu kommt ein besonderes Konfliktpotential gegenüber der jüdischen Bevölkerung aufgrund der mitgebrachten religiösen Vorprägung der Muslime. Der Präsident des Zentralrates der Juden in Deutschland forderte daher bereits im November 2015 eine Begrenzung bei der Aufnahme von Flüchtlingen. „Über kurz oder lang werden wir über eine Obergrenze nicht herumkommen. Viele der Flüchtlinge ... entstammen ... Kulturen, in denen der Hass auf Juden und die Intoleranz ein fester Bestandteil ist.“[1171]

Auch Gruppenvergewaltigungen sind zu einem auffälligen neuen Tatbestand geworden. Das Bundeskriminalamt erfasst ihn seit 2018. Damals waren es 659 Fälle, 2022 waren es 789, im letzten Jahr 761. Von den auf dieses Jahr bezogenen bundesweit festgestellten 990 Tatverdächtigen hatten 470 einen ausländischen Pass, allein 196 kamen aus Syrien, Afghanistan, Irak und der Türkei. Der Migrationsanteil unter den Tatverdächtigen mit deutschem Pass blieb offen. Regionale Unterschiede auch hier: Während 2023 in Berlin 111 Fälle registriert wurden, waren es in Mecklenburg-Vorpommern 3, in Thüringen nur 2.

1170 Der Präsident des Bundeskriminalamtes forderte im April 2023 (ohne Bezug auf Muslime) deshalb bereits Waffenverbotszonen in deutschen Innenstädten.

1171 Josef Schuster, zit. nach J. Wagner, Die Macht der Moschee, S. 174.

5.3.4.3 Schlussfolgerungen

Die staatlichen Organe haben dem allgemeinen Wohl zu dienen und Schaden vom deutschen Volk abzuwenden. Das spiegelt auch der Amtseid wider. Bereits in einer Situation, in der vernünftige Zweifel möglich sind, ob Gefahren eintreten werden oder nicht, sind die staatlichen Organe gehalten, alle Anstrengungen zu unternehmen, um mögliche Gefahren zu erkennen, um ihnen mit den erforderlichen Mitteln der Verfassung begegnen zu können.[1172] Mit der Schutzpflicht gegenüber künftigen Generationen verbinden sich besondere Sorgfaltspflichten, bereits belastbare Hinweise auf die Möglichkeit gravierender oder irreversibler Beeinträchtigungen zu berücksichtigen.[1173]

Eine solche Situation liegt – wie im vorliegenden Buch aufgezeigt – belegbar vor. Zur belastbaren Bewertung von Schutzbedarfen, ihres Rahmens sowie der Art und Weise des möglichen Handelns sind seitens der zuständigen Behörden daher im Vorfeld die erforderlichen Informationen zu sammeln und zu analysieren. Soweit neue Rechtsgrundlagen anzustreben sind, ist seitens der Verwaltung gegenüber den dazu berufenen Instanzen zu berichten. Die Öffentlichkeit ist entsprechend mit einzubeziehen und zu informieren.[1174] Mit Hilfe von Berichten der jeweiligen Regierung kann der Gesetzgeber den Erfolg seiner Maßnahmen beobachten. Er kann prüfen, ob Daten planmäßig erhoben, gesammelt, und analytisch ausgewertet wurden. Beim „Wie“ des Handelns wird er das Unter- sowie das Übermaßverbot zu beachten haben, es muss also das erforderliche Minimum aufweisen und darf nicht über das Notwendige hinausgehen. Zur Prüfungspflicht gehört

1172 BVerfGE 49, 89 (132).

1173 BVerfGE 157, 30 Ls. 2.

1174 Auf das staatliche Informationsgebot sowohl hinsichtlich der Gefahrenlage als auch der angestrebten Abwehrmaßnahmen verweist auch Chr. Starck a.a.O., Art. 1, Rn. 44; dazu zählt auch die sorgfältige Auswertung von Statistiken zugewanderter und eingebürgerter Ausländer aus muslimisch geprägten Staaten.

auch, ob diese Gebote verletzt wurden, damit ggf. nachgebessert werden kann.[1175]

Staatliche Handlungspflichten können sich als Regelungsaufgaben des parlamentarischen Gesetzgebers in Bund und Ländern darstellen, als Pflichten der vollziehenden Gewalt, schützende Gesetze auch anzuwenden[1176] sowie als Maßstab für die verfassungs- und fachgerichtliche Kontrolle von Handlungen oder Unterlassungen von Legislative und Exekutive.[1177] Wegen der Schwierigkeiten bei der generellen Bestimmbarkeit von Maßnahmen ist es Sache des Gesetzgebers, den Rahmen mitsamt der Art und Weise festzulegen, in dem Gefahren entgegengewirkt werden soll. Selbst wo er dem Grunde nach verpflichtet ist, etwas zum Schutz eines Rechtsguts zu regeln, obliegt ihm dabei ein eigener Einschätzungs-, Wertungs- und Gestaltungsspielraum.[1178] Das BVerfG kann eine Verletzung von Schutzpflichten feststellen, wenn die erforderlichen Vorkehrungen entweder überhaupt nicht getroffen wurden, wenn die getroffenen Regelungen und Maßnahmen offensichtlich ungeeignet sind oder wenn sie erheblich hinter dem Schutzziel zurückbleiben.[1179]

Die Hinweise des Bundesverfassungsgerichts zur Schutzpflicht des Staates vor den Gefahren des Klimawandels für Leben und Gesundheit aus Art. 2 Abs. 2 Satz 1 GG nehmen auch Bezug auf eine mögliche objektivrechtliche Verpflichtung für künftige Generationen.[1180] Es wäre an der Zeit, diesen Bedarf auf Gefahren auszudehnen, denen die einheimische Bevölkerung sowie die freiheitlich-demokratische Grundordnung insbesondere durch die muslimische Migration ausgesetzt ist und daraus Schlussfolgerungen zu ziehen.

1175 BVerfGE 88, 203 (310).

1176 Die resignative Hinnahme der Nichtanwendung der Regelung in Art. 16 a Abs. 2 GG und des Scheiterns der sog. Schengen-Verträge hierzu seitens von Politik und Verwaltung entspricht dieser Pflicht nicht. Hieraus sind Konsequenzen zu ziehen.

1177 Chr. Starck a.a.O., Art. 1, Rn. 193.

1178 BVerfGE 157, 30 (114, Rn. 152) (Klimaschutzentscheidung).

1179 St. Rspr., BVerfGE 142, 313 (337 f, Rn. 70 m.w.N.); 157, 30 (Rn. 172).

1180 BVerfGE 157, 30 Ls. 1.

Beispielsweise ist zu beobachten, wohin es die Zuwanderer zieht und wie sich wo die Zusammensetzung der Bevölkerung verändert. Dabei könnte ins Auge gefasst werden, die Auswirkungen auf die öffentliche Infrastruktur zu ermitteln, insbesondere für die Kindergärten und Schulen. Es könnte sinnvoll sein, die Zusammensetzung der Schülerschaft bei Einschulung und in der vierten Klasse hinsichtlich des Migrationsanteils und der Religion zu erfassen. Nachdem das BVerfG sogar in einem sachlich umstrittenen Zusammenhang den Begriff des sog. „Kipppunktes" aufgegriffen hat,[1181] nach dessen Überschreiten irreversible (unumkehrbare) Entwicklungen entstehen, ließe sich der Begriff auch im Rahmen der vorliegenden Thematik aufnehmen.

Die demographische Gesamtentwicklung könnte es erfordern, hinsichtlich der Zusammensetzung der Schülerzahlen an öffentlichen Schulen „Kipppunkte" zu ermitteln. Ziel könnte u. a. die Ermittlung sein, ab welchem muslimischen Schüleranteil (ungeachtet sonstiger Gründe wie bspw. Verhaltensauffälligkeiten) die erfolgreiche Vermittlung der geltenden Lehrpläne auf dem für weiterführende Schulen benötigten Niveau nicht mehr möglich ist. Hier geht es um die Gefahr nicht mehr aufholbarer Lernrückstände für das zukünftige Bildungsniveau der Betroffenen. Für diese Fälle wäre zum Schutz der anderen Schüler für die erforderlichen Alternativlösungen zu sorgen. In Betracht käme möglicherweise das Vorhalten von Schulen mit ausschließlich muslimischer Schülerschaft, was für bestimmte Fächer durchaus auch im Interesse der Muslime liegen dürfte. Dafür wären die normativen Voraussetzungen zu klären und umzusetzen.

Neben diesen Folgeproblemen treffen den Staat natürlich auch hinsichtlich der primären Ursachen Pflichten, denen er bislang nur in Teilen nachgekommen ist. Nachdem sich das System der Schengen-Verträge mehr oder weniger erledigt hat, verlagert sich Zuwanderung vor allem nach Deutschland. Es muss aus den aufgezeigten Gründen darum gehen, jedenfalls die Zuwanderung muslimischer Menschen und ihren Familiennachzug deutlich zu verringern oder sogar

1181 BVerfGE 157, 30 (117, Rn. 161).

rückgängig zu machen. Aus der heute bereits angelegten Belastung für die Freiheitsrechte darf keine unverhältnismäßige Belastung für den künftigen Freiheitsspielraum erwachsen.[1182] In diesem Zusammenhang sind belastbare statistische Zahlen über die in Deutschland aufhältlichen Muslime zu ermitteln. Angesichts der demographischen Entwicklung des bisherigen deutschen Volkes ist einer Situation zu begegnen, die innerhalb überschaubarer Zeiträume zu einer muslimischen Bevölkerungsmehrheit in Deutschland führen und damit zu einer Gefahr für das Grundgesetz werden könnte. Auf die Thematik des Art. 146 GG ist bereits hingewiesen worden.

Der Staat ist verpflichtet, die Verfassungsentscheidung des deutschen Volkes zu befolgen und der Erhaltungsaufgabe für sich selbst sowie der Umsetzbarkeit seines soeben erwähnten Selbstverständnisses gerecht zu werden. Er darf aufgrund der möglichen Gefahren aus Art. 146 GG darauf nicht verzichten. Forderungen nach Toleranz ist auch im Rahmen einer multikulturell geprägten Gesellschaft nur insoweit nachzukommen, wie dies den verfassungsrechtlichen Kernbestand des Staates nicht gefährdet. Toleranz kann niemals Selbstaufgabe bedeuten.[1183] Dies muss auch gegenüber einer Religion gelten. Es sind die Voraussetzungen dafür zu schaffen, diese Problematik statistisch bewerten zu können. Statistiken, die sich nur an der Staatsbürgerschaft orientieren, sind unzureichend. Ein Verzicht auf entsprechende Statistiken dürfte als rechtswidrig einzuschätzen sein, weil sich Verwaltung und Gesetzgeber damit des Erfahrungs- und Entscheidungsmaterials berauben.[1184]

Als weitere Maßnahmen kämen in Betracht: eine Überprüfung im Bereich von Einbürgerungen hinsichtlich der Voraussetzungen und des Beibehalts der mitgebrachten Staatsbürgerschaft, des Weiteren hinsichtlich des Begriffs „Schutzsuchender“, sowie einer fundamentalen Neufassung des Asylverfahrensrechts. Auch wird es darum gehen

1182 BVerfGE 157, 30 (133, Rn. 188).
1183 B. Tibi, Fundamentalismus im Islam, S. 57.
1184 BVerfGE 88, 203 (311).

müssen, mit dem erforderlichen politischen Druck das Problem der Nichtabschiebbarkeit abgelehnter Asylsuchender oder von Straftätern zu lösen. Solange die Schengen-Verträge nicht einvernehmlich aufgelöst werden, sind sie so weit wie möglich weiterhin anzuwenden und durch eine konsequente Grenzsicherung zu flankieren. Und nicht zuletzt dürften Überprüfungen zur Wirkung und zum Beibehalt finanzieller Anreizsysteme dazu führen, für den Fall der administrativen Umsetzbarkeit weitere Maßnahmen zum Schutz des Gemeinwesens ins Auge fassen zu können. Von Interesse könnte eine Überprüfung sein, wie sich ein Ersatz von Geld- durch Sachleistungen auswirkt. Auch die Einführung von Bezahlkarten könnte sich als sinnvoll erweisen, um die missbräuchliche Inanspruchnahme von Sozialleistungen zu erschweren.

Möge all dieses dazu beitragen, dass Artikel 4 des Grundgesetzes nicht zum Trojanischen Pferd in der Verfassung wird oder zum Lindenblatt auf Siegfrieds Rücken.

Literaturverzeichnis

Antes, Peter (Hrsg.): Der Islam, Religion-Ethik-Politik, Kohlhammer, 1991

Backes, Uwe/Gallus, Alexander/Jesse, Eckhard (Hrsg.): Jahrbuch Extremismus & Demokratie, Bd. 28, Nomos-Verlag, 2016

Bellaigne de, Christopher: Die islamische Aufklärung – Der Konflikt zwischen Glaube und Vernunft, Fischer-Verlag, 2018

Bobzin, Hartmut: Der Koran (Übersetzung), 3. Paperback-Auflage, Verlag C. H. Beck, 2019

Böckenförde, Ernst-Wolfgang: Der säkularisierte Staat – Sein Charakter, seine Rechtfertigung und seine Probleme im 21. Jahrhundert. Themenband 86 der Carl-Friedrich von Siemens Stiftung. München 2006, Vortrag vom 26. Oktober 2006

Campenhausen v., Axel/Wall de, Heinrich: Staatskirchenrecht, 4. Auflage, Verlag C. H. Beck, 2006

Dürig, Günter/Herzog, Roman/Scholz, Rupert (Hrsg.): Grundgesetz, Rupert Scholz (Hrsg.), C. H. Beck, 2020

Elger, Ralf (Hrsg.): Kleines Islam-Lexikon, 6. Auflage, Verlag C. H. Beck, 2018

Ebert, Hans-Georg/Hefny, Assem: Der Islam und die Grundlagen der Herrschaft, Übersetzung und Kommentar des Werkes von Ali Abd al-Raziq; Leipziger Beiträge zur Orientforschung, Bd. 24, Peter Lang Verlag, 2010

Ende, Werner/Steinbach, Udo (Hrsg.): Der Islam in der Gegenwart, 4. neubearbeitete und erweiterte Auflage, Verlag C. H. Beck, 1996

Friauf, Karl Heinrich/Höfling, Wolfram (Hrsg.): Berliner Kommentar zum Grundgesetz, Bd. 1, Erich Schmidt Verlag

Goertz, Stefan: Islamistischer Terrorismus, Schriftenreihe Kriminalistik; Verlag C. F. Müller, Heidelberg, 2017

Heine, Peter: Terror in Allahs Namen – Extremistische Kräfte im Islam Herder Verlag, Freiburg, 2001

Heinig, Hans-Michael/Walter, Christian (Hrsg): Staatskirchenrecht oder Religionsverfassungsrecht, Verlag Mohr, Siebeck, 2007

Herzog, Roman/Kunst, Hermann/Schlaich, Klaus/Schneemelcher, Wilhelm (Hrsg.): Evangelisches Staatslexikon, Band 1 und 2, neu bearbeitete und erweiterte 3. Auflage, Kreuz-Verlag, Stuttgart, 1987

Khoury, Adel Theodor: Der Islam und die westliche Welt, Primus-Verlag, 2001

Khoury, Adel Theodor/Hagemann, Ludwig/Heine, Peter: Islam-Lexikon A-Z, Herder Verlag (spektrum), 2006

Koopmans, Ruud: Das verfallene Haus des Islam, 1. und erweiterte Auflage Paperback, C. H. Beck, 2021

Mangoldt v., Hermann/Klein, Friedrich/Starck, Christian (Hrsg.): Grundgesetz Kommentar, 7. Auflage, 2018, Verlag München: Vahlen

Meier, Andreas: Der politische Auftrag des Islam, Programme und Kritik zwischen Fundamentalismus und Reformen, Originalstimmen aus der islamischen Welt, Verlag Peter Hammer, 1994

Muckel, Stefan (Hrsg.): Der Islam im öffentlichen Recht des säkularen Verfassungsstaates, Duncker & Humblot, 2008

Murswiek, Dietrich: Die verfassungsgebende Gewalt nach dem Grundgesetz für die Bundesrepublik Deutschland – Schriften zum öffentlichen Recht, Bd. 343, Duncker & Humblot, 1978

Nagel, Tilman: Was ist der Islam? Grundzüge einer Weltreligion, Duncker & Humblot, Berlin, 2018

Ploetz-Verlag: Der Große Ploetz – Auszug aus der Geschichte; Jubiläumsausgabe 100 Jahre Ploetz-Verlag, 1980

Paret, Rudi: Der Koran (Übersetzung), 12. Auflage, Verlag W. Kohlhammer, 2014

Paret, Rudi: Die Entstehung des islamischen Bilderverbots in: Kunst des Orients (1976), Bd. XI 1/2, S. 158-181, Steiner, Wiesbaden

Rohe, Mathias: Das islamische Recht, Geschichte und Gegenwart, 3. Auflage, Verlag C. H. Beck, 2011

Rohe, Mathias: Das islamische Recht, Eine Einführung, Verlag C. H. Beck, 2013

Saltzwedel, Johannes (Hrsg.): Die Aufklärung – Das Drama der Vernunft vom 18. Jhdt. bis heute, DVA, 2017

Schneiders, Werner: Das Zeitalter der Aufklärung, 2. Auflage, Verlag C. H. Beck, 2001

Schreiber, Constantin: Inside Islam – Was in Deutschlands Moscheen gepredigt wird, Ullstein-Buchverlage, Berlin, 2017

Seidensticker, Tilman: Islamismus – Geschichte, Vordenker, Organisationen, Verlag C. H. Beck, 2014

Stowasser, Karl (Hrsg.): Rifa'a al-Tahtawi, Ein Muslim entdeckt Europa; Bericht über seinen Aufenthalt in Paris 1826-1831, Verlag C. H. Beck, 1989

Tibi, Bassam: Fundamentalismus im Islam, 3. Auflage, Wissenschaftliche Buchgesellschaft, 2002

Wagner, Joachim: Richter ohne Gesetz, 6. Auflage, 2017, Ullstein-Verlag, Berlin

Wagner, Joachim: Die Macht der Moschee, Herder Verlag, 2018

Wick, Lukas: Islam und Verfassungsstaat, Ergon Verlag, Würzburg, 2009

Zippelius, Reinhold: Allgemeine Staatslehre, 14. Auflage, Verlag C. H. Beck, 2003

Sach- und Namensregister